权威·前沿·原创

皮书系列为
"十二五"国家重点图书出版规划项目

河南经济蓝皮书

BLUE BOOK OF HENAN'S ECONOMY

2016年
河南经济形势分析与预测

ECONOMY OF HENAN ANALYSIS AND FORECAST
(2016)

主　编／胡五岳
副主编／俞肖云　刘朝阳

社会科学文献出版社
SOCIAL SCIENCES ACADEMIC PRESS（CHINA）

图书在版编目(CIP)数据

2016年河南经济形势分析与预测/胡五岳主编.—北京：社会科学文献出版社，2016.2
（河南经济蓝皮书）
ISBN 978-7-5097-8778-6

Ⅰ.①2… Ⅱ.①胡… Ⅲ.①区域经济-经济分析-河南省-2016 ②区域经济-经济预测-河南省-2016 Ⅳ.①F127.61

中国版本图书馆CIP数据核字（2016）第035010号

河南经济蓝皮书
2016年河南经济形势分析与预测

主　　编／胡五岳
副主编／俞肖云　刘朝阳

出版人／谢寿光
项目统筹／任文武
责任编辑／高振华　张丽丽　高启　王凤兰

出　　版／社会科学文献出版社·皮书出版分社（010）59367127
　　　　　地址：北京市北三环中路甲29号院华龙大厦　邮编：100029
　　　　　网址：www.ssap.com.cn
发　　行／市场营销中心（010）59367081　59367018
印　　装／北京季蜂印刷有限公司

规　　格／开本：787mm×1092mm　1/16
　　　　　印张：24　字数：389千字
版　　次／2016年2月第1版　2016年2月第1次印刷
书　　号／ISBN 978-7-5097-8778-6
定　　价／79.00元

皮书序列号／B-2009-067

本书如有印装质量问题，请与读者服务中心（010-59367028）联系

▲ 版权所有 翻印必究

摘 要

本年度河南经济蓝皮书以大量"十二五"时期和2015年全省最新统计数据为依据,全面深入分析了河南省经济各方面发展的现状、问题和趋势,对于政府部门施政决策具有很高的参考价值。本书数据翔实、资料丰富、权威性高,对于广大研究机构和社会公众研究、了解河南经济发展状况,也具有很高的文献资料价值。全书由河南省统计局主持编撰,主体内容分为三大部分:主报告、分析预测篇、专题研究篇。

本年度蓝皮书主报告由两篇构成,分别是"2015～2016年河南省经济形势分析与展望"、"河南省经济社会发展'十二五'回顾与'十三五'展望"。两篇文章分别对2015年和"十二五"时期全省经济运行的综合情况进行了客观、深入的分析,并对2016年以及整个"十三五"时期河南经济发展可能呈现的特征和走向进行了科学的预测和判断,给出了全书关于当前河南经济发展情况的基本观点。

主报告指出,2015年,面对依然复杂严峻的经济形势,河南通过实施一系列"稳增长、保态势"的举措,使经济在十分复杂困难的运行环境中呈现出总体平稳、稳中有进、稳中向好的良好发展态势;生产总值增速逐季加快,经济增长速度、结构、质量、效益总体协调,发展动能加快转换,人民生活持续改善。初步核算,2015年全省生产总值37010.25亿元,比上年增长8.3%。主要经济指标在全国的排位继续前移。2016年,河南经济发展的外部环境依然复杂多变,经济运行当中的结构性矛盾仍较突出。全省经济结构调整有望快速推进的同时,也可能会有短期经济波动,实现"稳增长、调结构"协调推进的难度较大。但是,全省经济社会持续健康发展仍有着许多有利条件和积极因素可利用。一是全省承接产业转移优势、空间持续扩大;二是临空经济迅猛发展,为全面融入国家"一带一路"战略、拓展河南经济发展空间提供了先发优势;三是新型城镇化推进正逐步拓展内需空间;四是基础设施、人力资源

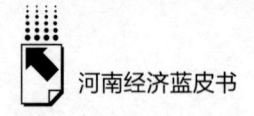

和金融资本等要素支撑能力进一步增强；五是政府应对和驾驭复杂局面的调控能力也不断强化。总体上看，2016年促进发展的条件明显多于制约经济发展的困难和问题，随着积极因素的持续积累，保持经济社会持续健康发展仍然可期。

主报告"河南省经济社会发展'十二五'回顾与'十三五'展望"指出，"十二五"时期，通过抢抓促进中部崛起的重大机遇，聚焦实施粮食生产核心区、中原经济区和郑州航空港经济综合实验区三大国家战略规划，河南经济总体保持良好发展态势，多项指标全国排名不断上升，综合实力大幅提升，经济结构进一步优化，发展动力活力不断增强，经济发展成果惠及全体人民。"十三五"时期，虽然宏观环境仍较复杂、困难依然较多，但经济继续较快增长的基本面没有发生根本改变，经济发展的基础、能力、环境等综合条件要好于"十二五"时期，保持经济较高速度增长依然可期。

本书分析预测篇和专题研究篇依靠政府及研究机构中的专家学者以及行业统计工作者组成的研究团队，重点对2015年及"十二五"时期河南省各行业发展情况、特点、走向以及经济发展中的各大热点问题，进行了深入的研究和分析，为读者全面认识河南经济年度及规划时期内的发展情况，提供了一个翔实、真切、多角度的参考资料。

Abstract

Based on a plenty of the latest statistical data of Henan Province during the "12th Five – Year Plan" Period and in 2015, Blue Book of Henan Economic made an in-depth analysis on the status quo, problems and tendency of economic development and other aspects in Henan Province, providing very useful reference for policy decisions by government sectors. Its full and accurate data, abundant materials and high authority also make it very valuable for many research institutions and social public institutions to have access to the status of economic development of Henan Province through document literatures. The whole book is compiled by the Statistics Department of Henan Province, and is composed of the main report, the analytical prediction section and the monographic study section.

Main report of the Blue Book of This Year is composed of two parts: the first one is "Analysis and Outlook of the Economic Situation of Henan Province in 2015 and 2016", and the other one is "The "12th Five-Year Plan" Review and the "13th Five-Year Plan" Outlook of the Economic Society Development of Henan Province". The first main report made objective and in – depth analysis of comprehensive situation of economic operation of Henan Province in 2015 and during the "12th Five – Year Plan" Period, while the second main report made scientific forecasting and judgment on the possible characteristics and trends of economic development of Henan Province in 2016 and the "13th Five – Year Plan" Period. The two main reports finally put forward to basic viewpoints on current economic development of Henan Province.

The annual main report holds that in the complicated and challenging economic situation of 2015, through implementing a series of "stabilizing growth and maintaining status" measures, Henan Province has achieved a stable performance while at the same time securing progress and better quality in its economic development with a good momentum in the complicated and difficult operation environment; GDP growth accelerates quarter by quarter and the growth speed, structure, quality and benefit of economy are overall coordinated. Development momentum has been transformed with increasing speed and people's living standards has been improved continuously. By initial estimation, GDP of the whole province in 2015 is 3701025 million Yuan, increased by 8.3% over the previous year. Leading economic indicators have continuously moved up in national ranking. In 2016, the external economic development environment of Henan province is still complex and volatile and structural imbalance in economic performance is acute. It is expected to promote economic structural adjustment of the whole province at a rapid speed, while short-run economic fluctuation may occur with greater difficulty in realizing coordinated promotion of "stabilizing growth and maintaining status" at the meantime. However, there are still many favorable conditions and positive factors for sustainable and healthy economic and social development of the province. First, the advantage of accepting industry transfer and space of the province is continuously expanded; second, the airport economy is developing rapidly, which provides first mover advantages for fully integrating into the strategy of China's "The Belt and Road Initiative" and expanding economic development space of Henan province; fourth, the supporting capacity of many factors including infrastructure, human resource and financial capital has been enhanced; fifth, government's regulation ability of reacting to and controlling complex situation has been constantly strengthened. In general, conditions for promoting development are more than difficulties and problems limiting economic development. With constant accumulation of positive factors, keeping sustainable and healthy economic and social development has bright prospects.

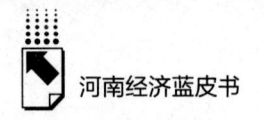

The "12th Five-year Plan" Analysis and the "13th Five-year Plan" Outlook Report argues that, during the "12th Five-year" Period, Henan economy shows good momentum of growth in general, ranking of many indicators has been improving, economic comprehensive strength has grown significantly, economic structure has been more optimized, development power energy has been enhanced continually and benefits of development are fully shared by all the people by seizing the major opportunity for promoting the rise of Central China, focusing on implementation of strategic planning to core area of grain production, central plains economic region and Zhengzhou airport economy comprehensive experimental community. During the "13th Five-Year Plan" Period, although there is a complex

Abstract

macro-environment and a lot of difficulties, that economy maintain a momentum of fairly rapid growth does not radically change. General conditions the basis, ability and environment of economy development is superior to "12th Five-year Plan" Period and rapid economy growth can be expected.

The book includes analytical prediction part and monographic study part. Depending on government and specialists and scholars from research institutes and research team consisted of industrial statisticians, carry out deep study and analysis on development, features and trend of each sector and hot issues in the process of economy development of Henan in 2015 and during the "12th Five – year Plan" Period and provide a detailed, actual and multi-angle reference corpus for readers comprehensively understanding Henan annual economy and development conditions during planning period.

目 录

Ⅰ 主报告

B.1 2015～2016年河南省经济形势分析与展望
　　　　……………………………………… 河南省统计局课题组 / 001
　　一　2015年经济运行基本情况……………………………… / 002
　　二　2016年河南省经济运行展望…………………………… / 011
　　三　迎接挑战，抢抓机遇，促进全省经济社会持续平稳
　　　　健康发展……………………………………………… / 017
B.2 河南省经济社会发展"十二五"回顾与"十三五"展望
　　　　……………………………………… 河南省统计局课题组 / 020
　　一　"十二五"时期河南省经济社会发展取得巨大成就……… / 021
　　二　"十三五"时期河南省经济发展走势分析………………… / 030
　　三　"十三五"时期河南省经济社会发展建议………………… / 034

Ⅱ 分析预测篇

B.3 2015～2016年河南农业经济形势分析与展望
　　　　………………………………… 陆　洁　乔西宏　李　丽 / 037
B.4 新常态下稳中有进的河南工业经济
　　　　——2015年及"十二五"时期河南工业经济发展报告
　　　　………………………………………… 王世炎　张奕琳 / 045

B.5 2015~2016年河南省第三产业形势分析与展望
　　　　………… 俞肖云　王予荷　孟　静　常伟杰　陈　哲　陈　琛 / 053
B.6 2015年及"十二五"时期河南省产业集聚区发展
　　　形势分析及展望 ………………………………… 冯文元　司景贤 / 060
B.7 2015年及"十二五"时期河南固定资产投资发展报告
　　　　………………………… 司曼珈　马炬亮　刘俊华　邱　倩 / 075
B.8 2015年及"十二五"时期河南省消费品
　　　市场形势分析与展望 …………………… 赵清贤　周文瑞　张高峰 / 082
B.9 2015年河南省外贸进出口再创历史新高，
　　　亟待促进新型贸易业态快速成长 ……………………………… 付喜明 / 092
B.10 2015~2016年河南省财政形势分析与展望
　　　　………………………………… 胡兴旺　王银安　孙先富 / 103
B.11 2015~2016年河南省金融业形势分析与展望
　　　　………………………………… 崔晓芙　崔　凯　徐红芬 / 109
B.12 2015~2016年河南省交通运输业发展分析与展望
　　　　……………………………………………… 王予荷　陈　琛 / 118
B.13 2015年及"十二五"时期河南省房地产发展
　　　形势分析与展望 ………………………… 司曼珈　秦洪娟　朱丽玲 / 127
B.14 2015~2016年河南省承接产业转移形势分析与展望……… 任秀苹 / 136
B.15 2015~2016年河南省能源形势分析及展望
　　　　………………………… 常冬梅　陈向真　贾　梁　张　旭 / 143
B.16 2015年及"十二五"时期河南省就业形势分析与展望
　　　　………………………………………………… 孙斌育　王玉珍 / 153
B.17 2015~2016年河南省居民消费价格走势分析
　　　　………………………… 刘明宪　郑东涛　田少勇　王建国 / 165
B.18 河南"十二五"服务业发展回顾与"十三五"展望
　　　　………… 俞肖云　王予荷　孟　静　常伟杰　陈　哲　陈　琛 / 174
B.19 河南"十二五"时期能源形势分析与展望
　　　　………………………… 常冬梅　曹战峰　杨　琳　贾　梁 / 183

Ⅲ 专题研究篇

B.20	加快推进供给侧结构性改革 …………………………… 王作成 / 192
B.21	谈谈对当前河南经济形势的认识 ………………………… 王世炎 / 202
B.22	当前河南供给侧存在的问题和"十三五"时期调整建议
	………… 俞肖云 叶皓瑜 宗 方 曹 雷 崔 岚 张小科 / 209
B.23	加快"互联网+工业"发展,推动先进制造业大省建设
	——河南省信息化和工业化融合发展现状研究
	……………………… 刘明宪 朱怀安 赵祖亮 刘文太 李 玉 / 231
B.24	"十三五"时期河南经济竞争力研究
	………………………………………… 赵新池 李 伟 周文瑞 / 241
B.25	新常态下河南经济增长趋势研究 …………… 俞肖云 罗勤礼
	张喜峥 徐 良 董正阳 雷茜茜 胡昶昶 赵国顺 / 257
B.26	重要战略机遇期河南省区域经济社会发展差异分析
	………………………………………………… 赵德友 徐委乔 / 273
B.27	"十三五"时期加快建设河南自贸区,强化河南作为
	全国战略支点作用研究
	……………………… 顾俊龙 李 玉 乔旭明 黄莹莹 岳 颖 / 290
B.28	"十三五"时期河南全面建成小康社会的问题和建议
	——基于全面建成小康社会统计监测体系的分析
	………………………………………………… 叶皓瑜 宗 方 / 302
B.29	供给侧改革背景下,塑造河南工业重点产业
	新优势的路径选择 ………………………………… 方国根 王学青 / 313
B.30	提升河南工业经济效益问题研究 ………………… 王学青 罗 迪 / 321
B.31	抓住供给侧改革机遇,着力提高投资政策效果与质量
	………………………… 俞肖云 司曼珈 马炬亮 邱 倩 朱丽玲 / 329

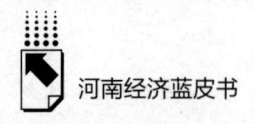

B.32 郑州航空港经济综合实验区产业发展研究
　　……………………冯文元　赵　杨　刘秋香　方伟平　刘晓源 / 338
B.33 "十三五"期间河南城镇化发展目标的初步分析
　　………………………………………孙斌育　刘晓峰　马　召 / 354

B.34 后　记 …………………………………………… 本书编辑部 / 363

皮书数据库阅读使用指南

CONTENTS

I General Report

B.1 Analysis and Outlook of the Economic Situation of Henan Province in 2015 and 2016

The Research Group of Statistics Department of Henan Province / 001

 1. Basic Condition of Economic Operation in 2015   / 002

 2. Prospects of Economic Development of Henan Province in 2016   / 011

 3. Meeting Challenges, Seizing Opportunities, and Promoting Sustainable, Stable and Healthy Development of the Economy and Society   / 017

B.2 The "12th Five-Year Plan" Review and the "13th Five-Year Plan" Outlook for the Economic Society Development of Henan Province

The Research Group of Statistics Department of Henan Province / 020

 1. The Great Achievements of Economic and Social Development of Henan Province During the "12th Five-Year Plan" Period   / 021

 2. The Trencl of Economic Development in Henan Province During the "13th Five-Year Plan" Period   / 030

 3. The Suggestions on the Development of Economy and Society of Henan Province During the "13th Five-Year Plan" Period   / 034

河南经济蓝皮书

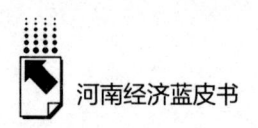

II The Analytical Prediction Section

B.3 Analysis and Outlook of Agricultural Economy Situation of Henan Province in 2015 and 2016 　　*Lu Jie, Qiao Xihong and Li Li* / 037

B.4 Stable & Progressing Industrial Economy of Henan Province in the "New Normal" Economy-Development Report of Industrial Economy of Henan Province in 2015 and the "12th Five-Year Plan" Period
　　Wang Shiyan, Zhang Yilin / 045

B.5 Analysis and Outlook of the Tertiary Industry Trend of Henan Province in 2015 and 2016
　　Yu Xiaoyun, Wang Yuhe, Meng Jing, Chang Weijie, Chen Zhe and Chen Chen / 053

B.6 Analysis and Outlook of the Development Situation of Industry Cluster District in 2015 and the "12th Five-Year Plan" Period
　　Feng Wenyuan, Si Jingxian / 060

B.7 Development Report of Fixed Asset Investment in 2015 and the "12th Five-Year Plan" Period
　　Si Manjia, Ma Juliang, Liu Junhua and Qiu Qian / 075

B.8 Analysis and Outlook of the Consumable Market Situation of Henan Province in 2015 and the "12th Five-Year Plan" Period
　　Zhao Qingxian, Zhou Wenrui and Zhang Gaofeng / 082

B.9 Exports and Imports of Henan Province in 2015 Hit a New Record, Demanding Prompt Growth of New Trade Form
　　Fu Ximing / 092

B.10 Analysis and Outlook of the Fiscal Situation of Henan Province in 2015 and 2016　　*Hu Xingwang, Wang Yin'an and Sun Xianfu* / 103

B.11 Analysis and Outlook of the Financial Industry Situation of Henan Province in 2015 and 2016
　　Cui Xiaofu, Cui Kai and Xu Hongfen / 109

CONTENTS

B.12 Analysis and Outlook of the Transportation Industry Development of Henan Province in 2015 and 2016 *Wang Yuhe, Chen Chen* / 118

B.13 Analysis and Outlook of the Real Estate Development Situation in 2015 and the "12th Five-Year Plan" Period
Si Manjia, Qin Hongjuan and Zhu Liling / 127

B.14 Analysis and Outlook of the Undertaking Industry Transfer Situation of Henan Province in 2015 and 2016 *Ren Xiuping* / 136

B.15 Analysis and Outlook of the Energy Situation of Henan Province in 2015 and 2016
Chang Dongmei, Chen Xiangzhen, Jia Liang and Zhang Xu / 143

B.16 Analysis and Outlook of the Employment Situation of Henan Province in 2015 and the "12th Five-Year Plan" Period
Sun Binyu, Wang Yuzhen / 153

B.17 Analysis on the Consumer Price Trend of Henan Province in 2015 and 2016
Liu Mingxian, Zheng Dongtao, Tian Shaoyong and Wang Jianguo / 165

B.18 Review of Service Industry Development of the "12th Five-Year Plan" Period and Outlook for the "13th Five-Year Plan" Period
Yu Xiaoyun, Wang Yuhe, Meng Jing, Chang Weijie,
Chen Zhe and Chen Chen / 174

B.19 Analysis and Outlook of the Energy Situation of Henan Province in the "12th Five-year Plan" Period
Chang Dongmei, Cao Zhanfeng, Yang Lin and Jia Liang / 183

III Monographic Study Section

B.20 Acceleration of the Supply Side Structural Reform
Wang Zuocheng / 192

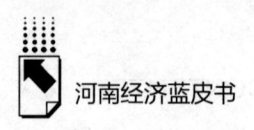

B.21 Understanding of the Current Economic Situation in
Henan Province *Wang Shiyan* / 202

B.22 Problems Existing in Supply Side of Henan Province and
Adjustment Suggestion for Problems in the "13th Five-Year
Plan" Period
Yu Xiaoyun, Ye Haoyu, Zong Fang, Cao Lei, Cui Lan and Zhang Xiaoke / 209

B.23 Accelerate the Development of "Internet + Industry", Promote the
Construction of Advanced Manufacturing Industry Power
Liu Mingxian, Zhu Huaian, Zhao Zuliang, Liu Wentai and Li Yu / 231

B.24 Economic Competitiveness of Henan Province in the
"13th Five-Year Plan" Period *Zhao Xinchi, Li Wei and Zhou Wenrui* / 241

B.25 Research of Economic Growth Trend of Henan Province
in the New Normal
Yu Xiaoyun, Luo Qinli, Zhang Xizheng, Xu Liang, Dong Zhengyang,
Lei Xixi, Hu Changchang and Zhao Guoshun / 257

B.26 Social Development Difference of Regional Economy of
Henan Province in Important Strategic Opportunity Period
Zhao Deyou. Xu Weiqiao / 273

B.27 Research of Accelerating the Construction of Henan Free Trade Zone
and Strengthening the Function of Henan Province in National
Strategic Fulcrum in the "13th Five-Year Plan" Period
Gu Junlong, Li Yu, Qiao Xuming, Huang Yingying and Yue Ying / 290

B.28 Problems and Suggestions for Building Moderately Prosperous Society
of Henan Province in the "13th Five-Year Plan" Period
Ye Haoyu, Zong Fang / 302

B.29 Path Selection of Shaping the New Advantage of Key Industry
Section in the Context of Supply Side Reform
Fang Guogen, Wang Xueqing / 313

CONTENTS

B.30　Research of Problems of Increasing Industrial Economy Benefit of Henan Province　*Wang Xueqing, Luo Di* / 321

B.31　Seizing the Opportunity of Supply Side Reform, Striving to Improve the Effect and Quality of Investment Policy
　　　Yu Xiaoyun, Si Manjia, Ma Juliang, Qiu Qian and Zhu Liling / 329

B.32　Research of Industry Development of Zhengzhou Airport Comprehensive Economic Experimental Zone
　　　Feng Wenyuan, Zhao Yang, Liu Qiuxiang, Fang Weiping and Liu Xiaoyuan / 338

B.33　Preliminary Analysis of Urbanization Development Goal of Henan Province in the "13th Five-Year Plan" Period
　　　Sun Binyu, Liu Xiaofeng and Ma Zhao / 354

B.34　Postscript　*Editorial Department of the Book* / 363

主 报 告

General Report

B.1
2015~2016年河南省经济形势分析与展望

河南省统计局课题组*

摘　要：　2015年，河南经济形势复杂严峻。省委、省政府全面贯彻落实党中央、国务院的科学决策部署，立足河南实际，采取了一系列政策措施，着力扩大增长点、转化拖累点、抓好关键点、抢占制高点、稳控风险点，全省经济表现出总体平稳、稳中有进、稳中向好的发展态势，主要经济社会发展预期目标胜利完成，一些指标取得历史性突破。2016年外部环境依然复杂，长期积累的结构性矛盾仍较突出，保持全省经济较高速度增长仍会面临很多困难和挑战。本文基于2015年相关

---

* 课题组组长：胡五岳，河南省统计局局长。副组长：俞肖云，硕士，高级统计师，河南省统计局副局长；刘明宪，硕士，高级统计师，河南省地方经济社会调查队队长。课题组成员：朱启明，硕士，高级统计师，河南省统计局综合处处长；李鑫，硕士，河南省统计局综合处副处长；秦红涛，硕士，高级统计师，河南省统计局普查中心主任科员；王一嫔，硕士，河南省统计局综合处主任科员。

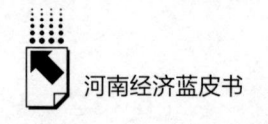

数据及相关预计数据，利用定量与定性分析相结合的方法撰写而成。全文分为三个部分：第一部分详细描述了 2015 年河南经济运行基本情况。第二部分分析了 2016 年全省经济发展面临的机遇与挑战。第三部分从确保河南经济社会持续平稳健康发展的角度出发，提出了相关对策建议。

关键词： 2015 年　河南　经济形势

2015 年，面对复杂严峻的经济形势，河南深入贯彻落实中央各项决策部署，主动适应经济发展新常态，坚持调中求进、改中激活、转中促好、变中取胜，统筹稳增长、促改革、调结构、强支撑、防风险、惠民生，采取一系列政策措施扩大增长点、转化拖累点、抓好关键点、抢占制高点、稳控风险点，全省经济呈现出总体平稳、稳中有进、稳中向好的发展态势。2016 年外部环境依然复杂，长期积累的结构性矛盾仍较突出，保持全省经济较高速度增长仍会面临很多困难和挑战。

一　2015 年经济运行基本情况

（一）经济运行总体平稳、稳中向好

2015 年以来，河南把稳增长保态势作为全局工作的突出任务，坚持解决当前突出矛盾和夯实长远发展基础相结合，先后出台实施促进经济持续健康发展 30 条、财政支持稳增长 18 条、稳增长保态势 25 个重大专项等政策措施，全省经济保持总体平稳、稳中向好的发展态势。

初步核算，2015 年全省生产总值 37010.25 亿元，比上年增长 8.3%。其中，第一产业增加值 4209.56 亿元，同比增长 4.4%，第二产业增加值 18189.36 亿元，同比增长 8.0%，第三产业增加值 14611.33 亿元，同比增长 10.5%。全年全省生产总值增速比全国平均水平高 1.4 个百分点，比前三季度、上半年、一季度分别提高0.1个、0.5个、1.3个百分点，增速呈现逐季加快态势；河南2015年全省生产总值居全国第13位，分别比前三季度、上半年、一季度前移1位、5位、6位①。

1. 农业生产形势良好

大力实施粮食生产核心区战略，粮食产量实现"三个突破"。河南把保障国家粮食安全作为重大政治责任，围绕建设现代农业大省，加强粮食生产核心区建设，颁布实施全国首部高标准粮田保护条例，多策并举提高粮食生产能力，粮食产量实现新突破。2015年，全省粮食总产量突破1200亿斤达到1213.42亿斤，比上年增产58.96亿斤，连续12年增产，圆满完成粮食生产核心区中期目标。其中，夏粮突破700亿斤达到702.36亿斤，增产34.56亿斤，仍居全国第一；秋粮突破500亿斤达到511.06亿斤，增产24.40亿斤。畜牧业生产总体稳定。河南认真落实国家关于促进畜牧业发展的各项扶持政策，加大畜牧产业化集群培育力度，保障了畜产品市场的有效供给。2015年全省猪牛羊禽肉总产量达到696.50万吨，同比下降1.0%；牛奶产量达到342.2万吨，同比增长3.1%；禽蛋产量410万吨，同比增长1.5%。

2. 工业生产增势平稳，增速位次前移

2015年，河南深入开展"稳增长调结构防风险促发展"活动，长短结合、综合施策，加强银企、产销、用工、产学研对接，有效稳定了工业经济运行。全年全省规模以上工业增加值同比增长8.6%，比全国平均水平高2.5个百分点，居全国第7位，比前三季度前移2位。从走势看，4月份全省规模以上工业增加值累计增速回落至六年来的最低点，随着相关政策效应逐步显现，从6月份开始河南工业经济企稳回升，连续7个月稳定在8.5%~8.6%的增长水平，呈现小幅波动、总体平稳、稳中趋升的增长态势（见图1）。

非金属矿物制品业，计算机、通信和其他电子设备制造业，化学原料和化学制品制造业等10个行业是拉动全省工业增长的主要力量。2015年，这10个行业增加值占全省工业的53.3%，同比增长11.5%，高于全省平均水平2.9个百分点；

---

① 本文中，2015年度"软件和信息技术服务业营业收入增速"、"互联网和相关服务业营业收入增速"、"万元生产总值能耗下降幅度"等数据均为初步预计数据，尚未经国家统计局正式认定，可能与正式数据有出入；"地方一般公共预算支出"及其分组数据为快报数，尚未经河南省人大审定。

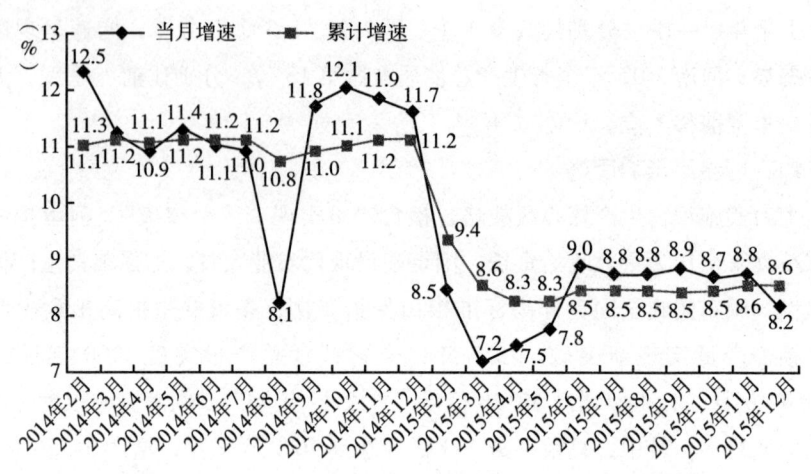

图1 2014~2015年河南省各月规模以上工业增加值增速

对全省工业增长的贡献率68.7%，拉动全省工业增长6个百分点（见表1）。

产业集聚区建设为工业稳定增长提供了有力支撑。围绕提升科学发展载体建设水平，强化龙头带动、集群引进、功能完善和产城互动，产业集聚区综合带动效应进一步凸显。2015年产业集聚区规模以上工业增加值同比增长13.3%，增幅大于全省工业增加值增幅4.7个百分点；占全省工业增加值的比重60.4%，同比提高8.1个百分点，对全省工业增长的贡献率89.8%，同比提高15.5个百分点，拉动全省工业增长7.7个百分点。

表1 2015年支撑和拉动河南省工业增长的前十个行业

行业名称	增速(%)	占比(%)	贡献率(%)	拉动增长(个百分点)
非金属矿物制品业	8.6	13.4	12.7	1.1
计算机、通信和其他电子设备制造业	23.2	4.3	10.2	0.9
化学原料和化学制品制造业	10.4	4.9	6.7	0.6
专用设备制造业	12.8	4.8	6.3	0.6
农副食品加工业	7.1	7.5	6.1	0.5
通用设备制造业	11.9	4.3	5.7	0.5
汽车制造业	13.5	3.8	5.5	0.5
食品制造业	12.5	3.3	5.2	0.5
医药制造业	16.1	2.9	5.1	0.4
电气机械和器材制造业	12.3	3.8	5.2	0.4

3. 服务业加快发展

2015年，河南加快建设高成长性服务业大省，推进服务业提速扩量，有力推动了服务业加快发展。初步核算，2015年全省服务业增加值14611.33亿元，同比增长10.5%，增速同比提高0.9个百分点，比全国平均水平高2.2个百分点，分别比生产总值、第二产业增加值增速高2.2个、2.5个百分点，比前三季度、上半年、一季度分别提高1.8个、1.9个、2.3个百分点，增速明显加快（见图2）。

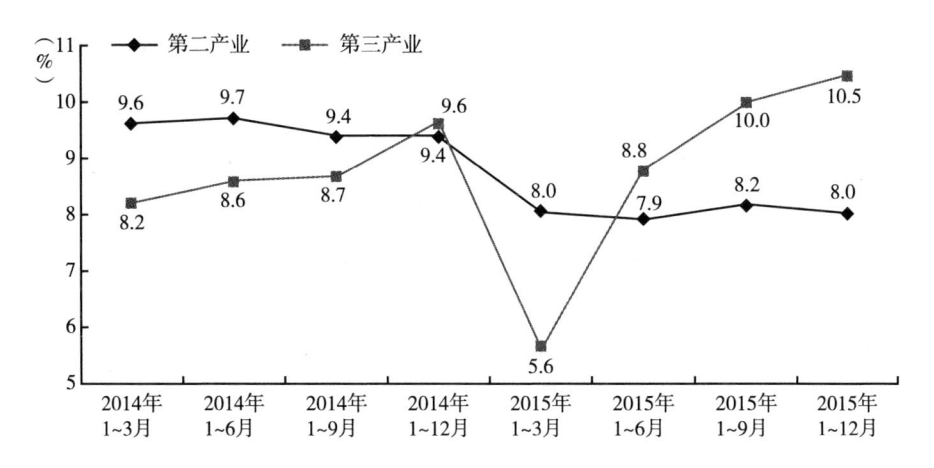

图2　2014~2015年河南省各季度第二、三产业增速

4. 投资需求稳中趋升

河南通过制定"双十"投资促进计划，推进城乡基础设施、生态环保和产业转型升级领域重大项目建设增加有效投资，投资增长稳中趋升。2015年，全省固定资产投资34951.28亿元，同比增长16.5%，比全国平均水平高6.5个百分点，居全国第8位，比上年前移1位。从年内固定资产投资累计增速走势看，自4月份起连续6个月稳定于15.6%~15.7%的增长区间，10月份以来连续3个月有所加快，呈现稳中趋升态势（见图3）。

房地产市场企稳回升。一年来，河南努力以消化库存、鼓励消费为重点促进房地产健康发展，出台促进房地产市场平稳健康发展、农民进城购房扩大住房消费等政策，房地产市场企稳回升。2015年，全省房地产开发投资增速自5月份开始企稳向好，全年增长10.1%，比全国平均水平高9.1个百分点，居全国第5位，比上年前移10位，呈现小幅波动、总体回升态势；商品

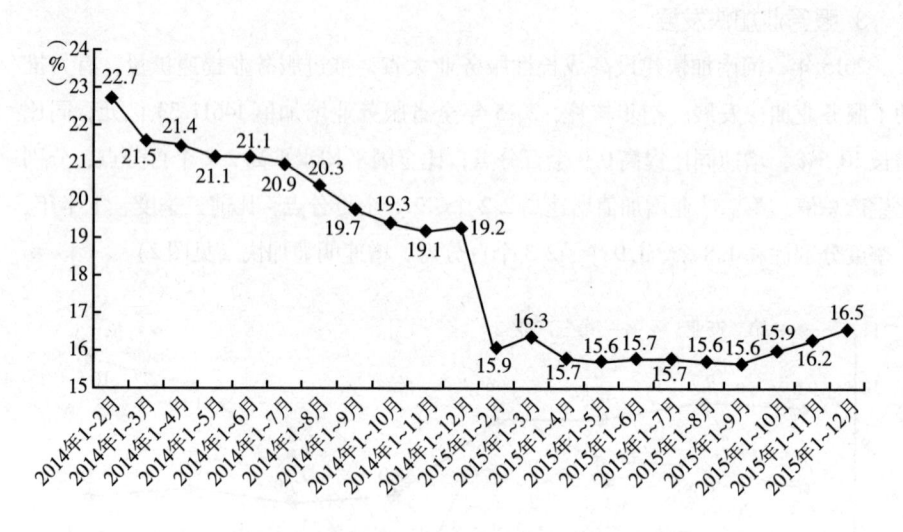

图3 2014~2015年全省各月固定资产投资增速

房销售面积、商品房销售额自3月份开始逐步回升，全年分别增长8.6%、14.7%。

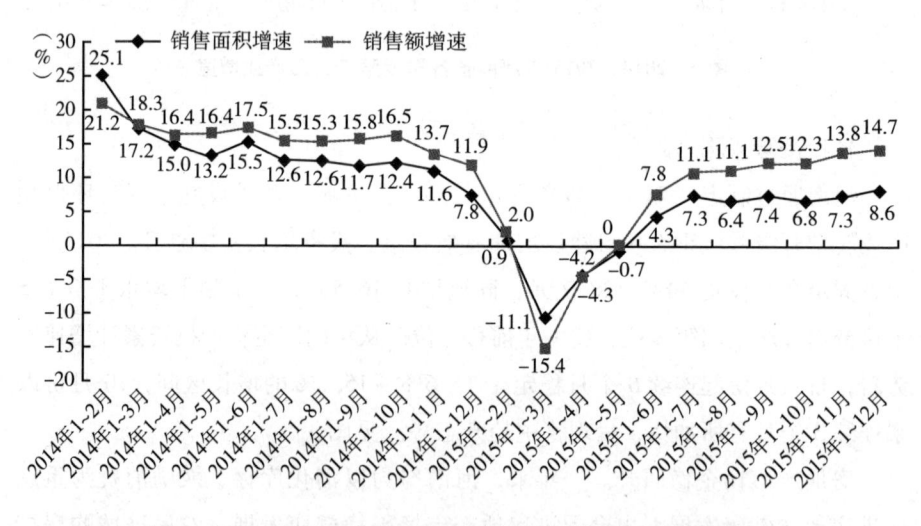

图4 2014~2015年河南省各月商品房销售面积和销售额增速

5. 消费需求总体平稳

通过实施养老健康家政、信息、节能环保、旅游休闲、住房、文化教育体育六大消费工程培育消费热点,消费需求平稳增长。2015年,全省社会消费品零售总额15740.43亿元,同比增长12.4%,高于全国平均水平1.7个百分点,居全国第2位,比上年前移8位。年内各月累计增速保持在12.2%~12.4%,当月增速月度间波动幅度不超过0.4个百分点,总体保持平稳增长态势。其中,限上企业(单位)消费品零售额6301.14亿元,同比增长9.6%。

6. 对外贸易快速增长

2015年,河南坚持以扩大开放"一举求多效",积极融入国家对外开放和区域发展战略,通过发挥比较优势、提升产品国际竞争力,加快打造内陆开放高地,找到了一条内陆省份开放发展的新路子,对外贸易快速增长。全年全省进出口总额4600.2亿元,同比增长15.3%,增速高于全国22.3个百分点,在全国同比下降7%的大环境下实现了逆势上扬。其中,出口2684亿元,同比增长11%,高于全国平均水平12.8个百分点;进口1916.2亿元,同比增长21.9%,高于全国平均水平35.1个百分点。

(二)结构调整与转型升级步伐明显加快

2015年,河南顺应市场变化,坚持需求导向,抓住主要矛盾,聚焦提质增效,推动结构调整、转型升级和发展方式转变。

1. 三次产业结构持续优化,服务业比重进一步上升

河南实施服务业重点领域发展行动方案,服务业加快发展,促进了产业层次提升。2015年服务业增加值比重达到39.5%,同比提高2.4个百分点。全年服务业对全省经济增长的贡献率37.9%,拉动全省经济增长3.1个百分点,拉动力比上年全年提高0.3个百分点。全省经济增长动力已从主要由第二产业拉动向第二三产业共同拉动的格局转变,服务业已成为支撑经济增长的重要力量。

2. 工业产业产品结构继续呈现积极变化

通过实施先进制造业大省建设行动计划,启动技改提升工程和工业强基工程,全省工业结构调整继续推进。2015年全省高成长产业和高技术产业增加值占全省工业的比重分别为47.5%、8.8%,同比分别提高2.5个、1.2个百分点。传统支柱产业转型升级成效继续显现,冶金工业中铝材与电解铝产量比例关系从2014年的72∶28调整为75∶25;化学工业中,精甲醇产量同比增长8.4%,高出上游产品原煤16.4个百分点;轻纺工业中,服装服饰产量同比增

长10.6%，增速分别高于上游产品布和印染布10.4个和77.9个百分点，传统支柱产业产品结构正逐步由低加工度向高加工度转化、由产业链前端向中后端延伸。

表2 2015年河南省主要产业增长情况

行业	增速(%)	占比(%)	贡献率(%)	拉动增长(个百分点)
高成长产业	11.4	47.5	59.9	5.2
一、电子信息产业	23.2	4.3	10.2	0.9
二、装备制造业	13.1	16.0	23.0	2.0
三、汽车及零部件产业	13.5	3.8	5.5	0.5
四、食品产业	7.2	15.8	13.0	1.1
五、现代家居产业	8.6	4.0	4.1	0.4
六、服装服饰	10.6	3.6	4.3	0.4
传统支柱产业	5.9	45.3	32.7	2.9
一、冶金工业	9.7	8.0	9.6	0.8
二、建材工业	8.4	12.9	12.1	1.1
三、化学工业	8.5	6.6	6.8	0.6
四、轻纺工业	6.6	10.2	8.2	0.7
五、能源工业	-3.6	7.7	-4.0	-0.3
高技术产业	20.0	8.8	17.9	1.5
高耗能行业	6.5	33.2	26.5	2.3

3. 新业态新模式新技术蓬勃发展

一年来，河南省制定"互联网+"行动实施方案，实施中原云计算和大数据产业园等一批重大项目，持续深化与阿里巴巴、腾讯、百度等企业的战略合作，新产业新模式新业态发展势头迅猛。2015年前三季度全省网上零售额增速达37.2%。全年为"互联网+"发展提供技术支持和配套服务的软件和信息技术服务业、互联网和相关服务业营业收入均以超过35%的速度高速增长。围绕产业链部署创新链，大力支持大众创业万众创新载体平台建设，新建14家国家级、105家省级创新平台，一批产业关键技术取得突破。

4. 城乡结构调整加快推进，城镇化进程进一步加快

河南省把促进有能力在城镇稳定就业和生活的常住人口有序实现市民化作

为首要任务,强化"一基本两牵动三保障",促进人口集中、产业集聚、土地集约,推动城镇化持续健康快速发展。有序推进农业转移人口市民化。研究制定推进"三个一批人"城镇化实施方案等政策文件,全面实行城乡统一的户口登记制度,2015年常住人口城镇化率46.85%,同比提高1.65个百分点,与全国的差距比上年缩小0.32个百分点,增速居全国前5位。积极推进新型城镇化试点。全省国家级试点达到6个,兰考等3个县(市)列入国家县城深化基础设施投融资体制改革试点,济源、林州获批国家中小城市综合改革试点。着力提升城市综合承载能力。加快推进城市交通、供排水、污水垃圾、地下综合管廊等基础设施建设,海绵城市试点建设顺利推进,全年供水、污水和垃圾日处理能力分别新增80万吨、100万吨、2000吨。深入推动城乡发展一体化。河南省把着眼长远和立足当前统一起来,坚持一二三产业复合和经济、生态、人居功能复合,在全省规划建设16个城乡一体化示范区,在条件比较充分的局部区域建设"试验田",努力在破除城乡二元结构、消除城乡差别上先行先试,打造现代化建设的样板区,发挥示范引领作用。同时,郑东新区发展势头强劲,土地规划面积258平方公里,建成区面积由2013年的97.26平方公里增加到2015年的113.13平方公里,从业人数由7.65万人增加到8.70万人。

5. 节能降耗成效显著

河南围绕绿色发展理念深入推进节能减排,加快循环经济试点省建设,节能降耗取得显著成效。全年全省万元生产总值能耗超额完成国家任务;规模以上工业单位增加值能耗同比下降11.54%,40个行业大类中有35个行业单位增加值能耗同比下降,下降面达到87.5%。

(三)民生大局总体稳定

2015年,河南把惠民生增福祉作为根本目标,坚持发展为民,着力办好民生实事、解决民生难题,加强普惠性、基础性、兜底性民生建设,圆满完成十项重点民生工程,确保民生大局总体稳定。

1. 民生支出保障较好

2015年,全省财政用于保障民生的支出5265.69亿元,增长16.7%,高于一般公共预算支出增速3.8个百分点,占一般公共预算支出的77.4%。其

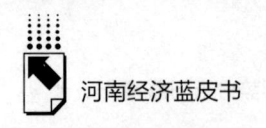

中社会保障和就业、医疗卫生与计划生育支出分别增长20.4%、18.2%，节能环保、城乡社区支出分别增长49.6%、51.0%。

2. 稳岗就业成效显著

2015年，全省城镇新增就业144.5万人，城镇失业人员再就业48.7万人，就业困难人员再就业19.3万人，农村劳动力新增转移就业72万人，转移就业总规模达到2814万人，其中省内转移就业1653万人，已于2011年超过省外转移就业人数。

3. 城乡收入保持较快增长

2015年全省居民人均可支配收入17125元，同比名义增长9.1%，实际增长7.7%。城镇居民人均可支配收入25576元，名义增长8.0%，实际增长6.7%；农村居民人均纯收入10853元，名义增长8.9%，实际增长7.6%。

4. 居民消费价格温和上涨

2015年，全省居民消费价格上涨1.3%，涨幅同比收窄0.6个百分点，比全国平均水平低0.1个百分点，总体保持温和上涨态势。食品类、烟酒类、衣着类、家庭设备用品及维修服务类、医疗保健和个人用品类、娱乐教育文化用品及服务类、居住类等价格分别上涨1.8%、1.1%、2.3%、0.5%、2.4%、2.1%和1.0%，交通和通信类价格下降2.1%。

5. 扶贫成绩巨大

河南扎实推进精准扶贫，在全国率先制定实施贫困县考核评价办法，扎实开展扶贫对象建档立卡和干部驻村帮扶工作，1.2万名重点村第一书记全面到岗就职；深入实施"三山一滩"群众脱贫工程，黄河滩区居民迁建第一批试点部分群众已入住安置区，2015年120万农村贫困人口稳定脱贫。

总体来看，面对需求不足、外部因素与自身结构性矛盾、体制性问题交织叠加、共同作用的复杂形势，省委省政府全面贯彻落实党中央、国务院的科学决策部署，采取了一系列政策措施，着力扩大增长点、转化拖累点、抓好关键点、抢占制高点、稳控风险点，全省经济表现出总体平稳、稳中有进、稳中向好的发展态势，主要经济社会发展预期目标胜利完成，一些指标取得历史性突破。与2008年金融危机时河南经济增速排名位次快速下滑不同，在全国各省增速普遍换挡回落的背景下，河南增速不仅高于全国平均水平、高出幅度逐渐扩大，而且居全国的位次不断前移，实现了换挡不失"速"、增质不失"效"。

这些成绩是在困难和挑战大大超出预期的情况下实现的，来之不易，也为2016年开好局、起好步奠定了坚实基础。

二 2016年河南省经济运行展望

2016年，更为困难的外部经济环境将进一步降低河南经济发展有效需求，"供给侧"调控下经济运行也将面临一定困难。鉴于当前全省经济新生动力的蓬勃发展势头，以及不断改善的基础设施、能力、环境等社会经济发展综合条件，河南通过持续强力推进稳增长、保态势的各项有效措施，同时紧跟国家政策导向，深入推进创新驱动、过剩产能出清为核心的转型升级工作，2016年河南经济运行仍有望保持稳中有进、稳中向好的良好势头，实现"十三五"时期社会经济发展的良好开局。

（一）经济周期性波动分析表明，2016年河南经济运行的主要特征仍是波动筑底

从图5可知，从1993年起河南省经济运行指数的运行轨迹基本与全省生产总值的季度累计增速运行轨迹相同，部分时点前者还表现出一定的领先性，真实反映了亚洲金融危机、全球次贷危机期间全省经济的波动过程。相对而言，亚洲金融危机对河南经济的冲击和影响较小，其间全省生产总值增速下行历时3年，回升历时5年，增速波幅接近6个百分点；截至2015年，波及全球的本轮危机已届8年，为应对源于全球性结构缺陷、危害远大于1997年危机的次贷危机，当前全国大力推进的内需导向型结构调整，由于涉及社会经济各方面体制的调整与变革，难度很大，全国和河南经济运行探底、筑底进程仍未结束。值得注意的是，本轮危机中河南经济运行的平稳性明显增强。2015年全省8.3%的生产总值增速比2007年低了6.3个百分点，稍大于上次危机衰退阶段3年内（1997~1999年）5.8个百分点的降幅；2013年以来河南省经济运行指数下行走势更为平缓，2015年指数运行轨迹已呈现类似于1998~1999年指数波动筑底的形态，表明当前全省经济运行已逐步进入下行趋于结束、波动筑底力度显著增强的阶段。当然，鉴于当前国内外经济环境仍较困难、全国各方面体制机制改革任务艰巨等客观因素的存在，全国及河南本轮经

济周期性波动筑底的过程无疑要明显长于上次危机。2016年全省经济运行整体仍将处于探底、筑底的波动过程。

图5　1993年以来河南省经济运行指数*运行情况

*河南省经济运行指数，由河南省统计科学研究所利用国家统计局科研所余根钱博士（副司级干部，数据质量研究室主任）开发的智能型中国经济数据库及监测系统编制而成。河南省经济运行指数的基础指标体系，由工业生产、省内需求、市场物价、金融信贷等经济运行环节上具有高度代表性的十多个统计指标构成；除总指数（河南省经济运行指数）外，还编制有河南工业运行指数、河南价格运行指数、河南省内需求指数、河南信贷运行指数四个分指数。因为缺少部分指标2015年12月的数据，所以无法合成12月的河南省经济运行指数，图5中指数曲线截至2015年11月。

（二）2016年河南经济运行仍将面对诸多挑战，波动出现可能性较大

1. 国内外经济增速下行进一步缩减河南实体经济需求，2016年全省投资、消费和出口难有上佳表现

从国际看，受发达经济体需求萎缩、新兴体经济增长减速、地缘冲突事件频发等因素影响，市场进一步看淡全球经济复苏前景，世贸组织、世界银行分别下调了2016年全球贸易和经济增速的预测数据，年内全国出口增长前景依然不好。从国内看，2015年全国不断回落的进口和工业品出厂价格指数增速表明，国内需求增长同样乏力。投资、存货、建筑三大经济周期波动因素相关指标的表现也都比较差。全国固定资产投资各月累计增速仍维持下行走势，

2015年1~12月累计增速下探至10.0%，为2000年下半年以来最低水平；中国制造业采购经理人指数的产成品库存和原材料库存分指数近2年来一直位于50%扩张线之下，持续去库存使上下游企业生产不断萎缩；2015年全国房地产开发投资增速已下探至1.0%，对投资和住房消费相关产业的带动作用进一步弱化。中国社会科学院、中国科学院课题组对2016年全国生产总值增速预测数据分别为6.6%~6.8%和6.7%左右，均低于2015年生产总值增速。全国经济发展对河南经济的需求带动作用无疑将进一步下降；从省内看，2016年全省投资、消费增长前景依然不好，出口虽有望保持相对高速，但结构稳定性仍待加强。2015年全省投资增速虽总体平稳，但仍处于近年来的较低水平，后劲不足问题更为突出；社会消费受近年来城乡居民收入增速下滑、大件消费品热点缺乏等因素影响，增速也一直处于低位平稳状态；随着龙头企业富士康产能扩张的结束，全省出口正由超高速增长逐步过渡到常规快速增长阶段，在富士康苹果手机等主线产品换代影响下，全省出口月度增速也有所波动，河南出口的结构稳定性仍然不强。

2. 全省经济发展中的结构性矛盾和问题依然突出，下行压力仍然很大

一是工业企业经营持续困难。近年来河南经济供需错配现象没有根本解决，产能过剩与需求不足现象并存，产品普遍供过于求、价格下跌，2015年全省工业生产者出厂价格累计下降4.6%，降幅同比扩大2.7个百分点，已连续43个月下降。同时，企业成本增长较快，2015年以来全省规模以上工业企业主营业务成本增速持续快于主营业务收入增速。受售价下跌和成本上升的双重挤压，企业盈利空间继续收窄，2015年3月份以来规模以上工业企业利润总额增速持续低于1%，10月份由正转负，1~11月下降0.7%、降幅继续扩大。特别是传统支柱产业生产经营更加困难，利润增速由2014年的1.9%持续下降至2015年1~11月的-8.0%，降幅比全省工业高7.3个百分点。2015年传统支柱产业增加值增长5.9%，低于全省平均水平。传统支柱产业处于整个产业链条上游，其快速下滑将对下游行业的稳定性产生影响。二是房地产去库存任务较重，尤其是县域房地产业库存积压严重。2015年底全省商品房待售面积3606.83万平方米，仅比2014年底减少了87.23万平方米，总量仍处高位，去库存任务艰巨。分区域看，全省去库存周期（已竣工待售面积÷月均销售面积）5.1个月，市区3.9个月，县域达6.1个月，个别县（区）去库

存周期超过2年。房地产业是支撑经济发展和民生改善的重要支柱，关联产业多、产业链条长，对经济发展具有综合拉动作用。近年来，全省房地产投资占全省的比重在15%左右，房地产税收占比大多在30%以上，个别地区可能更高。房地产库存居高不下，尤其是县域房地产消费增速明显慢于生产增速，库存积压严重，对未来这些县（市）乃至全省经济、投资、消费、税收、就业的影响不可小觑。三是部分企业融资难、融资贵问题突出，仍是制约发展的"瓶颈"。近年来企业销售不畅、货款回笼放缓，2015年1~11月全省工业企业应收账款回收期同比增加2.4天。在企业自有资金不足的同时，商业银行融资渠道不畅。由于中小企业、民营企业贷款门槛高，抵押贷款率低，银行贷款往往捆绑其他附加产品，大大增加了企业融资成本。而部分商业银行出于风险防控的考虑，审批更趋审慎，惜贷、限贷的对象已扩展到一些有订单有效益但生产经营暂时遇到困难的企业。商业银行融资渠道不畅，企业只能通过民间进行融资甚至参与非法集资，导致部分地区金融风险增大。融资难且贵的问题已经成为阻碍企业顺利发展的重大障碍，也是制约未来全省经济健康发展的"瓶颈"。四是经济结构调整可能会带来短期经济波动，稳增长调结构难度较大。河南冶金、建材、能源、化工等行业多属于全国性产能严重过剩行业，其增加值总量占全省工业35%，产业结构优化升级必然伴随着这些行业去产能、去库存、降成本的阵痛。市场需求不足和产能过剩的双重压力，使河南传统竞争优势将迅速减弱，与此同时新的接续力量虽在形成之中，但短期内规模难以迅速扩张，拉动力依然偏弱，增长动力"青黄不接"可能带来短期经济波动。

此外，粮食价格走低、种植效益下降、财政收支平衡难度大等问题，也必须引起相关部门高度重视并及时加以化解，防止叠加共振，对经济稳定运行产生冲击。

3. 财税体制改革等因素对全省经济运行调控能力的制约作用有所增强

2016年，国家"营改增"税制改革试点将进一步扩展至建筑业、房地产业、金融业和生活服务业。加上前期纳入试点范围的交通、邮政、电信等行业，全国增值税改革将实现服务业全覆盖。新的一年中，此项税制改革无疑将进一步促进河南相关服务行业的快速发展。然而，由于传统分税制下营业税在地方税种中的重要地位，营改增为主体内容的结构性减税政策必然会严重影响地方财政收入增长能力；再加上当前全省大部分地区房地产市场表现低迷所导致的土地出让金大幅缩减,以及全省规模以上工业企业利润连续多月负增长等因素,已经低速运行的全省财政收入未来将面对更为困难的局面。与此同时,无论是当前全省正大力推进的各大战略举措,还是国家加大社会保障"托底"力度的政策基调,都客观上要求进一步扩大2016年全省财政支出的规模。新的一年中,全省财政收支矛盾将更为突出。进入2016年,《全国人民代表大会常务委员会关于修改〈中华人民共和国预算法〉的决定》实施已满1年,全省各地市可通过公私合营模式(PPP)融资的优质项目总量正逐步降低,如2015年全省新开工项目计划总投资(不含房地产开发)增速降至 -0.2% 的近10年最低点,从侧面反映出这一问题;未来,全省财政对于社会经济发展的引领、调控能力提升也面临较大的困难。

(三)推动经济社会持续健康发展仍具备较多有利条件和积极因素

从国际来看,河南国际金融危机加速催生的新一轮科技革命和产业变革,将加快推动传统制造业转型升级和全球产业布局调整,不断为世界经济发展注入新动力。从国内看,中国发展仍处于可以大有作为的重要战略机遇期,经济长期向好的基本面没有改变,中央将大力推进结构性改革、着力解决制约发展的深层次问题,深入实施创新驱动发展战略,加快新动能成长和传统动能提升,为经济发展提供强大动力。

从河南来看,河南正处于新型工业化、城镇化、信息化、农业现代化快速推进阶段,特别是近年来一系列打基础管长远的重大战略性工程加快实施,厚植发展优势,全省经济持续平稳健康发展仍具备很多有利条件和积极因素,主要表现在以下几个方面:一是承接产业转移有优势、有空间。近年来,国内外产业转移更加注重贴近消费市场,更加注重向具有人力资源优势和产业配套能力的地区布局。有关研究显示,目前珠三角地区每年向外转移的产业中60%转向国内中西部地区。河南总人口占全国1/13,具有丰富的劳动力资源优势,市场容量巨大;经过近年来的科学载体建设,产业集聚区围绕主导产业集群发展,着力构建产业配套服务体系,河南已成为参与全球产业分工体系的重要窗口和承接产业转移的主平台,河南有优势、有空间承接大规模产业转移。二是全面融入国家"一带一路"战略拓展河南经济发展空间。河南位居国家核心腹地,是"一带一路"的重要战略支点,河南全面融入国家"一带一路"战

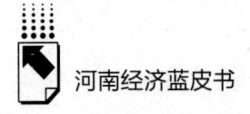

略，有利于充分发挥河南的区位和资源优势。2015年，河南强力推进郑州航空港经济综合实验区建设，郑州机场客、货吞吐量已分别达到1729.74万人次、40.33万吨，富士康液晶面板等重大产业项目开工建设，郑欧班列和郑州跨境贸易电子商务服务试点继续保持全国领先地位，2016年初郑州又升格成为全国第二批跨境电子商务综合实验区试点城市，高新医药、会展交易、电商物流、智能终端方面等高附加值、临空经济特征明显的产业群落正快速成型，前三季度实验区生产总值增长25.0%、固定资产投资增长30.5%，"三年打基础"战略目标基本实现，只要发挥新郑国际机场二期工程建成投入使用后货运航线网络覆盖欧美亚的优势，发挥全球智能终端研发制造基地的优势，发挥郑欧班列和郑州跨境贸易电子商务服务试点的先行优势，不断提升河南在国际国内分工合作中的战略地位，完全可以拓展经济发展空间。三是新型城镇化发展为扩大内需提供机遇。2015年河南常住人口城镇化率46.85%，正处于城镇化的加速发展时期，有利于吸引农村劳动力加快转移就业，带动现代农业发展和农村生活水平提升。城镇化既能直接带来消费需求的增长，又能通过城市基础设施建设带动投资需求的增长，这将为扩大内需特别是扩大消费需求提供机遇。四是要素支撑条件进一步改善。从人力支撑看，河南是人力资源大省，劳动力较为充裕且素质不断提升；从交通支撑看，河南着力打造现代立体综合交通网络，高速公路里程居全国前列，"米"字形高速铁路网加快推进，交通运输能力显著增强；从资金支撑看，全省金融服务业规模及实力不断扩大增强，全省金融法人机构牌照种类扩展至全部12个类别，2015年末全省金融机构人民币各项存款余额接近5万亿，资金量充裕，存款余额高于贷款余额的幅度从2010年的7278亿元增加至2015年的16197亿元，贷款有较大潜力。2015年1～11月河南省社会融资规模增量为5499亿元，占全国社会融资规模的4.1%，居中部六省首位，前11个月全省社会融资规模与地方债增量合计为6924亿元，同比增加561.6亿元；从能源支撑看，2015年全省火力发电装机容量达6163万千瓦，风力发电、太阳能发电、生物质发电、垃圾发电等新能源迅猛增长。要素条件的进一步改善，将有力支撑全省经济保持较高速度增长。五是应对和驾驭复杂局面的能力不断强化。近年来，面对严峻的外部环境，省委省政府审时度势，有定力、领对路、出对招，采取一系列措施稳定经济运行，快速扭转了经济下滑的趋势，主要指标在全国增速持续回落的背景下稳中趋升，省委省政府应对和掌控复杂局面的经验日益丰富，有利于对内提振信心、凝聚力量，对外树立形象、集聚要素，更好地应对未来的复杂局面。

综上所述，2016年促进发展的条件明显多于制约经济发展的困难和问题，有利因素多于不利因素，随着积极因素的持续积累，保持经济社会持续健康发展仍然可期待。基于以上分析和判断，专家组对课题组得出的河南主要经济指标模型预测数据进行了一定的修正①（见表3）。总体来看，2016年全省主要经济指标同上年相比增速将有所回落，但降幅仍在正常波动区间，全年经济平稳运行态势有望保持不变。

表3 2016年河南省主要经济指标增长率（上年=100）预测

单位：%

项目	2016年	项目	2016年
地区生产总值	8.0~8.3	居民消费价格指数	1.7~3.0
固定资产投资	13.5~15.0	城镇居民人均可支配收入	7.9左右
社会消费品零售总额	12.0~12.3	农村居民人均可支配收入	9.6左右

三 迎接挑战，抢抓机遇，促进全省经济社会持续平稳健康发展

2016年是"十三五"时期的开局之年，也是推进结构性改革的攻坚之年，做好经济工作非常重要。河南必须坚定信心、直面挑战、抢抓机遇、迎难而上，确保经济社会实现持续平稳健康发展。

（一）保持政策措施的连贯性和稳定性

要在已出台各项政策措施的基础上，充分调动各方积极性，把中央及河南出台的一系列稳增长政策措施落到实处，强化政策效果，在保持政策措施稳定

---

① 课题组利用SAS统计软件，对河南省生产总值等主要指标的年度增速（上年=100）进行了时间序列模型拟合，根据各指标时间序列数据长短、口径变动情况以及模型实际预测效果，不同指标最终确定的模型有所不同，具体类型包括ARIMA、ARIMAX、EXPONENTIAL SMOOTHING等多种模型形式。

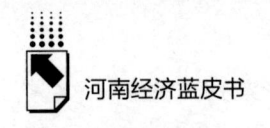

性与连贯性的基础上,适时适度地进行必要的精准调控,实现政策调整的"软着陆",确保经济持续平稳健康发展。

(二)以供给侧改革为契机,推动工业结构转型升级

要抓住推进国家供给侧改革契机,以优质需求为导向改善供给结构、提高供给质量、提升供给能力,增加有效供给。以发展战略性新兴产业为突破口推进工业结构调整,围绕国家产业政策和河南产业发展规划,培育一批拥有自主知识产权、核心技术和市场竞争力强的知名品牌;改造提升传统产业,加快淘汰落后产能,鼓励省内工业企业特别是产能过剩严重的行业,通过"一带一路"等战略积极拓展外部市场"走出去",提升一批、转出一批、淘汰一批,大力化解过剩产能;要注意处理好存量和增量的关系,既要着力于培育优质增量,注重对高成长性制造业、高技术产业和战略性新兴产业等优质增量的培育,更要着眼于存量的调整和优化,注重对河南具有比较优势的传统制造业进行优化升级。

(三)加大金融对实体经济的支持力度

建议实施有保有压的差别化信贷政策,对钢铁、有色、化工、煤炭等暂时困难的传统产业,区分不同类型企业,解决行业贷款受限问题;完善企业担保链风险化解机制,而不是简单地向担保企业转移风险或降低担保企业授信标准,防止出现连锁反应;加大力度打击非法集资等违法违规金融活动,防止局部性问题演变为趋势性问题,维护金融秩序稳定。

(四)继续保障和改善民生

在大力推进结构调整的同时,要加大对民生领域的投入力度,守住民生底线,维护社会和谐稳定。实施更加积极的就业政策,增加就业岗位,促进就业环境改善、就业岗位稳定、劳动安全保障,切实提高就业质量。完善养老、医疗、失业、社会救助等社会保障制度,提高基本公共服务水平。打好扶贫攻坚战,大力开展精准扶贫、精准脱贫,加快贫困人口脱贫进度,确保2020年现行国家标准下农村贫困人口全部实现脱贫、贫困县全部摘帽。

参考文献

〔美〕Michael P. Niemira，Philip A. Klein：《金融与经济周期预测》（*Forecasting Financial and Economic Cycles*），邱东等译，何宝善审校，中国统计出版社，1998。

〔美〕George E. P. Box，〔英〕Gwilym M. Jenkins，〔美〕Gregory C. Reinsel：《时间序列分析：预测与控制》（*Time Series Analysis：Forecasting and Control*），顾岚主译，范金城校译，中国统计出版社，1997。

〔美〕Francis X. Diebold：《经济预测》（第2版）（*Elements of Forecasting, Second Edition*），张涛译，中信出版社，2003。

《SAS系统·Base SAS软件使用手册》，高惠旋等编译，中国统计出版社，1997。

《SAS系统·SAS/STAT软件使用手册》，高惠旋等编译，中国统计出版社，1997。

《SAS系统·SAS/ETS软件使用手册》，高惠旋等编译，中国统计出版社，1998。

B.2
河南省经济社会发展"十二五"回顾与"十三五"展望

河南省统计局课题组*

摘　要： "十二五"时期，在党中央、国务院的正确领导下，河南省抢抓促进中部崛起的重大机遇，聚焦实施粮食生产核心区、中原经济区和郑州航空港经济综合实验区三大国家战略规划，统筹稳增长、促改革、调结构、惠民生，坚持调中求进、改中激活、转中促好、变中取胜，全省经济保持良好发展态势，取得巨大发展成效，综合实力大幅提升。"十二五"时期，全省生产总值年均增长9.6%，高于全国平均水平1.8个百分点，占全国比重5.5%，稳居全国第5位，为全国经济平稳较快发展做出重要贡献；发展方式加快转变，产业竞争力不断提升，经济发展的协调性显著增强；人民生活水平显著改善，发展的内生动力和市场活力不断释放，蓄势崛起迈出新步伐。"十三五"时期宏观环境仍较复杂、困难依然较多，但河南省经济增长的基本面没有发生根本改变，积极因素仍在不断积累，保持经济较高速度增长依然可期待。

关键词： 河南　"十二五"　发展　"十三五"　战略机遇期

"十二五"时期，在党中央、国务院的正确领导下，河南抢抓促进中部崛起

---

* 课题组组长：胡五岳，河南省统计局局长。副组长：俞肖云，硕士，高级统计师，河南省统计局副局长；刘明宪，硕士，高级统计师，河南省地方经济社会调查队队长。课题组成员：朱启明，硕士，高级统计师，河南省统计局综合处处长；李鑫，硕士，河南省统计局综合处副处长；张亚丽，硕士，河南省统计局综合处主任科员。

的重大机遇，聚焦实施粮食生产核心区、中原经济区和郑州航空港经济综合实验区三大国家战略规划，统筹稳增长、促改革、调结构、惠民生，坚持调中求进、改中激活、转中促好、变中取胜，全省经济保持良好发展态势，取得巨大发展成效。"十三五"时期宏观环境仍较复杂、困难依然较多，但全省经济增长的基本面没有发生根本改变，积极因素仍在不断积累，保持经济较高速度增长依然可期待。

一 "十二五"时期河南省经济社会发展取得巨大成就

"十二五"时期以来，面对复杂多变的国际形势和国内经济增速放缓的大环境，全省紧紧围绕"中原崛起、河南振兴、富民强省"的总目标，牢牢把握主题主线，下大力气转变发展方式，着力稳定经济增长，坚定不移深化改革开放，努力克服金融危机不利影响，积极应对新常态下换挡减速、下行压力加大带来的困难和挑战，经济社会发展保持好的趋势、好的态势、好的气势，全省经济发展取得巨大成就，综合实力大幅提升，发展方式加快转变，人民生活水平显著改善，蓄势崛起迈出新步伐。

1. 经济保持较快增长，综合实力大幅提升

经济保持良好发展态势。"十二五"时期，全省生产总值年均增长9.6%，高于全国平均水平1.8个百分点。分年度看，2011年、2012年分别增长11.9%、10.1%，2013年、2014年、2015年分别增长9.0%、8.9%、8.3%，河南同全国一样经济由高速增长转为中高速增长；增速居全国的位次由2010年的第21位前移至2015年的第13位。在全国经济增速换挡回落的大背景下，全省经济增长保持回落幅度相对较小、位次不断前移的良好发展态势。

经济总量不断迈上新台阶。全省生产总值在2010年突破2万亿元基础上迈上新台阶，2013年突破30000亿元，达到32191.30亿元，2014年达到34938.24亿元，2015年达到37010.25亿元，是2010年的1.6倍，占全国比重5.5%，稳居全国第5位，为全国经济平稳较快发展做出重要贡献。

人均生产总值快速增加。"十二五"时期，全省人均生产总值年均实际增长9.6%。2015年，全省人均生产总值39131元，是2010年的1.6倍。按照当年年平均汇率计算，全省人均生产总值由2010年的3611美元提高至2014年的6035美元，连续突破4000美元、5000美元、6000美元大关，2015年达到6283美元。

河南经济蓝皮书

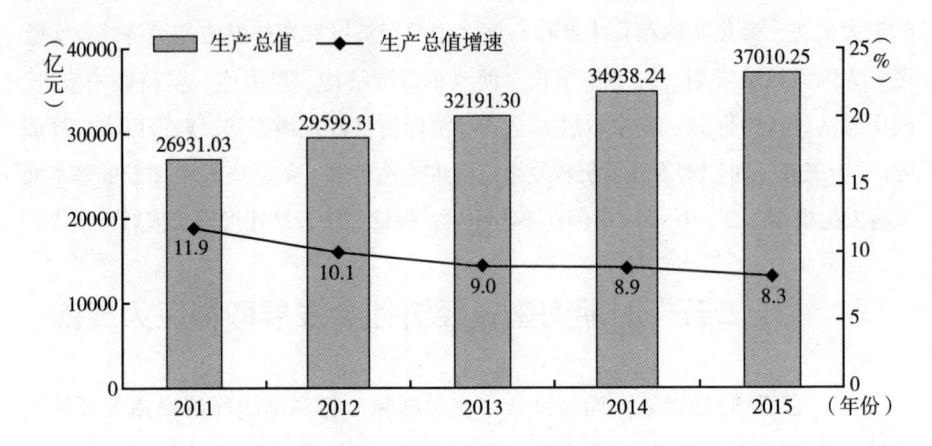

图1　2011~2015年河南省生产总值及增速

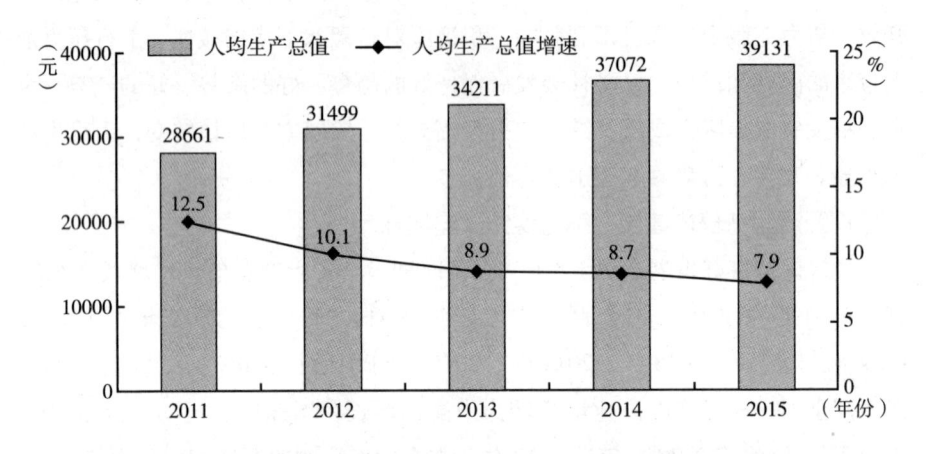

图2　2011~2015年河南省人均生产总值及增速

粮食产量实现"两个跨越"。河南自觉站位全局，为保障国家粮食安全，大力加强粮食生产核心区建设，加快转变农业发展方式，实施高标准粮田"百千万"建设工程，着力稳定粮食生产面积，大力加强农田水利建设，形成了年产粮食1100亿斤以上的稳定综合生产能力，粮食产量"十二连增"。2011年实现粮食总产量跨越1100亿斤的台阶，达到1108.50亿斤；2015年再次实现粮食总产量跨越1200亿斤台阶，达到1213.42亿斤，比2010年增加126亿斤，圆满完成粮食生产核心区中期目标（见图3）。

地方财政实力、金融支撑作用明显增强。"十二五"时期全省一般公共预

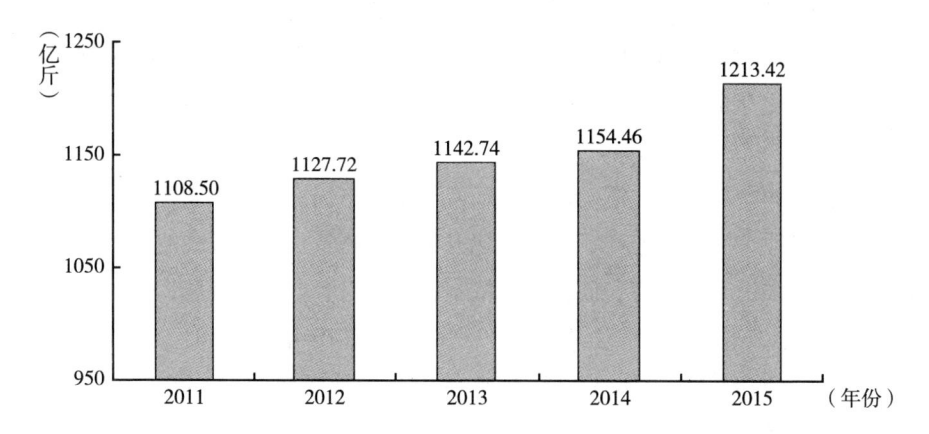

图3 2011~2015年河南省粮食产量

算收入年均增长16.9%，2012年突破2000亿元，2015年突破3000亿元，达到3009.6亿元，是2010年的2.18倍。"十二五"时期全省金融机构人民币各项存款余额年均增长15.2%，2015年末存款余额47629.9亿元，是2010年末的2.03倍；人民币各项贷款余额年均增长14.6%，2015年末贷款余额31432.6亿元，是2010年末的1.98倍。

居民收入不断增加，生活水平显著提高。"十二五"时期，河南以全面建设小康社会为主线，把城乡居民收入水平和生活质量提高作为重要发展目标，通过促进工资增长、提高离退休人员待遇、扩大就业、鼓励创业、扶助困难群体等多种举措，城乡居民收入和生活水平稳步提升，实现了新的跨越。2015年，全省常住居民人均可支配收入17125元，"十二五"时期年均增长12.5%，扣除价格因素实际增长9.4%。城镇居民人均可支配收入25576元，"十二五"时期年均增长10.6%，扣除价格因素实际增长7.6%；农村居民人均纯收入10853元，"十二五"时期年均增长13.2%，扣除价格因素实际增长10.1%，农村居民收入增长快于城镇居民。2014年，全省城乡居民人均消费支出分别达到16184.00元和7277.21元。2014年底，全省城镇居民家庭每百户拥有汽车20.2辆、计算机74.6台、移动电话222.1部，分别是2010年的2.99倍、1.31倍和1.27倍；农村居民家庭每百户拥有汽车10.1辆、计算机24.4台、空调48.1台、移动电话214.8部，分别是2010年的5.74倍、3.25倍、2.10倍和1.42倍。

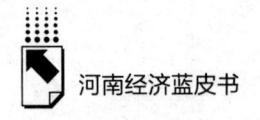

2. 经济结构进一步优化，转型升级取得重大突破

"十二五"以来，河南致力于优化产业结构、促进转型升级、强化创新驱动，持续优化存量、扩充增量，产业竞争力不断提升，经济发展的协调性显著增强。

产业结构持续优化，三次产业拉动经济增长格局发生重大变化。全省坚持把推动服务业大发展作为产业结构优化升级的战略重点，加强战略谋划、构建发展载体、推进开放招商、创新体制机制，全省服务业加快发展，总量规模不断扩大。"十二五"时期，全省三次产业结构由2010年的13.8∶55.5∶30.6演变为2014年的11.9∶51.0∶37.1，2015年进一步转变为11.4∶49.1∶39.5；第三产业对经济增长的贡献率由2010年的27.3%、2014年的32.3%上升至2015年的37.9%。从2011年起第三产业增速快于GDP增速，2015年上半年以来更是快于第二产业增速，全省经济增长动力发生变化，从主要由第二产拉动向第二、三产业共同拉动格局转变，第三产业成为经济增长的重要支撑力量。

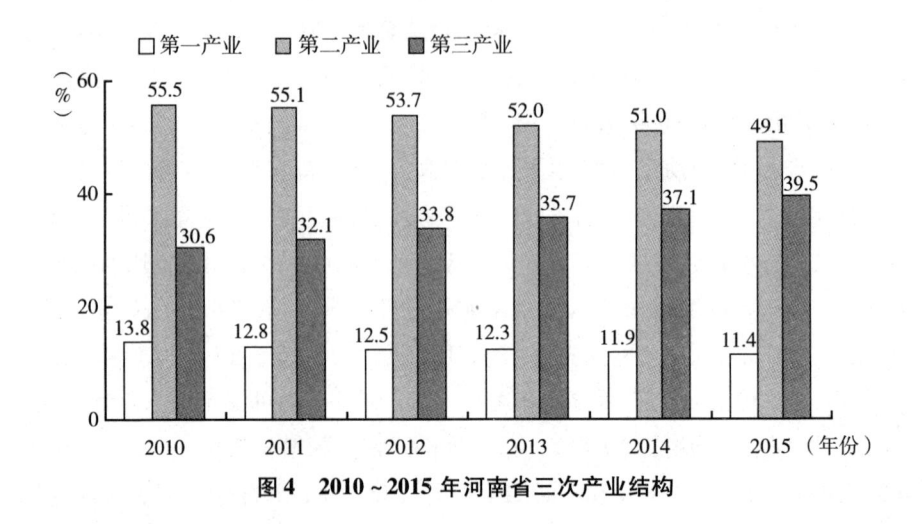

图4　2010~2015年河南省三次产业结构

工业内部结构不断优化，增长动能发生转换。"十二五"时期，河南大力调整工业结构，发展电子信息、装备制造、汽车及零部件等高成长性制造业，生物医药、节能环保、新材料、新能源产业成为新的增长点；综合运用承接转移、延伸链条、技术改造、兼并重组、增强产业链中高端产品带动能力等措施，构建传统支柱产业发展新格局，为工业经济的持续稳定增长积累了新的增长动力。高成

长性制造业、高技术产业快速发展，占比大幅提高。"十二五"时期，全省高成长性制造业和高技术产业增加值年均分别增长17.6%和36.1%，分别高于同期规模以上工业增加值增速4.5个和23.0个百分点。2015年全省高成长性制造业、高技术产业增加值占规模以上工业增加值的比重分别为47.5%和8.8%，分别比2010年提高10.6个和4.9个百分点。高成长性制造业和高技术产业成为"十二五"时期全省工业增长的主要驱动力。传统支柱产业转型升级成效明显。传统支柱产业精深加工产品产量增长较快，精深加工与初加工产品产量比例关系发生较大变化。"十二五"时期，冶金工业中铝材与电解铝产量比例关系从2010年的51∶49调整为2015年的75∶25，钢材、粗钢和生铁的产量比例关系从2010年的42∶31∶27调整为2015年的45∶27∶28；化学工业中，2011~2015年，精甲醇产量年均增长8.5%，高出上游产品原煤年均增速13.4个百分点；轻纺工业中，服装产量年均增长22.9%，增速分别高于上游产品布和印染布年均增速27.4个和50个百分点。全省传统支柱产业产品结构正逐渐由低加工度向高加工度转化、由产业链前端向中后端延伸。

深入推进科学发展载体建设。河南把产业集聚区作为推动科学发展的重要载体和全面实施国家三大战略规划的重要抓手，持续强化政策扶持，加快完善基础条件，壮大主导产业规模，产业集聚区实现提质转型创新发展，产业集聚效应凸显。"十二五"时期，全省产业集聚区规模以上工业增加值年均增长19.7%，高于全省平均水平6.6个百分点。2015年，全省产业集聚区增加值增长13.3%，高于全省平均水平4.7个百分点，占工业比重为60.4%，比2011年提高20.9个百分点，对全省工业增长的贡献率达89.8%，拉动全省工业增长7.7个百分点，为全省工业稳定增长发挥了中坚作用。为加快服务业发展、优化经济结构，河南规划建设了176个商务中心区和特色商业区，三年来服务业"两区"提速扩容增效发展，对区域服务业带动作用明显。截至2015年三季度，全省"两区"建成区面积135.75平方公里，占规划面积的45.1%，区内道路、市政管网、公共服务等配套基础设施逐步完善；入驻服务业企业1.28万家，其中规模以上服务业企业2094家，同比增加583家，从业人员32万人，实现营业收入1105.85亿元，同比增长4.7%。2015年1~11月，"两区"以仅300.8平方公里的规划面积，完成全省第三产业投资的8.8%，占全省投资比重为4.2%，拉动全省第三产业投资增长3.6个百分点，对全省第三

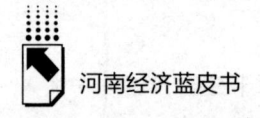

产业投资增长的贡献率为17.4%；拉动全省投资增长1.6个百分点，对全省投资增长的贡献率为10.0%。

新型城镇化加快推进。"十二五"时期，河南以新型城镇化为引擎，把加快城镇化摆在经济社会发展全局的突出位置，不断完善发展思路、发展举措，积极探索新型城镇化发展路子，全省城镇化保持健康快速发展。2015年，全省城镇化率为46.9%，比2010年提高8.1个百分点（见图5），"十二五"时期城镇化率年均提高1.61个百分点。城镇吸纳就业的能力不断增强，2014年城镇从业人员1713万，比2010年增加586万。

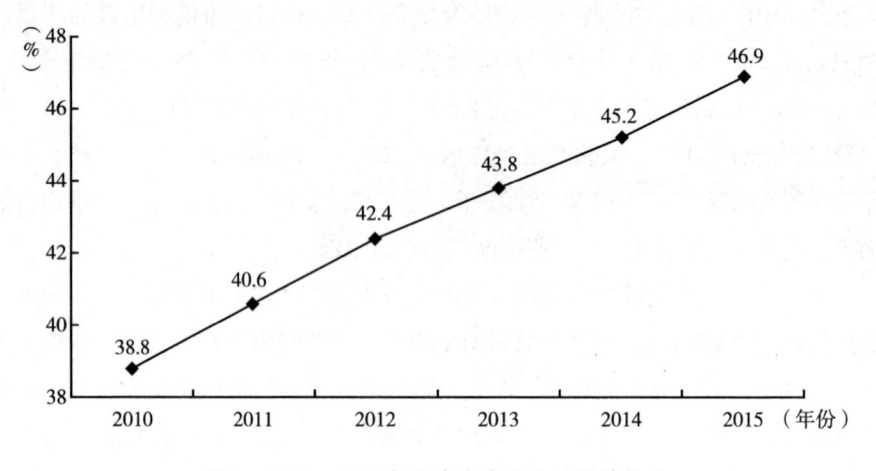

图5　2010~2015年河南省常住人口城镇化率

节能减排成效突出。"十二五"时期，河南大力推进工业结构调整、转型升级，着力推进技术创新、改进生产工艺，大幅降低单位能耗，推动科学发展，节能降耗取得显著成效。全省万元生产总值能耗提前一年完成"十二五"时期能耗下降目标（见图6）。

新的增长动力加快孕育。以"互联网+"等为代表的新产业新模式新业态发展势头迅猛。近年来，河南消费品网上零售从无到有发展迅速，2014年全省网上零售额289.3亿元，同比增长52.0%，增速高于社会消费品零售总额增速39.3个百分点；2015年前三季度，全省消费品网上零售额457.3亿元，增长37.2%，增速高于社会消费品零售总额增速24.9个百分点。近年来与互联网销售密切相关的快递业务量保持50%以上的高速增长。2015年，全省快

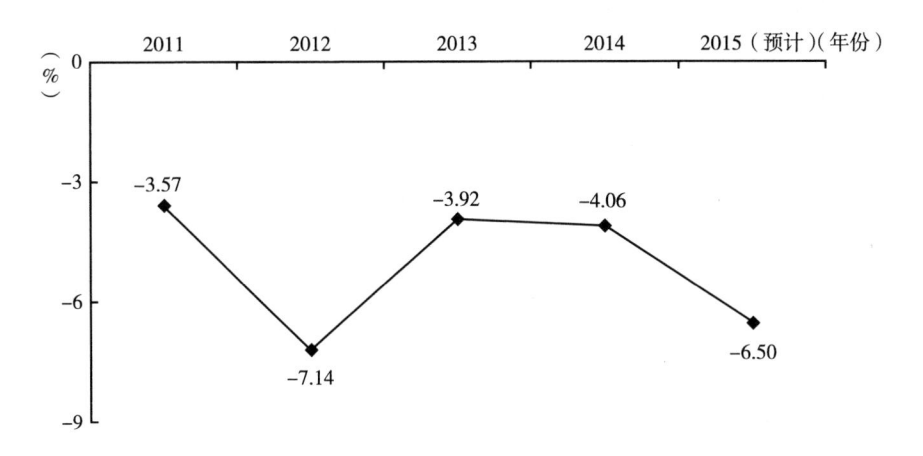

图6　2011~2015年河南省万元生产总值能耗变化率

递业务量51450万件，同比增长74.5%；快递业务收入63.11亿元，同比增长54.5%。根据对规模以上服务业企业的调查，2015年1~11月全省互联网和相关服务业营业收入增长65.8%，广播、电视、电影和影视录音制作业营业收入增长28.6%，软件和信息技术服务业营业收入增长41.7%。

3.改革开放开创新局面，发展动力活力增强

"十二五"时期以来，河南坚持用改革办法和开放途径解决难题，发展的内生动力和市场活力不断释放。

扎实推进重点改革。全省坚持以深化改革"一优带百通"，围绕影响经济社会发展的突出障碍和群众反映强烈的突出问题，持续推动重点领域和关键环节改革。深入推进简政放权、商事登记、投融资体制、交通运输行政执法体制等改革，行政审批制度改革力度加大，取消和下放507项行政审批事项，省直管县改革走在全国前列。国企改革持续深化，财税体制改革有序推进，"营改增"试点进一步扩大，煤炭资源税改革稳步实施。金融改革成效显著，中原银行开业运营，中原证券在港上市，中原航空港产业投资基金获批，中原农业保险公司获批筹建，31家县级农信社改制为农商行。医药卫生制度改革深入推进，在全国率先实现新农合大病保险省级统筹，城镇居民大病保险全面推行，县级公立医院综合改革全面实施。

强力推进开放招商。河南坚持以扩大开放"一举求多效"，不断完善载体

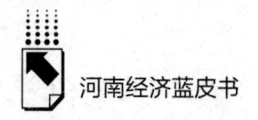

平台，创新招商方式，努力打造内陆省份对外开放高层次平台和战略突破口，开放招商、承接产业转移成效显著。全省外贸进出口规模再创历史新高，2015年河南进出口总额4600.2亿元，占全国进出口总额的1.9%；同比增长15.3%，增速高于全国平均水平22.3个百分点。其中出口2684亿元，同比增长11%；进口1916.2亿元，同比增长21.9%。"十二五"时期全省累计进出口17686.1亿元，比"十一五"时期增长2.4倍；2015年进出口总额是2010年的3.8倍，5年年均增长30.6%。持续开展大型招商活动，富士康等一大批国内外知名企业落户河南。大企业"走出去"步伐加快，双汇集团、洛阳钼业实现海外并购，河南航投参股卢森堡货运航空公司，南阳国宇成功并购欧洲最大的动臂塔机制造商。全省强力推进郑州航空港经济综合实验区建设，2015年郑州机场客、货吞吐量分别为1729.74万人次、40.33万吨，富士康液晶面板等重大产业项目开工建设，郑州航空港经济综合实验区引领开放的作用日益彰显，国际物流中心和全球智能终端制造基地初步形成。郑州"国际陆港"启动建设，郑欧国际铁路班列开通并实现常态化运行，运营综合指标居中欧班列首位，郑州跨境贸易电子商务服务试点综合指标居全国试点城市首位。开发平台进一步完善，汽车整车进口口岸开通运营，粮食口岸即将正式运行，关检合作"三个一"通关模式全面推行。积极融入国家"一带一路"战略，郑州、洛阳成为丝绸之路经济带主要节点城市，中原城市群作为战略腹地被列入国家"一带一路"规划。成功配合举办上合组织政府首脑（总理）理事会第十四次会议，对外开放进入历史最好时期。

4. 社会事业不断改善，发展成果惠及人民

基础支撑保障能力明显增强。"十二五"时期，河南抓住国家扩大内需、加强薄弱环节建设等机遇，积极推动现代交通、能源、水利、信息、环保等基础设施建设，全省基础设施累计投资17516.42亿元。现代综合交通体系成效显著，郑州机场二期工程建成投用，"米"字形高速铁路网建设取得突破，实现所有县（市）20分钟上高速。城市建设水平明显提高，全省用水普及率由2010年的91.0%提高至2014年的93.0%，燃气普及率由73.4%提高至83.8%，集中供热面积由10737万平方米升至18993万平方米，建成区绿化覆盖面积由73652公顷升至90995公顷。信息网络系统不断完善，全省乡镇以上区域实现4G网络全覆盖，"全光网河南"如期建成。水利支撑能力明显增强，

南水北调中线一期工程建成通水，河口村水库完工蓄水，前坪水库及一批引黄调蓄工程开工建设。能源支撑能力稳步提升，疆电入豫等重大工程建成投运，基本实现管道天然气县县通。

就业和民生保障成效显著。"十二五"时期以来，河南始终坚持把促进就业放在经济社会发展的优先位置，把就业作为最大的民生问题，实施就业优先战略，坚持"劳动者自主择业、市场调节就业、政府促进就业"方针，大力开发和利用人力资源，推进全民技能振兴工程，实施高校毕业生就业促进计划和创业引领计划，大众创业水平不断提升。2014年末，全省从业人员6520万人，比2010年末增加478万人。其中，城镇从业人员增加到1713万人（见图7），占全部从业人员的比重为26.3%，比2010年末提高7.6个百分点。覆盖城乡居民的社会保障体系更加健全。2014年末，全省参加城镇职工基本养老保险、城镇职工基本医疗保险、失业保险、工伤保险、生育保险的人数分别比2010年末增加352.22万人、296.28万人、76.84万人、253.97万人、177.3万人。各类参保人员养老保险关系在地区之间、制度之间实现顺畅衔接。新农合和城镇居民医保财政补助每人每年提高40元，在全国率先实行新农合和城镇居民大病保险省级统筹、即时结报，有效缓解了群众因病致贫问题。

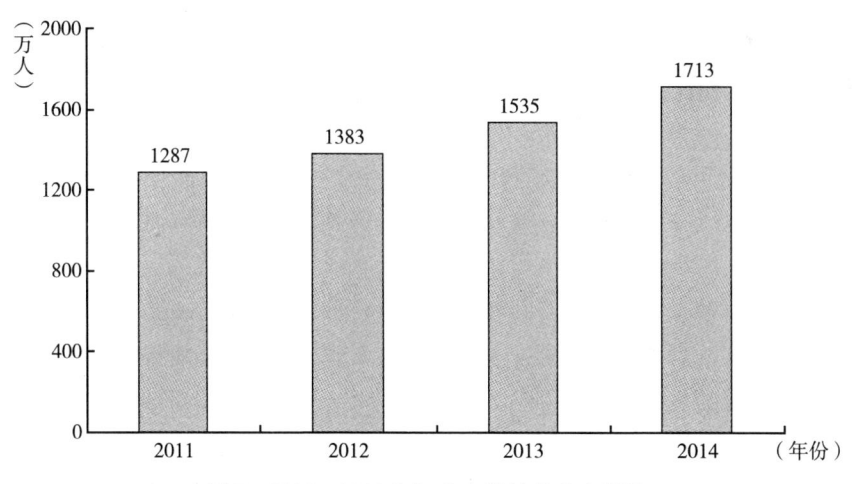

图7 2011～2014年河南省城镇从业人员数

自主创新能力不断增强。"十二五"时期以来，河南积极推进现代创新体系建设，出台了一系列支持技术创新体系建设的政策措施，鼓励和引导企业加大研发资金投入,全省科技创新活跃度显著提升。2014年,研究与试验发展(R&D)经费支出400.01亿元,首次超过400亿元大关(见图8),比2010年增加188.63亿元,占生产总值的比重为1.15%,比2010年提高0.23个百分点,初步预计2015年占生产总值的比重为1.19%。专利申请量和授权量大幅增加。2014年,全省专利申请21666件,授予专利权3345件,分别比2010年增长125.3%和323.4%。

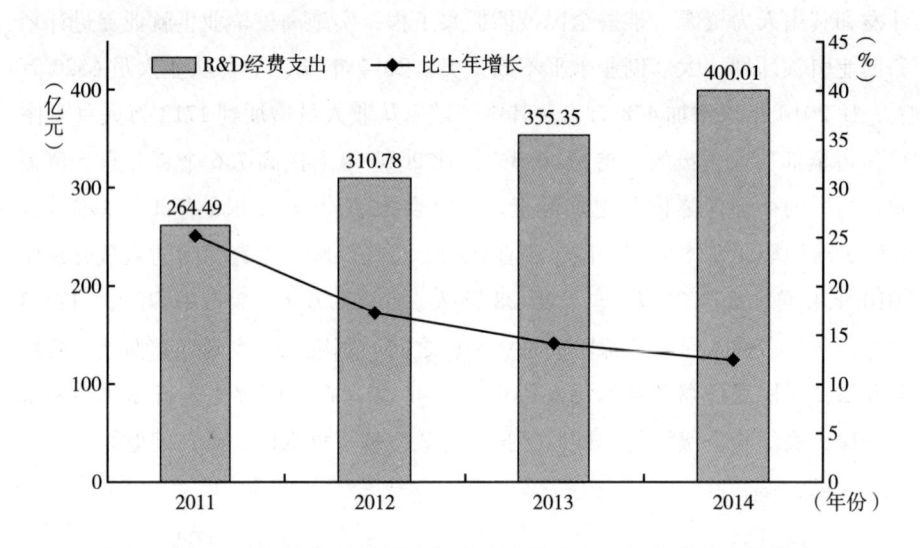

图8 2011~2014年河南省研究与试验发展(R&D)经费支出及增速

2011年以来,我们深刻把握河南所处的历史方位,以滚石上山的精神和勇气,爬坡过坎、攻坚转型、蓄势崛起,全省综合实力大幅提升,转型升级和改革开放稳步推进,人民生活明显改善,中原崛起、河南振兴、富民强省迈出坚实步伐。总的来看,河南遇到的困难比预料的大,取得的成绩比预想的好,这得益于全省认真贯彻落实党中央的科学决策部署;得益于省委省政府一系列正确决策部署的贯彻实施;得益于全省上下团结一心、奋力拼搏。

二 "十三五"时期河南省经济发展走势分析

"十三五"时期是全面建成小康社会、实现"两个一百年"目标中第一个一百年奋斗目标的决胜阶段,全省经济发展依然是挑战与机遇并存。一方面,宏观环境仍较复杂，全省长期累积的结构性矛盾与竞争力不强问题仍未根本解决，新的接续力量难以弥补传统优势减量，在国际经济复苏形势不稳定、国内经济发展呈现新常态的双重压力下，保持经济平稳较快发展的困难依然较多；另一方面，经济增长的基本面没有发生根本改变，支撑经济增长的积极因素仍在积累，全省经济仍有望保持平稳运行态势。

1. 宏观环境仍较复杂，保持经济平稳较快发展的困难依然较多

从国际环境来看，全球经济正在由危机前的快速发展期进入深度调整期，在2009年金融危机时期的负增长之后，经过2010年5.4%、2011年4.2%的回调，连续三年维持在3.4%左右的增长率，相对于危机前5%左右的增长率，进入低增长阶段，主要经济体走势分化。此外，大宗商品定价权的争夺、贸易保护主义的加剧、国际经贸规则的重构、地区合作主导权的争夺都大大增强了世界经济复苏的不稳定性和不确定性，世界经济难以强劲复苏。从国内环境看，全国正处在"三期"叠加阶段，经过30多年年均两位数的高速增长，长期积累的结构性矛盾和一些深层次的问题凸显：产业结构中低附加值产业，高消耗、高污染、高排放产业的比重偏高，而高附加值产业、绿色低碳产业、具有国际竞争力的产业比重偏低；要素投入结构中劳动力、土地、资源等一般性生产要素投入比重高，人才、技术、知识、信息等高级要素投入比重偏低；随着劳动力成本快速上涨、土地资源越来越稀缺、土地价格快速上涨，能源资源约束增强、环境承载力基本达到上限，发展中的不平衡、不协调、不可持续问题突出，经济潜在增长率下降。2014年以来全国及多数省份主要指标增速持续回落。截至2015年12月，中国制造业采购经理指数连续14个月在临界区间（49.6%~50.3%）波动，8~12月连续五个月在临界区间下方窄幅波动，表明制造业的生产经营状况并没有根本改善，增长动力明显不足。同时，在钢铁、有色、化工等行业出现产能过剩的同时，国内还存在高质量和个性化商品供给不足问题，导致了大量消费外流。

从河南看，在经济新常态下，长期积累的结构性矛盾并未根本解决，传统产业拉动力量逐渐减弱消退而新兴产业尚未形成有效支撑，资源约束趋紧，爬坡过坎、转型升级的任务艰巨，经济下行压力进一步加大，潜在风险显性化的可能性有所增大。一是企业生产经营困难增多，经济保持较高增长速度难度加大。全省工业生产者出厂价格指数自2012年9月以来持续下降，购进价格指

数自2012年5月以来持续下降，反映出部分行业产能过剩的矛盾长期突出；并且近年来除了个别月份之外，出厂价格降幅在多数月份大于购进价格降幅，企业生产"低进更低出"，赢利空间不断受到挤压，工业企业利润增速由2010年的35.9%、2011年的32.8%下滑至2015年前11个月的-0.7%，企业效益的不断下滑，导致企业创新能力、扩大再生产能力等受到严重影响。二是拉动河南经济的投资、消费、出口增长动力不足。全省工业、房地产业投资合计占投资总量的比重在70%以上，目前投资增速虽有所回落，但依然保持了较快增长，其中工业投资由于长期倚重传统工业投资，高附加值工业投资不足，在工业特别是传统行业产能过剩、效益下滑的背景下，从2012年12月开始工业投资增速持续低于全省投资增速；房地产业投资因受房地产市场去库存压力大、发展不稳定等因素影响不确定性较大。由政府主导的基础设施投资近年来持续保持高速增长，占全省固定资产投资的15%左右，已经成为河南投资增长的动力源和稳定器，但受财政收支矛盾不断加大的影响，继续保持高速增长的难度也在加大，总体来看投资增长后劲不足。受居民收入增势趋弱及消费热点缺乏等因素影响，消费增速难有较大提升。近年来城乡居民收入增长速度持续趋缓，城镇居民人均可支配收入实际增速从2011年的8.4%回落至2015年的6.7%，农民人均纯收入实际增速从12.7%回落至7.6%，势必影响消费信心；加之金银珠宝类商品消费降温，居住类商品明显回落，汽车类消费回归正常，新的消费热点尚未形成，居民消费需求得到有效释放，全省社会消费品零售总额增速从2011年的18.1%回落至2015年的12.4%。作为内陆省份，河南进出口总量较小，受富士康等大型企业影响较大，容易产生波动。2015年富士康所属企业进出口总额占全省进出口的67.5%，贡献率为114.3%。虽然2015年进出口保持快速增长，但如果不能形成新的出口增长点，那么进出口对全省经济的拉动作用将较为有限。三是经济结构调整任务依然艰巨。从产业结构看，虽然近年来河南大力调整产业结构，第一产业比重从2010的13.8%降至2015年的11.4%，工业中能源原材料工业增加值占规模以上工业比重从51.5%降至41.2%，第三产业比重从30.6%提高至39.5%，但产业结构不合理的问题并没有从根本上得到解决。河南第一产业比重仍高于全国平均水平2.4个百分点；第三产业发展相对滞后且比重依然低于全国平均水平11.0个百分点；第二产业中能源原材料工业产品占比依然偏大，2015年全省能源原材料工业增加值增长6%，其中煤炭开采和洗选、石油和天然气开采、电力热力生产和供应三个行业增加值同比分别下降3.5%、21.5%和1.9%，能源原材料工业创新能力不强、产能过剩严重，产品技术含量低、竞争力差，转型升级难度大，面临更大的下行压力，并且在传统竞争优势逐渐削弱的同时，新的接续力量短期内作用有限，对经济增长的拉动力有限。从城乡结构看，城镇化水平依然偏低，是制约全省经济社会发展的主要因素，2015年全省46.85%的城镇化率低于全国56.10%的平均水平9.25个百分点。城乡收入差距大，全省城乡居民人均可支配收入差距从2010年的9617元扩大至2015年的14723元，统筹城乡发展任务繁重；同时城镇、农村居民人均可支配收入与全国平均水平的差距分别从2010年的3316元、426元扩大至2014年的5172元、523元，短期内制约全省投资与消费的快速增长。从区域结构看，区域经济发展不平衡现象突出，地区间发展差异较大，传统农业区发展基础较差，人均GDP明显低于全省平均水平，是全省经济发展的短板，需要下大力气促发展；而产业结构重、资源依赖性强的市县经济增速普遍较低，亟须加快产业产品结构调整步伐，以提高全省区域经济发展的协调性。此外，受增速换挡影响，在经济结构调整的过程中可能导致就业压力、金融风险、社会风险等隐性风险显性化，河南经济结构调整的任务依然艰巨。

2. 经济长期向好基本面没有改变，支撑经济增长的积极因素仍在不断积累

从国际看，越来越多的新兴市场国家融入全球经济，中国要发挥劳动力资源比较优势，参与国际竞争和国际分工，充分利用国外市场、资源、技术、人才和管理经验，加快经济发展；同时，世界科技创新和产业转型正处于新的孕育期，新一轮技术革命和产业变革孕育兴起，新技术和信息技术的广泛运用特别是与传统产业的深度融合，有利于中国抓住机遇，发挥后发优势实现"弯道超车"。从国内看，全国仍处在重要的战略机遇期，特别是经济发展进入新常态以来，发展方式加快转变，新的增长动力正在孕育形成。"十三五"时期国家着力推动供给与需求共同发力，更加注重供给侧结构性改革，加快推进新型城镇化，加大基础设施建设投资力度，有利于释放消费和投资潜能，创造新供给，加快动力转换。随着政策效应的持续显现，推动经济保持平稳较快增长的积极因素将会继续积累。

从河南来看，近年来全省实施了一批打基础、管长远的重要举措，这些长

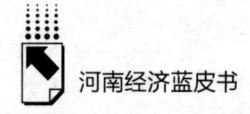

短期结合、标本兼治的政策措施所形成的综合优势为经济平稳较快增长奠定了较好的基础。一是通过大力加强粮食生产核心区建设，开展增产增效系列行动，已形成年产1100亿斤以上的稳定综合生产能力，只要不发生大的自然灾害，农业生产就有望继续保持稳定增长。二是通过实施产业产品结构战略性调整，高成长、高技术和战略性产业等优质"增量"持续扩大，传统产业链中高端产品带动能力持续增强，工业经济稳定性增强。随着新型工业化、信息化的向前推进，传统产业与"互联网+""中国制造2025"相结合，必将促进新型工业化与信息化深度融合，形成新旧动能协同推进经济增长的局面。三是通过大力发展服务业，河南经济增长的动力结构由工业拉动向工业和服务业共同拉动格局转变，服务业对稳定经济和拉动增长必将发挥越来越大的作用。四是通过积极培育产业集群、大力承接产业转移，产业集聚区已经成为全省稳增长、调结构的主要支撑和推动力量；郑州航空港经济综合实验区、商务中心区和特色商业区等发展载体功能不断完善，吸引力、竞争力、带动力持续提升，逐渐发展壮大成为全省新的经济增长极。五是随着三大国家战略规划的加快实施、河南全面融入国家"一带一路"建设，河南作为全国重要的综合交通枢纽和物流中心所具备的区位优势，劳动力资源丰富的优势，存款余额充足带来的金融创新潜在优势，市场潜力巨大的优势，产业门类齐全的优势和郑州新郑综合保税区、出口加工区、保税物流中心等平台建设完善的开放条件优势等综合竞争优势将持续凸显，对产业转移的吸引力不断增强，长期积蓄的发展潜力和发展后劲将会进一步释放。六是河南是一个拥有1亿多人口，其中近6000万是农村人口的大省，随着城镇化、工业化的加快推进，丰富的人力资源将为河南经济发展提供强有力的内需支撑。

河南经济发展进入新常态。展望"十三五"时期，该时期既是河南大有可为的重要战略机遇期，又是其转型调整、分化重组的非常时期；既是河南蓄势崛起、跨越发展的关键时期，又是其爬坡过坎、攻坚转型的紧要关口。只要准确把握战略机遇期，有效应对各种矛盾和问题，全省经济仍有望保持较高速度增长，如期完成全面建成小康社会目标。

三 "十三五"时期河南省经济社会发展建议

党的十八届五中全会提出，实现"十三五"时期全面建成小康社会新的目标要求，破解发展难题，厚植发展优势，必须牢固树立并切实贯彻创新、协调、绿色、开放、共享的发展理念。"十三五"时期，河南经济发展要更加注重推进改革开放和自主创新，更加注重提高经济增长质量和效益，更加注重推动经济结构调整和发展方式转变，更加注重改善民生，坚持走可持续发展道路。

1. 加快产业结构调整升级，培育新的经济增长动力

第一，要加快构建现代产业发展体系，坚持创新引领、承接转移、改造提升的原则，着力补短板、延链条、扩优势，推动产业结构向高端和终端发展。运用先进技术和一流设备，加快新兴产业与传统产业有机融合，逐步构建起以高新技术产业为引领、以装备制造业为核心、以先进制造业为支撑的现代工业体系。第二，要把加快发展服务业作为产业转型升级的战略重点，扩大规模、创新载体、提升层次，促进服务业发展提速、水平提升、比重提高。要以发展生产性服务业作为突破口，拓展金融、信息、科技、商务等领域的服务需求，积极发展信息服务业、现代物流业、技术研发业等新兴服务业，推动文化、教育、医疗和社区服务业的发展；充分利用郑州航空港经济综合实验区建设的契机和优势，积极推进"一个载体、四个体系、六大基础"建设，促进全省经济进一步加快转型升级、提质增效。

2. 科学推进新型城镇化，挖掘城镇化需求潜力

"十三五"时期，要推动全省城镇化和工业化良性互动、城镇化和农业现代化相互协调，积极稳妥推进以人为核心的新型城镇化。加快农业转移人口市民化步伐，积极稳妥推进户籍制度改革，放宽城市入户门槛，减少农民进城阻力；推动教育、社会保障、公共卫生等基本公共服务常住人口全覆盖，有序推进农业转移人口市民化；充分发挥新型城镇化综合带动作用，坚持"一基本两牵动三保障"，强化产业集聚、人口集中、土地集约，进一步挖掘城镇化蕴藏的巨大需求潜力。

3. 加快体制机制创新，释放改革强大动力

要抓住用好转型发展新阶段出现的各种机遇，尽快形成适应新阶段要求的体制机制和政策体系，切实加快相关领域改革、创新和政策调整，充分发挥市场的决定性作用。积极推进供给侧改革。经济的发展需要总供给和总需求总体平衡，目前全省需求持续乏力的问题，也是供给结构不合理的问题，要抓住推

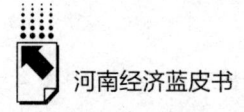

进国家供给侧改革契机，在扩大需求的同时，改造传统产业，加快淘汰落后产能，加大产业重组和整合的力度，创新培育新产品新产业新业态，推动大众创业、万众创新蓬勃发展，形成新供给新动力，着力提高供给体系的质量和效率，使供给体系更适应需求结构的变化。

4. 发挥创新核心驱动作用，增强自主创新能力

要把提升创新水平作为优化产业结构、提升产业和区域竞争力的突破口，以实施创新驱动发展工程为抓手，大力推进科技创新和商业模式创新，进一步增强创新的支撑驱动作用；要加快自主创新体系建设，以产业牵引升级、创新主体培育、创新平台建设、协同创新发展为抓手，加快实施重大科技和自主创新专项，努力突破关键核心技术，培育一批"河南创造"自主创新领军企业，促进经济社会更多依靠创新驱动发展；要强化教育、人才、应用科研等方面的引进和投入，系统推进重大技术成果的产业化，努力促进全省经济增长模式由主要依靠实物资本向人才资本转变。

5. 着力保障和改善民生，让群众充分享受经济发展成果

要把改善民生、发展社会事业作为经济工作的重点。一是增加公共服务供给，加大财政政策在国民收入分配和社会保障体系构建中的核心作用，尽力而为，量力而行，把惠民生的事情办好办实。二是坚持统筹城乡发展，促进公共资源在城乡之间均衡配置、生产要素在城乡之间自由流动，使大中小城市和小城镇协调发展，以防贫富差距扩大。三是完善工资正常增长机制和支付保障机制，健全社会安全网，稳步增加城乡居民收入特别是中低收入者收入。四是打好脱贫攻坚战，重视教育扶贫，防止贫困代际传递，同时引导社会组织、社会力量积极参与扶贫工作，确保 2020 年在现行国家标准下全省农村贫困人口全部实现脱贫、贫困县全部摘帽。

注：本文中，2015 年度及"十二五"时期"万元生产总值能耗下降幅度"、2015 年"研究与试验发展（R&D）经费支出占生产总值的比重"等数据为初步预计数据，尚未经国家统计局正式认定，可能与正式数据有出入；2015 年"一般公共预算收入"为快报数，尚未经省人大审定。

分析预测篇

The Analytical Prediction Section

B.3
2015~2016年河南农业经济形势分析与展望

陆 洁 乔西宏 李 丽*

摘　要： 2015年，河南农业生产形势保持基本稳定，预计全年农林牧渔业增加值4348.41亿元，同比增长4.5%。粮食生产能力稳步提高，全年粮食总产量达到1213.42亿斤，实现连续12年增产、连续5年超过1100亿斤，圆满完成了"十二五"粮食生产规划目标。农业结构不断调整，畜牧业生产调整中趋于稳定，主要农产品市场运行平稳，新型农业组织快速发展，农民收入保持较快增长的态势。

关键词： 农业　畜牧业　新型农业组织　农民收入

---

* 陆洁，高级统计师，河南省统计局巡视员；乔西宏，高级统计师，河南省统计局农业统计处处长；李丽，高级统计师，河南省统计局农业统计处。

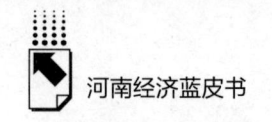

2015年,在河南省委省政府的正确领导下,全省上下以粮食生产核心区、中原经济区、郑州航空港经济综合实验区三大战略建设为目标,在经济下行压力增大、全国经济进入新常态背景下,河南农业保持了良好发展态势,充分发挥了农业"稳定器"和"压舱石"的基础作用,预计全年农林牧渔业增加值4348.41亿元,同比增长4.5%。河南粮食综合生产能力稳定提高,畜牧业生产调整基本稳定,新型农业经营组织蓬勃发展,农业生产规模化生产水平提高,农民收入保持较快增长态势。

一 2015年河南农业生产特点

(一)粮食生产实现"三突破"

1. 夏粮突破700亿斤

2015年全省夏粮总产量再创新高,实现"十三连增"达到702.36亿斤,比2014年增产34.56亿斤,同比增长5.2%,增产量占全国增产量的38.7%。夏粮播种面积8178.5万亩,同比增长0.3%。夏粮平均亩产429.39公斤,比2014年平均每亩增加19.72公斤,增长4.8%。

2. 秋粮突破500亿斤

2015年全省秋粮总产量达到511.06亿斤,比2014年增产24.40亿斤,同比增长5.0%。其中,秋粮播种面积为7222.23万亩,比2014年增长0.8%;平均亩产量达到353.8公斤,比2014年提高14.2公斤,增产幅度为4.2%。

3. 粮食总产突破1200亿斤

全年粮食总产量达到1213.42亿斤,比2014年增产58.96亿斤,同比增长5.1%,实现了粮食总产量"十二"连增。全年粮食播种面积为15400.73万亩,比2014年增长0.6%;平均亩产394.0公斤,比2014年提高17.1公斤,增幅为4.5%。

(二)天时、科技、基础建设是粮食增产主要因素

2015年河南粮食总产量迈上1200亿斤新台阶,圆满完成了"十二五"粮食生产规划目标,为实现2020年粮食核心区奋斗目标奠定了坚实基础。气候较为适

宜、良种科技推广应用、生产条件大幅改善是2015年河南粮食增产的主要原因。

气候较为适宜。降水充足，气温、光照正常，总体上风调雨顺，保证了夏秋粮在各个阶段生长良好，有利于产量形成。

良种科技推广应用。河南继续加大良种覆盖率及农业科技推广应用，粮食生产主导品种优势明显，全省95%以上的小麦种子实行药剂拌种，玉米种子100%使用包衣种子。同时，加强田间管理，采取测土配方施肥、病虫害统防统治等措施，有效提高了粮食生产能力。

生产条件大幅改善。河南省自2012年起建设高标准粮田，截至2015年8月底，全省累计整合各类涉农资金397亿元，累计完成建设高标准粮田4182万亩，已完成规划目标的65.7%。在高标准粮田建成区内，田地平整肥沃、灌排设施完善、农机装备齐全、技术集成到位、优质高产高效、绿色生态安全。高标准粮田建设成效明显，据统计，在高标准粮田建成区内，夏粮、秋粮平均亩产比规划区分别高15.4%和15.2%。另外，全省积极整合各类资金，开展灌区续建配套与节水改造、小型农田水利重点县建设、高效节水灌溉工程建设、农田灌排渠系清淤等重点工程项目，大力推进全省农田水利建设，灌溉条件得到改善、灌溉面积得到增加。

（三）种植业结构持续调整

全省粮食播种面积增加，因棉花等经济作物种植费工费时，比较效益低，棉花种植面积大幅下降，糖料、烟叶、中药材等作物播种面积减小。

1. 棉花种植面积及产量下降

2015年，全省棉花播种面积180.00万亩，比2014年减少50.00万亩，降幅达21.7%；棉花产量12.65万吨，同比下降13.9%。

2. 油料播种面积略增

初步统计，全省全年油料播种面积2400.98万亩，同比增幅为0.2%；预计产量599.52万吨，同比增长2.6%。其中，油菜子播种面积减少3.7%，花生种植面积增长1.5%。

3. 蔬菜及食用菌生产稳定

全省蔬菜产业发展迅速，结构不断调整，品种日益丰富，档次不断提升，大部分蔬菜品种生产稳定、市场供应充足。2015年全省蔬菜及食用菌播种面积预

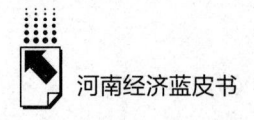

计为2627.48万亩，同比增长1.5%；预计全年产量7342.02万吨，同比增长1.0%。

4. 烟叶、中草药材种植面积下降

2015年，全省烟叶（未加工烟草）种植面积比2014年减少7.7%，中草药材种植面积同比减少4.0%。

（四）畜牧业生产调整中趋于稳定

1. 生猪养殖扭亏为盈，生产基本稳定

2015年，全省生猪存栏4376.0万头，同比下降1.0%，其中能繁母猪同比减少4.4%；出栏6171.2万头，同比减少2.2%。生猪养殖自2014年以来较长时间内大范围亏损，2015年大量中小养殖户特别是散养户退出养殖行业，在经过调整以后，全省生猪存出栏、能繁母猪存栏皆出现了不同程度的下降，导致供给减少。从2015年4月起，生猪市场价格上涨，而玉米、豆粕、饲料等价格出现较大幅度的下跌，生猪养殖成本下降。从5月起，猪粮比越过6∶1的盈亏平衡点，生猪养殖扭亏为盈，据调查，现出栏一头生猪可盈利300~500元。

2. 牛羊生产平稳增长

2015年，全省牛存栏934.0万头，同比增长1.7%；出栏548.6万头，同比增长0.5%。羊存栏1926.0万只，同比增长2.1%；出栏2126.0万只，同比增长1.8%。河南省牛羊生产较为稳定，但养殖效益不佳。特别是2015年以来，羊肉价格出现下跌，河南省肉羊养殖利润下降，不少肉羊养殖户处于保本或微利状态。牛奶价格与2014年相比整体下降，奶牛养殖效益下滑，但奶牛养殖总体稳定，全年牛奶产量342.2万吨，同比增长3.1%。

3. 家禽生产平稳

全省家禽生产较为稳定，实现平稳增长。2015年，全省家禽存栏70020.0万只，同比增长2.3%；出栏91550.0万只，同比增长1.6%；禽蛋产量410.0万吨，同比增长1.5%。

二 2015年主要农产品价格走势

（一）小麦价格下跌

小麦平均价格从2015年初的1.20元/斤左右下跌至2015年12月的1.12

元/斤，降幅为6.7%，同比下跌10.7%。小麦品质不同价格分化，豫北优质小麦价格保持在1.20元/斤左右，呈现出质优价高的特点。

（二）玉米价格下跌两成

2015年9月17日，国家发改委、粮食局、财政部等部门联合发布了2015年国家临储玉米挂牌收购价格，由2014年的1.11~1.13元/斤降至1元/斤，这是2008年国家实行玉米临储政策以来收购价格首次下调。在政策效应及市场供需的共同作用下，从9月起，玉米价格下跌，12月，全省玉米均价为0.88元/斤，比2015年初的1.08元/斤左右下跌了18.5%，同比下跌超过20%。从玉米市场供需看，玉米供应充足，需求偏弱。供给方面，一是国家玉米临储库存较大，供应充足；二是大量新季玉米收获上市；三是玉米有进口。需求方面，一是养殖业恢复缓慢，虽然生猪市场价格上涨，但养殖户保持理性，补栏较为谨慎，饲料消耗有限；二是加工企业（酒精、淀粉等生产企业）普遍亏损，开工率下滑，原料粮需求下降；三是部分不完善粒超标小麦充当饲料，挤压了玉米用量。

（三）油料、食用油价格同比下跌

12月，全省花生仁市场价格平均为10.69元/公斤，同比下跌5.3%。油菜子价格继续下降，全省平均价格为4.44元/公斤，同比下跌21.1%。花生油、菜籽油、豆油价格同比分别下跌1.7%、4.6%和15.6%。

（四）猪肉价格同比上涨，牛羊肉价格同比下跌

1~3月，生猪及猪肉价格持续下跌；4~9月，生猪及猪肉价格开始快速上涨，随后保持相对稳定；12月中旬，生猪及猪肉价格分别为16.30元/公斤、26.53元/公斤，同比分别上涨22.8%和19.6%。牛肉价格保持高位运行，12月中旬牛肉价格为57.14元/公斤，同比下降1.4%；羊肉价格为50.69元/公斤，比年初下降15.3%，同比下跌10.3%。近年来活羊价格较高，养羊效益较好，农户养殖积极性提高，肉羊养殖量大幅增加，再加上进口羊肉冲击，羊肉供给大增，导致羊肉价格的下跌。

（五）牛奶价格下跌

2014年牛奶平均价格保持在4元以上/公斤，而2015年以来，牛奶价格下

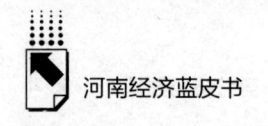

跌至4元以下/公斤，全年维持在3.6~3.8元/公斤之间，12月中旬，全省牛奶平均价格3.79元/公斤，同比下跌了4.1%。

（六）鸡蛋价格呈现 W 字形波动

2015年上半年，鸡蛋价格持续下跌，从1月的9.22元/公斤下跌至6月的6.88元/公斤；7月开始，鸡蛋价格止跌回升，快速上涨至9.48元/公斤后下跌，截至12月中旬，鸡蛋价格降至7.94元/公斤，同比下跌19.1%。

三 主要农资供需充足、价格总体下降

全年化肥等主要农用生产资料供应充足，大部分品种价格小幅下降，尤其是农用柴油降幅较大。12月，复合肥、尿素价格分别为2730.77元/吨、1702.64元/吨，同比下降0.1%和1.7%。国际油价接连下跌，国内成品油价格连续多次下调，农用柴油价格也随之下降至4.98元/升，同比降幅达18.5%。化肥及农用柴油价格的下降，有利于降低农业生产成本。

四 新型农业经营组织蓬勃发展

新型农业经营组织在提高农业经济效益、增加农民收入、推动现代农业发展等方面发挥着日益重要的作用。种粮大户、家庭农场、农民专业合作社等新型农业经营组织快速发展，截至2015年9月底，全省实有农民专业合作社11.20万户，出资总额3373.43亿元。

五 农村居民收入保持稳定增长态势

2015年，河南农村居民人均可支配收入10853元，比上年名义增长8.9%，扣除物价因素实际增长7.6%。随着经济发展、"三化"进程加快，产业集聚区、新农村建设等，企业用工需求明显增长，就业机会增多，农村劳动力转移步伐加快，农村居民工资性收入持续增长；2015年粮食丰收，猪肉价格上涨，第二、三产业净收入增加等有利因素，为家庭经营净

收入保持增长奠定了基础；另外，随着城镇化进程的加快，农村居民利息、土地流转收入、红利等财产性收入和农村养老保险、最低生活保障、新型农村合作医疗等转移性收入得到提高，全省农村居民收入有望保持稳定增长。

六 存在的突出问题

（一）农民种粮收益下降

2015年9月，国家下调东北地区临储玉米收购价格，全国玉米价格随之下降。据河南省地方调查队秋粮成本收益调查，河南农户平均每亩玉米收益197.2元，比2014年下降39.2%。粮食价格下跌，使得部分种粮大户种植玉米每亩亏损约80元，种植大豆每亩亏损约130元。在全国粮食高库存及国际粮价低于国内粮价背景下，国内粮食价格或难保持以往的连续增长，农民特别是流转土地种粮大户的种粮收益难以保证。

（二）出现一定程度的"卖粮难"

小麦收获后，由于豫南部分地区小麦收获期间遭遇连续阴雨天气，部分小麦出现不完善粒超标，价格偏低，不完善粒超标导致小麦出现滞销难卖问题。由于河南玉米没有最低收购价，玉米的收购主体是加工企业和个体粮商。受预期玉米价格下跌、资金有限、仓储设施的制约，玉米收购情况不容乐观。而农户受玉米价格偏低的影响，也处于观望状态。

七 2016年河南农业农村发展展望

2016年，既是"十三五"的开局之年，也是全面建成小康社会的关键年份。到2020年实现全面建成小康社会的战略目标，短腿在农业，短板在农村，难点在农民，农业农村发展任务艰巨。农业生产面临着经济下行压力大、国内主要农产品价格超过进口价格、生产成本上升、农业生态环境受损、自然和市场风险不确定等严峻挑战。中央农村工作会议提出，2016年将优先保障财政

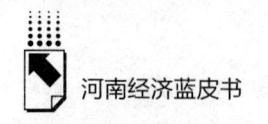

对农业农村投入，加大涉农资金的整理力度，深入推进精准扶贫，促进第一、二、三产业融合发展，多渠道增加农民收入。在强农惠农政策、农业供给侧结构性改革、农村改革深入推进等一系列措施下，在不发生大的自然灾害条件下，2016年河南农业农村有望继续保持稳定发展。

粮食生产能力有望稳定提高。全省高标准粮田"百千万"建设工程每年新增高标准粮田900万亩左右，大力改造中低产田，加强农业基础设施建设，加强农业科技创新与科技推广力度，为保障河南粮食综合生产能力稳定提高奠定了基础，河南将继续为保障国家粮食安全做出贡献。

种植业结构继续调整。受国内粮食价格持续高于进口粮食价格影响，农产品市场需求偏弱，部分粮食品种库存高企，去库存压力较大，河南种植业结构继续调整势在必行。在保障粮食生产的前提下，需要以市场和需求为导向，继续调整种植业生产结构。

畜禽养殖规模化水平提高。2014~2015年，生猪养殖业经历了较长时期的亏损，大量散养户退出养殖，淘汰了一批规模较小、效益较差的产能，生猪生产结构更加优化，规模养殖比重增大。家禽、牛、羊的规模养殖比例也在逐步提高。因此，河南畜禽养殖将趋于稳定发展。

农民收入有望继续保持增长。在经济下行压力大、化解过剩产能、产业结构调整等背景下，预计农民工就业和农民工资性收入将受到一定程度影响；部分粮食价格呈下降趋势，畜禽产品价格不稳定也将会对农民经营性收入造成冲击。但是，在大力发展现代农业，第一、二、三产业融合发展，积极发展多种形式的适度规模经营，农村改革深入推进，新型农业经营体系构建等一系列政策引导下，农民将获得更多的财产性收入及转移收入，农民收入有望继续保持增长。

B.4
新常态下稳中有进的河南工业经济

——2015年及"十二五"时期河南工业经济发展报告

王世炎　张奕琳[*]

摘　要： "十二五"时期，面对错综复杂的国内外形势，全省工业经济保持了较快增长，经济总量跃上新台阶、产业结构调整取得新进展。但在全国经济发展步入新常态大背景下，国际国内经济形势的复杂性、不确定性因素仍在增加，市场有效需求不足矛盾仍未缓解，工业经济下行压力仍然很大。本文对2015年及"十二五"时期工业经济运行状况进行了分析，揭示了工业经济运行中存在的突出问题，并对2016年和"十三五"时期全省工业经济走势进行了初步判断，提出了保持工业经济稳中有进的政策建议。

关键词： 河南省　工业经济　产业结构

"十二五"时期，面对复杂多变的国际国内形势，河南省委、省政府团结带领全省人民，认真贯彻落实国家宏观调控政策，妥善应对金融危机深层次影响等风险挑战，主动适应经济发展新常态，着力稳定工业经济运行。全省工业经济保持了较快增长态势。但在全国经济发展步入新常态的大背景下，当前国际国内经济形势的复杂性、不确定性因素增加，市场有效需求不足矛盾仍未缓解，工业结构性矛盾依然突出，工业经济下行压力仍然很大。

---

[*] 王世炎，河南省统计局副局长；张奕琳，河南省统计局工业统计处。

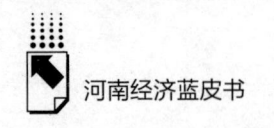

一 2015年河南工业经济发展的基本特征

1. 工业经济总量跃上新台阶

随着工业经济的不断发展，工业经济规模迅速扩张，对国民经济的支撑和带动作用明显增强。2015年，全部工业实现增加值突破16000亿元大关，达到16100.92亿元，比2010年增加4553.61亿元，占全省GDP的比重达到43.5%；2015年全省规模以上工业企业实现主营业务收入72381.4亿元，实现利润4840.6亿元，分别相当于2010年的2.0倍和1.5倍。

表1 "十二五"时期河南省规模以上工业主营业务收入和利润情况

单位：亿元，%

年份	主营业务收入 总量	主营业务收入 增速	利润总额 总量	利润总额 增速
2011	47759.8	35.8	4066.1	32.8
2012	51558.3	13.7	3889.1	6.8
2013	59454.8	14.1	4410.8	12.8
2014	66787.5	11.5	4771.4	7.3
2015	72381.4	6.6	4840.6	-0.1

2. 全省工业生产保持较快增长

2015年以来，河南省省委、省政府先后出台一系列稳增长、调结构政策措施，努力推动工业经济平稳发展。尤其是一季度工业生产增速下滑幅度超出预期后，省委、省政府提出要把稳增长作为全局工作的突出任务，并专题组织开展"稳增长调结构防风险促发展"活动，印发了《关于促进经济平稳健康发展若干政策措施》等文件，有效遏制工业过快下行势头。在一系列政策措施的推动下，河南省工业经济运行稳定性持续增强。2015年一季度、上半年、前三季度和全年规模以上工业增加值增速分别为8.6%、8.5%、8.5%和8.6%，累计增速相差不超过0.1个百分点，呈现总体平稳、稳中有升的增长态势。

"十一五"期末，为应对金融危机带来的经济加速下滑的严峻局面，国家出台了一系列保持国内经济平稳较快发展的刺激政策，2011年和2012年全省工业经济处于快速扩张阶段，规模以上工业增加值增速分别达到19.6%和

14.6%，其中2011年为金融危机以来的最高水平。2013年以来，河南工业经济结束了前两年的快速增长阶段，增速逐年放缓，2013年、2014年和2015年规模以上工业实现增加值分别增长11.8%、11.2%和8.6%，分别高于全国平均水平2.1个、2.9个和2.5个百分点。纵观整个"十二五"时期，在形势和环境十分困难和复杂的情况下，河南工业增加值年均增长13.1%，总体上保持了较快增长的态势。

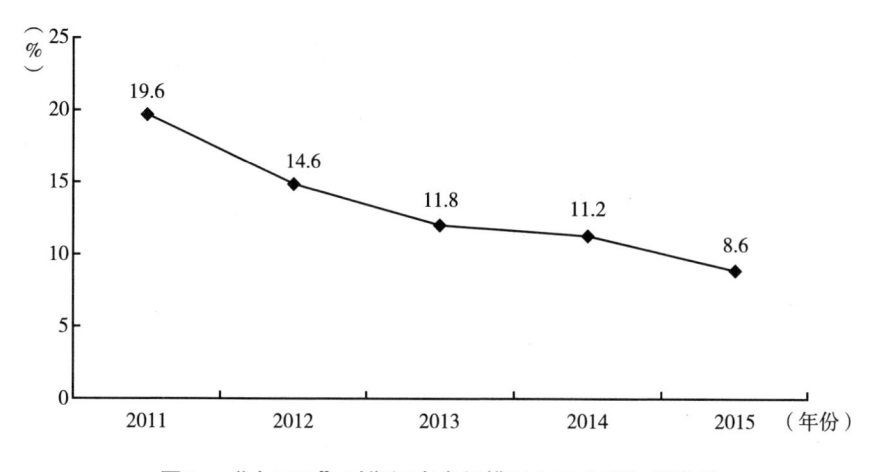

图1 "十二五"时期河南省规模以上工业增加值增速

3. 工业结构调整成效显著

围绕产业结构转型升级，加快推进重大结构升级项目建设，工业结构调整成效显著。高成长性制造业、高技术产业增长较快，占比提高。"十二五"时期，全省高成长性制造业实现增加值年均增长17.6%，高于全省平均水平4.5个百分点；2015年高成长性制造业占全省规模以上工业的比重为47.5%，较2010年提高10.6个百分点。"十二五"时期，全省高技术产业实现增加值年均增长36.1%，高于全省平均水平23个百分点；2015年高技术产业增加值占全省规模以上工业增加值的比重为8.8%，较2010年提高4.9个百分点。传统支柱产业、高载能产业低速增长，占比减少。2015年，全省传统支柱产业实现增加值同比增长5.9%，增速低于全省平均水平2.7个百分点；"十二五"期间，传统支柱产业年均增长10.0%，增速低于全省平均水平3.1个百分点；占全省规模以上工业的比重从2010年的55.6%下降至2015年的45.3%。2015

年,六大高载能产业实现增加值同比增长6.5%,增速低于全省平均水平2.1个百分点;"十二五"期间,高载能产业年均增长10.1%,增速低于全省平均水平3.0个百分点;占全省规模以上工业的比重从2010年的41.2%下降至2015年的33.2%。精深加工、高技术产品产量较快增长,初级产品、原材料产品产量增速放缓。2015年,全省畜肉制品、服装、皮革鞋靴、工业锅炉、发动机、起重机、大型拖拉机、新能源汽车、手机、电子元件等重点产品产量增速均在10%以上,其中畜肉制品产量同比增长11.9%,相当于2010年的1.9倍;服装同比增长10.2%,相当于2010年的2.8倍;起重机同比增长14.8%,相当于2010年的3.2倍;大型拖拉机同比增长49.4%,相当于2010年的3.4倍;新能源汽车、手机从无到有,同比分别增长201.9%和51.0%。而初级产品、能源原材料产品产量增速放缓,水泥、平板玻璃、粗钢、铁合金、氧化铝、电解铝等产品产量均保持低速增长甚至负增长,分别增长-4.0%、-19.9%、0.5%、-18.6%、4.7%和-3.5%。

表2 "十二五"时期河南省工业部分产业增加值情况

单位:%

年份	高技术产业 增速	高技术产业 占全省规模以上工业的比重	高成长性制造业 增速	高成长性制造业 占全省规模以上工业的比重	传统支柱产业 增速	传统支柱产业 占全省规模以上工业的比重	六大高载能产业 增速	六大高载能产业 占全省规模以上工业的比重
2011	53.3	5.3	27.1	38.1	15.4	54.9	16.2	40.7
2012	60.6	5.6	21.2	39.2	10.1	52.8	8.4	39.9
2013	29.1	6.4	15.0	42.3	9.6	49.9	9.7	37.4
2014	22.6	7.6	13.8	45.0	9.2	47.6	9.7	35.3
2015	20.0	8.8	11.4	47.5	5.9	45.3	6.5	33.2

注:六大高成长性产业指河南省按照成长性最好、竞争力最强、关联度最高的原则,选择的电子信息、装备制造、汽车及零部件、食品、现代家居、服装服饰等六个市场空间大、增长速度快、转移趋势明显的行业。

传统支柱产业指冶金、建材、化学、轻纺、能源等五个行业。

高载能产业指煤炭开采和洗选业,化学原料和化学制品制造业,非金属矿物制品业,黑色金属冶炼和压延加工业,有色金属冶炼和压延加工业,电力、热力生产和供应业等六个行业。

4.工业发展集聚效应逐步凸显

近年来,河南省着力实施对外开放战略,进一步拓展投资空间,开放招商、承接产业转移成效显著,一大批龙头型、基地型项目落户河南,有力地推动了产业优化和集聚效应形成。一是收入超亿元企业的集聚力提高。2015年，全省工业企业主营业务收入超亿元的企业有11642家，较2010年增加5191家，增长80.5%，占全部规模以上企业数的53.2%，完成主营业务收入占比93.4%，较2010年提高8.4个百分点；其中累计主营业务收入超十亿元的有1106家，较2010年增加661家，增长148.5%，完成主营业务收入占比为47.8%，较2010年提高5.2个百分点。二是产业集聚水平不断提升。2008年河南省委、省政府做出规划建设产业集聚区的重大战略决策，2009年出台《关于推进产业集聚区科学规划科学发展的指导意见》，正式将产业集聚区作为全省"三化"协调发展的战略突破口。"十二五"时期产业聚集区进入快速发展时期，实现增加值年均增长19.7%，高于全省平均水平6.6个百分点。2015年，全省产业集聚区实现增加值同比增长13.3%，高于全省平均水平4.7个百分点，占全省规模以上工业的比重为60.4%，较2011年提高20.9个百分点，对全省工业增长的贡献率为89.8%，拉动全省工业增长7.7个百分点。产业集聚区已经成为稳定全省工业经济增长的关键支撑。

二 全省工业经济发展面临的主要问题

在充分肯定2015年乃至整个"十二五"时期河南工业经济发展取得成绩的同时，也要清醒地看到，全省工业经济正处于爬坡过坎、攻坚转型的紧要关口，增长速度正在换挡但下行压力较大，经济结构正在优化但调整阵痛显现；工业经济发展中不平衡、不协调、不可持续问题依然较为突出，短期矛盾和长期问题交织的局面依然存在，工业经济发展还面临不少困难和挑战，回升向好的基础仍不稳固。

1. 能源原材料工业生产经营持续困难

河南作为传统能源大省，能源原材料工业增加值占全省工业增加值的比重一度达到60%，随着工业结构调整力度的不断加大，能源原材料工业增加值占规模以上工业增加值的比重呈逐年下降趋势。2015年，全省能源原材料工业增加值占工业增加值比重为41.2%，较2010年下降10.3个百分点，全省长期以来所依赖的能源原材料工业一家独大的局面正在慢慢发生改变。近年来，受煤炭、钢铁、石油等能源原材料价格持续低迷和产能过剩的双重挤压，能源原材料工业经历了近年来最为严峻的考验，石油和天然气开采、电力热力生产和供应两个行业生产累计增速自2014年起持续为负。2015年，全省能源原材料工业增加值同比增长6%，其中煤炭开采和洗选、石油和天然气开采、电力热力生产和供应三个行业增加值分别同比下降3.5%、21.5%和1.9%，三个行业增加值占全省规模以上工业增加值的比重为7.3%，合计下拉全省工业增速0.4个百分点。

表3 "十二五"时期河南省能源原材料工业增加值增速及占工业增加值比重情况

单位：%

年份	增速	比重
2011	15.1	50.2
2012	9.4	50.3
2013	9.7	47.0
2014	9.2	44.2
2015	6.0	41.2

2. 工业经济效益水平大幅回落

受长期积累的产业结构不合理、创新能力不足等问题的影响，工业企业效益水平出现大幅下滑。2015年，全省规模以上工业企业实现主营业务收入和利润总额同比分别增长6.6%和-0.1%，较2010年回落22.7个和36.0个百分点，年均回落4.5个和7.2个百分点。2015年，全省工业企业实现主营业务收入总体呈平稳增长态势，一季度以来，月度增速基本维持在7%左右，累计增速月度波动不超过0.4个百分点。全省工业利润增速小幅波动，进入3月后，利润增速逐月回升，上半年达到最高点0.7%，7月以后又有所回落，10月开始进入负增长阶段。分行业看，石油、煤炭行业利润同比大幅回落对全省利润下拉作用明显。2015年，全省石油和天然气开采业利润同比减少68.0亿元，煤炭开采和洗选业全行业亏损，利润同比减少136.5亿元，两个行业合计下拉工业利润增速4.2个百分点。

3. 投资增长后续支撑能力不强

2013年之前，全省新开工项目计划总投资均保持16%以上的增长速度，2010~2013年增速分别为27.3%、25.7%、26.8%和16.4%，2014年增速回落到 3.3%，远低于同期投资增速。2015 年以来，新开工项目计划总投资始终保持负增长，新开工项目尤其是工业新开工项目不足问题十分突出。2015 年，全省工业新开工项目 6729 个，同比减少 374 个，其中亿元以上项目 3004 个，同比减少 1073 个；工业新开工项目计划总投资同比下降 8.2%，降幅大于全省平均降幅 8.0 个百分点，其中采矿业下降 29.7%、制造业下降 11.4%。

4. 工业科技创新能力有待提升

河南省工业企业研发费用支出明显偏低，与中部其他省份的差距依然较大。2014 年，全省"工业企业 R&D 经费投入强度"（企业 R&D 经费与主营业务收入之比）创历史新高，达到 0.49%，仍低于全国平均水平 0.21 个百分点，在中部省份中，河南仅高于江西居第 5 位，比湖南、湖北、安徽、山西分别低 0.36 个、0.33 个、0.24 个和 0.18 个百分点。R&D 经费投入强度不够，难以为企业开展技术创新提供充足的资金保障，使企业的技术创新能力、水平和竞争力一直处于较低的层次和水平。全省大中型企业建有研发机构的只有 1/4，高新技术企业数占全国的比重只有 1.6%，不足湖北、安徽省的一半，产业长期被锁定在产业链的低端和价值链的低端，创新能力不足已成为工业发展最突出的"软肋"。

三 对2016年和"十三五"时期工业经济形势的初步判断

2016 年是"十三五"规划启动实施的开局之年，以目前形势看，"十三五"时期国际经济形势依然严峻复杂，中国经济发展进入新常态下的深刻调整期，河南省发展呈现新的阶段性特征，全省工业经济保持较快增长既面临着矛盾相互叠加的风险挑战，也面临着难得的发展机遇。

从国际看，国际金融危机深层次影响还将持续深化，新的自主增长动力还没有形成，世界经济还将继续保持中低速增长态势；从全国看，经济下行依然没有触底，短期内实现反转复苏的可能性不大，特别是长期积累的结构性矛盾逐步显现，资源环境约束趋紧，劳动力成本上升，经济持续下行的风险还在加剧；从河南看，经济发展传统优势减弱甚至消失，而新的支撑力量尚在形成之中，发展动力正在转换但创新驱动能力还不够强，传统行业生产经营困难持续

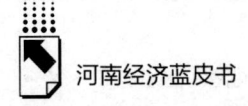

加剧，占比超过40%的钢铁、有色金属、建材等资源原材料产业转型发展困难重重，对全省工业经济稳定发展形成较大挑战。然而，稳定全省工业，尤其是传统支柱行业运行仍然面临着不可多得的发展机遇。全省工业化、城镇化仍然处于加快推进阶段，消费需求、投资需求潜力巨大，市场优势凸显，为加快工业转型发展提供了很大的空间。新一轮科技革命和产业变革蓄势待发，互联网催生新的生产方式、商业模式和增长空间。目前河南省智能手机、新能源汽车等发展前景好、市场潜力大的行业保持了较快的增长速度，智能手机年产量达到1.5亿部，形成了全球最大的智能手机生产基地；新能源汽车2015年产量达到3.6万辆，为全省工业发挥后发优势、抢占未来发展制高点提供了有利条件。近年来河南谋划实施了一大批打基础、增后劲的大事要事，产业集群效应快速释放，高成长性制造业发展、战略性新兴产业培育和传统支柱产业转型三大工程的大力实施，为加快先进制造业大省建设打下了坚实基础；郑州航空港经济综合实验区、产业集聚区等发展载体建设不断加快，集聚辐射能力不断增强，为工业经济发展积累了发展新动能，拓展了发展新空间。

综合判断，"十三五"期间可能会出现2~3年的缓慢探底和底部调整期，2016年全省工业增速可能保持目前的水平甚至继续下行，稳增长、调结构、防风险仍是全年河南工业经济发展的重要任务。但随着工业提质增效、转型升级政策措施效果的逐步显现，河南工业独特的发展优势将在"十三五"中后期逐步发挥，整个"十三五"时期河南工业仍会处于平稳较快的发展时期。

B.5
2015~2016年河南省第三产业形势分析与展望

俞肖云 王予荷 孟静 常伟杰 陈哲 陈琛[*]

摘　要： 2015年，河南全力实施"三个一"工程，结合"三查三保"强化政策落实和项目推进，第三产业总体呈现加快发展态势。2016年，河南服务业发展的有利因素将不断增加，加快服务业发展要着力做大做强生产性服务业，培育壮大生活性服务业，培育百户服务业领军企业，突出新热点培育、新业态发展、新技术应用。本文总结了2015年河南第三产业发展状况，并对2016年第三产业发展走势进行了预测，提出了加快服务业发展的对策和建议。

关键词： 河南省　第三产业　生产性服务业　生活性服务业

2015年，全省上下认真贯彻落实省委、省政府稳增长保态势工作部署，加快高成长服务业大省建设，谋划服务业发展方向和重点，全力实施"三个一"工程，结合"三查三保"强化政策落实和项目推进，全省第三产业总体呈现加快发展态势。

一　2015年河南省第三产业发展状况

2015年，各地把加快发展现代服务业和全面提升传统服务业紧密结合起

---

[*] 俞肖云，高级统计师，河南省统计局副局长；王予荷，河南省统计局服务业统计处处长；孟静，河南省统计局服务业统计处副处长；常伟杰，高级统计师，河南省统计局服务业统计处；陈哲，河南省统计局服务业统计处；陈琛，河南省统计局服务业统计处。

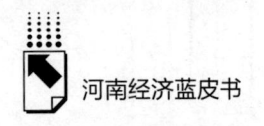

来，重点发展高成长性服务业，大力培育新兴服务业，全省服务业发展状况良好。

（一）第三产业整体运行稳定

1. 第三产业增加值增速持续攀升，高于GDP增速，第三产业增加值对GDP增长贡献率不断提高

2015年，全省实现第三产业增加值14611.33亿元，同比增长10.5%。从季度增速看，全省一季度、上半年、前三季度和全年第三产业增加值分别增长5.6%、8.8%、10.0%和10.5%，呈现逐季上升态势。从上半年开始第三产业增加值增速高于GDP增速，上半年比GDP增速高1.0个百分点，前三季度比GDP增速高1.8个百分点，全年比GDP增速高2.2个百分点。第三产业增加值占GDP的比重为39.5%，比2014年提高2.4个百分点。第三产业增加值对GDP增长贡献率不断提高。2015年第三产业增加值对GDP增长的贡献率达到37.9%，分别比一季度、上半年、前三季度提高14.4个、4.0个和2.0个百分点，比2014年提高5.6个百分点；拉动GDP增长3.1个百分点，分别比一季度、上半年、前三季度提高1.5个、0.5个和0.2个百分点，比2014年提高0.3个百分点。

2. 第三产业投入加大，成为促进投资增长的重要支撑

为全面提升服务业发展水平和支撑能力，2015年全省加大第三产业投资力度，筛选确定了1000个投资超亿元的服务业重点项目，集中力量强力推进，一批投资规模大、市场前景好、带动作用强的服务业项目建设进展顺利。2015年，服务业投资增速逐月提高，从年初的14.9%提高到全年的21.8%。2015年，全省完成第三产业投资16478.28亿元，同比增长21.8%，比固定资产投资增速高5.3个百分点。第三产业投资占固定资产投资比重达47.1%，同比提高2.6个百分点。第三产业对全省投资增长的贡献率达到59.6%，第三产业投资对全省投资增长的拉动作用不断增强。分行业看，公共管理、社会保障和社会组织，卫生和社会工作，租赁和商务服务业，信息传输、计算机服务和信息技术服务业，交通运输、仓储和邮政业增速较高，是拉动第三产业投资快速增长的主要动力。

3. 服务业税收稳定增长，贡献率持续提高

2015年，全省第三产业税收保持稳定增长态势，增速由1~2月的1.3%

提高到上半年的12.9%，之后几个月保持10.0%以上的增速。2015年全省第三产业税收收入2277.31亿元，同比增长11.7%，第三产业税收增速高于全部税收收入增速3.8个百分点。第三产业税收占全部税收的比重为58.0%，比上年同期提高1.9个百分点，第三产业税收贡献份额不断提高。第三产业税收收入主要来自房地产业、批发零售业、金融业、公共管理、社会保障和社会组织四个行业，占第三产业税收收入的比重分别为30.2%、28.6%、15.5%和10.5%。

4. 消费品市场平稳增长

受宏观经济环境趋紧、需求不旺、市场竞争加剧等多重因素影响，全省消费品市场走势平稳。2015年全省社会消费品零售总额增长12.4%，增速高于全国平均水平1.7个百分点，居全国第2位，中部六省第1位。2015年全省批发、零售、住宿和餐饮单位实现销售额（营业额）3.35万亿元，同比增长12.5%。其中批发和零售业分别增长10.6%和13.9%，分别回落4.8个和2.1个百分点；住宿和餐饮业分别增长12.7%和16.2%，分别提高0.7个和0.3个百分点。

（二）重点领域实现新突破

1. 基础设施建设硕果累累

2015年全省高速公路建设取得新突破，通车里程达到6304公里，居全国第3位，八车道通车里程达到1064公里，实现所有县（市）城20分钟上高速，郑州、洛阳、南阳、商丘、周口等5市形成环城高速，以郑州为中心、辐射所有省辖市的3小时高速公路交通圈已经建成。"米"字形快速铁路网建设大力推进，郑徐客专2016年通车，郑合高铁开工建设，郑焦城际铁路、机场轻轨通车运营。新郑机场二期投入使用，打造了中原对外开放发展战略新支点，加快了河南省开放发展和融入全球经济的步伐。积极推动现代物流业发展，围绕打造"一带一路"国际物流通道枢纽，郑州航空港、国际陆港建设不断加快，郑州进口肉类、汽车整车等指定口岸建成投入使用，郑欧班列实现往返均衡和高频常态开行，实现每周去程3班和回程2班。

2. 交通运输业发展态势良好，客货运输量和周转量保持稳定增长

2015年，全省货物运输量21.19亿吨，比上年增长6.0%，其中铁路、公路货物运输量分别增长-9.7%和6.6%；旅客运输量14.61亿，比上年增长3.0%，其中铁路、公路旅客运输量分别增长5.2%和2.7%；货物周转量

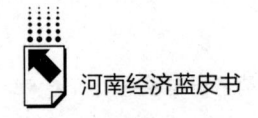

7582.38亿吨公里，比上年增长3.1%，其中公路货物周转量增长8.0%，水运货物周转量增长14.6%；旅客周转量1941.88亿人公里，比上年增长4.6%，其中铁路旅客周转量增长1.8%，公路旅客周转量增长6.3%。航空运输业持续高速发展。随着郑州航空港经济综合实验区战略措施的逐步实施，郑州机场二期投入使用，郑州机场航空货邮吞吐量增速大幅提升。2015年全省机场旅客吞吐量为1860.09万人，同比增长9.9%；货邮吞吐量为40.58万吨，同比增长8.8%。其中，郑州机场旅客吞吐量为1729.74万人，同比增长9.4%；货邮吞吐量为40.33万吨，同比增长8.9%。郑州机场旅客和货邮吞吐量占比分别为93.0%和99.4%。

3. 金融市场运行平稳，各项存贷款余额增加较多

中原银行、中原农业保险公司、中原股权交易中心开业运营，中原航空港产业投资基金获批设立。2015年12月末金融机构本外币各项存款余额为48282.06亿元，同比增长13.6%，较年初增加5833.18亿元，同比多增1194.06亿元。其中，人民币各项存款余额为47629.91亿元，同比增长13.5%，较年初增加5737.88亿元，同比多增1112.77亿元。金融机构本外币各项贷款余额为31798.60亿元，同比增长15.3%，较年初增加4212.13亿元，同比多增241.33亿元。其中，人民币各项贷款余额为31432.62亿元，同比增长15.4%，较年初增加4201.26亿元，同比多增174.87亿元。

4. 房地产开发市场小幅波动，整体趋稳

全省房地产开发投资增速在1~4月跌至最低水平后逐步回升，在1~8月达11.0%的高点后呈现小幅波动、整体趋稳的态势，保持10%左右的增速。2015年全省房地产开发投资4818.93亿元，同比增长10.1%，比全国平均水平高9.1个百分点。2015年全省商品房销售面积为8556.34万平方米，同比增长8.6%，增速比1~11月加快1.3个百分点。全省商品房销售面积增速在上半年由负转正后已经连续6个月在6.4%~8.6%之间上下波动。其中，商品住宅销售面积为7645.84万平方米，同比增长9.1%，占商品房销售面积的比重为89.4%；非住宅类商品房销售面积为910.50万平方米，同比增长4.6%，占商品房销售面积的比重为10.6%。

5. 社会事业快速发展

2015年，全省着力扩大信息消费，电子商务进农村、进社区工程顺利推

进，郑州跨境贸易电子商务试点取得新突破，日均业务量稳定在10万包，单量总数居全国首位。持续推进文化产业"双十"工程，启动郑州国际文化创意产业园等一批项目建设，成功组建河南大象融媒体集团、大河网络传媒集团。大力促进旅游消费，积极发展休闲旅游、乡村旅游，开展2015年贫困村旅游扶贫试点工作，推出一系列旅游惠民措施。积极发展健康养老产业，中挪肿瘤微转移联合治疗中心、中丹心血管疾病研究中心等项目进展顺利，洛阳、漯河被列入国家养老服务业综合改革试点城市。

（三）服务业重点监测企业经营状况良好

2015年，全省规模以上其他服务业企业数量不断增加，由年初的5586家增加到11月的6014家；营业收入增速由年初的2.7%提高到1～11月的6.8%。其中规模以上其他营利性服务业企业由2月的1378家增加到11月份的1612家；营业收入增速由年初的16.9%提高到1～11月的26.8%，对第三产业增加值的支撑作用不断增强。

1～11月，全省6014家规模以上服务业企业实现营业收入3514.6亿元，增长6.8%，增速比上半年提高1.7个百分点，比1～10月回落0.5个百分点；营业利润338.9亿元，同比增长44.7%，较上半年和1～10月增速分别上升了18.7个和3.5个百分点；营业税金及附加47.9亿元，同比下降9.6%，比上半年降幅收窄1.8个百分点，比1～10月降幅扩大3.1个百分点。分行业看，除铁路运输业、仓储业、专业技术服务业以及新闻和出版业外，其余行业同比均有所增长。其中：互联网和相关服务、房地产中介服务、水上运输业、娱乐业、其他服务业、机动车、电子产品和日用产品修理业、文化艺术业、软件和信息技术服务业、航空运输业、社会工作、科技推广和应用服务业、教育、租赁业、体育等行业增幅均在30%以上。

二 2016年第三产业发展形势分析与预测

2016年是国内外经济形势非常复杂的一年，河南服务业发展积累了很多有利条件，同时也有一些深层次问题需要逐步破解。

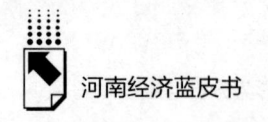

（一）有利因素

1. 供给侧改革为服务业发展提供重大机遇

服务业是未来中国经济和社会的双重稳定器，一方面维持经济增长，另一方面提供就业岗位。第三产业每增长1个百分点能创造约100万个就业岗位，比工业多50万个左右。大力发展服务业对经济增长和稳定就业的重要性不言而喻。当前，服务业发展的根本瓶颈是不能充分提供市场需要的优质服务产品，尤其是在教育、医疗、金融、旅游等领域，供求矛盾更加突出，这跟国内服务业供给乏力密切相关。供给侧改革为服务业发展提供了良好的机遇，如何抓住供给侧改革机遇，加快形成河南服务业发展新的增长点，是今后河南服务业发展的关键。

2. 服务业发展合力逐渐形成

2015年，全省围绕省政府明确的目标任务，在省服务业工作领导小组的统筹协调指导下，建立完善了领导小组工作例会制度，及时研究解决服务业发展重大问题。省各有关部门按照职责分工，密切配合，通力协作，加大本领域、本行业的工作推进力度。各地创新发展思路，落实政策措施，强化组织保障，在政策实施、项目建设、开放合作等方面，做了大量切实有效的工作，全省上下形成了推动服务业发展的合力，对服务业的快速发展起到了强大的推动作用。

3. 服务业发展的各项政策措施效果逐步显现

近年来，省政府相继下发了一系列加快服务业发展的文件，出台了相关政策，促进流通产业、电子商务业、养老服务业、旅游产业、快递业、健康服务业、生产性服务业等的发展。随着这些政策措施的逐步贯彻实施，相关行业发展加速，推动全省服务业快速健康发展。国内外大型服务业企业，尤其是国内外知名品牌落户河南，将极大地带动河南交通运输、仓储、信息等相关产业的大发展，随着其龙头带动作用逐步显现，其上下游一大批企业会被带动起来，将为河南第三产业发展创造良好机遇。

（二）不利因素

2015年，在国内外形势复杂严峻、经济下行压力加大的情况下，河南第三产业保持了稳定发展的势头。但是，由于受河南经济发展阶段性制约以及农业大省、人口大省、城镇化水平低、消费能力不强等深层次因素的制约和影响，第三产业总体发展还比较滞后，一些深层次问题需要逐步破解：一是第三产业增加值增速偏低，第三产业增加值占GDP比重偏低问题仍需长期关注。尽管目前河南已经摆脱服务业增加值占GDP比重全国倒数第一的局面，但仍居落后行列，服务业增加值占GDP比重低于全国平均水平11.0个百分点，形势依然严峻。二是服务业内部结构不优，传统服务业增加值占比依然偏高，电子商务等现代服务业规模偏小，对经济增长的拉动力不强。三是区域发展不平衡，漯河市、鹤壁市服务业增加值占比低于30%；10个省直管县中，有半数省直管县占比低于35%。四是新兴服务业行业缺乏领头羊，企业"小、散、弱"现象突出。交通运输、仓储等大型企业中不乏营业收入大、营业利润少甚至严重亏损的企业。

综上所述，随着供给侧改革的逐步深入，加快服务业发展的政策措施效果逐步显现，2016年河南服务业将保持快速发展势头，为拉动河南经济快速发展提供强有力的支撑，2016年第三产业增加值预计增长9.0%左右。

B.6
2015年及"十二五"时期河南省产业集聚区发展形势分析及展望

冯文元 司景贤*

摘　要： 产业集聚区作为全省经济改革创新、转型升级、跨越发展的科学载体，对全省应对危机、保障经济稳中向好、产业转型升级起到了支柱和引领作用。本文通过分析全省建设产业集聚区以来，特别是"十二五"时期产业集聚区发展空间拓展、经济规模扩大、结构调整和科技投入，以及对促进全省经济增长和结构调整的作用，指出河南产业集聚区面临的如规模小、结构层次低、产业雷同、平台建设相对滞后、增速放缓等问题，并提出了促进发展的几点建议。

关键词： 产业集聚区　河南省　产业转型升级

2008年河南省委、省政府提出规划建设产业集聚区，从2009年边规划审批边推进建设以来，全省已有180个省级产业集聚区[①]，产业集聚区的品牌效

---

* 冯文元，高级统计师，河南省统计局副局长；司景贤，高级统计师，河南省统计局监测评价考核处副处长。

① 省级产业集聚区：2008年河南省委、省政府提出规划建设产业集聚区，2009年规划审批了180个省级产业集聚区。2014年，河南省产业集聚区发展联席会议办公室，根据省委办公厅、省政府办公厅《关于印发〈河南省市县经济社会发展目标考核评价工作试行办法〉等三个考核评价办法的通知》（豫办〔2014〕2号）规定和2014年度全省产业集聚区综合考核评价结果，报请省政府同意，将长葛市大周再生金属循环产业集聚区等5个产业集聚区晋级为省级产业集聚区；将未达到门槛标准的新乡桥北产业集聚区等7个产业集聚区调整为市级专业园区，不再享受省级产业集聚区有关支持政策；另外，依照郑州市政府的申请将郑州国际物流产业集聚区并入郑州经济技术产业集聚区。因此，2015年，全省有省级产业集聚区177个。本文分析时为了数据口径一致、数据可比，相关数据仍按180个产业集聚区计算。

应越来越明显,产业集聚区已经成为全省经济转型升级的突破口、招商引资的主平台、就业的主渠道、改革创新的示范区、河南经济发展新的增长极。

一 产业集聚区建设发展成效显著

全省建设发展产业集聚区以来,特别是"十二五"期间,产业集聚区建设快速发展,全省产业集聚区入驻企业大幅增加,经济规模扩大,综合实力显著增强,产业集聚水平提高,技术创新和产业转型发展较快,对做优河南经济增量起到至关重要的作用,对保障全省经济稳中向好、产业转型升级起到了支柱和引领作用。

(一)发展空间不断拓展,承载能力逐步增强

全省产业集聚区统计监测数据显示,2015年9月末,全省产业集聚区规划面积达到3742.20平方公里,建成区面积达到1951.20平方公里,分别是2010年末的1.39倍和1.77倍,建成区面积比2014年末增加117.15平方公里,增长6.4%,建成区面积占产业集聚区规划面积的52.6%,比2010年末提高11.7个百分点。

至2015年11月末,全省产业集聚区有规模以上(或限额以上)(简称"四上")企业单位14533家,其中规模以上工业企业9444家,分别是2010年末的2.12倍和1.83倍,比2010年末分别增加7661家和4272家,年均增长16.2%和12.8%;2015年,全省产业集聚区较上年年末增加"四上"企业1568家,其中规模以上工业企业增加933家,产业集聚区"四上"企业占全省"四上"企业个数的26.7%,规模以上工业企业占全省规模以上工业企业个数的43.1%,分别比上年年末提高2.4个和3.9个百分点。

(二)经济能级持续提升,综合实力不断增强

1. 经济实力增强,质量效益稳步提升

多年来,全省产业集聚区紧紧抓住全国区域经济格局调整、东部地区产业向中西部转移的机遇,借助外力实现跨越式发展,集聚区经济能级得到较快提升。全省产业集聚区"四上"企业主营业务收入由2010年的13879.76亿元增

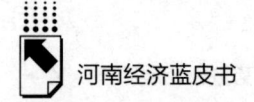

加到2014年的44859.54亿元,年均增长25.1%,是产业集聚区建设之初2009年的4.59倍。其中,规模以上工业企业2014年实现主营业务收入37968.14亿元,是2010年的3.07倍,年均增长25.5%,规模以上工业主营业务收入占全省规模以上工业的比重由2010年的39.1%提高到2014年的56.8%,年均提高4.4个百分点。2014年,全省产业集聚区"四上"企业上缴税收818.16亿元,是2010年的2.43倍,年均增长24.9%,占全省税收合计的23.8%,比2013年提高3.8个百分点。2014年全省产业集聚区规模以上工业企业实现利润总额2324.91亿元,总量占全省规模以上工业的48.7%,比2010年提高17.9个百分点。2015年1~11月,全省产业集聚区规模以上工业实现主营业务收入39307.56亿元,是2010年的3.18倍,比上年同期增长11.7%,增幅大于全省规模以上工业增幅4.8个百分点,占全省规模以上工业主营业务收入的比重提高到60.3%,比上年同期高4.7个百分点,比2010年提高21.2个百分点,全年产业集聚区规模以上工业主营业务收入有望达到4.4万亿元;产业集聚区规模以上工业企业实现利润总额2286.37亿元,是2010年的2.34倍,占全省规模以上工业的52.9%,比2014年提高4.2个百分点,比2010年提高22.1个百分点。

分产业集聚区看,2014年,有148个产业集聚区"四上"企业主营业务收入超百亿元,比2010年增加101个,其中郑州经济技术产业集聚区(含郑州国际物流)、郑州航空港产业集聚区主营业务收入超2000亿元,分别为2207.23亿元和2108.00亿元,而2010年这两个产业集聚区主营业务收入最高不到600亿元。2015年1~11月,有134个产业集聚区规模以上工业主营业务收入超百亿元,比2014年同期增加16个,比2010年增加99个,其中超过500亿元的11个,最高达到2322.76亿元,2010年仅有1个产业集聚区主营业务收入超过500亿元,为550.68亿元。

2. 工业生产较快增长,是支撑全省工业增长的主要动力

"十二五"以来,全省积极应对宏观环境变化,加强载体建设,产业集聚区经济发挥了对全省经济平稳增长的重要支撑作用。"十二五"时期[①],全省

[①] 本文在做"十二五"时期和2010~2015年各年数据的计算时,2010~2014年为年度数据,2015年为1~11月数据,故本文分析中2015年凡未标明月份的均表示为2015年1~11月数据。

产业集聚区规模以上工业增加值年均增长19.7%，比全省规模以上工业增加值年均增幅高6.6个百分点，对全省规模以上工业增长的年均贡献率为66.0%，增加值占全省规模以上工业增加值的比重由2010年的38.5%提高到2015年的58.2%，提升19.7个百分点。2014年，全省产业集聚区规模以上工业实现增加值达8403.43亿元，同比增长16.7%。2015年1~11月全省产业集聚区规模以上工业增加值同比增长13.3%，占全省规模以上工业增加值的比重为58.2%，占比较上年同期提高6.6个百分点，增速高于全省规模以上工业增加值4.7个百分点，对全省规模以上工业增加值增长的贡献接近九成，拉动全省规模以上工业增加值增长7.4个百分点。

3. 基础设施建设投入持续增长，制造业投资量质齐开

2010年至2015年11月，全省产业集聚区完成基础设施投资累计9271.01亿元。其中，"十二五"时期累计投入8199.79亿元，年均增长10.8%，总量占产业集聚区固定资产累计投资的13.0%，占全省基础设施累计投入的48.5%。其中，2015年，产业集聚区完成基础设施投资1789.52亿元，同比增长18.2%，增幅大于产业集聚区投资增幅4.6个百分点。2010~2015年，产业集聚区制造业投资累计完成45715.23亿元，其中"十二五"时期投资累计完成42361.50亿元，年均增长26.1%，占产业集聚区固定资产累计投资的67.4%；其中制造业高技术产业投资累计达5006.83亿元，年均增长42.1%，高技术产业投资占制造业投资的比重由2010年的6.6%提高到2015年的12.0%。2014年、2015年产业集聚区高成长性制造业[①]投资分别完成6698.58亿元和6741.87亿元，同比增长30.2%和13.1%，增速分别快于产业集聚区制造业投资3.4个和3.9个百分点，总量占产业集聚区制造业投资的比重2015年达到63.0%。

（三）结构调整成效显著，集聚水平逐步提高

1. 着力引进大企业大项目

从2010年至2015年11月，产业集聚区累计新开工建设项目32761个，

---

① 高成长性产业：本文中的高成长性产业包括电子信息、装备制造、汽车及零部件、食品、现代家居、服装服饰等高成长性制造业，传统支柱产业包括冶金、建材、化学、轻纺、能源等传统产业，是根据《河南省人民政府关于加快推进产业结构战略性调整的指导意见》（豫政〔2013〕65号）文件精神更新的新指标口径范围。本文分析按照新口径范围计算了2014年、2015年的高成长性产业、传统支柱产业数据。

其中累计新开工亿元以上项目达 15283 个，占开工项目个数的 47.6%，"十二五"期间新开工亿元以上项目 14311 个，占新开工项目累计个数的 53.8%，大项目建设力度增强。产业集聚区建设项目投产和企业培育取得显著成效，截至 2015 年 11 月，产业集聚区有"四上"企业 14533 家，其中规模以上工业企业 9444 万家，比 2010 年净增 4272 万家，增长 82.6%。2015 年 1~11 月，产业集聚区工业总产值在亿元及以上的工业企业达 5911 家，其中，千亿元及以上的 1 家、100 亿~1000 亿元的 21 家、10 亿~100 亿元的 700 家、1 亿~10 亿元的 5189 家。工业总产值超过百亿元的产业集聚区有 136 家，占产业集聚区家数的 75.6%，其中，产值超千亿元的产业集聚区有 1 家，500 亿~1000 亿元的产业集聚区有 10 家。

2. 发展先进制造业，结构调整成效明显

产业集聚区作为全省加快推进产业结构调整的重要载体，注重高新技术产业、高成长性产业项目引进，促进先进制造业发展。2010 年以来，产业集聚区内高新技术产业投资累计达到 5228.95 亿元，高新技术产业投资占产业集聚区工业投资的比重从 2010 年的 6.1% 提高到 2015 年的 11.4%，其中"十二五"期间高新技术产业投资年均增长 42.1%，增幅分别大于产业集聚区投资、工业投资 16.9 个和 16.8 个百分点。2014 年、2015 年产业集聚区高成长性制造业投资分别增长 30.2% 和 13.1%，增幅分别比产业集聚区工业投资大 5.0 个和 2.9 个百分点，占产业集聚区工业投资的比重提高到 59.5%。"十二五"期间产业集聚区规模以上工业高新技术产业增加值年均增长 49.7%，增幅比规模以上工业大 30.0 个百分点，高新技术产业增加值占产业集聚区规模以上工业增加值的比重由 2011 年的 9.5% 提高到 2015 年的 13.1%。2014 年、2015 年，产业集聚区规模以上工业高成长性产业增加值分别增长 19.3% 和 15.3%，增幅分别大于同期规模以上工业增加值 2.6 个和 2.0 个百分点，增加值占产业集聚区规模以上工业的比重 2015 年达到 55.1%，同比提高 3.1 个百分点。2015 年规模以上工业高新技术产业、高成长性产业对产业集聚区规模以上工业增长的贡献率分别为 21.3% 和 61.0%，同比提高 4.5 个和 3.8 个百分点。

3. 主导产业集聚水平和资源利用效率明显提高

2014 年，全年产业集聚区主导产业实现增加值 4542.89 亿元，占全省产业集聚区增加值的46.2%，同比提高1.7个百分点。2015年，主导产业支撑作用显著。全省产业集聚区规模以上工业实现增加值总量排前十的行业均是全省产业集聚区的主导产业，十个行业增加值合计同比增长15.1%，增幅大于产业集聚区规模以上工业1.8个百分点，合计占全省产业集聚区规模以上工业增加值总量的57.7%，对产业集聚区规模以上工业增长的贡献率为64.5%，共拉动产业集聚区工业增长8.6个百分点。产业集聚区发展，不断淘汰落后产能，引进高优新项目，土地利用效率和工业能源使用效率明显提高。2014年，全省产业集聚区每平方公里（按建成区面积计算）实现"四上"企业主营业务收入24.46亿元，比2010年增长119.0%。2015年，全省产业集聚区规模以上工业企业单位增加值能耗同比下降12.46%，降幅比全省规模以上工业单位增加值能耗降幅高0.89个百分点，比上年降幅扩大3.24个百分点。

（四）科技投入不断增多，创新能力日益加强

2014年，全省产业集聚区规模以上工业企业中，有科技活动的企业1394家，比上年增加279家，增长25.0%，占产业集聚区规模以上工业企业家数的16.3%，占全省规模以上工业中有科技活动企业的66.0%，占比较上年分别提高1.6个和0.2个百分点；全年产业集聚区规模以上工业研究与实验发展（R&D）经费支出222.74亿元，比上年增长20.5%，总量占全省规模以上工业R&D经费的77.2%，比上年提高14.4个百分点；产业集聚区有科技活动企业的R&D经费投入强度（R&D经费与企业主营业务收入之比）为1.47%，比上年提高0.03个百分点，全省产业集聚区规模以上工业R&D经费投入强度（R&D经费与产业集聚区规模以上工业主营业务收入之比）为0.61%，比上年提高0.01个百分点，比全省规模以上工业R&D经费投入强度高0.11个百分点。2014年，产业集聚区规模以上工业企业申请专利达8297件，增长14.8%。2014年末，全省产业集聚区有高新技术企业556家，比2010年增加264家，增长90.4%。

（五）产业集聚区稳步发展，促进全省经济增长和结构调整

产业集聚区发展强化产业集群培育，大力推进转型升级，不断提高增长质量和效益，引领全省经济稳中向好、产业转型升级。

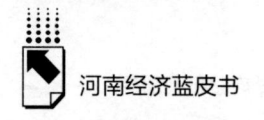

1. 全省招商引资的主要平台

2012年至2015年10月，全省产业集聚区累计利用省外资金16715.04亿元，年均增长17.4%。其中，2014年，全省产业集聚区利用省外资金项目2114个，实际利用省外资金4478.30亿元，比上年增长23.9%，增幅大于全省7.6个百分点；利用境外资金项目226个，比上年增加46个，实际利用境外资金95.94亿美元，比上年增长25.7%，增幅大于全省14.8个百分点；产业集聚区利用省外、境外资金占全省比重分别为62.1%、64.3%，比上年分别提高3.8个和7.6个百分点。2015年，经济发展步入新常态，经济下行压力增大，招商引资难度加大。1~10月，全省产业集聚区利用省外内资项目1603个，实际利用省外内资3845.20亿元，比上年同期增长5.7%；利用境外资金项目133个，实际利用境外资金65.20亿美元，同比增长3.5%，占全省利用境外资金的比重为56.5%。2015年产业集聚区利用内外资金增速比上年虽有不同程度的回落，但增幅仍远大于全省利用内外资金增幅，其中利用境外资金增幅大于全省3.4个百分点，占比同比提高1.9个百分点，产业集聚区作为全省招商引资主平台作用进一步凸显。

2. 全省重大项目建设的重要聚集地

2010年至2015年11月，全省产业集聚区累计完成固定资产投资68222.69亿元，累计建设亿元及以上项目16253个，其中亿元及以上项目累计完成投资54174.61亿元，亿元及以上项目个数占产业集聚区建设项目个数的45.6%，完成投资占产业集聚区累计投资的79.4%。亿元及以上项目增多、占建设项目个数的比重提高，2015年产业集聚区亿元及以上施工项目个数是2010年的2.92倍，亿元及以上施工项目占产业集聚区施工项目个数的比重由2010年的21.5%扩大到2015年的66.8%。其中，"十二五"期间开工的亿元及以上项目14311个，占产业集聚区开工项目个数的53.8%，亿元及以上项目完成投资51376.49亿元，占"十二五"产业集聚区投资的81.7%。

2015年1~11月，产业集聚区完成固定资产投资16421.33亿元，同比增长13.6%，占全省完成投资总量的比重为52.2%，对全省投资增长的贡献率为44.8%，其中亿元及以上项目完成投资13637.84亿元，占产业集聚区投资总量的比重为83.0%，对产业集聚区投资增长的贡献率为67.3%。

3. 全省工业平稳增长的主要动力

近年来，产业集聚区对全省规模以上工业增长的贡献超过七成。2014年，产业集聚区规模以上工业增加值同比增长16.7%，增幅大于全省规模以上工业5.5个百分点，总量占全省规模以上工业增加值的52.3%，对全省规模以上工业增长的贡献率为74.3%，对全省规模以上工业主营业务收入增长的贡献率为73.1%，对全省规模以上工业利润总额增长的贡献率为90.0%。2015年，全省经济下行压力增大，产业集聚区支撑作用增强，2015年1~11月，产业集聚区规模以上工业增加值同比增长13.3%，增幅同比虽有回落，仍高于全省规模以上工业4.7个百分点，对全省规模以上工业增加值增长的贡献率达到86.0%，同比提高11.8个百分点；从各月增长趋势看，累计增速除3月低于2月0.6个百分点外，其他各月均保持逐月小幅提升，增幅高于全省规模以上工业增加值增长水平，从2月的2.7个百分点提高到11月的4.7个百分点，对全省规模以上工业增加值增长的贡献率也从2月的66.5%提高到11月的86.0%。2015年1~11月，产业集聚区规模以上工业主营业务收入对全省规模以上工业主营业务收入增长的贡献率达到97.2%，实现利润总额增长7.0%，而同期全省规模以上工业企业利润总额下降0.7%。

4. 全省产业转型升级的主要抓手

"十二五"期间，全省积极发展高技术产业、高成长性制造业，高技术产业、高成长性产业占比不断提升，传统支柱产业转型升级加快，许多新产品从无到有。建设全省高成长性制造业投资的主要集聚地。2014~2015年，产业集聚区高成长性制造业完成投资分别为6698.58亿元和6741.87亿元，占全省高成长性制造业投资的比重超过八成，分别为80.4%和80.6%，对全省高成长性制造业投资增长的贡献率分别达到100.5%和82.5%。

推进全省工业产业结构调整。2014年，全省产业集聚区中高技术产业、高成长性制造业实现增加值增长24.9%和19.3%，增幅分别比全省高技术产业、高成长性制造业增加值高2.4个和5.5个百分点，增加值占全省规模以上工业高技术产业、高成长性产业增加值的比重分别为86.4%和60.6%，对全省高技术产业、高成长性制造业增长的贡献率为94.2%和81.3%。2015年，产业集聚区高技术产业、高成长性产业继续保持较快增长，对全省贡献率进一步提高，1~11月，产业集聚区高技术产业、高成长性产业实现增加值同比分别

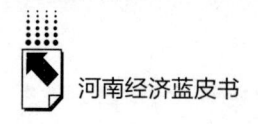

增长24.2%和15.3%,增幅比产业集聚区规模以上工业分别高10.9个和2.0个百分点,分别比全省规模以上工业高技术产业、高成长性产业增幅高2.1个和3.7个百分点,对全省高技术产业、高成长性制造业增长的贡献率提高到95.2%和87.0%。产业集聚区体现转型升级特征的高成长、高技术产业较快增长,总量规模增大,推动全省工业结构调整积极向好,增强全省经济发展动力。

二 产业集聚区创新发展面临的挑战

当前,国际经济环境复杂严峻,国内经济发展步入新常态,经济运行下行压力进一步加大,全省产业集聚区探索深化改革,谋求新思路、应对新挑战、创造新优势,提升竞争能力,更好地发挥示范和辐射带动作用,同时也面临更多挑战。

(一)规模小、结构层次低、产业雷同问题突出

1. 经济规模仍然偏小,缺乏"航母"领航

2015年1~11月,产业集聚区平均工业总产值219.20亿元,其中,产值不足50亿元的还有17个,不足100亿元的接近两成半,不到300亿元的占八成,唯一过千亿元的郑州航空港产业集聚区也未超过2500亿元,且航空港产业集聚区中除鸿富锦精密电子(郑州)有限公司(富士康)外,其他企业中仅有2个企业工业产值达到10亿元。全省服务业企业中如果不计通信集团公司和储备粮库及相关单位,产业集聚区规模以上服务业企业营业收入不足10亿元的占比超过2/3。

2. 产业结构层次偏低,生产性服务业发展缓慢

自产业集聚区开始建设以来,尽管引进了像富士康、中兴、酷派、天宇等手机整机与配套项目,海马、日产等汽车及零部件项目,旺旺、上好佳、百事等知名企业和品牌,但全省产业集聚区仍呈现产业全而不强,传统产业占比高,高新技术企业少,产品技术含量高、品牌市场占有率高的终端产品少等现象。例如,产业集聚区规模以上工业企业中,工业41个行业大类中除石油和天然气开采业、开采辅助业、其他采矿业外涵盖了38个,而工业企业个数排前两位的是非金属矿物制品业、农副食品加工业,一些对环境影响较大的化学

原料和化学制品制造业、金属冶炼和压延加工业、皮革毛皮羽毛及其制品和制鞋业等企业占比较高。服务业方面，尽管近年来加大了服务业项目引进，但服务业尤其是生产性服务业比重较低，利用外资水平明显滞后，行业层次总体还比较低，对先进制造业支撑力较弱，推力不够，制约了制造业的快速发展，产业竞争力缺乏、发展后劲乏力。产业集聚区规模以上服务业主要是交通运输、仓储企业，其他服务业企业单位比较缺乏，尤其是研发设计、现代物流管理、商务服务和检验检测等先进服务业发展明显滞后。

3. 产业雷同问题突出，龙头企业带动力较弱

产业集聚区建设以来，尽管各地依据自身产业优势、资源禀赋和配套能力突出发展主导产业，强化龙头企业带动，形成了郑州航空港产业集聚区的手机等智能终端产业、郑州中牟汽车产业集聚区的汽车及零部件产业、漯河经济技术产业聚集区的食品产业、民权县产业集聚区的制冷设备产业等一些特色产业集聚区和产业集群。但与国内先进产业集聚区（开发区、园区）相比，总体上河南的产业集聚区主导产业不够强、特色产业优势还不够突出，特别是特色高新产业、先进制造业集聚度不高，有比较优势的产业带动效应较弱，产业集聚区内大企业相对较少；区域内产业集聚区的产业雷同问题突出，龙头企业带动力较弱，产业集群效应不强，关联度不高。目前，全省有超过1/2的产业集聚区将装备制造及相关机械制造业列为主导产业，超过1/3的产业集聚区将食品生产加工列为主导产业；全省产值过100亿元的企业不足20家，未能形成有效的产业链和产业集群。经济产能过剩，传统产业甚至制约了河南支柱产业的发展，转型升级任务较为艰巨，短期内难以取得实质性的提升。

（二）创新体系尚不健全，平台建设相对滞后

1. 产业集聚区之间创新能力不均衡

从产业集聚区规模以上工业企业创新活动看，有研究与试验发展（R&D）活动的企业主要集中在含国家级高新技术（或经济技术）开发区的产业集聚区，以及几个开发建设较早的产业集聚区。2014年，郑州高新技术产业集聚区、洛阳高新技术产业集聚区分别有77家和65家企业有R&D活动，占全省产业集聚区有R&D活动企业个数的5.7%和4.8%，有R&D活动的企业不足10家的有136个产业集聚区，其中3个产业集聚区没有企业开展R&D活动。企业

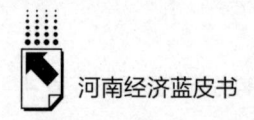

研发投入不足，突出表现在企业原创性、自主性产品少，产品开发能力较弱，具有自主知识产权和自主品牌的产品不多，中小企业间产品相互模仿现象严重。

2. 创新体系尚不健全，平台建设相对滞后

近年来，在有关政策的推动和各部门的努力下，产业集聚区创新能力有所提升，但当前宏观经济形势的复杂性和不确定性使得企业开展科技创新面临的未知风险加大，在一定程度上会抑制企业的创新欲望，导致企业整体创新动力下降。从省委、省政府提出的产业集聚区发展更加注重提高质量、转型升级、创新驱动的要求看，公共研发、检验监测、信息共享等平台建设的力度还需进一步加强，逐步形成由创新促转型、提效能的合力，提升产业发展动力。

（三）区域发展极不平衡，产城融合压力渐增

受区位、经济基础、资源等因素影响，全省产业集聚区之间的发展差异较大。分省辖市看，2015年1～11月，在产业集聚区规模以上工业总产值规模方面，郑州市接近6000亿元，全省最高，占全省的15.0%；洛阳市超过3500亿元，居全省第二，占9.0%；鹤壁、济源较低，分别占2.5%和2.3%。分产业集聚区看，郑州航空港产业集聚区工业总产值为2364.78亿元，全省最高，是最低的476倍；郑州经济技术产业集聚区（含国际物流产业集聚区）、长葛市产业集聚区、禹州市产业集聚区分别为767.09亿元、753.82亿元和687.74亿元，分别居第二、三、四位；产值在500亿～600亿元的集聚区有4个；有3个产业集聚区产值不足10亿元。从产城融合发展看，许多地方城市建设、社会管理、环境保护与经济发展之间的矛盾日益突出。

（四）工业生产和投资增速放缓，工业发展后劲不足

"十二五"时期，国内外市场需求总体不足、产能过剩，在此大背景下，河南工业增长的动力逐步减弱，工业增速持续回落。2011年，全省规模以上工业增加值增长19.6%，2012～2015年分别回落到14.6%、11.8%、11.2%、8.6%；全省工业投资2011～2015年增速分别为34.0%、23.1%、19.5%、17.1%和11.0%，工业投资增速逐年放缓。在全省工业、投资增长下行的大环境和产业集聚区经济规模扩大的共同影响下，集聚区经济发展运行增速回落，产业集聚区规模以上工业增加值增速由2011年的28.4%回落到2015年的

13.3%，工业投资增速由2011年的47.4%回落到2015年的10.2%。自2015年4月以来，产业集聚区投资增速低于全省投资增速，产业集聚区工业投资增幅于5月持续小于全省工业投资增幅，1~11月制造业投资增长9.2%，制造业投资已持续四个月保持个位数运行速度。产业集聚区制造业投资增速比2012年、2013年、2014年分别回落29.3个、18.4个和17.6个百分点，工业投资特别是制造业投资增速大幅放缓意味着产业集聚区后期工业增长将缺乏新的增长点，对产业集聚区甚至全省工业经济可持续发展产生不利影响。

三 "十三五"时期产业集聚区经济发展展望

"十三五"时期是河南经济充满挑战和机遇的转型时期，为确保到2020年全面建成小康社会，在新常态下河南经济发展转方式、调结构取得重大进展，实现经济发展主要指标年均增速高于全国平均水平，推动产业集聚区提质转型创新发展是完成"十三五"时期全省主要目标任务的重要支撑。

从投资增长看，巩固产业集聚区现有的产业特色和配套产业基础，以各产业集聚区自身优势，积极主动地承接产业转移，坚持龙头带动和延链补链，创新招商模式，实施中国制造2025河南行动，围绕增强核心竞争力，加快传统制造业的转型升级、先进制造业和新型高端制造业的培育发展。因此，"十三五"时期，全省产业集聚区工业技改、高成长性制造业和战略性新兴产业发展以及信息通信基础设施等投资将成为投资增长新动能，保持一定的有效投资规模和增速也是产业集聚区提质转型创新发展的重要动力保证，结合近年来产业集聚区的投资结构和增速情况，预计"十三五"时期全省产业集聚区固定资产投资年均增长15%~20%。

从工业发展看，河南更加注重供给侧结构性改革，投资结构优化调整加快推进产业结构调整，"十三五"时期全省产业集聚区工业产业转型升级将加快，经济结构调整取得明显进展，有一批产业集聚区工业发展将迈向中高端，产业集聚区对全省经济增长的支撑力将进一步显现。预计"十三五"时期全省产业集聚区规模以上工业增加值年增长区间为2016~2017年13.5%~14.5%、2017~2020年14%~16%，对全省规模以上工业增长的贡献率将达到80%以上，产业集聚区规模以上工业增加值占全省规模以上工业增加值总

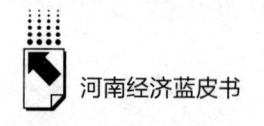

量的比重2020年将超过70%。

从服务业发展来看,在产业越来越趋向服务引领制造的新趋势下,服务业发展面临较大机遇。全省产业集聚区生产性服务业"十三五"时期将保持快速发展态势,规模不断扩大,其中科技、创意产业和以信息技术为依托的电子商务产业等新兴行业快速发展,商务服务、现代物流等生产性服务业发展态势更加明显,产业集聚区服务业占比将稳步上升,服务业对产业集聚区经济较快发展和产业结构转型升级的贡献进一步提高。

总体判断,"十三五"时期全省产业集聚区经济将保持稳定较快发展,载体功能将进一步丰富完善,要素集聚和辐射带动能力将增强,带动全省经济转型升级和创新驱动取得重大进展,综合竞争优势将大幅提升。

四 促进产业集聚区发展的几条建议

"十三五"时期,产业集聚区要更加注重培育壮大企业群体,做大做强主导产业,推进产业集聚发展,在促进全省经济结构优化、培育形成新的增长动力的发展中发挥更大作用,笔者建议着力推进以下几方面的工作。

(一)打造核心竞争力,推动整合优化提升

推进工业化与信息化("两化")深度融合,优化调整产业集聚区产业结构和布局,以提质增效升级为核心,做大做长最具优势的产业链条;发展好的产业集聚区要协调发展先进制造业和现代服务业,形成具有聚合效应的产业集群。实施大产业、大项目带动战略,支持龙头和优势企业兼并中小企业。因地制宜确定重点领域,避免同质竞争,推动产业集聚、错位发展,形成以强带弱、资源共享、联动发展的新格局。加强产业规划的省级顶层设计,统筹规划产业集群布局,提高资源利用效率,引导和支持大产业大项目向以国家级高新区、开发区、省辖市管理的产业集聚区为主体的核心主平台集聚。

(二)突出企业创新主体地位,推进功能平条建设

完善以企业为主体、以市场为导向、产学研结合的开放型区域创新体系。特别是要突出企业技术创新主体地位,激发企业创新发展的活力,发挥大型企

业的创新骨干作用，打造具有较强竞争力的大企业大集团，激发中小企业创新活力，扶持、鼓励中小微企业走"专、精、特"的创新之路。积极推进"大众创业、万众创新"，为产业集聚区经济发展增添内在动力，提高经济发展的质量和效益。扶持技术含量与附加值高、有市场潜力的品牌产品企业，大力实施品牌战略，打造一批产业名牌，推动产业集群稳定发展。加快建立政府主导的区域研发公共平台和实验室，完善与增强政府对技术创新项目补贴的方式和效果，进一步推进检测、检验、认证、信息、物流等生产性公共服务平台建设。

（三）注重投资结构优化调整，提高投资项目质量效益

积极适应市场需求变化，把握技术发展趋势，以投资结构优化调整加快推进产业经济结构调整。围绕产业集聚区优势主导产业、高新技术产业等重点发展领域，强化对结构优化、技术先进、产业链条长的产业项目投资，形成优势产业高质化的投资取向，提升产业核心竞争力，培育壮大主导产业，增强综合实力。加强投资项目管理，充分发挥重大项目的带动作用，以高质量投资促进投资的高效益，推动产业集聚区产业、产品转型升级发展，促进全省经济转型发展和可持续发展。

（四）加强重大项目储备，保持有效投资适度增长

项目是固定资产投资建设的重要支撑，投资在全省经济增长各要素中仍然占据十分重要的地位，仍是河南经济增长的主要引擎之一。利用产业集聚区产业规划，设置科学的产业引导政策，谋划一批亿元以上重大项目，加大项目储备，确保重大项目不断档。着力优化投资结构，增强企业投资意愿，提高重大招商引资项目合同履约率、项目开工率、资金到位率。对符合产业转型和集群发展要求的项目，做好项目服务、要素保障工作，给予其优惠政策，培育一批有特色的产业集群。保持产业集聚区有效投资的适度增长，不仅是经济增长的主要推动力，也是将来产业集聚区企业发展的基石，增强集聚区发展后劲，继续发挥好产业集聚区对全省经济增长的关键和引领作用。

（五）发挥区位优势，推进区域合作

河南要充分发挥其地处中原，铁路、公路、机场建设领先，交通网络相

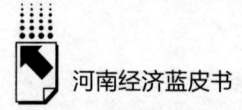

连,与北上广城市空间距离相对较近,人员和物资往来便捷等区位优势。河南应出台加强与北上广产业对接的政策措施,特别要把握好北京非首都功能产业疏解的机遇,主动开展区域合作,吸引北京外迁企业落户河南,实现两地劳动力、资源、资金、技术等生产要素优势互补,推动区域可持续发展。积极推动异地研发,支持河南企业与人才比较集中、产业基础和科研氛围良好的北上广等地的研发机构合作、入股或者设立异地研发中心等,促进河南企业开展科技研发活动,提升企业的科技水平、创新活力和效益质量;引导企业加强与北京高校、科研机构、大型企业集团的合作,利用其科技资源、市场资源和信息资源,促使河南成为北京创新供给的"试验田",推动科技成果转化,发展河南工业新增长点,促进全省产业转型升级。

B.7
2015年及"十二五"时期河南固定资产投资发展报告

司曼珈　马炬亮　刘俊华　邱 倩*

摘　要： 本文详尽阐述了2015年及"十二五"时期河南固定资产投资的诸多特征，分析了运行中存在的问题，判定未来一个时期，在国内外错综复杂的大环境没有根本改变的前提下，投资运行中不确定因素依然较多，投资增长下行压力依然较大。建议加快推动产业结构优化升级，加强资金保障，进一步拓宽民间投资领域，促进房地产平稳健康发展。

关键词： 河南省　固定资产投资　民间投资

"十二五"时期，河南妥善应对国际金融危机及国内经济形势严峻复杂的挑战，主动适应经济发展新常态，立足河南省实际，把有效投资作为稳增长的重要支撑，固定资产投资呈现快速增长的良好发展态势，投资规模不断扩大，投资结构不断优化，对拉动河南经济又好又快增长起到了至关重要的作用。

一　2015年及"十二五"时期河南固定资产投资运行的主要特征

1. 总量规模持续扩大

"十二五"时期，河南固定资产投资（不含农户）呈快速增长态势，累计

---

* 司曼珈，高级统计师，河南省统计局固定资产投资处处长；马炬亮，河南省统计局固定资产投资处调研员；刘俊华，河南省统计局固定资产投资处副处长；邱倩，河南省统计局固定资产投资处副调研员。

完成127646.11亿元，是"十一五"时期的2.49倍，5年来的增速分别为：27.0%、21.4%、22.5%、19.2%和16.5%，年均增长22.5%。

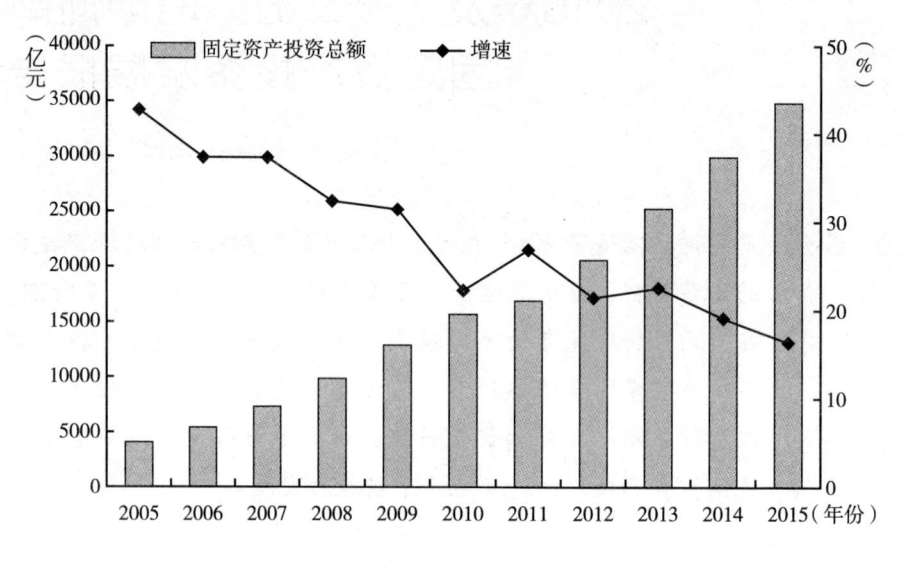

图1　2005年以来河南固定资产投资走势

2. 产业结构进一步优化

"十二五"时期，河南紧紧围绕做强工业、做大服务业、做优农业，一手抓承接产业转移，一手抓新业态、新趋势，推动产业转型升级。"十二五"时期，河南第一、第二、第三产业分别累计完成投资4593.32亿元、65624.46亿元、57428.34亿元，分别是"十一五"时期的2.06倍、2.39倍和2.65倍，年均分别增长15.4%、22.7%和22.8%。第一、第二、第三产业投资占固定资产投资的比重由2010年的4.4%、51.1%、44.6%演变为2015年的4.2%、48.6%、47.1%。整体来看，近年来河南第一、二、三产业投资呈现第一产业投资稳步增长、占比略有下降，第二产业投资快速增长、占比逐年降低，第三产业投资增速加快、占比提高，各产业投资均明显增长的总体特征。

2015年，河南第一产业保持了较好的增长势头，完成投资1473.35亿元，比2014年增长31.9%，增速回落19.4个百分点；第二产业投资16999.65亿元，比2014年增长10.7%，增速回落6.4个百分点；第三产业投资16478.28亿元，比2014年增长21.8%，增速加快2.3个百分点，对投资增长的贡献率达到59.6%，第三产业投资对全省投资增长的拉动作用不断增强。

3. 转型升级取得重大突破

"十二五"时期，面对严峻复杂的国内外经济形势，河南坚持以稳增长为调结构创造条件，以调结构为稳增长提供支撑，加大工业投资力度，推动工业转型发展，推进先进制造业大省建设。"十二五"时期，工业投资保持高速增长的态势，累计完成65672.86亿元，是"十一五"时期的2.4倍，年均增长22.8%。在产业结构调整政策的作用下，高成长性制造业投资占工业投资比重进一步提高，传统支柱产业改造提升步伐加快，产能过剩行业投资得到有效控制。"十二五"时期，河南高成长性制造业累计投资34182.64亿元，年均增长27.6%，高出工业投资年均增速4.8个百分点，高成长性制造业投资占工业投资比重由2010年的45.6%提高到2015年的54.7%。传统支柱产业累计投资24471.32亿元，年均增长18.2%，低于工业投资年均增速4.6个百分点，占工业投资的比重为37.3%。产能过剩行业累计投资1875.98亿元，年均增长7.5%，占工业投资比重由2010年的4.4%下降到2015年的2.1%。

2015年，河南工业投资17023.35亿元，比2014年增长10.7%，增速回落6.4个百分点；工业投资占全部投资的比重为48.7%，比上年下降2.5个百分点。工业投资中，高成长性制造业完成投资9315.71亿元，比上年增长11.8%，占全部工业投资的比重为54.7%。传统支柱产业完成投资6021.15亿元，同比增长11.4%，占全部工业投资的比重为37.3%。五大产能过剩行业完成投资364.78亿元，比2014年下降6.6%，占工业投资的比重为2.1%。

4. 基础设施建设加快推进

"十二五"期间，面对经济下行压力，河南充分发挥重大基础设施投资的拉动作用，加快建设一批交通、能源、信息等重大项目，扩大投资规模，优化投资结构，拉动经济增长。"十二五"时期，河南基础设施投资累计完成17516.42亿元，是"十一五"时期的1.56倍，年平均增长19.2%。南水北调中线一期工程河南段、新郑机场二期等重大项目建成投入使用，"米"字形高速铁路网建设全面展开，实现所有县（市）城20分钟上高速，基本实现管道天然气县县通，郑州成为国家级互联网骨干直联点，河南基础支撑能力显著增强。2015年，河南基础设施投资完成5246.64亿元，比2014年增长35.1%，增速高出全部投资增速18.6个百分点。在当前市场需求不足的环境下，由政

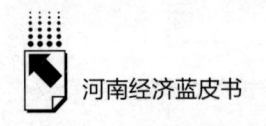

府主导的基础设施投资成为投资增长的最主要力量，对投资增长的贡献率达27.6%，拉动投资增长 4.6 个百分点。

5. 发展载体进展顺利

"十二五"时期，产业集聚区、郑州航空港经济综合实验区、特色商业区、商务中心区等载体高速发展，已成为河南经济新的增长极。"十二五"时期，产业集聚区累计完成投资 64836.48 亿元，占全部累计投资的比重为50.8%，年平均增长 31.3%，产业集聚区建设成效显著。

郑州航空港经济综合实验区、特色商业区、商务中心区从规划到建设，发展迅猛。2012 年以来，郑州航空港经济综合实验区累计完成投资 1240.19 亿元，年平均增长 43.5%。全球智能终端生产基地正在形成，郑州跨境贸易电子商务服务试点走在全国前列，国际航空物流中心初具雏形，郑州机场旅客吞吐量、货邮吞吐量增速居全国大型机场首位，实验区成为河南重要开放平台。2013 年以来，商务中心区、特色商业区累计完成投资 3204.34 亿元，年平均增长 82.5%，"两区"建设起步基础良好，正在成为带动河南服务业发展、加快建设高成长服务业大省的重要引擎。

6. 房地产开发投资快速增长

"十二五"时期，河南房地产开发投资总体保持较快增长，5 年间房地产开发累计完成投资 18700.23 亿元，是"十一五"时期的 3 倍，年均增长19.7%。从各年看，受宏观调控政策的影响，房地产开发投资增速出现比较大的波动，2011~2014 年分别增长 24.2%、15.6%、26.6% 和 13.8%。2015 年，河南先后制定下发了促进房地产业健康发展的有关文件，特别是《河南省人民政府关于印发促进经济平稳健康发展若干政策措施的通知》的第 10~13 条明确表示支持房地产市场健康发展，扩大住房需求。随着楼市利好政策效应的释放，从 2014 年四季度开始的下行态势及时得到遏制。2015 年，房地产开发市场总体运行平稳，房地产开发投资完成 4818.93 亿元，比 2014 年增长10.1%。

7. 民间投资发展活跃

"十二五"时期，河南民间投资积累效应不断增强，占固定资产投资的比重不断攀升，民间投资增长的内在动力进一步激活。5 年间累计完成民间投资105671.37 亿元，是"十一五"时期的 2.85 倍，年均增长 24.9%，占投资比重由2010年的73.1%逐年提高到2015年的84.9%，民间投资日益成为推动河南投资增长的主要力量。

2015年，河南民间投资完成29659.05亿元，同比增长16.6%。近几年，国家出台了一系列政策，鼓励民间投资进入基础设施、科教文卫等领域，民间投资在这些领域有了较快发展。2015年，基础设施行业民间投资完成2617.57亿元，同比增长46.0%，比基础设施行业全部投资增速高10.9个百分点；基础设施投资中民间投资的比重为49.9%，比2014年提高3.7个百分点。科教文卫领域中民间投资971.42亿元，同比增长55.4%，比该领域全部投资增速高22.7个百分点，占该领域投资的比重为78%，比2014年提高10.3个百分点。

二 目前河南固定资产投资运行中存在的主要问题

1. 工业投资增长放缓

受市场需求不足、企业成本上升较快等因素影响，企业盈利空间受到压缩，企业投资信心不足、投资意愿降低、投资能力下降。"十二五"时期，工业投资增速分别是34.0%、21.0%、19.1%、17.1%和10.7%，呈逐年回落态势。从2012年开始工业投资增速持续低于全部投资增速，二者差距由2012年的0.6个百分点扩大到2015年的5.8个百分点。工业投资增速对全部投资增长的贡献率也在不断降低，2015年，工业投资增速对全部投资增长的贡献率为33.3%，同比回落13.2个百分点，直接影响投资增长3.4个百分点。

工业投资增速放缓，主要受制造业投资持续下降的影响。"十二五"时期5年间制造业投资增速分别是38.0%、23.8%、20.7%、19.5%和8.7%，制造业投资增速对工业投资增长的贡献率分别是94.1%、98.2%、113.1%、102.3%和74.8%。

2. 内涵型投资增长乏力

"十二五"时期，河南服务业和高成长性产业投资占比和增速不断提升，高载能行业增速逐渐减缓，投资在保持快速增长的基础上实现了一定程度的提质增效。纵向来看，河南工业投资存在倚重外延式投资增长、内涵型投资增长乏力的问题。一是改建和技术改造投资总量偏小。2015年河南工业投资中，反映工业投资高级化水平的改建和技术改造投资完成575.46亿元，仅占工业投资总量的3.4%,而新建、扩建项目投资完成16026.61亿元,占工业投资的比重高达94.1%。二是高技术产业投资规模明显偏小。近年来,河南高技术产业投资占工业投资比重虽有所提高,但整体来看其占工业投资比重仍然明显偏小,2015年为9.3%,以粗放型经营为特征的传统产业投资在河南仍占有相当比重,河南产业结构升级和调整步伐尚需进一步加快。三是高载能行业投资占比偏高。2015年,河南六大高载能行业投资占工业投资的比重达到25.4%,这对河南今后一个时期的节能降耗和经济可持续发展带来现实和潜在的冲击。

3. 新开工项目不足

2011~2014年,新开工项目计划总投资分别增长25.7%、26.8%、16.4%和3.3%。2015年,新开工项目(不含房地产开发)14061个,同比减少626个,其中亿元以上项目4922个,同比减少1557个。新开工项目计划总投资(不含房地产开发)26743.35亿元,同比下降0.2%,为10年来最低,也是10年来的首个负增长;其中亿元以上新开工项目计划总投资21640.52亿元,同比下降5.4%。新开工项目不足,特别是大项目不足的问题十分突出,对未来投资增长的制约作用将会持续显现。

4. 投资到位资金紧缺

融资渠道不畅,银行贷款门槛提高、附加条件增多、贷款审批时间延长,中介担保增加融资成本及风险,融资难、融资贵等问题仍然突出。资金紧缺已经成为当前项目建设、招商落地和房地产开发工作中最为突出的制约因素。一是反映了实际到位资金增速低于投资增速。2015年,河南固定资产投资实际到位资金34851.81亿元,同比增长15.5%,低于完成投资增速1个百分点。二是投资资金来源渠道过于单一,自筹资金是资金来源主渠道。从资金来源渠道看,2015年,国内贷款占本年实际到位资金的比重为11.7%,国家预算资金占3.5%,利用外资仅占0.1%,自筹资金占比则达78.2%,这说明正规的金融体系远远不能满足企业的现实需求,企业需要通过高成本的民间融资和高利贷来解决资金问题。

5. 民间投资领域有待进一步拓宽

从2005年的"非公经济36条"到2010年的"民间投资新36条",国家出台一系列政策来促进民间投资的发展,着力清除阻碍民间投资发展的"玻璃门",建立同等的市场准入标准以及公平、公正的市场环境。2015年,河南省政府出台《关于创新重点领域投融资机制鼓励社会投资的实施意见》，政府投资优先支持引入社会资本的项目，但受体制和行业垄断的影响，很多行业和领域民间投资仍很难进入，民间投资仍相对集中于制造业、房地产业等传统行业。2015年，河南制造业和房地产业占全部民间投资的比重达71.6%，民间投资领域有待进一步扩展。

6. 较大的基数和紧缩的投资需求之间的矛盾限制投资的快速增长

自2003年以来，河南固定资产投资以20%以上的速度连续增长，2014年突破3万亿元大关，2015年接近3.5万亿元，在如此大的投资规模基础上，继续保持投资的高速增长难度很大。另外，世界经济形势依然严峻复杂，大宗商品价格剧烈波动，主要经济体政策取向各异、发展趋势分化，整体复苏疲弱态势难有明显改变。我国经济发展进入新常态，增速换挡、结构调整、动力转换压力增大，河南同全国一样，在新常态下，投资和要素驱动力有所减弱、结构优化升级更加紧迫、资源环境约束加剧，保持投资高速增长难度加大。

总的看来，"十二五"时期，在中央及河南出台的一系列稳增长政策措施下，河南固定资产投资保持了高速增长，但当前国内外错综复杂的大环境没有根本改变，投资运行中不确定因素依然较多，投资增长下行压力依然较大。

B.8
2015年及"十二五"时期河南省消费品市场形势分析与展望

赵清贤　周文瑞　张高峰*

摘　要： "十二五"时期，面对国内外复杂的宏观经济环境，河南省出台一系列"扩大内需、促进消费"的消费政策。消费品市场蓬勃发展，消费规模持续扩大，消费水平不断提高。2015年全省实现社会消费品零售总额15740.43亿元，比2014年增长12.4%，全省消费品市场平稳发展。

关键词： 河南省　消费品市场　消费结构

"十二五"时期是国家、河南省应对国际金融危机冲击、保持经济持续稳定增长的重要时期，也是"扩大内需、促进消费"政策出台最多、效果最好的时期之一。"十二五"时期以来，在一系列消费促进政策的引导下，全省消费品市场蓬勃发展，消费规模持续扩大、消费水平不断提高。但受国内外宏观经济环境趋紧形势影响，全省消费品市场呈现稳中趋缓发展态势。展望"十三五"时期，随着宏观经济的逐步回暖趋稳和国家制定的各项促进消费政策的进一步推进落实，河南消费品市场的发展空间和动力将得到进一步释放，消费品市场仍将保持平稳发展态势，但年均增速将低于"十二五"时期。

一　2015年全省消费品市场总体运行状况分析

2015年以来，面对复杂多变的国内外经济形势，河南扎实推进经济结构

---

* 赵清贤，统计师，河南省统计局贸易外经统计处副处长；周文瑞，河南省统计局贸易外经统计处；张高峰，河南省统计局贸易外经统计处。

转型，千方百计扩大消费需求，全省消费品市场运行总体保持平稳，全年全省社会消费品零售总额比2014年增长12.4%，增速较2014年回落0.3个百分点，与年初持平，完成全年预期目标任务；增速高于全国平均水平1.7个百分点，居全国第2位，中部六省第1位。

（一）2015年全省消费品市场稳中趋缓

1.季度、月度增速平稳

从季度累计走势看，一季度增长12.3%，上半年增长12.2%，前三季度增长12.3%，全年增长12.4%。从月度走势看，增速波动幅度较小。全年各月同比增速保持在11.8%~12.7%，波动幅度不超过0.9个百分点。

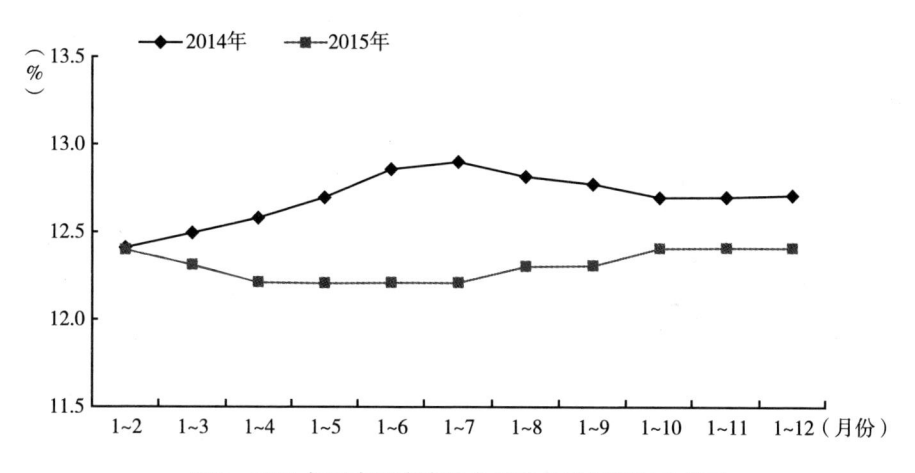

图1　2014年以来河南省社会消费品零售额各月增速

2.商品零售平稳增长，餐饮收入稳步提高

2015年一季度、上半年、前三季度和全年，商品零售同比分别增长12.3%、12.1%、12.1%和12.2%，餐饮收入分别增长12.7%、13.2%、13.5%和13.4%。

（二）市场主体结构持续变动

1.乡村市场增速快于城镇

2015年，全省乡村消费品零售额2853.81亿元，比2014年增长14.1%；

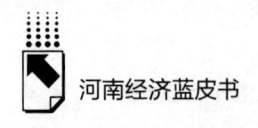

城镇消费品零售额12886.63亿元,同比增长12.0%,农村市场增速快于城镇2.1个百分点。

2. 行业销售变动明显

2015年,全省批发、零售、住宿和餐饮单位实现销售额（营业额）3.35万亿元,比2014年增长12.5%,增速回落3.2个百分点。批发和零售业增速回落明显,分别增长10.6%和13.9%,同比分别回落4.8个和2.1个百分点。住宿和餐饮业平稳增长,分别增长12.7%和16.2%,同比分别提高0.7个和0.3个百分点。餐饮业增长最快,高于四个行业销售额（营业额）平均增速3.7个百分点。

3. 限上单位平稳发展

2015年底,全省限上法人企业11454家,比2014年底增加1698家;限上产业个体5442家,比2014年底增加59家。2015年,限上企业（单位）零售额6301.14亿元,同比增长9.6%。

（三）消费结构持续升级

2015年以来,消费结构不断升级。2015年,全省限额以上商品零售额5874.33亿元,比2014年增长9.5%,同比回落4.2个百分点。

1. 基本生活类消费有所回落

2015年,限额以上粮油、食品类,烟酒类,服装、鞋帽、针纺织品类和日用品类消费分别增长14.5%、16.9%、11.7%和14.0%,分别比2014年回落6.3个、0.7个、5.7个和3.2个百分点。饮料类增长17.4%,提高1.6个百分点。

2. 汽车、石油类消费拉动力减弱

占限额以上商品零售额比重较大的汽车和石油类等商品消费拉动力减弱。2015年,限额以上汽车类和石油类商品零售额分别增长7.5%和-2.0%,分别回落5.4个和6.2个百分点。汽车和石油类对限额以上商品零售增长的拉动合计回落2.6个百分点。

3. 居民升级类消费增速提高

随着城乡居民收入水平的进一步提高,居民消费由基本生活类消费逐步向提高生活质量和精神消费转变。2015年,限额以上通信器材类、体育娱乐用品类和建筑及装潢材料类分别增长 14.4%、25.1% 和 17.2%，分别比 2014 年提高 12.6 个、9.7 个和 1.1 个百分点。

二 "十二五"时期消费品市场特点

（一）市场销售较快增长，市场体系不断完善

"十二五"时期以来，全省批发零售贸易业得到迅速发展，已形成一个以大型综合百货商店、大型超市和各具特色的专业商店为主的新格局。以零售为主的一批大中型企业集团，以联合、兼并、连锁、特许连锁等形式，实现低成本的规模扩张，增强了市场的竞争实力。大型超市、仓储式商场，购物中心、便利店、专业（专卖）店等新型消费业态，逐步向规模化、规范化方向发展，形成以城市为中心，辐射城郊，遍及社区，大、中、小结合，功能互补，点面结合的商贸网络，商品流通的速度和效率大大提高。全省社会消费品零售总额连创新高，先后跃上 8000 亿元、9000 亿元、10000 亿元、12000 亿元等重要台阶，2015 年达到 15740.43 亿元，与"十一五"期末的 2010 年相比，增长 1.97 倍，年均增长 14.5%。这显示出河南消费品市场具有较强的需求成长潜力和实际增长能力，全省社会消费品零售总额增长率高于同期 GDP 增长率，对全省经济增长的拉动作用日益增强。

（二）社会消费品零售总额新常态特征明显

"十二五"以来，随着宏观经济进入新常态，河南消费品市场虽然仍然保持两位数以上的增长态势，但增速却逐年放缓。2015 年社会消费品零售总额同比增长 12.4%，低于"十一五"时期增速最快的 2008 年 11.6 个百分点，低于"十一五"期末 2010 年 6.6 个百分点；"十二五"时期社会消费品零售总额年均增速 14.5%，低于"十一五"时期 4.4 个百分点。这表明，河南消费品市场运行新常态的特征也非常明显，社会消费品零售总额增长速度正在由高速向中高速转变。

（三）消费品市场虽然增速有所放缓，运行质量却不断提高

一是限额以上企业社会消费品零售总额比重不断上升，产业集中度增强。

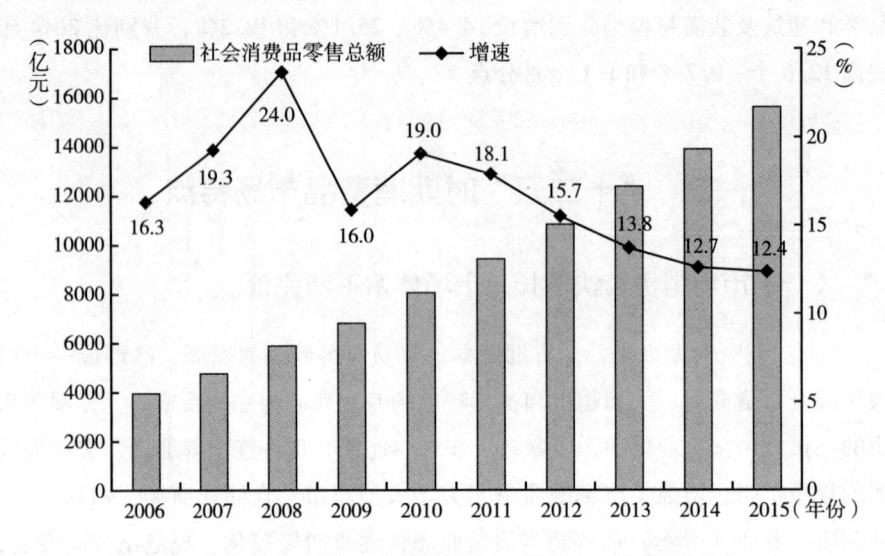

图2 2006~2015年河南省社会消费品零售总额及增速

2015年全省限额以上企业实现社会消费品零售总额6301.13亿元，占社会消费品零售总额的比重为40.0%，比2010年提高10.2个百分点。二是城乡市场协调有序发展。2015年全省城镇实现社会消费品零售总额12886.63亿元，2011~2015年年均增长14.3%；2015年全省乡村实现社会消费品零售总额2853.81亿元，2011~2015年年均增长15.6%，城乡增速相差1.3个百分点，基本实现同步发展。城乡市场所占比例也基本稳定，城镇市场规模占比在2011~2015年维持在82%上下，乡村市场规模占比在2011~2015年维持在18%上下，比重变化不到1个百分点。三是人均消费稳步提升。2015年全省人均社会消费品零售总额1.66万亿元，比2010年提高95.1%，年均增速14.3%。四是大众消费主导地位继续巩固。政府消费是消费品市场的重要组成部分，但近年来政府"三公"消费由于"八项规定"等政策而受到遏制。2014年支出法计算GDP的最终消费支出中，居民消费支出占比73.1%，居民消费支出占比高于2010年0.6个百分点；而政府消费支出占比26.9%，政府消费支出占比低于2010年0.6个百分点，低于"十一五"时期政府消费支出年均占比2个百分点，相应地居民消费支出占比上升2个百分点，大众消费增长势头良好。

（四）消费转型引领增长的特征显著

随着全省经济综合实力日益增强，居民消费能力快速提升，消费结构升级明显加快，大众消费已由数量型向品质型、享受型、健康环保型转变，人们对科技产品需求更为强烈，居民消费呈现个性化、时尚化特点，消费热点和亮点不断涌现。一是金银珠宝类商品持续热销，金银珠宝类商品成为居民保值增值和综合避险的新产品；2015年，金银珠宝类商品零售额119.99亿元，比2010年增长4.5倍，年均增长35.1%。二是房地产市场的快速增长，促进了建筑及装潢类商品的更新换代和升级。2015年，建筑及装潢类商品零售额达70.39亿元，比2010年增长4.3倍，年均增长33.7%。家具类商品零售额150.30亿元，比2010年增长4.2倍，年均增长32.9%。三是汽车持续成为推动消费市场壮大的主打商品。随着百姓收入水平的提高，人们对生活质量的要求也不断提高，汽车特别是私家车消费发展速度空前，成为消费市场重要的支撑点和增长极。2015年，汽车零售额1849.52亿元，比2010年增长2.9倍，年均增长24.1%。四是旅游等服务型消费增速高于传统商品消费。2014年全省接待入境旅客227.20万人次，旅游创汇收入72530万美元，分别比"十一五"期末增长55%和45%；接待国内游客45642万人次，接待国内游客收入4322亿元，分别比"十一五"期末增长77%和88%，国内旅游收入2011~2014年年均增长17.1%，高于社会消费品零售总额同期年均增速2.6个百分点，反映旅游等享受型消费成为河南省消费品市场的重要拉动力量。

（五）新兴业态发展迅速

"十二五"期间消费品市场最突出的亮点是网上零售作为飞速发展的新兴业态正在显著地改变着消费品市场的整体发展格局。2014年，全省网上零售额为289.3亿元，比2013年增长52.0%，高于社会消费品零售总额增速39.3个百分点；2015年前三季度，全省网上零售额457.3亿元，比2014年同期增长37.2%，高于社会消费品零售总额增速24.9个百分点。自2014年开展网上零售统计以来，网上零售额增速远高于全社会消费品零售总额增速，网上零售在整个消费市场中所占的比重越来越大，由2014年的2.07%上升至2015年三

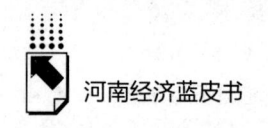

季度的4.05%，网购在改变人们消费模式和消费习惯的同时，已经成为拉动消费的重要力量。

三 2016年及"十三五"时期河南省消费品市场预测

2016年乃至整个"十三五"时期，宏观经济将继续处于"三期叠加"时期，经济增长有可能进一步放缓，河南消费品市场仍将面临世界经济复苏乏力、国内经济下行压力加大、居民收入增速放缓、消费热点缺乏、网上零售分流进一步加剧等复杂形势，全省社会消费品零售总额增长将继续呈现稳中趋缓的态势，预计2016年河南全社会消费品零售总额增速在12%左右，较2015年回落0.5个百分点左右。虽然总体上"十三五"时期，全省消费品市场仍有望保持在两位数增长区间，但不排除末期进入一位数增长区间的可能。主要支撑因素分析如下。

（一）全省消费品市场运行面临着不小的下行压力

1. 宏观经济仍将低位运行

2015年以来，我国经济增长在"三期叠加"影响下持续放缓，经济下行压力依然较大，市场需求持续不振，主要表现在物价指数长期低位运行方面。2015年，全省CPI同比上涨1.3%，涨幅较2014年回落0.6个百分点。全省PPI下降4.6%，为近年来的最低水平。受消费需求动力有所减弱、通货紧缩压力增加等因素影响，全省社会消费品零售总额增速从2011年的18.1%逐年下降到2014年的12.7%，再降到2015年以来的12.4%，呈现明显的逐步下降态势。2015年1~11月，全省商品零售价指数更是低于2014年同期水平。全省社会消费品零售额增速较2014年同期有所回落，在一定程度上受到CPI涨幅收窄影响。比如11月全省消费品零售额名义增长12.6%，同比回落0.2个百分点；但若扣除价格因素，实际增长13.2%，则比2014年同期提高0.3个百分点。

2. 城乡居民收入增长持续回落，影响居民消费水平进一步提高

2015年居民人均可支配收入比2014年增长9.0%，比一季度增速回落1.2个百分点，比2014年增速回落1.5个百分点。尤其是消费潜力大的农村居民人均可支配收入降幅更大。2015年增速为9.0%，较一季度降幅达2.3个百分点。城乡居民尤其是农民收入增长速度的持续回落，势必影响消费者的消费信心。此外，医疗、教育、养老和住房制度改革滞后，不确定因素仍使居民个人支出存在很大的压力，这些都迫使居民对未来支出预期上升，倾向于储蓄。

3. 新的消费热点尚未形成

在前期以房地产、汽车为主体的排浪式消费热过后，当前消费市场明显缺乏热点商品。2015年，全省限额以上商品零售额增速中，各类别商品增速均未超过30%。全省统计的22类商品中仅有5类零售额增速同比提高，其余17类商品零售额增速均呈回落态势。全年增速最高的是体育娱乐用品类商品，但占比很小。增速比较高的家具类商品，占比也较小，拉动力弱且易随房地产市场波动而波动。虽然城镇化仍将是拉动消费品市场增长的持久动力，与城镇化相适应的房地产市场也是消费品市场增长的重要拉动力量，但在当前宏观经济调整压力不断加大的形势下，其拉动作用也必然会受到抑制。2015年，全省商品房销售面积比2014年增长8.6%，虽较2014年有所回升，但仍远低于2013年22.5%的增速。同时，2015年以来全省房地产市场区域间冷热不均，冷面总体大于热面。受房地产市场低迷影响，与之相关的家居类商品销售增速明显回落。2015年，全省限额以上家用电器及音像器材类、家具类和建筑及装潢材料类销售额分别增长-8.4%、20.9%和13.2%，同比分别回落23.7个、2.9个和2.8个百分点。

4. 网络零售成交额持续扩大，对传统零售业的影响不容小觑

2013年"中国零售平台"交易额占全国社会消费品零售总额的6.6%，2014年全国网上零售额占全国社会消费品零售总额的9.2%，到2015年前三季度这一比重进一步上升到9.6%。网络零售行业的加速发展将进一步加大对传统零售业的冲击力度。根据国家统计局反馈的数据，2015年前三季度，河南省网上零售额为457.3亿元，比2014年同期增长37.2%。其中实物商品零售额284.7亿元，增长39.6%，高于全国4.9个百分点。从买方情况看，2015年前三季度全省居民网上购买额达935.2亿元，增长47.2%，高于网上零售额增速10.0个百分点。网络零售如火如荼的发展态势对河南实体消费的分流冲击有不断加大之势。与此同时，全省传统零售业态继续维持2014年以来的增长乏力态势。2015年，全省限额以上零售业主要零售业态增速均有所回落。超市、大型超市、百货店、专业及专卖店、家居建材商店和购物中心分别增长

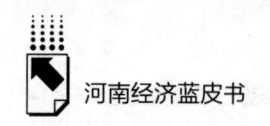

18.8%、8.7%、11.1%、9.5%、31.3%和13.0%，分别回落3.3个、10.3个、4.9个、4.6个、10.1个和3.8个百分点。尤其是大型企业增速回落明显。2015年，零售额居前100名的限额以上零售企业中零售额增速较2014年有所回落的企业数达62家，这前100名的企业零售额合计增长4.2%，回落8.1个百分点。大型零售企业增速明显回落，反映了全省消费品市场增长呈放缓态势。

（二）2016年及"十三五"时期河南消费品市场仍具有稳定增长的基础条件

尽管消费品市场下行压力依然很大，但支持河南消费品市场持续稳定增长的因素依然存在。

1. 新常态下经济改革不断深入，有利于深挖消费潜力

一是在经济新常态下，消费粗放式迅速扩张阶段已经逐步进入尾声，消费精细化发展将成为主流，消费结构升级将成为新的经济增长动力。因此，助推消费新变化的改革也将稳步推进，深挖消费潜力，加快消费结构的升级。二是新型城镇化战略加速推进，统筹城乡发展，注重城镇化质量，最大限度地撬动内需。户籍制度改革迈出坚实一步，加快农村人口向城市转移的速度，使有能力在城镇稳定就业和生活的常住人口有序实现市民化，有助于带动相关消费增长。这些改革的效力将在未来得以循序渐进地显现。三是在经济新常态下，伴随着国民收入分配体系向居民倾斜，社会公众消费水平的提升将进入快车道。如果2020年河南人均零售额能达到目前浙江的水平，那么"十三五"时期河南社会消费品零售总额年均增速可达到16%左右；即使达到目前广东的人均水平，"十三五"时期河南消费品零售总额仍有望实现12%左右的增速。

2. 人口总量和结构变化将对消费需求产生重大影响

一是人口总量将继续增长。20世纪90年代末以来，河南省人口自然增长率虽然递减，但每年仍有几十万人出生。2011～2014年，全省年均新增人口56.25万，对2014年全省人均社会消费品零售总额进行初步测算，新增年消费额大约为73.89亿元。而随着人民生活水平的不断提高，如果"十三五"期末河南省消费水平达到东部发达地区如浙江"十二五"期末的水平，河南省年新增人口将增加消费品需求182.14亿元，拉动社会消费品零售总额增长1个百分点以上。二是老龄人口总量和比重将快速增长。河南自2005年全面进入老龄化社会以来，老年人口的增长速度快于总人口的增长速度，近年来全省乃至全国老龄人口比重上升、老龄化加剧对消费结构的影响将越来越大，这突出地表现为对医疗保健、休闲养生、养老产业服务等相关服务性消费需求将呈持续快速增加的趋势。

3. 河南仍处于城镇化、工业化快速推进期，消费品市场增长的基本动能依然存在

国际发展经验表明，农村人口向城市的迁移，会产生巨大的消费"累积效应"。目前河南省城镇化水平还低于全国平均水平，与沿海省份相比，差距更大。随着一个载体、四个体系建设的加快，未来几年河南将处于城镇化、工业化赶超时期，将持续拓展消费品市场空间。据测算，河南省城镇化水平每提高1个百分点，就能新增城镇人口110万人左右，按目前城乡居民人均消费水平近万元的差距计算，每年全省就可以新增消费支出100多亿元。因此，提高城镇化质量将促进居民整体收入水平提升，进而提高消费能力。特别是农民市民化可以有效带动居民在住房、汽车、家电、文化娱乐、教育、医疗等方面的消费。

4. 国家宏观经济政策持续发力

2015年9月30日，央行与银监会联合发布通知，在不实施"限购"措施的城市，将居民家庭首次购买普通住房的商业性个人住房贷款，最低首付款比例调整为不低于25%；进入9月后，发改委新批城铁项目资金近5000亿元；财政部公布第二批政府和社会资本合作（PPP）示范项目，总投资金额6589亿元。9月29日国务院常务会议明确规定：促进新能源和小排量汽车发展，淘汰超标排放汽车，完善新能源汽车扶持政策，支持动力电池、燃料电池汽车等的研发，开展智能网联汽车示范试点。同时减半征收车辆购置税，从2015年10月1日到2016年12月31日，对购买1.6升及以下排量乘用车者给予减半征收车辆购置税的优惠政策，这些政策的出台一定程度上会带动汽车的消费需求增长。近年来，围绕着经济转型升级，围绕着改善民生，全省相关部门不断加快建设并完善现代市场体系的步伐，努力改善消费市场环境，也将有效激发居民的消费热情。

综合分析，2016年及"十三五"时期，河南消费品市场压力与动力同在，挑战与机遇并行，在宏观经济进入新常态的背景下，只要全省上下坚定贯彻中央与省有关决策部署，全省消费品市场仍有望保持稳中趋缓的态势，不会出现大的起伏。

B.9
2015年河南省外贸进出口再创历史新高，亟待促进新型贸易业态快速成长

付喜明*

摘　要： 2015年，河南省加工贸易进出口对全省外贸的贡献率为93.4%。以手机为代表的机电产品出口大幅增长，其中手机单项商品出口即占到全省外贸出口的61.1%。外商投资企业进出口占据全省进出口七成以上份额，成为河南省外贸发展的重要支柱。但是，我们也应看到河南外贸与东部沿海地区省市相比还存在较大差距，河南外贸规模相对较小，外贸支柱产业还较为单一，河南外贸发展的核心竞争力有待加强。

关键词： 河南　外贸进出口　新型贸易业态

据海关统计，2015年河南省进出口4600.19亿元，占全国进出口总值的1.87%，同比增长15.3%，而同期全国外贸进出口下降7.0%，河南外贸进出口增速高出全国总体增速22.3个百分点，外贸进出口规模创历史新高。其中出口2684.03亿元，占全国出口总值的1.9%，同比增长11.0%，高出全国总体增速12.8个百分点；进口1916.16亿元，占全国进口总值的1.83%，同比增长21.9%，高出全国总体增速35.1个百分点；贸易顺差767.87亿元，缩小9.3%。2015年，河南省外贸进出口总值首次突破4600亿元，创河南省外贸历史新高。

---

* 付喜明，郑州海关综合处分析科长。

一 "十二五"期间河南省外贸进出口概述

"十二五"期间河南省累计进出口17686.07亿元,比"十一五"期间增长2.4倍。"十二五"期间,河南省的外贸成绩优异,2011年突破2000亿元,2012年突破3000亿元,2013年突破3500亿元,2014年接近4000亿元,2015年超越4600亿元。"十二五"期间,河南外贸进出口额每年都迈上更高台阶,取得长足的进步,实现了跨越式发展。2015年河南省外贸进出口4600.19亿元,是"十一五"期末2010年的3.80倍,年均增长率为30.6%。

二 2015年河南省外贸进出口的主要特点

1. 全年外贸月度进出口的季节性特征较为明显,智能手机产业对全省外贸影响较大

近年来随着富士康手机项目落户河南省,以手机为代表的新兴产业已取代传统产业在外贸进出口产业中独占鳌头,并成为河南外贸的支柱产业。2015年,富士康所属企业进出口占全省进出口的67.5%,贡献率为114.3%。随着苹果手机新品上市,每年9月至下一年的1月,河南省外贸月度进出口显著走高,为旺季;每年2月至下一年的8月走势则相对平稳。2015年10月月度进出口高达611.53亿元,创河南外贸历史月度进出口最高值(见图1)。

2. 加工贸易成为全省外贸增长的主要推动力,一般贸易进出口下降

2015年,河南省加工贸易进出口3160.7亿元,同比增长22%,占河南省进出口总值的68.7%。其中,出口1811.9亿元,同比增长21%;进口1348.8亿元,同比增长23.3%。同期,河南省一般贸易进出口1210.5亿元,同比下降4.7%,占河南省进出口总值的26.3%。2015年,河南省加工贸易进出口对全省外贸进出口的贡献率为93.4%,而一般贸易贡献率则逆势下降,对全省外贸进出口贡献为负值。

3. 美国、韩国、欧盟、东盟和日本为河南主要的贸易伙伴

2015年,河南省与美国、韩国、欧盟、东盟和日本的双边贸易值分别为1071.75亿元、587.26亿元、421.38亿元、371.54亿元和319.89亿元,与美

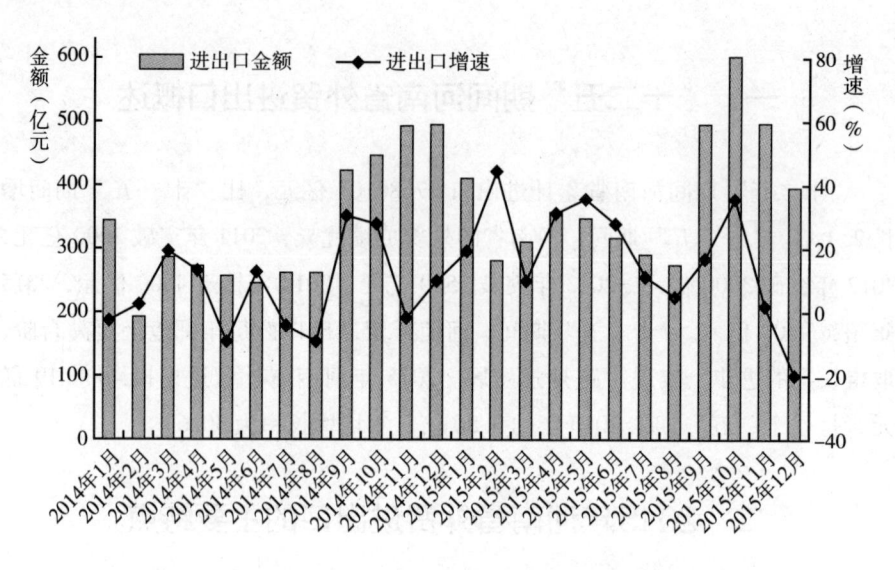

图1 2014~2015年河南省对外贸易月度走势

国、韩国和东盟的双边贸易额分别增长22.4%、27.9%和8.5%,与欧盟和日本的双边贸易额分别下降10.3%和11.8%,上述5个市场进出口合计占全省进出口总值的60.3%(见表1)。

表1 2015年河南省与主要贸易伙伴进出口情况

单位:亿元,%

国家(地区)	金额			比上年同期增减		
	进出口	出口	进口	进出口	出口	进口
美国	1071.75	1004.39	67.36	22.4	24.1	1.4
韩国	587.26	100.41	486.85	27.9	41.2	25.5
内地其他地区	438.37	—	438.37	83.4	—	83.4
欧盟	421.38	351.25	70.13	-10.3	-7.6	-21.7
东盟	371.54	216.56	154.98	8.5	20.7	-4.9
日本	319.89	149.64	170.25	-11.8	-28.6	11.1
中国台湾	287.00	43.29	243.71	27.0	28.4	26.8
中国香港	180.34	180.23	0.11	70.4	70.8	-63.8
非洲	163.52	131.54	31.98	-7.9	-10.9	6.8
澳大利亚	120.64	58.13	62.51	1.2	57.5	-24.0
总　　计	4600.19	2684.03	1916.16	15.3	11.0	21.9

注:中国大陆数据为国货复进口数据。

4. 外商投资企业进出口占据七成以上份额，民营企业外贸保持增长，国有企业进出口下降

外商投资企业是河南省外贸发展的重要支柱。2015年，河南省外商投资企业进出口3250.25亿元，同比增长20.8%，较同期进出口总体增速高出5.5个百分点，占同期河南省外贸总值的70.7%，所占比重较2014年提升3.2个百分点。同期，河南省民营企业进出口962.53亿元，同比增长11.7%，占20.9%。此外，2015年，河南省国有企业进出口387.41亿元，下降11.6%，占8.4%。

5. 以手机为代表的机电产品出口大幅增长，传统劳动密集型产品出口下降；手机零部件进口高速增长，金属矿砂进口大幅下降

2015年，河南省出口机电产品1982.12亿元，同比增长21.9%，占全省出口总额的73.8%（其中手机出口1639.41亿元、汽车出口39.97亿元）；出口农产品104.49亿元，同比增长12.2%，占3.9%；出口铝材52.31亿元，同比增长11.4%，占1.9%；出口发制品108.42亿元，同比下降13.6%，占4%；出口纺织纱线、织物及制品57.61亿元，同比下降10.1%，占2.1%；出口服装及衣着附件55.48亿元，同比下降34.8%，占2.1%。以上商品合计出口值为2400.39亿元，占全省出口值的89.4%，其中手机单项商品出口即占到全省外贸出口的61.1%。

2015年，河南省进口机电产品1524.38亿元，同比增长27.7%，占全省进口总值的79.6%；进口农产品103.93亿元，同比增长13.2%，占5.4%；进口美容化妆品及护肤品22.21亿元，同比增长42.1倍，占1.2%；进口铁矿砂及其精矿64.45亿元，同比下降34.9%，占3.4%；进口铅矿砂及其精矿25.38亿元，同比下降1.1%，占1.3%。以上商品合计进口值1740.34亿元，占全省进口值的90.8%（见表2）。

表2　2015年河南省主要出口、进口商品一览

单位：亿元，%

出口商品	出口值	同比增长	进口商品	进口值	同比增长
手机	1639.41	27.7	集成电路	747.64	23.1
发制品	108.42	-13.6	电视摄像机、数字照相机及视频摄录一体机	175.62	34.2
农产品	104.49	12.2	手机	105.99	76117.0

续表

出口商品	出口值	同比增长	进口商品	进口值	同比增长
纺织纱线、织物及制品	57.61	-10.1	农产品	103.93	13.2
服装及衣着附件	55.48	-34.8	铁矿砂及其精矿	64.45	-34.9
铝材	52.31	11.4	铅矿砂及其精矿	25.38	-1.1
汽车（包括整套散件）	39.97	-24.6	计量检测分析自控仪器及器具	24.92	-25.2
新的充气橡胶轮胎	33.59	-23.2	印刷电路	23.92	20.4
钢材	30.60	-0.9	电容器	23.55	44.6
鞋类	23.1	-14.3	美容化妆品及护肤品	22.21	4209.3

三 促进河南省外贸发展的有利因素

1. 开放带动主战略深入人心，改革开放促进外贸实现跨越式发展

"十二五"期间，河南省省委、省政府坚持开放带动主战略，开放程度决定一个国家和地区的发展水平的理念已经深入人心，改革开放成为人们自觉的行动。随着粮食生产核心区、中原经济区、郑州航空港经济综合实验区三大战略规划的实施，河南省全面融入国家"一带一路"战略，强化向东开放，加快向西开放，发挥郑州航空港、郑欧班列、国际陆港等开放平台作用，提升郑州、洛阳主要节点城市的辐射带动能力，密切与丝绸之路经济带沿线中心城市和海上丝绸之路战略支点的联系，促进基础设施互联互通，深化能源资源、经贸产业和人文交流合作，形成全面开放合作新格局。通过简政放权和放管结合改革，为河南对外开放提供了国际化、法治化营商环境，有利于国内外企业在河南的发展和壮大。特别是以郑州航空港经济综合实验区作为开放带动主战略的有力抓手，坚持扩大开放，积极参与全球产业分工，招商引进富士康等外贸龙头企业，河南省外贸进出口实现跨越式发展。2015年，河南省外贸进出口总值4600.19亿元，占中部地区的29%。

2. 航空经济飞速发展，郑州航空港区的品牌和规模效应逐步提升

2015年，河南以航空运输方式实现进出口3178.21亿元，同比增长29.3%，占全省进出口总值的69.1%；全省监管进出境航班1.61万架次、人

员132.57万人次，分别同比增长13.8%和36.1%；海关监管货邮量达到23.76万吨，同比增长28.7%。国际航空枢纽集聚能力逐步增强。开展了空陆联运、国际转运等业务，从国内来看，郑州机场国际货运集疏区域覆盖全国除西藏以外的所有省份，有力地支持了郑州航空港形成立足中原、辐射全国的货运网络。从国际来看，支持机场集团开通新航线密集航班，从2011年的14条增加至2015年的52条，推动郑州机场国际客货运网络越织越密。其中国际客运航线22条，覆盖亚洲绝大多数国家和地区；全货机国际航线30条，覆盖亚、欧、美、澳四大洲，扩展了郑州航空口岸的国际货运辐射圈，提升了郑州机场的国际航空货运集疏能力。

3. 口岸功能不断拓展，辐射带动能力不断增强

口岸功能得到提升。河南省先后申请设立了汽车整车进口口岸和粮食、药品、肉类等指定口岸，2015年4月海关总署又批复同意河南省设立多式联运海关监管中心，实现航空、铁路和汽车运输在口岸的无缝对接。口岸通关更加便利。区域通关一体化、"三互"大通关建设、关检合作"三个一"等通关改革措施扎实有效推进，促进了贸易便利，为河南省营造了国际化营商环境，带动河南在更高水平、更高层次实施对外开放。2015年，郑州海关共监管郑欧班列运营156班，其中进口59班，出口97班，与上年相比增长81.3%；监管集装箱12926标箱，货运量6.32万吨，货值7.12亿美元。省外货源已由2014年的70%提高至2015年的80%，其中，国内覆盖23个省、直辖市，境外现已覆盖20个国家105个城市，集疏网络日渐完善。搭载郑欧班列进口汽车整车共235辆，征收税款8092.75万元，班次密度、货重货值均居中欧班列前列。根据口岸通关数据，河南省口岸发展呈现新特点：一方面，随着口岸辐射能力不断增强，省外企业在河南省口岸报关进出口出现较快增长。2015年，省外企业在河南口岸报关进出口349.53亿元，同比增长9.2%，占河南口岸进出口总量的9.2%，其中报关进出口超过1亿元的省市由2014年的13个攀升至2015年的16个，排在首位的山西省在河南口岸报关进出口达到270.95亿元，同比增长10.9%。另一方面，随着口岸通关服务环境优化，省内企业在河南口岸报关进出口出现回流趋势。2015年，省内企业在河南口岸报关进出口3452.31亿元，同比增长27.1%，占河南企业在全国口岸报关的进出口比重为75.0%，较2014年和2013年分别提升7.0个和7.5个百分点，表明越来越

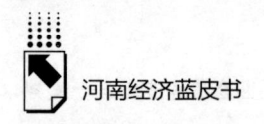

多的河南企业回流至家门口报关进出口。

4. 海关特殊监管区域创新发展，开放载体作用得到提升

推进特殊区域优化整合。着力推进郑州新郑综合保税区、南阳卧龙综合保税区、郑州出口加工区B区以及焦作河南德众保税物流中心的建设，支持在鹤壁、洛阳等地设立综合保税区，支持在商丘等地设立保税物流中心。推动口岸作业区改造。使综合保税区在开展研发、加工、制造、仓储等保税业务的同时开展港口作业、国际转口贸易、国际中转等口岸所有类型的业务，满足各类通关需求。支持区内服务业发展。推动富士康"港仓内移"，量身定制境外物流节点内迁监管方案，吸引7个国家的9个物流仓库内移到郑州综合保税区，整体物流时间由22天缩短为15天，每年可节约企业成本700多万美元，降低企业40%的手机维修成本。2015年，河南省返区维修进口手机105.99亿元，同比增长761.2倍。加快特殊区域监管创新。稳步推进上海自贸区海关监管创新制度复制推广、集中汇总征税等改革工作，积极开展保税维修、跨关区保税货物结转等改革试点，不断拓展特殊区域功能。2015年，河南省海关特殊监管区域（不含保税监管场所）进出口总值3121.57亿元，同比增长29.4%，占全省进出口总额的67.9%，对全省外贸的贡献率为125.5%；其中郑州新郑综合保税区进出口值为3101.30亿元，同比增长30.1%，在全国所有综合保税区中排名第二。

5. 不断优化跨境贸易电子商务监管方案，多元化发展格局初步显现

河南省在全国首次提出基于保税模式的监管方案，通过实行简化申报要素、分送集报、两单一报、电子审单、分类通关税款汇总申报、简化归类等跨境通关的便捷流程，实现智能化高效通关，利用"互联网+外贸"实现优进优出，支持郑州形成一定的跨境电子商务产业集群和交易规模。目前郑州已在郑州新郑综合保税区、河南保税物流中心、郑州机场口岸等试点开展业务，多模式、多区域、多元化的发展格局初步形成。2015年11月27日，郑州跨境电子商务服务试点顺利通过海关总署验收。自2013年7月开展试点业务以来，截至2015年12月31日，郑州跨境电子商务服务试点共验放跨境贸易电子商务进出境物品总值41.04亿元，其中进口申报4656.5万票，价值40.68亿元，征收税款1.22亿元，平均征税率为3.0%；出口申报9.34万票，价值0.36亿元。

四 河南省外贸发展面临的不利因素

1. 全球经济增长不及预期，贸易和资本流入或将减少

2016年1月6日，世界银行发布的《全球经济前景》显示，世界银行将2016年全球GDP增长预期从2015年6月预测的3.3%下调到了2.9%。报告还称，2015年全球GDP增长了2.4%，不及世界银行在2015年6月预测的2.8%，也低于2014年的2.6%。新兴市场国家经济状况的恶化是导致全球经济增长速度连续第五年低于3%的主要原因之一。世界银行还称，巴西经济预计将在2016年收缩2.5%，而俄罗斯经济则将收缩0.7%。全球经济需要适应一个新的阶段，也就是大型新兴市场经济体的经济增长将变得更加温和，其特征是大宗商品价格下跌，贸易和资本流入减少。世界银行预计，2016年美国经济将增长2.7%，增速快于2015年的2.5%；欧元区经济增速将实现2011年以来的最快增速，达到1.7%。但是，上述两大经济体仍然不承认我国的市场经济地位，预计在2016年12月11日之前其仍然将采取拖延政策，直至我国自动获取市场经济地位，这将不利于我国具有传统优势的产品出口。2015年，河南省包括纺织服装、鞋、帽、箱包和家具在内的劳动力密集型产品出口164.31亿元，下降20.4%。

2. 国内经济增速放缓，内需市场面临挑战

2015年以来，国内外经济形势错综复杂，我国经济增长新动力不足与旧动力减弱的结构性矛盾依然突出，经济下行压力较大。我国经济正处在转方式、调结构的关键阶段，经济发展方式转变和结构调整虽然中长期可为经济的可持续增长注入动力，但短期可能意味着经济面临下行压力。目前，结构调整的阵痛在继续释放，增速换挡的压力有所加大，而且新旧动力的转换也在进行之中，经济增长新动力不足和旧动力减弱的结构性矛盾依然突出，国内经济下行的压力还比较大。2016年1月6日，世界银行将2016年中国GDP增长预期下调到了6.7%；2017年中国GDP增长速度则预计将为6.5%。国家统计局的数据显示，2015年12月我国制造业PMI为49.7，连续5个月低于50，处于萎缩状态；全国工业生产者出厂价格环比下降0.6%，同比下降5.9%，连续46个月下滑。国内经济增长预期下降，再加上铁矿砂、原油等国际大宗散货价格

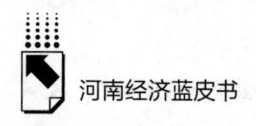

走低，一定程度上影响贸易值的增长。

3. 外贸发展的基础还不稳固

虽然在全国外贸低迷的情况下，河南省实现了快速发展，但是也需要清醒地看到：一是河南外贸与东部沿海地区省市相比还存在较大差距。2015年，河南外贸进出口仅占广东的7.2%、江苏的13.6%、上海的16.5%、浙江的21.3%，与沿海发达地区相比，河南外贸规模相对较小，还有很大的成长空间，还需要进一步提升对外开放的水平和层次，向沿海发达地区看齐靠拢。二是外贸支柱产业较为单一。河南省外贸进出口主要依靠富士康及其配套企业带动。2015年，富士康所属企业进出口3104.39亿元，增长29%。传统产业进出口比例下滑幅度较大。发制品、纺织服装、汽车、轮胎和鞋类产品出口分别下降13.6%、24.2%、24.6%、23.2%和16.8%；受价格因素的影响，铁矿砂、铅精矿进口分别下降34.9%和1.1%。农产品、发制品、纺织服装、轮胎、金属矿砂等传统主要进出口商品支撑基础还较为薄弱，产业内生发展动力不足。新型贸易方式支撑作用尚不明显。跨境电子商务、郑欧班列、保税维修等新型贸易方式虽然发展速度较快，但在开放型经济整体发展中的比重还不大。

4. 外贸发展的核心竞争力有待加强

河南省的开放型经济目前还缺乏长远稳定的高科技项目支撑，核心竞争力有待提升。科研和科技开发仍以基础建设投入为主，大型核心设备比重过低。利用国家鼓励项目减免税动力不足。2015年，郑州海关为河南省183家企事业单位累计减免税款4.53亿元，下降27.6%。国家级企业技术中心享受进口税收优惠政策严重不足。2015年全省75家国家认定的企业技术中心中，仅有6家利用国家给予的税收优惠政策免税进口了科技开发用品。重资格认定和轻国家配套扶持优惠政策的问题比较突出。

5. 外贸发展的配套服务水平有待提升

外贸综合服务市场有待培育。河南省的外贸综合服务企业数量较少，服务市场竞争不充分，服务价格往往高于沿海地区，如报关服务企业仅有45家，分别约为上海、青岛、天津口岸报关服务企业数量的5%、6.6%、13%。外贸综合服务能力有待提高。外贸综合服务的范围和水平仍然有限，特别是在企业融资、出口信用保险、专业人才引进等方面缺乏配套服务。外贸服务信息化水平有待提升。外贸信息化研发能力与沿海地区相比明显不足，电子口岸的建设力度还需进一步加大，平台"单一窗口"和"互联互通"的作用还未充分发挥。

五 2016年河南省外贸发展形势展望及建议

2015年12月，中央经济工作会议明确指出要认识新常态、适应新常态、引领新常态的大逻辑，聚焦供给侧改革，实现"去产能、去库存、去杠杆、降成本、补短板"。今后河南省经济发展要紧密围绕党中央确定的方针，坚持以提高经济发展质量和效益为中心，依靠科技进步、劳动者素质提高、管理创新转变来提升河南外向型经济的竞争力，实现可持续发展。2015年12月，河南外贸月度进出口同比下降19.9%，环比下降20.6%，是2015年9月以来的最低点，对2016年河南外贸发展不能盲目乐观，仍然需要拿出克服困难、闯过关口的勇气和胆识，下大力气逐步改变外贸支柱产业单一的现状，加快促进跨境电子商务E贸易、郑欧班列、快递等新贸易业态发展壮大，推动肉类口岸、药品口岸等开放平台发展，挖掘河南省外贸新的增长点。为此有如下建议。

1. 不断提升通关速度

融入国家打造东西呼应、海陆并举的全方位对外开放新机制，必须结合河南发展实际，突出自身优势，主动融入国家开放新格局。对河南口岸布局要进行科学规划，争取国家支持河南省新设口岸和现有口岸扩大开放，形成高效便捷的现代化口岸开放体系，积极引进国际国内大型物流企业，重点推进郑州多式联运监管中心建设，不断提升口岸通关速度。

2. 大力发展外贸特色产业

发展传统特色产业是打造内陆开放高地的重要组成部分，特别是在目前河南省外贸结构单一、支柱产业形成较为困难的形势下，对有效防范外贸风险的作用十分重大。针对传统特色产业和商品，开展汽车及零部件、发制品、纺织服装、有色金属加工等专题分析研究，为决策部署提供精准信息服务。加快河南产业结构调整的步伐，加快农产品外贸发展，积极承接东部地区产业转移，促进河南加工贸易向品牌、研发、分拨和结算中心等产业链高端延伸，实现规

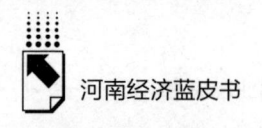

模与质量共同提升。

3. 着力提高贸易便利化水平

在河南口岸建设"硬件"得到逐步改善的同时,"软件"水平需要同步提升。加快河南省国际贸易"单一窗口"建设,积极推进"一站式作业",积极推动口岸管理相关部门信息互换、监管互认、执法互助。加快河南进出口企业信用体系的建设,实现差别化通关管理,实现报关企业"一地注册,全国报关"。

4. 整合优化海关特殊监管区域

海关特殊监管区域是我国开放型经济发展的先行区。根据国务院有关精神,需要加快海关特殊监管区域整合。加快南阳卧龙综合保税区、郑州出口加工区B区建设,争取早日正式运行。谋划郑州经济开发综合保税区整合工作,争取早日启动鹤壁、洛阳综合保税区的审批程序。加快保税期货交割、融资租赁、选择性征收关税等海关监管创新制度实施,提升国际转口贸易、物流中转、仓储分销等服务功能。

5. 促进新型贸易业态的快速发展

新型贸易方式是河南省外贸发展新的增长点,促进新型贸易业态快速成长为河南省建设内陆开放高地的支柱之一。加快河南省申建自由贸易实验区的进程,加大上海自贸区海关监管创新制度推广力度,促进跨境电子商务健康快速发展,促使中国(河南)跨境电子商务综合实验区落户和健康发展,坚持贸易便利和管理规范并重。加快郑欧班列回程进口货物的统筹协调,结合汽车口岸、粮食口岸、肉类口岸、药品口岸等开放平台的政策优势,降低铁路集装箱空箱返回的比重。跟踪中韩、中澳自贸区实施的关税减让水平、实施进程,推动河南省有优势产品的出口,在进口化妆品、活牛、牛羊肉、乳制品等方面形成规模优势,促进河南省成为国内自贸区商品的主要集散中心之一。

B.10
2015～2016年河南省财政形势分析与展望

胡兴旺　王银安　孙先富*

摘　要： 2015年，河南省进一步推进财政改革，落实积极的财政政策，全力支持稳增长保态势，不断巩固农业基础地位，继续健全民生保障机制，财政运行总体良好，但仍存在收支平衡压力大、人均财力处于全国落后位次、资金使用效益不高等问题。2016年，供给侧结构性改革政策的实施，使得财政收入将大幅减少，再加上增支政策多、支出刚性强，财政收支矛盾将更加突出。2016年作为"十三五"开局之年和全面深化改革的关键年，推动财政改革发展意义重大。

关键词： 河南　财政形势　财政改革

2015年，河南省财政部门认真贯彻落实省委省政府决策部署，主动适应新常态，创新思路，积极作为，财政运行情况总体符合预期，保障能力显著增强，财政在公共治理中的基础和重要支柱作用得到进一步发挥。

一　2015年财政改革发展取得新成效

面对严峻复杂的经济形势，财政部门开拓创新，真抓实干，财政改革发展成效显著。

---

* 胡兴旺，研究员，河南省财政厅政策研究室主任；王银安，副研究员，河南省财政厅政策研究室副主任；孙先富，河南省财政厅政策研究室。

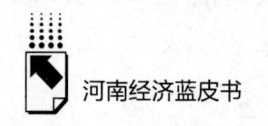

（一）财政实力显著增强

1. 一般公共预算

全省一般公共预算收入完成3009.6亿元，为预算的100.6%，比上年增长9.9%，增幅比2014年回落3.5个百分点。加上中央分享税收收入，全省财政总收入完成4426.9亿元，增长8.1%，增幅比2014年回落2.9个百分点。一般公共预算支出完成6806.5亿元，为调整预算的96.8%，增长12.9%，增幅比2014年提高4.7个百分点。

2. 政府性基金预算

全省政府性基金收入完成1440.8亿元，为预算的101.9%，下降19.4%；全省政府性基金支出完成1539.8亿元，为调整预算的84.3%，下降10.5%。基金收支下降主要是因为地方教育附加等11项基金被转列为一般公共预算，同时受经济形势影响，国有土地出让面积下降，土地类基金收入减少。

3. 国有资本经营预算

各级汇总的国有资本经营预算收入完成12.1亿元，为预算的184.6%，增长44.9%；国有资本经营预算支出完成11.9亿元，为预算的160.1%，增长88.5%。

4. 社会保险基金预算

各级汇总的全省社会保险基金预算收入完成1838.5亿元，为预算的102.3%，增长12%；全省社会保险基金预算支出完成1683.4亿元，为预算的103.2%，增长18.2%；收支结余155.1亿元。

（二）财政效力显著提升

财政部门紧紧围绕三大国家战略规划实施和"一个载体四个体系六大基础"建设，认真落实积极的财政政策，统筹安排资金，创新理财机制，着力促进经济社会平稳较快发展。

1. 支持经济结构调整和转型升级

一是研究出台稳增长政策。谋划实施财政支持经济稳增长的18条系列政策措施，统筹安排资金702.8亿元，重点用于扩大城市基础设施投资和培育新的增长点。二是支持重大项目建设。争取各类地方政府债券1424.9亿元，筹措基建投资211.8亿元，重点投向重大项目建设。三是支持先进制造业大省建设。设立30亿元的先进制造业集群培育基金和12亿元的"互联网+"产业发展基金，支持实施先进制造业大省建设行动计划和"互联网+"行动计划。四是支持高成长服务业大省建设。安排服务业发展引导资金5亿元，集中支持一批重大服务业项目建设。五是支持创新驱动。筹措资金1.5亿元，重点支持55个重大科技专项，带动项目总投资65.01亿元、研发投入22.55亿元，推动河南重点领域共性关键技术突破。设立5亿元科技创新风险投资基金。六是营造企业发展环境。全面落实中小微企业税收优惠政策。设立总规模100亿元的中小企业发展基金，重点支持初创期、成长期中小企业发展。拨付省级小微企业信贷风险补偿资金6亿元，带动银行业金融机构对小微企业贷款增量754亿元，引导市县设立补偿资金9.3亿元，有效缓解了小微企业融资难问题。七是支持科学载体发展。统筹31.2亿元支持航空港实验区基础设施和公共服务体系建设，及时兑现产业集聚区、服务业"两区"奖补资金30.5亿元。八是支持开放招商。统筹资金4亿元支持外向型经济发展，安排专项资金1亿元，对招商引资实施奖励。九是支持节能环保。筹措资金21.2亿元，加强大气雾霾治理，实施蓝天、碧水、乡村清洁工程和城市河流清洁行动计划；筹措资金3.6亿元，支持实施重点节能工程和淘汰落后产能；筹措资金5亿元，深入推进林业生态省建设提升工程。

2. 支持新型城镇化建设

一是安排新型城镇化转移支付和城乡一体化示范区补助资金50亿元，引导各地加快城镇基础设施和公共服务体系建设，推进农业转移人口市民化。二是积极运作三只新型城镇化发展基金，已落地项目42个，总投资1057亿元。三是创新棚户区改造融资机制。获得开发性金融和政策性金融等支持项目累计签订合同金额1368亿元，实际发放贷款812亿元，保障了棚户区改造项目的顺利实施。四是加强现代综合交通体系建设。统筹安排资金191.7亿元，积极支持"米"字形铁路、高速公路、干线公路和农村公路建设，支持完善综合交通体系。五是支持海绵城市试点建设。统筹资金4.4亿元，专项用于推进鹤壁市海绵城市试点项目建设。

3. 支持现代农业大省建设

一是积极支持粮食生产。对111个产粮大县奖励35.5亿元，兑现农业支持保护补贴107亿元。统筹整合106.7亿元支持高标准粮田"百千万"建设工程、农田水利建设，建设高标准粮田900万亩，为粮食生产再获丰收提供了有力支持。二是促进农业农村经济发展。设立4.2亿元现代农业发展基金和3亿元农业综合开发股权投资基金，重点支持农业产业化集群培育工程和都市生态农业工程建设，培育壮大新型农业经营主体。筹措1.2亿元，开展农业生产全程社会化服务试点和农民专业合作组织发展创新试点。筹措资金18.6亿元，提供政策性农业保险保费补贴，促进农村金融发展。三是实施扶贫攻坚工程。筹措资金29.3亿元，实施"三山一滩"群众脱贫工程，全省又有120万农村贫困人口稳定脱贫。四是改善农民生产生活条件。筹措5.9亿元支持黄河滩区居民迁建；筹措资金103.8亿元，解决了835万农村居民和中小学师生饮水安全问题；筹措资金20.4亿元，实施153个美丽乡村试点项目建设；改造农村危房26.2万户，新建改建县乡公路和通村道路6600公里。

4. 支持保障改善民生

坚持把保障和改善民生作为财政工作的出发点和落脚点，集中财力解决涉及群众切身利益的问题。全省财政民生支出5265.7亿元，占财政支出比重达77.4%。其中投入十项民生工程资金1294亿元，其中，社会保障和就业支出952.3亿元，增长20.4%；教育支出1271亿元，增长5.8%；医疗卫生与计划生育支出712.8亿元，增长18.2%；文化体育与传媒支出105.5亿元，增长15.7%；公共安全支出303.2亿元，增长10.6%。

5. 推进财税体制改革

一是推进预算管理制度改革。在全国率先编制完成省级三年财政滚动规划，促进预算安排与经济社会发展中长期规划的有机衔接。印发《河南省人民政府关于深化预算管理改革推进财政资金统筹使用的通知》，建立健全财政资金统筹使用机制，着力解决资金使用"碎片化"问题。全面清理盘活财政存量资金，全省共收回存量资金166亿元。从2015年起省级预算对教育、科技、农业、环境保护、文化体育与传媒、计划生育六项重点支出安排不再与收入增幅挂钩。省直95个部门全部公开了部门预决算和"三公"经费预决算。全面梳理和审视现行预算管理流程，研究拟定了优化预算管理流程的初步方案。加快财政大数据建设，推进跨部门数据共享和跨界融合，为提高财政决策水平提供技术支持。二是全面落实税制改革政策。按照国家统一部署，稳步推进"营改增"试点工作，2015年1~11月，全省共有19.4万户纳税企业被纳入"营改增"试点范围，共为企业减税63.4亿元。稳步推进资源税从价计征改革，积极开展商业健康保险个人所得税试点、综合治税和离境退税工作。三是加快PPP模式推广运用。初步建立了PPP模式政策框架和制度体系，目前入库项目625个，总投资7346亿元。设立了规模50亿元的PPP开发性基金，支持鼓励PPP模式推广运用。省级首批推介项目已有55个项目总投资814.7亿元落地实施。四是推进涉企资金基金化改革。报请省政府出台了推进省级财政性涉企资金基金化改革的指导意见和方案。经省政府同意，目前河南已经设立先进制造业集群培育、现代农业发展、中小企业发展等8只基金，首期规模210.2亿元，其中财政出资42.5亿元，撬动了社会资本，放大了财政资金乘数效应，初步建立了新的财政资金运行机制。五是加强政府债务管理。出台加强政府性债务管理的意见，完成政府存量债务清理核查工作，对政府债务实行限额管理，并分类纳入预算管理，实现政府债券自发自还，构建了规范的政府举债融资机制。六是推进政府购买服务改革。制定了《河南省支持社会组织承接政府购买服务工作办法》《政府购买服务操作指南》等政策制度。七是改进财政监督机制。研究制定加强和改进财政监督工作的意见，积极推进财政监督工作转型，着力实现以事后检查为主向全过程监督转变。认真开展各项监督检查工作，促进财政管理水平不断提高。

当前，财政运行中的突出矛盾和问题主要是：随着经济发展进入新常态，财政收入中低速增长与财政支出刚性增长之间矛盾日益加剧，收支平衡压力越来越大。河南人均财力仍处于全国落后位次，财政保障能力与满足各项事业快速发展的需求差距较大。财政资金还存在一些"小""散"现象，重分配、轻管理，重支出、轻绩效问题还不同程度地存在。"两个责任"的压力传导和财政重点改革的宣传引导力度不够大等，需要我们予以高度重视，采取有力措施加以解决。

二 2016年财政形势分析

2016年是"十三五"开局之年，国际国内都处于转折变革、分化重组阶段，河南省发展的外部环境和条件发生深刻变化。财政部门必须准确把握财政

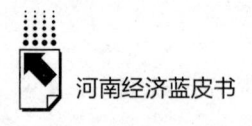

收入的趋势性变化，牢固树立财政支出的紧平衡理念，牢牢掌控工作主动权。

1. 收入方面

一是财政收入增幅缩小。与经济发展趋势相适应，全省财政收入已由过去的高增长转为中低速增长，财政运行面临多年来少有的困难。2015年一般公共预算收入增幅为9.9%，若剔除11项政府性基金转列一般公共预算因素后仅增长6.1%，增幅回落较为明显。二是税收收入不容乐观。全省地方税收55%~60%来源于工业和房地产业，2015年前11个月，全省工业税收分月累计增幅在-7.5%~1.1%，房地产税收分月累计增幅在-25.6%至-7.6%，预计2016年难以明显好转。三是PPP持续下降。全国PPI已连续46个月下降，河南省PPI已连续43个月下降，一些重点骨干企业利润大幅减少或陷入亏损，财政收入潜在增长率下降。

2. 支出方面

一是中央对河南省补助增幅持续下降。全省财政支出一半左右来自中央补助，近年来中央财政收入增速明显放缓，对地方补助增幅持续下降，2011~2015年分别为35.6%、13.5%、8.6%、8.9%、6.1%，预计2016年补助增幅有可能进一步降低，对河南冲击较大。受中央补助减少和全省经济增速放缓双重影响，河南省一般公共预算支出增长率从2011年的24.4%下降到2015年的11.2%。二是财政支出刚性增长的趋势没有改观。稳增长、调结构、惠民生、防风险等增支需求依然较大，支持实施三大国家战略规划、建设"四个河南"、"两项建设"等都需要加大财政投入。三是财政支出结构僵化、财政资金使用效益不高问题依然突出，中长期支出压力大。

B.11
2015~2016年河南省金融业形势分析与展望

崔晓芙 崔 凯 徐红芬*

摘 要： 2015年，河南省金融系统认真贯彻落实稳健的货币政策，金融运行总体保持平稳，货币信贷和社会融资规模较快增长，社会融资成本下行，有力地支持了地方经济平稳较快增长。2016年，我国将继续实施稳健的货币政策，并保持灵活适度，为结构性改革营造适宜的货币金融环境，预计全省金融运行仍将保持平稳增长态势，但受经济下行压力大、产业结构调整、信贷风险上升等因素影响，银行信贷投放快速增长的难度增加。

关键词： 河南省 金融业 形势分析

一 2015年河南省金融运行基本情况

2015年，河南省金融运行总体保持平稳，货币信贷和社会融资规模扩大。截至12月末，金融机构本外币各项存款余额为48282.1亿元，同比增长13.6%；全年增加5233.5亿元，同比多增1194.1亿元。本外币各项贷款余额为31798.6亿元，同比增长15.3%；全年增加4212.1亿元，同比多增241.3

---

* 崔晓芙，高级经济师，中国人民银行郑州中心支行调查统计处处长；崔凯，高级经济师，中国人民银行郑州中心支行调查统计处副处长；徐红芬，高级经济师，中国人民银行郑州中心支行调查统计处科长。

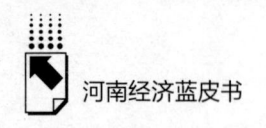

亿元。2015年1~11月,河南省社会融资规模增量为5499亿元,同比减少863.4亿元,占全国社会融资规模的4.1%,居中部六省首位。尽管社会融资规模同比减少,但考虑到政府债券发行置换因素,1~11月,全省社会融资规模和地方债增量合计为6924亿元,同比多增561.6亿元,因此,金融体系对实体经济的资金支持总体并未减少。

(一)存款增长先降后升、渐趋平稳,理财化趋势增强

2015年,随着利率市场化的加快推进,金融机构存款向理财等资产管理产品转化趋势明显加快,受资本市场波动影响,人民币(下同)各项存款增长先降后升、渐趋平稳。2015年上半年,存款增速由1月末的14.5%降至6月末的低点11.4%,下半年增速有所回升,12月末达到13.5%,较上年末提高1.2个百分点,余额达到47629.9亿元,较年初增加5737.9亿元,同比多增1112.8亿元。存款变化的主要特点有以下四方面。

1. 住户存款波动较大

2015年上半年股市行情持续走高,股票及基金、理财等各类资产管理产品等对住户存款形成较大分流压力,上半年全省住户存款同比仅多增95.5亿元。下半年,随着股市剧烈震荡、风险上升,住户存款开始回升,全年住户存款增加3074.8亿元,同比多增709.6亿元,带动各项存款增速回升。

2. 存款向理财等各类资产管理产品转化的趋势增强

多次降息后,金融机构存款收益率远低于股票、基金等其他金融产品,为留住资金,金融机构不断创新理财产品种类,纷纷推出收益率高出普通存款利率2个~3个百分点的理财产品。2015年1~11月,金融机构表外理财产品新增2717.2亿元,同比多增1650.7亿元;全年信托产品余额新增140.9亿元。

3. 企业存款增幅较大

受全年信贷投放大量增加影响,企业派生存款相应增加,2015年全年非金融企业存款增加1688亿元,同比多增743.1亿元,其中,非金融企业活期存款同比多增598.5亿元。

4. 同业存款增长明显

2015年12月末,金融机构同业存款余额为3570.4亿元,全年增加762.2亿元,同比多增589.5亿元,其中,计入各项存款的证券公司、保险

公司、期货公司同业存款增加145.7亿元，各类特殊目的载体存款增加223.6亿元。

（二）各项贷款大量增加，结构调整明显

2015年，中国人民银行多次降准、降息，并通过货币政策操作持续注入流动性，引导货币信贷平稳增长。12月末，全省人民币各项贷款余额为31432.6亿元，同比增长15.4%，全年增加4201.3亿元，同比多增174.9亿元。如果考虑全省地方债置换已支出资金666.7亿元、2015年前11个月金融机构核销贷款100.6亿元，全年信贷增量约4968.6亿元。2015年银行表内贷款大量增加的主要原因：一是受连续降准影响，银行体系流动性整体充裕，贷款规模较为宽松；二是稳增长政策持续发力，政府设立各类引导基金充实企业及项目资本金，拉动基建投资增速加快，带动棚户区改造、保障房建设、城市交通运输等领域贷款较快增长；三是房地产市场出现短期回暖，个人住房贷款需求较旺；四是随着表外贷款风险上升，部分表外贷款转向表内。

分期限看，中长期贷款和票据融资增长较快。2015年12月末，中长期贷款同比增长20.5%，分别高出各项贷款和短期贷款增速5.1个和13个百分点；全年新增2800.4亿元，同比多增169.6亿元，占各项贷款增量的66.7%。中长期贷款重点投向棚户区改造、保障房建设、城市交通运输、农田水利建设等基础设施和个人中长期消费等领域。其中，个人住房贷款全年新增1113.4亿元，同比多增193.2亿元，占各项贷款增量的26.5%。受连续降准降息、市场流动性充足影响，票据利率走低，企业贴现需求增加，加之商业银行贷款规模整体宽松，部分银行增加了票据持有量。12月末，金融机构票据融资同比增长50.5%，较2014年末提高了27.2个百分点；全年新增384.3亿元，同比多增240.1亿元。

分行业看，新增贷款重点投向了批发零售业、水利环境和公共设施管理业、租赁和商务服务业、交通运输仓储和邮政业以及制造业。2015年，上述五个行业贷款分别新增516.4亿元、374亿元、321.1亿元、302.5亿元和276.9亿元，合计占全部新增贷款（不含票据融资）的46.9%。与2014年相比，除了水利环境和公共设施管理业新增贷款占比下降1.7个百分点之外，批发零售业、制造业、租赁和商务服务业、交通运输仓储和邮政业新增贷款占比

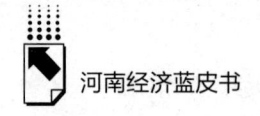

分别上升5.2个、5.4个和1.7个百分点，贷款行业集中度提高。

分贷款主体看，小微企业、涉农贷款增速逐步提升。2015年12月末，小微企业贷款同比增长27.8%，高于各项贷款增速12.4个百分点；全年新增1306亿元，同比多增312.1亿元。涉农贷款同比增长15.4%，与各项贷款增速持平；全年新增1793亿元，同比多增59.3亿元。如考虑全省农村信用社系统累计核销、置换、剥离不良贷款150.8亿元，全年涉农贷款增长16.6%，高于各项贷款增速1.2个百分点；全年新增1943.8亿元，同比多增210.1亿元。

（三）社会融资规模平稳增长，表内贷款占比显著提高，表外融资占比大幅下降，直接融资占比小幅提高

2015年1~11月，河南省社会融资规模增量为5499亿元，同比减少863.4亿元，占全国社会融资规模的4.1%，低于上年同期占比0.2个百分点。社会融资规模结构变化特点：一是表内贷款大量增加，占比明显提高。1~11月，表内贷款占社会融资规模的75%，同比提高15.8个百分点，较全国平均水平高1.1个百分点。二是表外融资增量大幅收缩。1~11月，表外融资合计增加504.4亿元，同比少增1149.7亿元，增量仅有上年同期的30.5%，仅占社会融资规模的9.2%，同比下降16.8个百分点。其中，未贴现的银行承兑汇票呈现负增长。1~11月，未贴现的银行承兑汇票减少24.5亿元，同比少增952.7亿元，主要原因是监管部门对循环开立承兑等行为进行严格限制，1~11月银行承兑汇票仅新增411.3亿元，同比少增641.4亿元，加之2015年以来承兑风险升高，金融机构开展承兑业务趋于审慎。委托贷款、信托贷款前期大量收缩，三季度后渐趋平稳。委托贷款方面，2015年1~5月委托贷款共增加88.8亿元，同比少增275.6亿元；自6月份以来，委托贷款累计增加447.5亿元，同比多增42.4亿元，主要是省级融资平台公司、大型国有企业将发行债券融到的资金通过委托贷款的形式贷给关联企业，加之新型城镇化基金、专项建设基金等政府引导基金多借助委托贷款的形式支持实体经济。信托贷款方面，1~7月信托贷款共减少62.8亿元，从8月份开始转降为升，8~11月分别增加14亿元、11.3亿元、22.1亿元和8亿元，主要原因是股票、基金等投资类资产收益率下降，为提高信托资产收益率，信托公司增加了对债权类资产的配置。三是直接融资占比小幅提高。1~11月，实体经济通过直接融资方式

实现融资714.5亿元，同比少增48.5亿元，占社会融资规模的13%，同比提高1个百分点，但仍低于全国平均水平9.5个百分点。其中，实体经济通过企业债券净融资606.6亿元，同比少增92.6亿元，占社会融资规模的11%，与上年同期持平，较全国平均水平低7个百分点。非金融企业通过股票市场募集资金107.9亿元，同比多增44.1亿元，占社会融资规模的2%，同比提高1个百分点，较全国平均水平低2.5个百分点。

（四）贷款利率持续回落，企业融资成本趋于下降

2015年以来，中国人民银行多次降准降息，引导市场利率下行，政策效果逐步显现。郑州中心支行的存贷款综合抽样统计数据显示，前11个月河南省金融机构存量贷款利率逐月下降，11月末加权平均贷款利率为6.38%，较上年同期下降87个基点。新发放的企业贷款利率也呈明显下降态势，11月新发放的全部企业贷款月度加权平均利率为5.55%，较2014年同期下降179个基点；其中，新发放的小微企业贷款月度加权平均利率为6.75%，较上年同期下降166个基点。银行贷款利率及企业融资成本下降的主要原因：一是2015年央行多次下调贷款基准利率，一年期贷款基准利率降至4.35%；二是货币市场流动性充裕，利率持续下行，金融机构筹资成本下降，为债券市场扩大规模提供了充足的资金支持，短端利率向中长端传导效果有所显现；三是金融机构表外业务萎缩，部分表外业务回归表内，企业融资链条缩短，融资成本有所降低。

二 河南省金融运行中需要关注的几个问题

（一）河南省经济发展面临需求不足与结构性问题，经济下行压力依然较大，对金融发展将形成一定制约

2016年，河南省经济发展面临的国内外形势依然复杂严峻，需求不足与结构性问题并存，经济下行压力依然较大。一方面，从拉动经济增长最重要的投资因素看，受市场需求、资金要素等制约，投资保持快速增长的难度较大。基础设施投资受PPP模式整体推进缓慢、专项建设基金规模小、地方政

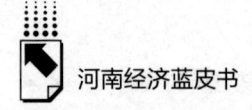

府债务置换规模有限，再加上财政收支矛盾不断加大等因素影响，资金难题短期内仍得不到根本缓解，其保持快速增长的难度较大。工业企业受市场需求不足、产能过剩、生产成本上升等因素影响，投资信心不足、投资意愿降低、投资能力下降。房地产市场去库存压力较大、区域分化严重，全省商品房库存消化周期由2015年8月的15个月增加到11月的17个月，个别县市去库存周期超过36个月，房地产先行指标房屋新开工面积增速持续回落，房地产开发投资难以快速增长。另一方面，从工业形势看，工业生产仍处在底部盘整阶段，传统支柱产业生产经营持续困难，新的接续力量对工业增长的拉动作用有限。河南省工业生产者出厂价格已连续42个月下降，企业效益持续低迷，2015年1~11月规模以上工业企业利润总额同比下降0.7%；亏损企业亏损额同比增长62.6%，较上年同期大幅提高61个百分点。从重点行业运行情况看，电子信息、装备制造、汽车等高成长性行业总体平稳增长，化工、有色、钢铁、水泥、煤炭等主要能源原材料行业持续低迷，工业增长仍面临较大下行压力。

在经济下行压力依然较大的情况下，影响金融发展和金融稳定的因素增多，一方面企业去库存、去产能、去杠杆压力大，产业转型升级困难多，造成信贷结构调整优化难度加大；另一方面实体经济有效信贷需求不足，新的信贷投放热点缺乏，加之银行信贷风险加剧，信贷保持快速增长的难度较大。

（二）银行不良贷款上升较快，小微企业贷款风险加速暴露，风险防控压力进一步加大

2015年，农村信用社改制组建农商行，其隐性不良贷款345.5亿元全部显性化，造成全省不良贷款余额及不良率明显上升。截至11月末，全省金融机构不良贷款余额1035.4亿元，比2015年初增加561.5亿元；不良贷款率达到3.3%，较年初上升1.5个百分点。不良贷款的行业、地域集中度较高。2015年1~11月，新增不良贷款主要集中在农林牧渔业、制造业和批发零售业；南阳、商丘、郑州、信阳、平顶山、周口、新乡和许昌的新增不良贷款占到全省的69.9%。小微企业贷款风险加速暴露。2015年11月末，全省小微企业不良贷款率达到3.7%，较年初上升1.4个百分点，高出全部不良贷款率

0.4个百分点。

担保圈、担保链、非法集资、民间借贷风险不断向银行体系传播和扩散。省内新乡、安阳、许昌、巩义等地担保圈风险较为突出,据不完全统计,2015年9月末,上述四地区暴露风险的企业担保链70余个,涉及企业300余家,涉及贷款200多亿元,已形成不良贷款40多亿元,占四地区不良贷款总额的40%。因涉及企业多、影响大,担保圈风险化解难度大、进展缓慢也加速了风险蔓延。2015年河南省非法集资案件远远超出上年,而且发案区域持续扩散,覆盖绝大多数市县。据金融机构反映,部分新增不良贷款与非法集资关联度较高,一些企业参与民间借贷,资金链断裂造成无法偿还银行贷款,非法集资、民间借贷风险向正规金融机构传播的态势严峻。

(三)实体经济有效信贷需求处于低位,信贷供求结构性矛盾突出

中国人民银行郑州中心支行开展的银行家问卷调查显示,2015年银行贷款总体需求指数逐季回落,2季度回落5.4个百分点,3季度回落0.7个百分点,4季度继续回落5.4个百分点,降至60.1%,为2004年调查以来的最小值。"有效信贷需求不足"与"企业融资难"问题并存,信贷供求结构性矛盾突出的主要原因:一是受经济下行影响,企业扩大生产投资的意愿不足,多数处于维持生产阶段,与经济上行期相比,融资意愿明显偏弱。二是目前被银行视为优质客户资源的仍是省内一些传统支柱行业中的大型企业和龙头企业,而这些企业的融资渠道相对多元化,可以在债券市场、股票市场上融资,能够获得成本较低的非信贷资金,对银行信贷资金需求较小。三是一些新兴产业和产能过剩行业企业转型升级发展需要的资金期限长、见效慢,银行不愿意介入;一些小微企业尽管信贷需求较为旺盛,但受企业经营困难、抵押担保资源少、担保圈和非法集资风险频发等因素影响,金融机构不敢介入。

三 2016年河南省金融形势展望

2016年,河南省经济发展面临的形势依然复杂严峻,经济下行压力仍较大,这将一定程度上制约金融发展,预计全年金融运行仍有望保持平稳增长态

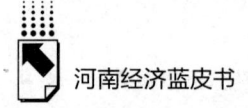

势，但增速可能比2015年有所放缓。从促进2016年信贷增长的有利因素来看：一是货币政策保持稳健的基调不变。中央经济工作会议和人民银行工作会议均指出，2016年我国将继续实施稳健的货币政策，并保持灵活适度，为结构性改革营造适宜的货币金融环境。金融体系流动性整体充裕，有利于货币信贷和社会融资总量继续适度增长。二是基础设施投资有望继续快速增长，重大项目对银行信贷资金的需求仍较旺盛。当前政府投融资机制发生了重大变化，由原来主要依靠政府融资平台融资转向采取PPP模式、发行政府债券和设立专项建设基金等多措并举。随着投融资机制改革的加快，预计基础设施投资仍将保持较快增长，重大建设项目对银行信贷资金的需求仍很强劲。三是随着"三大战略"的加快推进，河南省仍处在重要战略发展期，再加上河南省具有较强的区位优势和资源、劳动力优势，尤其是郑州航空港经济综合实验区和郑欧班列的先行优势，经济发展空间和潜力较大，对信贷资金的吸纳和承载能力较强。四是随着供给侧结构性改革力度的加大，金融机构将围绕结构性改革做好金融服务工作，加强信贷政策与产业政策协调配合，支持重点领域和行业转型调整，加快发展绿色金融，全面做好扶贫开发金融服务，加大对小微企业、三农、科技、文化、创业创新等领域的支持力度。

从制约2016年信贷增长的不利因素来看：一是受河南省产业结构影响，有效信贷需求不足的状况短期内难以改观。中央经济工作会议明确了2016年"去产能、去库存、去杠杆、降成本、补短板"五大任务。河南省能源原材料行业占工业比重接近五成，明显高于全国平均水平，在市场需求不足和产能过剩压力下，企业去产能、去库存的压力比较大，产业结构调整的影响将持续较长一段时间，实体经济有效信贷需求不足的状况短期内难以改观，将制约银行信贷投放增长。二是当前企业扩大生产投资意愿不强，同时，少数融资渠道多的大型、优质企业为了降低财务费用，存在提前还款、缩减贷款规模现象。三是小微企业、产能过剩行业资金需求旺盛，但由于缺乏合适的抵押担保物、信贷风险上升和行业限制等，无法满足银行信贷审批条件，难以形成信贷投放。四是银行信贷风险事件频发，不良贷款上升较快，而通过贷款重组、打包转让等方式处置不良贷款进展缓慢，使得银行的惜贷、慎贷更甚。五是地方政府债务置换也使得银行信贷投放难度加大。目前，河南省的政府融资平台类贷款多为银行的优质贷款，随着政府债券发行和置换进度的加快,银行政府类贷款将不断减少,腾出来的这部分贷款规模短期内难以找到新的信贷增长点。

总的来看,2016年稳健货币政策的实施,将为河南省货币信贷和社会融资总量平稳增长提供良好的政策环境,但受经济下行压力大、产业结构调整、信贷风险上升等因素影响,银行信贷投放快速增长的难度加大。

B.12
2015~2016年河南省交通运输业发展分析与展望

王予荷　陈琛*

摘　要： 2015年河南省加快构建"米"字形高速铁路网，不断优化公路建设，强力推进郑州航空枢纽建设，交通运输基础设施逐步完善。运输生产总体平稳，铁路货运相对低迷，公路客货运增长稳定，航空运输高速发展。2016年，河南将围绕"一带一路"国家战略、"三大国家战略规划"、"四个河南"建设等重大战略机遇，切实发挥交通运输的先行引领作用。本文分析了2015年河南交通运输业发展状况，结合当前形势对2016年交通运输业发展走势进行了预测，并概述了2016年交通运输业发展的主要着力点。

关键词： 交通运输业　运输生产　综合交通运输体系

2015年河南省交通运输业围绕粮食生产核心区、中原经济区和郑州航空港经济综合实验区三大国家战略规划（以下简称"三大国家战略规划"）实施和新型城镇化建设，以构建现代综合交通运输体系、打造郑州现代综合交通枢纽为目标，不断加大基础设施建设投入力度，积极融入丝绸之路经济带建设，突出抓好"三港三网"（航空港、铁路港、公路港，"米"字形高速铁路网、高等级公路网、航空网）等战略性工程建设，加快构建安全、便捷、高效、绿色的现代综合交通运输体系，着力推进以大枢纽带动大物流，大物流带动产

---

* 王予荷，河南省统计局服务业统计处处长；陈琛，河南省统计局服务业统计处。

业群，产业群带动城市群，城市群带动中原崛起、河南振兴、富民强省。展望2016年，河南省交通运输业发展环境和形势虽发生了变化，但总体来看仍处于大有可为的战略机遇期，交通运输业仍将保持基本平稳的发展态势。

一 2015年河南省交通运输业总体发展态势

2015年河南省加快构建"米"字形高速铁路网，不断优化公路建设，强力推进郑州航空枢纽建设，交通运输基础设施逐步完善，事关全局和长远的重大工程取得突破性进展，运输生产总体平稳，综合交通运输体系建设稳步推进。

（一）交通运输基础设施逐步完善，重大工程取得突破性进展

1. "米"字形高速铁路网全面加快建设

郑万铁路是郑渝（郑州－重庆）铁路的重要组成部分，同时也是联系西南地区和中原地区的主要客运高速通道，兼顾沿线城际旅游客流运输。2015年8月28日国家发改委批复可研报告，10月31日先期开工段（平顶山西至鲁山境内南水北调干渠13公里）开工建设。郑合铁路是一条中原连接华东及东南的高速铁路，也是郑州"米"字形客运专线网络中的重要组成部分，2015年10月27日可研报告获得国家发改委批复，计划2016年上半年开工建设。郑太铁路是我国高速铁路规划网中华北地区重要通道，也是贯穿晋东南的重要交通线，2015年9月可研报告上报国家发改委并完成评估。郑济铁路连接河南省郑州市与山东省济南市，是河南省"米"字形高铁网络战略的重要组成部分。2015年9月18日郑州至济南铁路勘察设计招标，中国铁路建设投资公司发布了郑州至济南快速铁路项目勘察设计一次性总体招标公告，项目前期工作正式启动。郑徐客专河南段，是《国家中长期铁路网规划》中"四纵四横"之一的徐兰客运专线的重要组成部分。2015年10月底，郑徐高铁全面完成铺轨，预计2016年7月1日正式开通运营。

2. 公路建设成效显著

高速公路网络不断完善。2015年底，河南省高速公路通车里程达到6304公里，居全国第3位；八车道里程达到1064公里，实现所有县（市）20分钟

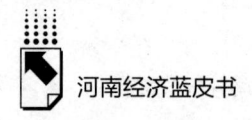

上高速，郑州、洛阳、南阳、商丘、周口等5市形成环城高速，以郑州为中心、辐射所有省辖市的3小时高速公路交通圈已经建成。普通干线公路结构不断优化。2015年底，河南省普通干线公路里程达到3.1万公里，居全国第4位、中部六省第2位，其中：一级公路2788公里，省规划的64个城市组团中41个与中心城区实现一级公路连通；二级及以上公路里程达到2万公里，在"县县通国道、乡乡有干线"布局规划的基础上，实现180个产业集聚区全部以二级及以上公路连通。农村公路服务能力持续增强。2015年底，河南省农村公路里程达到23万公里左右，居全国第3位、中部六省第1位，在"乡道及以上行政等级公路覆盖所有建制村"布局规划的基础上，基本实现了农村公路"乡村通畅"，农村居民出行条件持续改善。公路运输场站建设有序推进。以客运"零距离换乘"和货运"无缝衔接"为发展目标，重点推进综合客运枢纽建设，促进普通公路客运站升级改造。建成郑州、许昌、鹤壁3个综合客运枢纽和37个公路客运站，开工建设10个公路货运枢纽（物流园区）。2015年底，河南省二级以上公路客运站达到235个，实现了"市有一级站、县有二级站"。

3. 郑州航空枢纽建设强力推进

机场二期主要工程建成投用。2015年12月19日，郑州新郑国际机场正式启用T2航站楼，二期扩建工程正式投运。航线网络进一步完善。新开通郑州至阿姆斯特丹、芝加哥、米兰、新西伯利亚等航线航班，初步形成了覆盖欧美亚的货运航线网络。空港外围路网建设全力推进。机场东西贯穿路地下段工程已基本完成，商登高速航空港段于2015年12月19日通车，机西高速一期已于2015年12月23日正式通车运营，郑机城铁于2015年12月31日开通运营。郑欧国际货运班列开行全国领先。截至2015年11月5日，郑欧班列累计开行229班，2015年已开行129班，开行频次达到每周去程3班、回程2班，是全国首个实现往返均衡对开的班列，开行班次、货物品类等指标均居中欧班列前列。

（二）运输生产总体平稳，铁路货运相对低迷，公路客货运增长稳定，航空运输高速发展

1. 2015年河南省运输生产总体平稳，增速有所回落

货物运输总量达21.19亿吨，同比增长6.0%，增速较2014年下降3.4个百分点；货物周转量达7582.38亿吨公里，同比增长3.1%，增速与2014年持

平。旅客运输量达14.61亿人次，同比增长3.0%，增速较2014年下降0.6个百分点；旅客周转量达1941.88亿人公里，同比增长4.6%，增速较2014年下降14.1个百分点。从图1可见，2015年交通运输业整体保持平稳增长，增速回落趋势有所改善。

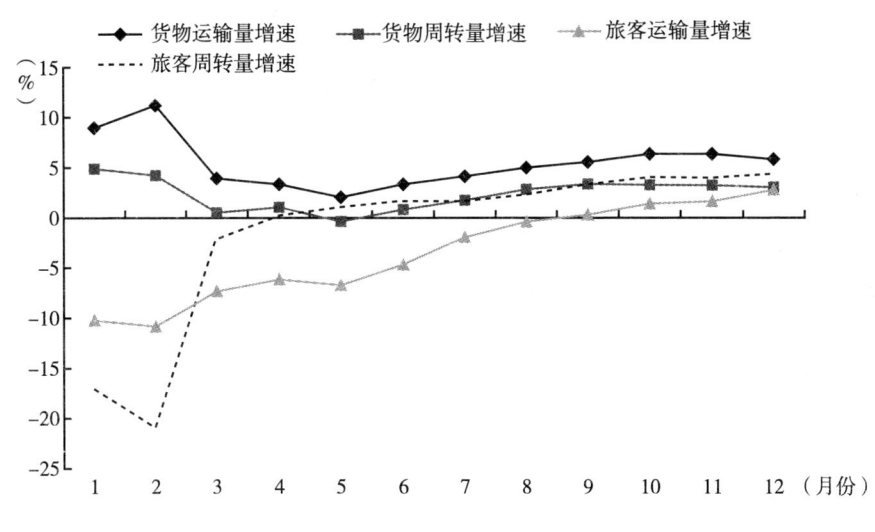

图1　2015年河南省交通运输业增速变化趋势

2. 铁路货物运输呈现下降态势

受错综复杂的国内外形势影响，以大宗货物运输为主的铁路货运遭遇了货源不足的窘境。2015年，河南省钢铁、水泥的需求量进入稳定的平台期以及缓慢的下降期，铁路作为大宗货物的主要承运载体，货运量因此受影响，呈现下降态势。2015年，河南省铁路货物运输量9802.05万吨，同比下降9.7%，降幅比2014年扩大0.4个百分点。其中，郑州铁路局同比下降8.1%，降幅比2014年扩大0.7个百分点；武汉铁路局河南段同比下降14.4%，降幅比2014年收窄0.3个百分点。铁路货物周转量1666.02亿吨公里，同比下降12.9%，降幅比2014年扩大4.8个百分点。其中，郑州铁路局同比下降13.4%，降幅比2014年扩大5.0个百分点；武汉铁路局河南段同比下降10.6%，降幅比2014年扩大3.7个百分点。从月度数据变化趋势来看，由图2可见，河南省铁路货物运输量持续下降的趋势未发生改变。从交通运输结构比重来看，铁路货运比重逐步下降的趋势也日益明显。2015年铁路货物运输量和货物周转量在全社会主要运输方式完成货物运输量和货物周转量中占比分别从2014年的5.8%、26.2%下降到2015年的4.6%、22.0%。从联网直报平台数据来看，2015年1～11月河南省规模以上铁路货物运输企业营业收入同比增长1.0%，营业利润同比下降30.0%，营业税金及附加同比下降60.0%。

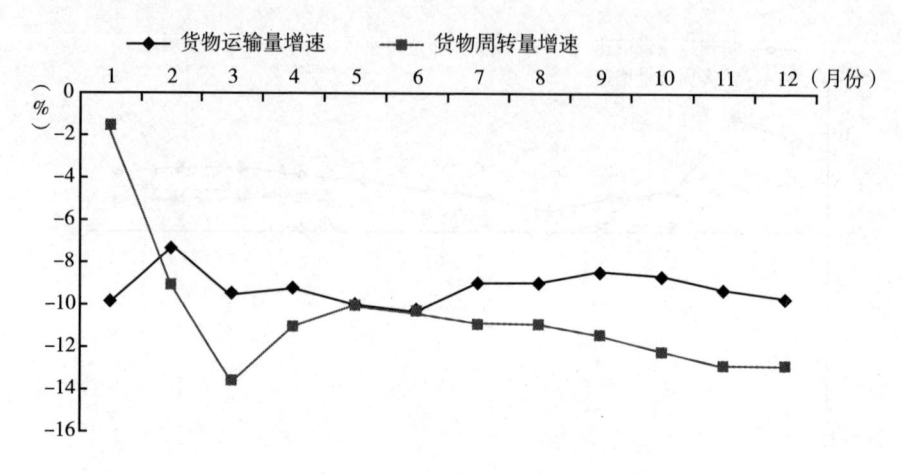

图2　2015年河南省铁路货物运输增速变化趋势

3. 铁路旅客运输小幅增长

2015年，河南省铁路旅客运输量达13067.77万人次，同比增长5.2%，增幅较2014年下降5.9个百分点。其中，郑州铁路局同比增长4.6%，增幅比2014年下降4.5个百分点；武汉铁路局河南段同比增长7.3%，增幅比2014年下降10.9个百分点。旅客周转量910.24亿人公里，同比增长1.8%，增幅比2014年下降3.2个百分点。其中，郑州铁路局同比增长0.9%，增幅比2014年下降1.0个百分点；武汉铁路局河南段同比增长4.2%，增幅比2014年下降10.2个百分点。

4. 公路客货运输稳中有升

由于近年铁路货运价格逐年上涨，现已超过公路价格，为降低成本，企业货运方式逐步由铁路向公路转换，公路货源相应增加；另外，随着电商的快速发展，网购日益普及，快递业火暴，推动道路运输业不断发展，货运量有所回升。而伴随国际原油持续降价，人民生活水平日益提高，客运市场发展良好。2015年，河南省公路客货运总周转量同比增长8.0%，比2014年提高0.4个百分点，呈上升态势。公路货物运输量19.16亿吨，占河南省货物运输量的90.4%，同比增长6.6%，比2014年下降4.3个百分点；公路货物周转量5208.16亿吨公里，占河南省货物周转量的68.7%，同比增长8.0%，比2014年提高0.6个百分点。公路旅客运输量13.18亿人次，占河南省旅客运输量的90.2%，同比增长2.7%，比2014年提高0.5个百分点；旅客周转量达898.08亿人公里，占河南省旅客周转量的46.2%，同比增长6.3%，比2014年下降12.3个百分点。从月度数据变化趋势来看，由图3可见，河南省公路货物运输持续增长，旅客运输增速呈上升态势。从交通运输结构比重来看，公路货运比重逐步上升。2015年公路货物运输量和货物周转量在全社会主要运输方式完成货物运输量和货物周转量中占比分别从2014年的89.6%、65.5%上升到2015年的90.4%、68.7%。公路客运比重小幅上升。2015年公路旅客周转量在全社会主要运输方式完成旅客周转量中占比从2014年的45.4%上升到2015年的46.3%。从联网直报平台数据来看，2015年1~11月河南省规模以上道路货物运输企业营业收入同比增长13.9%，营业利润同比增长19.1%，营业税金及附加同比增长3.7%。

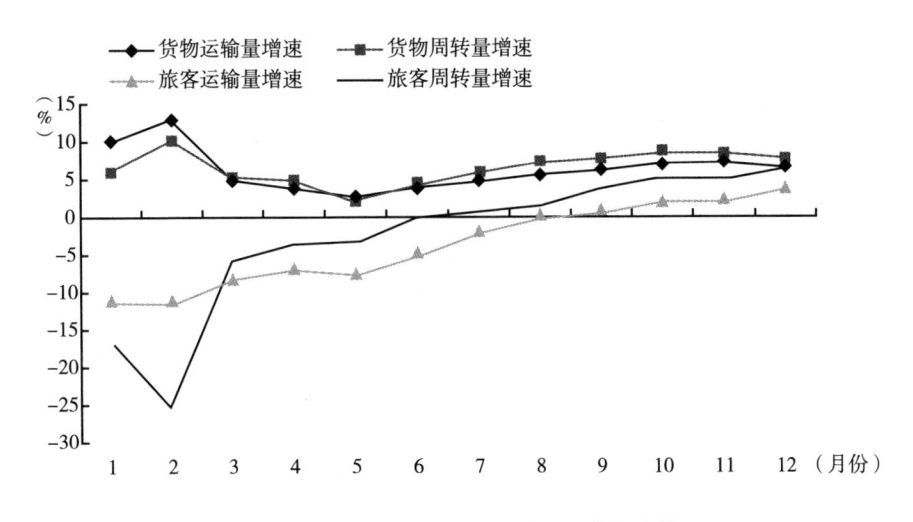

图3 2015年河南省公路运输增速变化趋势

5. 航空运输高速发展

随着郑州航空港经济综合实验区的快速发展，郑州新郑国际机场二期物流

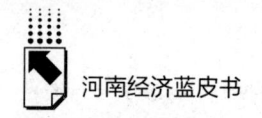

配套，河南省航空运输业保持高速增长。2015年，机场旅客吞吐量1860.69万人次，同比增长9.9%；货邮吞吐量40.58万吨，同比增长8.8%。其中，郑州机场旅客吞吐量1729.74万人次，占全部机场旅客吞吐量的93.0%，同比增长9.4%；货邮吞吐量40.33万吨，占全部机场货邮吞吐量的99.4%，同比增长8.9%。通过三大机场客货吞吐量和航空公司运距指标推算的河南省航空客货运周转量为126184.54吨公里，同比增长12.7%。从交通运输结构来看，航空客运比重逐步上升。2015年航空货物运输量和货物周转量在全社会主要运输方式完成货物运输量和货物周转量中占比分别从2014年的0、0.03%上升到2015年的0.01%、0.04%。航空客运比重逐步上升。2015年航空旅客运输量和旅客周转量在全社会主要运输方式完成旅客运输量和旅客周转量中占比分别从2014年的0.6%、6.3%上升到2015年的0.7%、6.9%。从联网直报平台数据来看，2015年1～11月河南省规模以上航空客货运输企业营业收入同比增长857.0%，营业利润同比增长887.8%。在郑州机场运营的客运航空公司32家（新增6家），通航城市81个（新增2个），开通客运航线137条，其中国内客运航线115条、国际地区客运航线22条（新增5条）。在郑州机场运营的货运航空公司达18家（新增1家），通航城市达36个（新增3个），开通货运航线34条（新增2条），其中国际地区货运航线30条（新增2条），周计划航班量94班（增加2班），开通卢森堡、莫斯科、香港、安克雷奇、芝加哥、阿姆斯特丹等9条"全货机空中快线"。郑州机场在全球前20位货运枢纽机场中，已开通15个航点，基本形成覆盖欧美和东南亚主要货运枢纽的航线网络。

二 2016年河南省交通运输业运行趋势

2016年是"十三五"规划的开局之年，也是为推动交通领域率先基本实现现代化奠定坚实基础的关键一年。河南省交通运输发展既面临"一带一路"国家战略、"三大国家战略规划"、"四个河南"建设等重大战略机遇，也面临结构调整、转型升级、资源环境、宏观经济环境依然偏紧等诸多挑战，但随着政府持续加强和改善微调预调，判断河南省经济发展基本面将持续向好，需求弱化的影响惯性持续，从而判断2016年河南省交通运输业仍将保持平稳运行，货物运输将保持缓慢复苏态势，铁路货运降幅收窄，公路运输保持稳定增长，航空运输将持续保持高速增长。

预计2016年全年货物周转量同比增长7.0%左右；旅客周转量同比增长4.0%左右。预计新增铁路运营里程250公里左右，新增高速公路150公里左右，全省三大机场全年旅客吞吐量达到2000万人次左右，增速为14%，货邮吞吐量超过45万吨，增速为12%。

三 2016年河南省交通运输业发展的主要着力点

2016年河南省交通运输业将继续保持适度超前、优先发展，以安全发展为前提，以服务民生为根本，以改革创新为动力，切实发挥交通运输的先行引领作用，具体来讲，相关部门应着力做好以下三个方面的工作。

（一）加快构建安全、便捷、高效、绿色的现代综合交通运输体系

积极推进铁路、公路、水路、航空等运输方式的融合，进一步衔接铁路场站、机场等交通枢纽，打造城际铁路、地铁、高铁、高速公路零换乘的综合交通换乘中心；积极发展公铁联运、陆空联运，提高各种运输方式之间的衔接转换效率；积极推进交通运输基本公共服务均等化，统筹区域、城乡交通运输协调发展，进一步增强交通运输保障能力，着力保障和改善民生；积极推进资源节约和环境保护，加快构建绿色循环低碳交通运输体系，不断提升发展的质量和效益，支撑和引领经济社会持续快速发展。

（二）协同推进综合交通网络体系建设

1.铁路方面

一是全力推进"米"字形高速铁路网建设，推动郑万、郑合、郑太铁路全面开工，确保郑徐客专上半年通车运营。二是有序推动中原城市群城际铁路网建设，加快新郑机场至郑州南站城际铁路建设进度，开工建设郑州南站至登封至洛阳城际铁路，启动焦作—济源—洛阳等城际铁路项目前期工作。三是开辟加密郑欧班列运营线路。开辟郑州至莫斯科、卢森堡等新线路，新增鹿特丹、马德里等境外分拨地，形成郑欧班列境外物流集疏中心。四是依托郑州国际陆港多式联运监管中心，探索推进铁海联运模式；充分发挥城际铁路与郑州

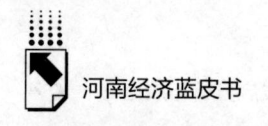

航空枢纽便捷换乘优势,促进多式联运快速发展。

2. 公路方面

一是加快完善内联外通高速公路网。重点打通高速公路省际出口通道,建设尧山-栾川-西峡、邓州-豫鄂界等内联外通项目。二是构建以二级公路为主的普通干线公路网络,加快推进航空港区、城市组团与中心城区之间公路建设,打通所有国道省出口通道。三是继续推进农村公路三年行动计划乡村通畅工程,加大危桥、有路无桥改造力度,加快推进"渡改桥"民生工程建设。四是重点支持高铁、城铁沿线城市的综合客运枢纽建设和市县级客运站的改造,加快公路货运枢纽(物流园区)建设,大力推进全国重点乡镇农村物流站点建设。

3. 航空方面

一是完善空港设施。开工建设机场北货运区,建成机场迎宾高架工程、东西贯穿路、机场高速改扩建等工程,全面提升郑州空港集疏能力。二是拓展航线网络。拓展"空空+空地"货物集疏模式,加快发展"快线+中转"模式,争取郑州机场全货机快线达到15条。三是推动实施航空双枢纽战略。依托DHL公司新开芝加哥、河内等货运航线,促使卢森堡货航、阿塞拜疆航空公司分别构建"郑州-卢森堡"、"郑州-巴库"双枢纽。四是推进物流设施建设。推进国际货物转运中心、进口冷链食品批发交易中心、跨境电商物流中心、大型物流集散中心、郑州航空邮件处理中心"五个中心"项目。五是统筹推进地区性枢纽建设。确保信阳明港建设顺利实施,争取开工建设商丘机场、豫东北机场,大力推进鲁山机场前期工作,支持林州、西华、登封等地发展通用航空。

(三)加快发展智能物流、绿色物流

在"大物流"格局下,实现"互联网+快递"、打造智能物流、加快"走出去"步伐将是河南省交通运输业的发展方向。2016年,将全面推进绿色物流发展,完善节能减排配套政策,贯彻落实一系列重点举措:加快推进物流大通道建设,优化物流空间布局;健全城乡物流配送体系,提升末端物流效率;促进物流运输装备标准化,提升物流组织水平;推广应用移动互联网技术,进一步整合物流资源。

B.13
2015年及"十二五"时期河南省房地产发展形势分析与展望

司曼珈 秦洪娟 朱丽玲[*]

摘　要： "十二五"时期，随着全省经济发展步入新常态，房地产开发市场也进入增速换挡、结构优化的平稳发展新阶段。本文系统总结了河南2015年及"十二五"时期房地产开发运行状况，分析了运行中存在的问题和成因，对2016年及"十三五"时期房地产开发市场走势做出基本判断，并对保持河南房地产业的稳定健康发展提出政策建议。

关键词： 河南省　房地产开发　形势分析　展望

"十二五"时期，随着全省经济发展步入新常态，房地产开发市场也进入增速换挡、结构优化的平稳发展新阶段，全省房地产开发稳步增长，商品房销售面积不断增加；投资性购房消费逐渐退出，城镇居民住房水平有效提升；为地方财政收入提供了巨大支撑，有力推动了全省经济社会发展。

一　2015年及"十二五"时期河南房地产开发市场运行情况

（一）房地产开发队伍壮大、实力增强

1. 行业规模不断扩大

2015年末，全省纳入联网直报房地产开发业法人单位6158家，比2010年

---

[*] 司曼珈，高级统计师，河南省统计局固定资产投资处处长；秦洪娟，河南省统计局固定资产投资处副处长；朱丽玲，河南省统计局固定资产投资处。

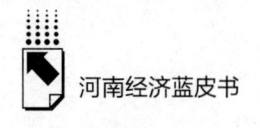

和2014年分别增长47.5%和8.8%。行业规模不断扩大,房地产企业在数量上增长较快。

2. 资质升级、结构优化

初步统计,2015年全省房地产开发企业中资质等级二级以上企业691家,比2010年和2014年分别增加293家和40家,占全省房地产开发企业比重达到11.2%,比2010年提高了1.7个百分点,其中一级企业70家、二级企业621家。高资质企业显著增加,彰显了河南房地产开发企业综合实力全面提升,技术水平稳步提高。

3. 资本实力显著增强

从财务数据看,企业实力明显提升。2014年末,全省房地产开发企业资产总计14977.93亿元,比2010年增长了2.3倍,平均每个企业的资产达到2.65亿元,比2010年增加1.56亿元。企业资本实力不断提高,创收和盈利能力也随之增强。2014年全省房地产开发企业主营业务收入2529.22亿元,比2010年增长1.1倍;实现利润总额305.63亿元,比2010年增长1.3倍。

(二)开发投资规模扩大,增速换挡

1. 房地产投资规模不断扩大,占固定资产投资的比重攀升

随着河南房地产市场的发展,房地产开发投资总量不断增长。2015年,全省房地产开发投资4818.93亿元,比2010年和2014年分别增长127.9%和10.1%。"十二五"期间全省累计完成房地产开发投资18700.23亿元,是"十一五"期间累计投资6293.61亿元的3倍;房地产开发投资占全社会固定资产投资的比重为14.7%,占比高出"十一五"期间2.4个百分点。

2. 房屋新开工面积超1亿平方米

房地产开发投资稳步增长推动建设规模逐步扩大。2015年全省房屋施工面积40994.40万平方米,同比增长5.5%;房屋新开工面积10974.12万平方米,同比增长3.7%。"十二五"期间,全省累计新开工面积达54364.09万平方米,比"十一五"时期增长83.2%。

3. 多因素作用,增速放缓

虽然房地产开发投资继续扩大,但受当前经济下行压力、宏观调控政策和

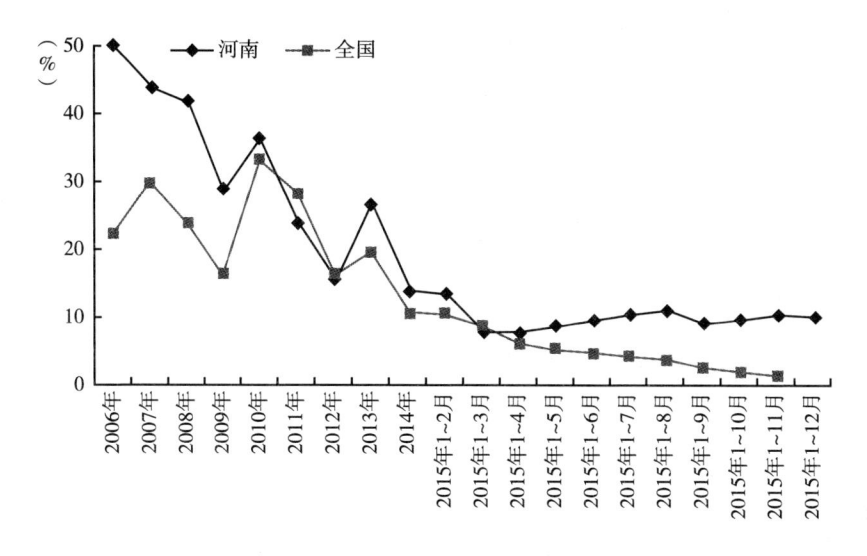

图1 2006年以来河南房地产开发投资增速与全国对比

房地产市场供求变化的影响，增速明显放缓。2015年，全省房地产开发投资增速在1～4月份跌至近年来最低水平后逐步回升，至8月底，升至全年最高点11.0%后，呈现小幅波动、整体趋稳的态势，全年保持两位数增长。从全年看，2015年房地产开发投资增速比2014年回落3.7个百分点，为"十二五"时期以来年度最低增速。"十二五"时期，全省房地产开发完成投资年平均增长19.7%，年平均增速比"十一五"期间回落22.4个百分点。同时，房屋施工面积、新开工面积双双个位数增长。经过前十几年的扩张，目前房地产开发建设增长速度明显放缓，房地产业已经由快速发展膨胀期逐渐向平稳缓慢发展期过渡。

（三）商品房销售波动趋稳，市场更加理性稳定

1. 商品房销售面积同比增长8.6%

"十二五"期间，河南商品房销售市场经历着冷热交替的变化，2013年销售面积爆发式增长，随后开始回冷，2014年销售面积增速一路下行。2015年，随着"330"、"930"新政效应逐渐释放，商品房销售实现"V"形反转，一季度延续2014年的下行态势跌至冰点后持续小幅波动回升，全年增速创年内新高。2015年，全省商品房销售面积为8556.34万平方米，同比增长8.6%；

商品房销售额3945.55亿元，增长14.7%。"十二五"时期，商品房销售面积达35989.87万平方米，商品房销售额14943.75亿元，分别为"十一五"时期的1.9倍和3.0倍。"十二五"期间年度增速分别为15.1%、-4.9%、22.5%、7.8%和8.6%，商品房销售在波动中趋于稳定。

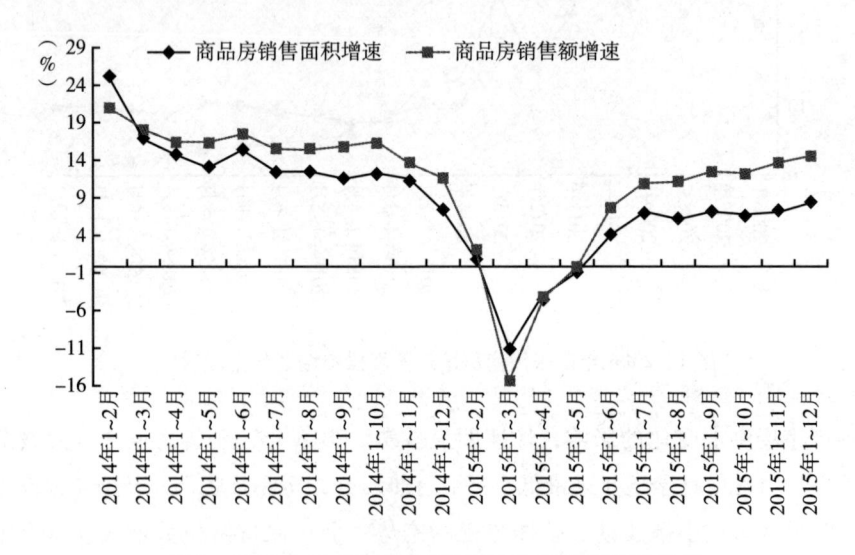

图2　2014年以来商品房销售面积与销售额增速走势

2. 商品住宅销售面积占近九成

"十一五"期间，除受金融危机的冲击出现较大波动外，商品房销售面积基本保持40%左右的增速。伴随着社会经济持续快速发展，商品房市场需求逐步扩大，价格快速上涨，投资性购房需求迅速增加，市场出现排队购房、坐地涨价等不正常现象。针对市场的过热，从2010年起中央和地方各级政府以限购、限贷等多种手段进行宏观调控，抑制投资性需求，对房地产市场的平稳、健康发展起到积极的作用，楼市消费趋于理性，投资性住房消费逐渐退出，房地产市场以刚性需求和改善性需求为主。2015年，全省商品住宅销售面积为7645.84万平方米，同比增长9.1%，占商品房销售面积的比重为89.4%；非住宅类商品房销售面积为910.50万平方米，同比增长4.6%，占商品房销售面积的比重为10.6%。商品住宅中，90~144平方米商品住宅销售面积为4749.87万平方米，90平方米及以下商品住宅销售面积为1811.42万平方米，144平方米以上商品住宅销售面积为1084.55万平方米，分别占全部商品住宅销售面积的62.1%、23.7%、14.2%，改善性住房逐渐成为商品住宅的主要需求。

（四）经济作用日益增强，发展贡献显著提升

1. 直接贡献逐年提高

随着全省房地产开发市场规模不断扩大，房地产业对全省经济发展贡献日益增强。2014年，全省房地产业实现增加值1541.76亿元，按现价计算，比2010年增长近一倍；占全省GDP比重达4.4%，比2010年提升了1.1个百分点，对国民经济发展的直接贡献逐年提高。

2. 间接效应显著增强

房地产业是与生产、消费密切相关的第三产业，具有较强的关联效应和扩散效应，它的发展直接带动了与之相关的建筑、建材等上下游产业的发展，同时带动了就业、税收、居住条件等民生领域发展。

第一，带动了建材工业的发展，各种建材产量稳步增长。2015年全省钢材产量达到4766.83万吨，比2010年增长49.1%；水泥产量16565.62万吨，比2010年增长44.3%。第二，带动了建筑业的发展。2015年具有资质的建筑企业完成总产值8047.65亿元，比2010年增长82.9%；2014年实现利税总额597.26亿元，比2010年增长84.4%。第三，促进就业增加。2014年末，从事房地产开发业从业人员17.32万人，比2010年增长72.6%。与房地产密切相关的建筑业2014年从业人员达240.89万人，比2010年增长2.5%。房地产和建筑业两个行业的从业人员达258.21万人，对全省就业发挥了积极作用。由于房地产业关联产业的涉及范围广，各相关行业既需要普通的产业工人和建筑工人，也需要企业管理和金融保险等高学历的专业人才，对提高河南就业水平、改善就业结构起到积极的作用。第四，提高了财税收入。"十二五"期间，全省房地产业税收占全省税收比重达四成左右。2015年受商品房销售整体回落影响略有下降，但仍实现房地产业税收641.2亿元，占全省税收34%。第五，提升了幸福指数。2014年，全省城镇居民人均住房建筑面积39.85平方米，比2010年增加了6.6平方米。众多配套完善、环境幽雅的住宅小区的建成入住，改善了居民的居住条件，提升了幸福指数。

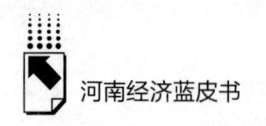

此外，房地产业的发展还带动了家电、家具、装饰装修等产品的生产和消费，促进了金融业、交通运输业、商业、社会服务业等发展，间接通过拉动消费实现了对GDP增长的引致消费贡献。

二 河南省房地产开发业发展中存在的问题

"十二五"时期，全省认真贯彻国家一系列房地产宏观调控政策，发展形势总体平稳增长，但仍存在着一些不容忽视的问题，必须加以密切关注和着力解决。

（一）待售面积居高不下，去库存压力较大

在销售回暖增长的同时，全省商品房库存仍处高位。2015年底，商品房待售面积3606.83万平方米，虽比2014年底减少了87.23万平方米，但比2013年底增加890.17万平方米（见图3）。库存持续高企，房地产市场消费增速依然慢于生产增速，成为目前房地产业发展较为突出的问题。虽然政府、企业采取了大量的促销手段消化库存，取得些许效果，但是仍有较大量的房屋不能及时销售。过多的存量积压在一定程度上制约房地产企业资金回笼周转，增加了成本与风险，进而影响企业的开发速度及未来投资意愿，给房地产开发健康发展带来隐忧。

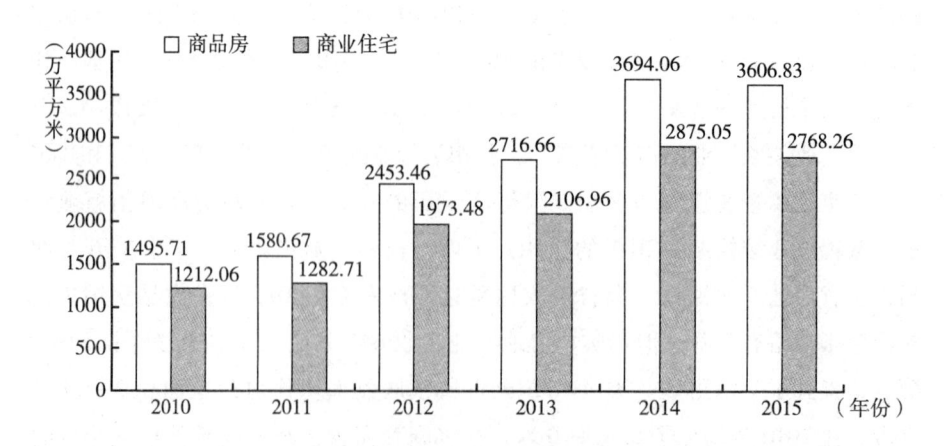

图3 2010年以来商品房待售面积

从分析来看,当前全省房地产开发市场实际是处于库存过剩和购房需求错配的状态。这种"错配"表现在以下三个方面:一是区域分化明显。从区域来看,部分省辖市及县域供应过剩,库存压力大,但郑州楼市供销两旺、房价上涨。2015年底,全省商品房去库存周期(已竣工待售面积÷月均销售面积)为5.1个月,分区域看,市区为3.9个月,县域达6.1个月,其中卢氏县、新县、新野县等9个县(区)去库存周期超过2年。二是配套设施滞后。从区位来看,新建商品房项目大多位于与中心城区有一定距离的新区或郊区。而新区或郊区的交通、医疗、购物和教育等配套设施相对滞后,购房者生活和工作有诸多不便,对多数购房者来说并非最佳选择,居民购房意愿不强,形成商品房空置。三是商业用房受冲击较大。从产品来看,随着电商兴起和居民消费习惯的改变,商业地产受到较大冲击,办公楼及商业用房库存压力大于住宅。2015年,全省商品住宅销售7645.84万平方米,去库存周期为4.3个月,商业用房639.18万平方米,去库存周期达10.6个月。

(二)土地市场预期谨慎

自2014年一季度以来,全省房地产土地成交面积同比持续负增长。2015年,全省房地产开发企业土地购置面积951.41万平方米,同比下降14.8%;土地成交价款198.21亿元,同比下降15.3%。受市场预期影响,开发商拿地谨慎,土地市场进入调整期。土地市场成交趋缓,后期开发投资必将增长放缓,进而对经济发展造成不利影响。

(三)企业资金偏紧,融资环境冷暖不一

房地产业属于资本密集型行业。近年来,随着房地产调控措施的持续深入,房地产行业信贷政策也总体收紧,各家商业银行通过总量控制、名单管理、压力测试等多种手段严控房地产信贷风险。而2014年以来,市场销售下滑导致资金回笼放缓、土地及投资成本上升等因素都在不断加剧房地产企业运营资金链的紧绷,企业到位资金增速持续低于同期房地产开发投资增速。2015年,全省房地产开发企业实际到位资金5076.92亿元,同比增长8.3%,虽然保持小幅增长态势,但仍低于同期房地产开发投资增速

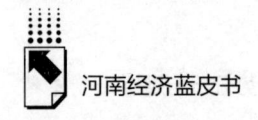

1.8个百分点。

在市场分化与风险的作用下，不同房企在融资环境上呈现差别待遇，冷暖不一。优质房企较为容易获得融资，缓解资金压力，而中小房企受制于企业规模，融资获取难度依然较大。一些中小企业不得不采用借新还旧的方法滚动开发，或通过信托、私募基金甚至民间借贷等形式变相融资，利率一般高于银行贷款数倍以上，融资成本较高。在目前房地产市场盘整时期，省内房地产中小企业资金链仍面临严峻形势。

三 2016年和"十三五"期间河南省房地产发展趋势判断

当前房地产业处在增速结构深度调整的关键时期，国家政策导向利好、全省经济发展稳中有进、城镇化建设加速推进的发展新机遇，将推动河南房地产业发展进入平稳运行、提质增效的新阶段。

（一）政策导向释放利好

2015年中央经济工作会议提出化解房地产库存是2016年经济社会发展五大任务之一，并提出加快农民工市民化、落实户籍制度改革方案、深化住房制度改革、发展住房租赁市场等具体措施，方向之清晰、措施之明确前所未有。整体来看，2016年的房地产政策还将进一步宽松，延续去行政、重市场的调控思路，并有望在税收等环节进一步放开。利好政策效应的持续释放，必将为全省房地产市场健康发展注入新动力。

（二）经济发展稳中有进

当前，河南紧紧围绕"中原崛起、河南振兴、富民强省"的总目标，着力稳定经济增长，坚定不移深化改革开放，努力克服金融危机不利影响，积极应对新常态下换挡减速、下行压力加大带来的困难和挑战，经济社会发展保持好的趋势、好的态势、好的气势，全省经济发展稳中有进，综合实力跃上新台阶，转型升级取得重大突破，人民生活水平显著改善，为未来房地产业的稳步发展奠定了坚实的经济基础。

（三）城镇化进程加速推进

当前河南处于粮食生产核心区、中原经济区和郑州航空港经济综合实验区三大国家战略规划叠加建设时期，其所带来的人口导入、产业布局调整以及基础设施和公共服务的对接和共享，为全省房地产市场调整优化带来新机遇。城市辐射功能增强带来的人口集聚也成为房地产业发展的新助力。2014年全省城镇从业人员1713万人，比2010年增加586万人，平均每年新增近150万人。长期以来城镇化率偏低始终是河南发展的短板，随着新型城镇化战略的实施，河南城镇化建设的红利逐渐释放，将成为全省房地产业发展的新动力。

综上来看，虽然房地产业已告别高速增长的"黄金"时代，但未来几年，在多种发展机遇的合力作用下，河南房地产业将进入发展速度平稳、结构优化、消费理性的新阶段，全省房地产开发市场将保持健康、持续、稳定发展，成为全省经济增长的重要贡献力。

B.14
2015~2016年河南省承接产业转移形势分析与展望

任秀苹[*]

摘　要： 2015年，在经济新常态下，河南省持续实施开放带动主战略，积极承接国内外产业转移，实际利用省外资金和境外资金增速趋缓。展望未来，2016年国内外经济环境非常复杂，河南省承接产业转移面临诸多挑战，但机遇依然存在。如何抢抓机遇、扩大承接规模、提升承接产业的质量和水平成为一项亟待解决的战略性任务。

关键词： 河南　产业转移　分析与展望

一　2015年河南省承接产业转移的特点

2015年，在经济新常态下，河南省坚持实施开放带动主战略，积极构建开放型经济新体制，承接产业转移步伐不断加快，对破解经济下行压力、促进经济结构调整、推动产业转型升级、拉动经济社会发展产生了重要作用。

（一）承接产业转移规模继续扩大

2015年1~11月，河南省实际利用省外资金7205.2亿元，同比增长8.4%；实际利用外资139.19亿美元，同比增长1.7%，增幅回落；实际利用省外资金和境外资金再创历史新高，为全省拉动经济增长提供了有效支撑。

---

[*] 任秀苹，河南省商业经济研究所经济师。

（二）企业再投资不断增加

2015年，随着河南省产业基础和投资环境的不断完善，在豫外来企业纷纷增资扩股。2015年1~6月，全省共有225家企业增加投资。富士康下属的企业富泰华精密电子（济源）有限公司增资2亿美元，富准精密电子（鹤壁）有限公司增资9800万美元，三全食品增资6571万美元，河南双汇投资增资1.8亿美元，焦作隆丰皮草增资5161万美元，河南恒立信融资租赁公司增资2000万美元，河南和谐汽车公司增资4902万美元。华润集团、渣打投资、日本火腿、松下电器、杜邦蛋白、法国电力、家乐福等世界500强企业在豫投资项目均增加了投资。

（三）承接产业来源地及投向较为集中

以境外资金为例，2015年1~11月，全省实际利用外资主要来源于中国香港、新加坡、加拿大、美国等地区，占比达到70%以上。承接产业主要投向第二三产业。2015年1~6月，实际利用省外资金方面，全省第一产业到位资金196.3亿元，同比增长14.9%，增幅最大；第二产业到位资金1969.3亿元，同比增长8.6%，占全省实际利用省外资金总额的49.4%，占比最大；第三产业到位资金1820.9亿元，同比增长6%，占比46.4%，其中，租赁和商务服务业到位资金203.1亿元，同比增长20.8%；教育产业到位资金20.1亿元，增长58%。

（四）产业集聚态势明显

承接产业集中布局，集聚态势明显，主要向开发区、特色园区和产业集聚区集中布局，呈现龙头带动、集群入驻、相互配合、集聚发展的好态势。目前，河南省已建成的178个产业集聚区已成为承接产业转移的主平台。

（五）载体承接能力不断提升

郑州航空港经济综合实验区、14家国家级开发区、7家国家级出口基地，产业集聚区、服务外包示范园区、商务中心区、特色商业区等载体功能不断完善。郑州机场、郑州国际陆港、郑州综合保税区及河南保税物流中心等扩区建

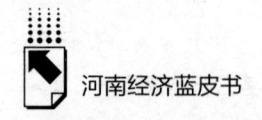

设和功能拓展快速推进，中国（郑州）跨境电子商务综合实验区获批，郑州汽车、肉类、进境果蔬等口岸建成投用，全省承接产业转移平台不断增多，且承载能力逐步提升。

（六）承接区域不断分化

2015年1~11月，郑州、洛阳、商丘、安阳、新乡、焦作六地市实际利用省外资金占全省的近50%，郑州、洛阳、新乡、鹤壁、三门峡、漯河六地市实际利用外资占全省的63.1%，承接产业转移项目多；而一些市县及产业集聚区由于产业基础、载体平台缺失，配套能力不足等方面的原因，面临重大项目、产业项目少的困境。

但是，在承接产业转移中仍然存在一些问题：承接产业层次有待提高，好项目、大项目缺失，总部经济、研发中心等是短板；部分产业集群产业集聚度较低，产业链合作不紧密，公共服务滞后，产业配套能力有待加强，龙头骨干企业带动作用有待提升；部分市县发展定位不清晰，产业同质化和重复化建设引发省域内承接产业转移激烈竞争和资源浪费；承载区域分化，需要给予分类指导；招商基础工作不够扎实，招商思路有待转变；等等。

二 2016年河南省承接产业转移面临的形势

2016年，世界经济仍将经历深度调整，总体增速缓慢，各主要经济体经济走势和政策取向逐步分化，国际制造业分工格局面临调整，河南省承接国内外产业转移形势非常复杂。

（一）挑战

1. 发达国家中高端制造业回流

当前，新一轮科技革命呼之欲出。美国先进制造业计划、日英的工业战略及德国"工业4.0"计划的实施促使发达国家对外投资减弱、资本回流，以带动制造业复苏。特别是美国页岩气革命使天然气供给大幅增加，能源价格下降，或将改变全球能源市场甚至经济格局。随着自动化技术、工业机器人及智能制造技术的推广应用带动生产效率的提高，加上物流成本优势，发达国家对中高端制造业吸引力不断增强。

2.东南亚、非洲等发展中国家承接中国及国际产业转移加快

近年来，越南、孟加拉等东南亚国家和一些非洲发展中国家凭借低廉的劳动力价格、地域优势、贸易优惠及投资政策不断吸引中国东部沿海地区的产业转移，尤其是纺织服装、鞋业、玩具等劳动密集型产业。同时，东南亚等地区发展中国家积极融入全球产业链，亦成为国际投资的重要区域。以纺织业为例，越南作为跨太平洋伙伴关系协定（TPP）成员国，TPP协定生效后，越南对美等TPP成员国出口服装纺织品的关税将骤降至零，无疑将对纺织服装产业转移产生重要影响。

3.国内经济下行压力加大

受国内外经济低迷、市场需求不足影响，企业产品价格下滑甚至倒挂，企业盈利空间逐步缩小，企业自主投资意愿不足，投资行为更为谨慎。传统产业处于深度调整中，有色金属、钢铁、电力、建材等高耗能产业产能过剩、增速趋缓；在有效需求不足、用工贵、土地紧、融资难等瓶颈约束下，新兴产业高速增长但力量尚弱，经济下行压力加大。

4.传统竞争优势减弱

近年来，河南省作为传统工业大省，传统产业相对饱和，人工成本及土地价格上涨、环境承载能力接近上限使低成本优势进一步弱化，拼资源、拼消耗、拼成本已经无法持续。

（二）机遇

1.国内改革红利不断释放

中央力主供给侧结构性改革，简政放权、降低企业负担、投融资体制、商事登记制等重要领域和关键环节改革深入推进，"一带一路"、"中国制造2025"等战略规划强力实施，一批新兴产业、基础设施、生态和民生等领域的投资将高速增长，为企业拓展投资空间、创新发展、提质增效注入了新动能。外资三法修订、放宽服务业市场准入、自贸区扩容以及《关于实行市场准入负面清单制度的意见》出台等将优化投资环境，重视保护外资企业合法权益和知识产权，为内外资企业创造公平竞争的市场环境。特别是《国务院关于税收等优惠政策相关事项的通知》（国发〔2015〕25号）的出台进一步稳定

了签约企业投资。

2. 综合竞争优势正在形成

全省完整的工业体系可以及时为承接产业转移提供有效配套，产业集群优势不断彰显；连南贯北、承东启西的独特区位优势，"米"字形快速铁路网建设加快推进，投资总额达191亿元的郑州机场二期工程竣工，郑欧班列的常态化运行，综合交通体系的日益完善可以大大降低物流成本，物流优势不断上升；全省一亿多人口带来的市场需求依然巨大；河南自贸区有望获批，将带来改革、政策红利。

3. 河南正处在工业化、城镇化的中期阶段

河南省正处于蓄势崛起、跨越发展的关键时期，工业化、城镇化、信息化快速发展，另外，河南正在加快实施国家三大战略规划，强力推进先进制造业大省、高成长服务业大省、现代农业大省建设，投资、消费需求潜力巨大，具备承接更大规模、更高水平国内外产业转移的能力。

三 2016年展望及对策

2016年，全球经济将缓慢复苏，国际分工格局深刻调整，全球产业转移放缓，河南省承接产业转移面临国际上发达国家中高端产业、发展中国家中低端产业及国内省域之间激烈竞争的三重冲击，承接产业转移增速趋缓，形势不容乐观。对于河南来说，如何抢抓机遇、扩大承接规模、提升承接产业的质量和水平、积极融入全球产业链成为一项亟待解决的战略性任务。

（一）转变招商思路

一是统筹产业规划，找准产业定位。以"十三五"规划为契机，统筹规划区域产业发展格局，以实现各地资源优势互补和错位发展，避免同质化竞争；以做大做强主导产业为目标，实现产业上中下游协同配套、集群发展；以有利于调整经济结构和产业升级为方向，积极承接技术及资本密集型产业，优化投资结构，实现现有产业格局改善，营造产业生态。二是准确把握国内外产业转移新趋势。三是以互联网思维引领招商方式转变。顺应以大数据、云计算为代表的信息化趋势，充分发挥河南商务公共服务云平台作用，完善地市招商

地图等相关功能。满足投资者搜索和察看区域交通、配套设施等基本情况的需求，拉近与投资者的距离，缩短调研、决策时间，提高招商引资效率。四是积极创新招商模式。突出企业主体地位，大力推行精准招商、专题招商，提高承接产业转移的针对性和实效性；利用中介组织或行业协会开展专业化委托招商；围绕产业配套、投资环境等要素开展招商营销；与产业转出地开展定向合作，共建产业园区；在引进项目资金的同时，更加注重引进先进技术和高端人才，尤其是有影响力的企业家；完善招商平台，改进激励导向机制，促进本土企业与外来企业政策普惠、共同发展。

（二）拓宽承接领域

一是聚焦产业发展新方向，以优质供给优化投资产业结构。积极承接以智能技术为引领的制造产业，以清洁技术为引领的低碳产业，以信息技术为引领的数字产业，以生物技术为引领的健康产业，以配套公共服务设施、畅通区域联通设施为主的基础设施产业，以水安全、土修复、林绿化、气清洁工程为主的环保产业，引导对传统企业进行并购重组、嫁接改造、提质增效。在承接制造业转移的同时，注重引进物流快递、服务外包、金融保险、研发设计、会展等生产性服务业项目，尤其是大型企业地区总部和区域研发、结算、后台服务中心等。二是着力抓好与居民消费升级密切相关的医疗卫生、养老健身、文化创意、娱乐休闲等产业的承接。三是抓住国家放宽外商投资市场机遇，推进金融、医疗、教育、文化等服务业有序开放，逐步放开相关领域的外资准入限制。

（三）完善承接平台

一是提升现有载体平台的承载力。加快郑州航空港经济综合实验区基础设施建设，充分发挥其作为河南省"金字招牌"的影响力。发挥好出口加工区、综合保税区、保税物流中心政策优势，切实加强口岸和空港、分拨配送中心、物流园区等的建设。尽快完善产业集聚区、经济开发区、商务中心区和特色商业区、城市新区的配套设施和服务功能，切实增强承载力、吸引力和竞争力。积极参与"一带一路"建设，打造综合交通枢纽、商贸物流中心和新亚欧大陆桥经济走廊互动合作平台，建设一批人文交流平台，提升河南主要节点城市

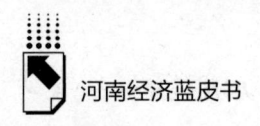

辐射带动作用。二是打造具有国际水平的对外开放高端平台。加快认定一批有实力的产业集聚区为省级开发区，认定一批省级服务外包示范城市、示范园区，加快推动郑州、洛阳申建国家级服务外包示范城市，加大中国（河南）自贸区申建力度。

（四）着力培育产业集群

以浙江为例，产业集群的销售收入占本地企业销售收入的 1/2 强，产业集群以其系统优势和集体效率对区域经济发展支撑作用非常明显，已成为稳增长和促就业的重要力量。近年来，新的集群形态和发展模式不断涌现，智能化、创新型成为产业集群的主要发展方向。因此，需要更加重视国内外产业转移背景下的产业关联与集群合作，注重总体规划和功能设计，搭建公共服务平台，加强基础设施配套，精准、有效地指导和推动产业集群发展，促进产业集群发展壮大。要立足河南省现有优势产业，把产业集群作为承接产业转移的主攻方向，注重招大引强，着力强链、补链、延链，集群式引进，推动产业集聚集群发展。

（五）营造法制化营商环境

加快推进投资贸易便利化改革，精简和优化行政审批，强化创新监管方式；创新推进机制，加强政策协同，建立信息共享服务体系，实现政府管理部门之间信息互换、监管互认。积极引进和培养具有全球视野、具备国际化经验的高端人才。加快复制推广上海等自贸区改革事项，使自贸区改革红利尽早惠及河南。加大知识产权保护力度，营造与国际通行规则接轨的竞争有序、透明高效、稳定可预期的营商环境。

参考文献

董超：《"中国制造"面临的国际挑战和对策》，《国际贸易》2015 年第 4 期。

赵文丁、祁文辉：《欠发达地区承接产业转移中的主要问题及优化思路》，《经济纵横》2015 年第 1 期。

蔡宗朝：《基于经济新常态的投资软环境改善策略研究》，《当代经济》2015 年第 5 期。

B.15
2015~2016年河南省能源形势分析及展望

常冬梅 陈向真 贾梁 张旭*

摘　要： 2015年，全省一次性能源生产同比下降8.0%，煤炭、发电量、原油加工及天然气生产同比下滑，焦炭生产稳定，仅新能源发电高速增长；能源消费低迷，综合能源消费量同比下降3.9%，单位工业增加值能耗下降11.5%，节能降耗成效显著，超额完成单位生产总值能耗降低目标。2016年作为"十三五"开局之年，仍将受新常态下宏观经济形势影响，预计全省综合能源消费将继续保持平稳运行，全年节能降耗形势依然乐观，但为做好全年工作河南仍有必要采取一定措施。

关键词： 河南　能源　生产　消费

　　2015年，与宏观经济形势相适应，全省能源需求不足，消费下降，能源生产形势低迷。2015年全省一次性能源生产量10464.76万吨标准煤，同比下降8.0%，煤炭、原油、天然气、电力等生产下滑。工业能源消费全年维持负增长，规模以上工业企业综合能源消费量14949.36万吨标准煤，同比下降3.9%；全省节能降耗形势较好，单位工业增加值能耗下降11.5%；超额完成全省单位生产总值能耗下降1.0%的年度目标。

---

* 常冬梅，河南省统计局能源统计处处长；陈向真，河南省统计局能源统计副处长；贾梁，河南省统计局能源统计处；张旭，河南省统计局能源统计处。

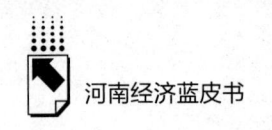

一 能源生产下降，三季度后降幅持续收窄

2015年，能源生产基本延续上年的下降态势，全省一次性能源生产量持续下滑。1~2月，一次性能源生产量同比下降9.2%，此后几个月累计下降幅度不断扩大，1~7月累计同比下降达到12.5%，8月以后能源生产形势渐趋稳定，一次能源生产量降幅逐步收窄，全年下降8.0%。

（一）煤炭生产降幅明显，销售困难，库存增加

1. 原煤生产销售情况

2015年，全省规模以上工业企业原煤产量13547.84万吨，同比下降8.0%，降幅较年初收窄1.7个百分点。从月度原煤生产形势看，前7个月，原煤产量累计下降幅度基本在两位数以上，7月累计降幅最大，达到13.1%，8月以后降幅明显收窄（见图1）。

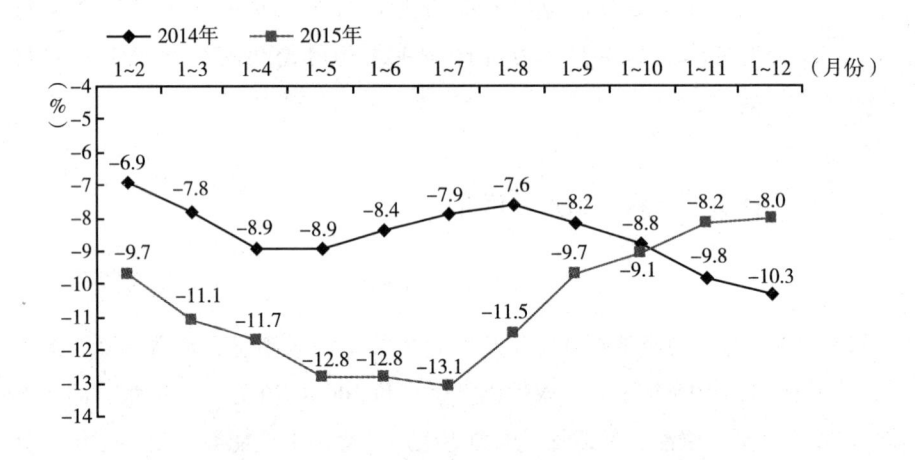

图1 2014~2015年河南原煤生产同比增速

从原煤销售情况看，2015年由于需求进一步减弱，市场竞争加剧，全省原煤销售形势更加严峻，全年原煤产销率为81.7%，较2014年的92.5%下降了10.8个百分点，也远远低于全省工业产品平均产销率16.6个百分点。

由于销售不畅，致使原煤库存不断增加，2015年底，全省原煤库存较上

年增加10.6%，其中一般烟煤库存同比增长31.4%。

2. 洗煤生产销售情况

2015年洗煤生产经营情况不容乐观，全年洗煤产量8630.54万吨，同比下降9.4%，降幅虽然较年初收窄5.0个百分点，但与上年的增长0.6%相比较，下降了10个百分点。从销售情况看，洗煤销售较为稳定，全年产销率达到94.4%，略低于上年同期的95.6%。

3. 煤炭开采单位产品能耗上升，企业经营成本压力增大

受矿井开采深度不断增加、负荷不足、煤矿安全投入持续增加等因素影响，煤炭生产成本不断增加，单位产品能耗上升。2015年全省每吨原煤生产综合能耗为6.75千克标准煤，同比增长2.4%，每吨原煤生产耗电38.03千瓦时，同比增长5.5%，选煤电力单位产品能耗8.9千瓦时，同比增长6.0%。

（二）发电量小幅下降，新能源发电高速增长

1. 电力需求低迷，发电量全年负增长

2015年全省电力消费2879.62亿千瓦时，同比下降1.4%，其中工业用电量同比下降0.8%，电力消费负增长也是多年来首次出现。需求下降直接导致了电力生产下滑，2015年全省共计发电2615.00亿千瓦时，同比下降4.4%，从全年的运行态势看，5月份达到全年的最大降幅，之后电力生产形势逐步好转，降幅较年初收窄。

2. 火力发电下降，全省清洁能源和新能源发电高速增长

从电力供应结构来看，2015年火力发电量2479.98亿千瓦时，同比下降5.3%，水力发电103.27亿千瓦时，同比增长11.1%，风力发电同比增长96.1%，太阳能发电同比增长46.1%，沼气发电同比增长120.8%。火力发电所占比重由2014年的95.6%下降到2015年的94.8%，清洁能源和新能源发电所占比重上升了0.8个百分点。

（三）焦炭生产逐步向好，销售形势稳定

2015年，全省规模以上工业企业焦炭产量2942.41万吨，同比增长1.5%，全年焦炭生产形势表现为前低后高态势，产量由年初负增长逐步转化

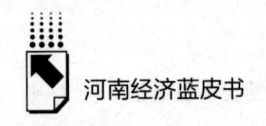

为正增长，8月份以后逐步加快，全年增速较年初加快12.9个百分点。全年焦炭产销率89.5%，较2014年的89.1%有小幅提升。

（四）石油、天然气生产持续疲软

1. 原油、天然气产量大幅下降

受经济形势低迷、需求疲软影响，2015年全省原油、天然气生产持续大幅下降，原油、天然气产量分别为34.74万吨和0.34亿立方米，同比分别下降12.5%和21.4%。

2. 原油加工量持续萎缩

2015年，全省原油加工量589.99万吨，同比下降23.7%，且降幅不断扩大，由年初的11.4%逐步扩大到全年的23.7%；汽油、煤油、柴油和其他石油制品产量也大幅下滑。其中，汽油、煤油、柴油分别同比下降21.8%、31.9%和27.6%。

二 工业能源消费低迷，全年工业能源消费负增长

2015年全省规模以上工业企业综合能源消费持续下降，降幅有所收窄。全年规模以上工业综合能源消费量同比下降3.9%，降幅分别较一季度、上半年和前三季度收窄3.2个、1.9个和1.0个百分点，较上年同期扩大2.5个百分点，一季度、上半年和前三季度综合能源消费分别下降7.1%、5.8%和4.9%（见图2）。

（一）轻、重工业综合能源消费双双下降

2015年，全省轻工业综合能源消费量1253.96万吨标准煤，占全省规模以上工业综合能源消费量比重为8.4%，下拉全省综合能耗增速0.7个百分点；全省重工业综合能源消费量13695.39万吨标准煤，对全省综合能耗下降的贡献度为81.6%，下拉全省综合能耗增速3.2个百分点，轻、重工业同时下拉全省综合能源消费量，其中占全省规模以上工业综合消费量比重91.6%的重工业下拉幅度较大，重工业是带动全省综合能源消费下降的主要力量（见图3）。

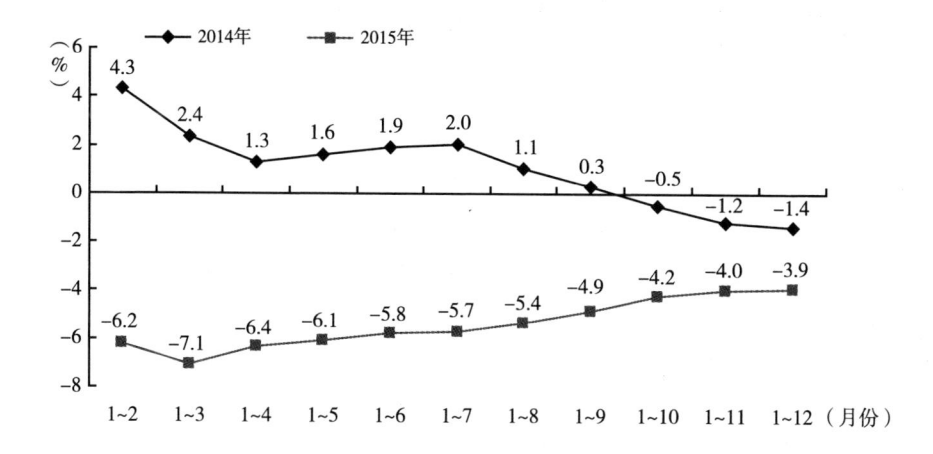

图2 2014~2015年全省规模以上工业综合能源消费量同比增速

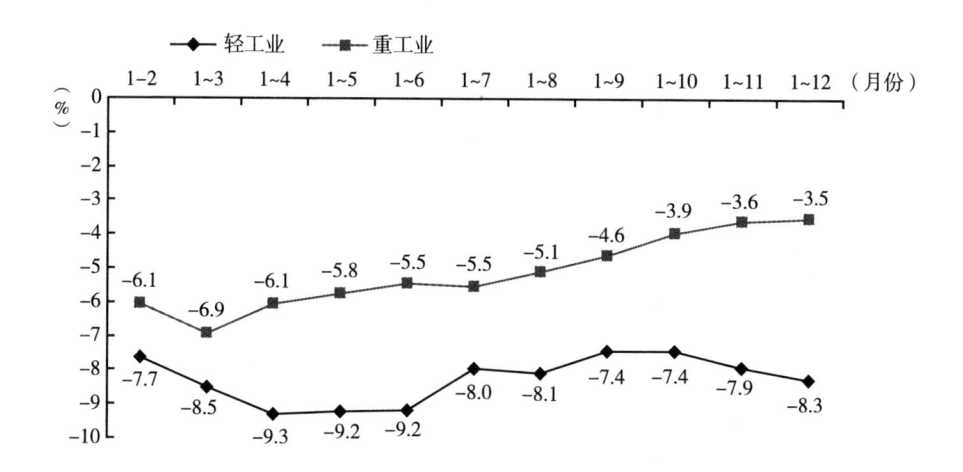

图3 2015年全省轻重工业综合能源消费同比增速

（二）六大高载能行业综合能源消费下降较大

2015年，全省六大高载能行业综合能源消费量为12604.07万吨标准煤，同比下降3.4%，降幅较一季度、上半年和前三季度分别收窄3.8个、2.3个和1.4个百分点。全年除化学原料和化学制品制造业、有色金属冶炼和压延加工业综合能源消费分别同比增长3.0%、0.2%外，其余四大高载能行业能耗

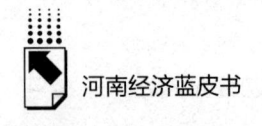

增速持续下降，其中煤炭开采和洗选业，电力、热力生产和供应业全年能耗降幅较大（见表1）。

表1　2015年六大高载能行业综合能耗同比增速

单位：%

行业	第一季度	上半年	前三季度	全年
六大高载能行业	-7.2	-5.7	-4.8	-3.4
煤炭开采和洗选业	-13.7	-11.2	-9.4	-8.1
化学原料和化学制品制造业	-0.9	1.3	4.0	3.0
非金属矿物制品业	-6.0	-6.1	-7.2	-6.8
黑色金属冶炼和压延加工业	-4.5	-4.9	-5.3	-2.5
有色金属冶炼和压延加工业	-4.0	-0.5	0.4	0.2
电力、热力生产和供应业	-11.6	-10.3	-9.3	-6.4

（三）综合能源消费行业下降面较大

全省40个工业行业大类，有28个行业能耗负增长，较一季度、上半年和前三季度分别多3个、2个和1个行业，全年行业能耗下降面不断扩大，行业能耗下降数占行业总数的70.0%。2015年，全省有19个行业能耗下降幅度超过全省平均水平，9个行业能耗下降达两位数，降幅超过20%的有3个：开采辅助活动同比下降35.7%，其他制造业同比下降33.9%，黑色金属矿采选业同比下降25.4%；12个能耗增长的行业中只有两个行业能耗增速达到两位数：计算机、通信和其他电子设备制造业同比增长13.2%，燃气生产和供应业同比增长10.6%。

（四）多数地区综合能源消费同比下降

分省辖市来看，全年有15个地区综合能源消费量同比下降。2015年，新乡、焦作、信阳综合能源消费量保持增长，分别增长6.9%、4.4%和0.2%，其余15个省辖市综合能源消费量同比下降，11个省辖市综合能源消费量增速下降幅度超过全省平均水平，3个省辖市综合能源消费量增速下降超过两位数：濮阳下降15.6%、鹤壁下降10.4%、许昌下降10.0%。

分省直管县来看，全年有5个地区综合能源消费量同比下降。2015年，全省10个省直管县中有4个综合能源消费下降幅度超过全省平均水平,其中兰考综合能源消费下降幅度较大,同比下降7.6%。

(五)主要能源消费品种持续负增长

2015年,全省主要能源品种消费量整体呈现同比下滑的趋势。除洗精煤、焦炭、汽油消费保持增长外,其他能源品种消费继续下降,其中原煤消费降幅不断收窄,较一季度、上半年、前三季度分别收窄5.6个、3.9个和1.9个百分点;天然气(气态)、原油消费降幅逐渐扩大,天然气(气态)消费降幅较一季度、上半年、前三季度分别扩大4.1个、1.0个和1.3个百分点,原油消费降幅较一季度、上半年、前三季度分别扩大12.7个、8.8个和8.9个百分点(见表2)。

表2 2015年全省主要能源品种消费增速情况

单位:%

时间段 \ 品种	原煤	洗精煤	焦炭	天然气(气态)	原油	汽油	柴油
一季度	-11.8	-9.8	0.5	-14.2	-10.6	-5.2	-9.7
上半年	-10.1	-4.9	4.4	-17.3	-14.5	1.4	-14.8
前三季度	-8.1	-1.8	-1.9	-17.0	-14.4	1.7	-16.2
全年	-6.2	0.6	0.3	-18.3	-23.3	2.1	-14.8

三 全省单位生产总值能耗持续下降,节能成效显著

(一)全省单位工业增加值能耗大幅下降

2015年单位工业增加值能耗下降11.5%,全省40个工业行业大类中,35个行业单位工业增加值能耗下降,18个行业单位工业增加值能耗下降幅度超过全省平均水平,5个行业单位工业增加值能耗下降幅度达到或超过20%,分别为:其他制造业下降50.8%,黑色金属矿采选业下降32.7%,开采辅助活动下降25.4%,电气机械和器材制造业下降20.5%,造纸和纸制品业下降20.0%(见图4)。

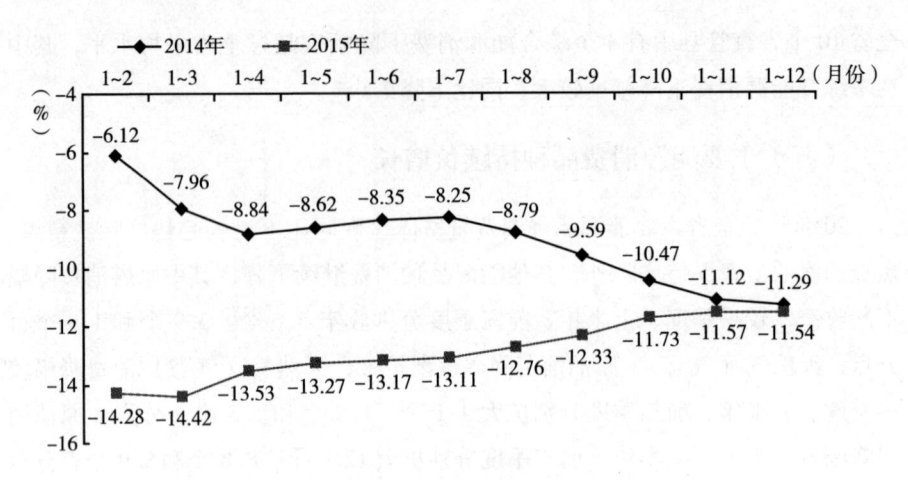

图4 2014~2015年全省单位工业增加值能耗降低率

（二）主要耗能产品单位能耗下降

2015年，全省规模以上工业企业继续加大产品节能改造和技术装备升级力度，主要耗能产品单位能耗、电耗较上年同期下降。2015年全省统计的77种产品单耗中，49项单耗同比下降，下降面达到63.6%。其中，单位合成氨综合能耗同比下降12.9%，单位合成氨电耗同比下降17.1%，吨水泥综合能耗同比下降3.3%，吨钢综合能耗同比下降0.2%，单位氧化铝综合能耗同比下降3.0%，火力发电标准煤耗同比下降0.9%，供电标准煤耗同比下降0.4%。

（三）能源加工转换效率保持稳定

2015年，全省规模以上加工转换企业能源加工转换效率为73.2%，较一季度、上半年、前三季度分别下降0.2个、0.5个和0.2个百分点，较上年同期下降0.6个百分点，自2014年以来始终在73%~74%区间波动，总体效率保持稳定。从能源加工转换类型看，火力发电、制气、煤制品加工转换效率较上年同期分别提高0.4个、1.0个和2.8个百分点，供热、原煤入洗、炼焦炼油及煤制油加工转换效率较上年同期分别下降0.2个、0.4个、0.4个和0.6个百分点，各种加工转换指标效率基本与上年持平（见表3）。

表3 2014~2015年河南能源加工转换率

单位：%

指标	2014年 一季度	上半年	前三季度	全年	2015年 一季度	上半年	前三季度	全年
火力发电	40.2	39.9	39.8	39.9	40.6	40.3	40.3	40.2
供热	78.8	78.7	78.6	78.4	79.2	78.5	78.3	78.2
原煤入洗	94.0	94.1	94.1	94.2	94.2	93.8	93.8	93.8
炼焦	94.9	94.1	94.0	93.9	94.3	94.0	93.7	93.5
炼油及煤制油	99.1	99.0	98.9	98.8	98.5	98.2	98.1	98.2
制气	67.0	68.5	69.2	69.6	72.3	71.0	71.3	70.6
煤制品加工	76.6	83.4	83.1	84.5	85.5	86.0	86.4	87.3
合计	73.3	74.0	73.6	73.8	73.4	73.7	73.4	73.2

（四）超额完成单位生产总值能耗降低目标

"十二五"时期，全省单位生产总值能耗持续下降。2011年、2012年、2013年、2014年全省单位生产总值能耗降低率分别是3.57%、7.14%、3.92%和4.06%，截至2014年单位生产总值能耗下降已累计完成17.46%，提前一年超额完成"十二五"节能降耗目标；2015年前三季度，全省单位生产总值能耗下降6.49%，也已超额完成年度下降1.0%的目标（见图5）。

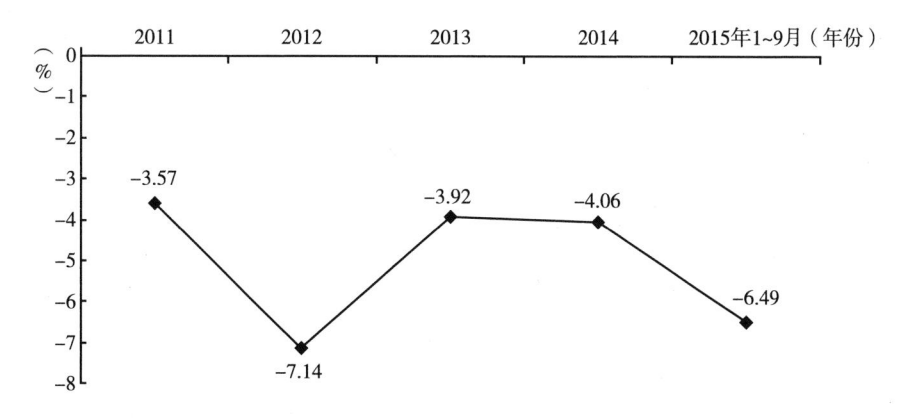

图5 "十二五"时期河南单位生产总值能耗降低率

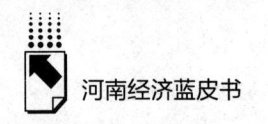

四 2016年能源发展形势展望

2016年全省经济仍将受新常态下宏观经济形势影响,经济下行压力依然较大,能源生产特别是煤炭生产形势预计不会有明显好转,煤炭产业脱困增效困难较大,占全省能源消费比重较大的六大高载能行业其能源消费量预计不会出现大幅反弹,考虑到第三产业、新兴产业等产业发展对全省能源消费的需求增加,预计2016年全省综合能源消费继续保持平稳运行,全年节能降耗形势依然较为乐观。

B.16
2015年及"十二五"时期河南省就业形势分析与展望

孙斌育 王玉珍*

摘 要： 本文在对2015年河南省就业形势有关数据进行深入分析的基础上形成对总体形势的判断，并通过对对就业产生影响和制约的因素的分析，对2016年就业形势做出展望，同时，就促进就业提出相应对策和建议。

关键词： 河南省 就业形势 分析

"十二五"时期，在河南省委、省政府的正确领导下，全省积极实施"国家粮食生产核心区、中原经济区、郑州航空港经济综合实验区"三大国家战略规划，催生经济社会发展新动力。河南通过深入实施就业优先战略，以培育"大众创业、万众创新"为新引擎，促进创新创业带动就业，统筹推进高校毕业生等重点群体就业，取得了积极成效。在经济下行压力加大、经济增速减缓的情况下，全省就业形势保持基本稳定，城镇新增就业提前完成计划任务，就业结构优化，第三产业就业增速加快。

一 2015年及"十二五"时期全省就业形势及特点

"十二五"时期，河南省通过大力实施就业优先战略和更加积极的就业政

---

* 孙斌育，高级统计师，河南省统计局人口和就业处处长；王玉珍，高级统计师，河南省统计局人口和就业处副处长。

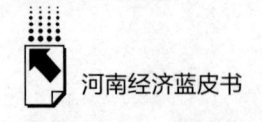

策,各方面主动作为,综合施策,使全省就业工作稳步推进,就业形势总体上保持稳定,就业结构得到进一步优化。

(一)全省就业形势总体稳定

从河南省人力资源和社会保障部门的统计数据看,"十二五"时期,全省城镇新增就业持续稳定增长。"十二五"时期的五年间,全省城镇每年新增就业人数分别为141.1万人、142.7万人、143.1万人、144.2万人、144.5万人,累计达到715.6万人,比"十一五"时期增加67.2万人,增长10.4%(见图1)。

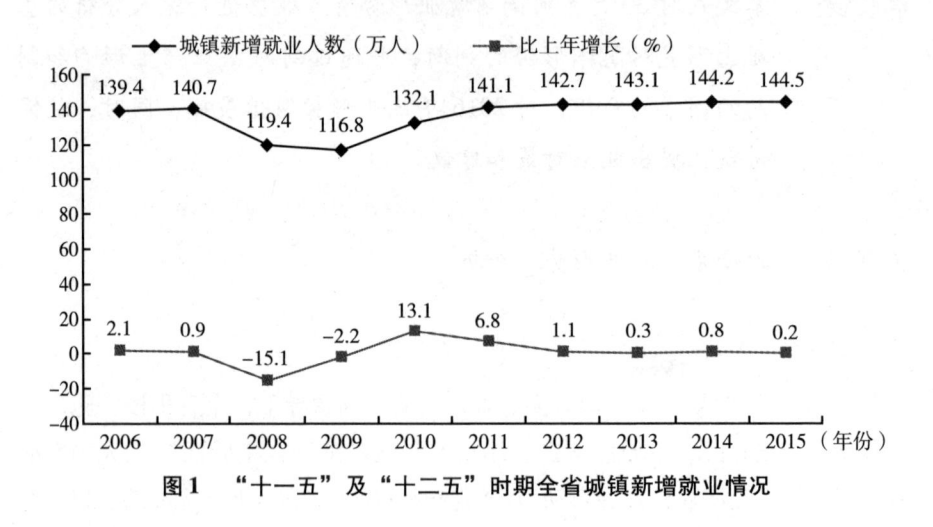

图1 "十一五"及"十二五"时期全省城镇新增就业情况

从全省联网直报"四上企业"情况来看,2015年分季度企业单位数和就业人员数同比均呈增长态势。一、二、三季度就业人员同比增量在16.0万~28.0万人,增幅在4.3%~4.9%,三季度末,全省企业就业人员达1060.91万人,比上年同期增加43.87万人,增长4.3%(见表1)。

表1 2015年前三季度河南省劳动工资联网直报企业及就业情况

时 间	联网直报单位		从业人员	
	单位数(个)	同比增减(%)	数量(万人)	同比增减(%)
2014年	49812	12.6	1130.97	7.1
2015年一季度	48057	12.5	1017.16	4.9
2015年二季度	48916	15.4	1033.71	4.6
2015年三季度	50261	17.1	1060.91	4.3

据对全省779家企业用工情况调查,2015年各季度就业人员分别为68.46万人、68.93万人、68.70万人和68.55万人。其中,农民工占企业用工比重分别为42.2%、41.1%、41.0%和40.2%;劳务派遣人员占企业用工比重分别为6.0%、6.6%、7.5%和6.6%。上述数据表明,全省企业用工呈稳定发展态势。

(二)全省重点群体就业总体保持增长

一是城镇失业人员再就业、就业困难人员就业保持相对稳定。"十二五"时期,全省通过采取就业援助、公益性岗位托底安置等措施,妥善解决了城镇失业人员再就业、就业困难人员的就业问题。五年中,各年度完成城镇失业人员再就业人数为42万~49万人,五年累计安置城镇失业人员再就业人数为232.6万人,与"十一五"时期基本持平。安排就业困难人员就业人数在19万~21万人,五年累计安排就业困难人员就业人数为98.5万人,比"十一五"时期增加11.0万人,增长12.6%(见表2)。

表2 "十二五"时期河南省重点人群就业情况一览

单位:万人

年 份	城镇新增就业人数	城镇失业人员再就业人数	就业困难人员就业人数
2011	141.1	42.0	19.7
2012	142.7	46.5	20.0
2013	143.1	46.8	20.2
2014	144.2	48.6	19.3
2015	144.5	48.7	19.3
"十二五"合计	715.6	232.6	98.5

二是应届高校毕业生就业签约率高于上年。据河南省教育部门统计,2015年全省应届高校毕业生为49.9万人,较上年增加1.6万人,增长3.3%。截至9月1日,全省应届高校毕业生就业签约率为80.72%,较2014年同期增加0.37个百分点,高于同期全国平均水平3.03个百分点。全年实施基层就业项目6个,共招募高校毕业生1.57万人。实施"新梦想"就业创业公益帮扶系列行动18个。积极推进全省大中专学生就业创业公共服务云平台建设,开通

了微博、微信等服务渠道，提供全天候、立体化信息服务；指导高校举办大型就业"双选"活动120多场、中小型"双选"会7000多场，提供就业岗位信息73万条；出台了6项优惠政策鼓励优秀大学生应征入伍，确定征兵对象1.38万人。

三是新增农村劳动力转移就业人数继续保持增长。"十二五"时期，随着全省全面建成小康社会加快现代化建设战略纲要工作的实施、推进城镇化进程步伐的加快，全省各地以技能培训和就业服务为抓手，不断提升农民工技能素质，维护农民工合法权益，推动农民工公共服务均等化等一系列措施的实施，使农民工转移就业规模持续扩大。"十二五"时期，全省农村劳动力转移就业规模由2010年的2363万人扩大至2015年的2814万人，五年累计转移就业人员达451万人（见表3）。

表3 "十二五"时期河南省农村转移就业人数情况

单位：万人，%

年份	累计转移就业	年度新增就业	累计转移比上年增长比例
2011	2465	102	4.3
2012	2570	105	4.3
2013	2660	90	3.5
2014	2742	82	3.1
2015	2814	72	2.6
合计	—	451	—

（三）全省就业结构进一步优化

"十二五"时期，随着全省产业结构的调整，就业结构也得到进一步优化。非公有制企业成为吸纳就业主力。随着全省激发市场活力和各项惠及民营经济政策的不断落实，全省企业就业结构发生了深刻变化。据对全省企业用工调查，非公有制企业逐步成为吸纳就业的主力。截至2015年底，全省有限责任公司和股份有限公司分别吸纳46.8%和20.7%的就业人员；私营企业吸纳9.8%的就业人员；港、澳、台商，外商投资企业吸纳5.8%的就业人员等，而国有和集体企业仅吸纳15.0%的就业人员（见图2）。

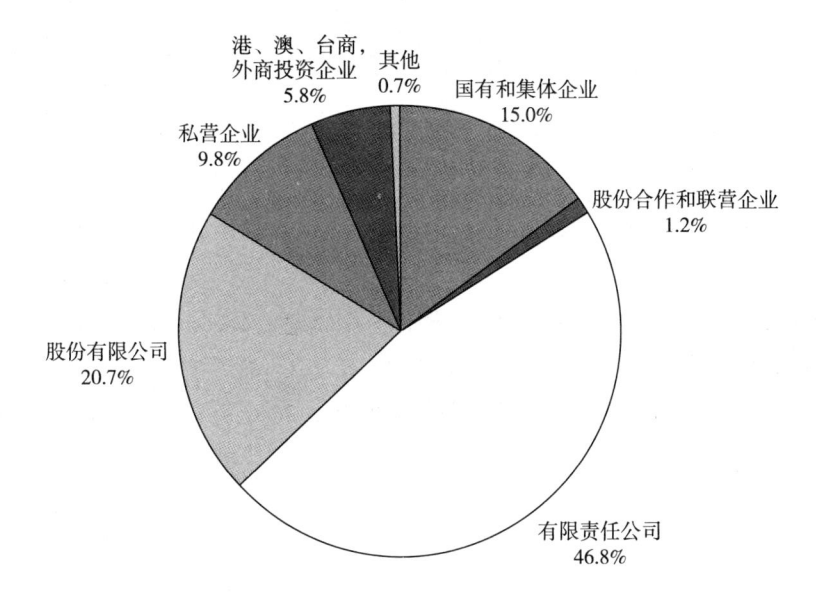

图 2　河南省 2015 年 12 月份企业吸纳就业人员类型比重

第三产业就业增速明显快于第二产业。创新和创业既是经济转型升级的需要，也是经济转型的结果。产业结构中快速扩张的第三产业以及得益于政府改革红利从而充满活力的小微企业是吸纳就业的主力军。2015 年前三季度联网直报企业从业人员增长 4.3%，其中第三产业增长 16.9%，而第二产业仅增长 2.0%。第三产业中的信息传输、软件和信息技术服务业从业人员增长 16.6%；租赁和商务服务业增长 32.6%；科学研究和技术服务业增长 48.2%；居民服务、修理和其他服务业增长 74.8% 等，增速明显快于第二产业中的制造业就业（增长 5.4%）和电力、热力、燃气及水生产和供应业（增长 3.7%），而第二产业中的采矿业和建筑业则分别下降 4.7% 和 4.0%。

二　全省就业形势保持稳定增长的因素分析

"十二五"时期，全省城镇就业工作在宏观经济形势不利的情况下保持了稳定态势，取得了丰硕成果，成绩来之不易，主要得益于省委省政府稳增长、保态势、促就业一系列政策措施的有效实施。

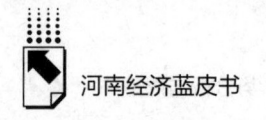

（一）实施积极的就业政策，促进就业岗位相对稳定

"十二五"时期，河南省为扩大就业规模、提高就业质量，出台了《关于进一步做好新形势下就业创业工作的实施意见》等一系列政策措施，为更好地促进就业提供了政策支撑。同时，积极落实援企稳岗政策，对稳定就业岗位、符合条件的企业发放稳岗补贴；在全省范围内降低失业保险费率，扶持困难企业使其尽量不裁员、少裁员，保岗位、保就业，发放稳岗补贴和降低保险费率两项措施全年惠及2000多家企业和20多万人。持续实施全民技能振兴工程，2015年三季度末全省累计培训各类人员240.20余万人，劳动者就业竞争能力得到进一步增强。

（二）"三区"建设扎实推进，有效"扩充"就业容量

近年来，全省产业集聚区、商务中心区和特色商业区建设的快速发展，促进了经济结构不断优化，扩充了就业容量。2015年三季度末，全省产业集聚区内规模以上工业企业就业人员已达374.5万人，2015年新增38.1万人，同比增长11.3%，占全省规模以上工业企业从业人员总数的六成，产业集聚区已成为吸纳就业的主阵地。同时，重点企业用工保障较好，截至2015年三季度末，全省各级公共就业服务机构共帮助产业集聚区招募各类人员81.6万人次。协助"富士康"招募员工41.1万人，同比增加8.4万人，较好地满足了企业的用工需求。

（三）"双创"蓬勃开展，激发市场活力

"大众创业、万众创新"的大力推进，商事制度改革的进一步深化，激活了社会要素，激发了创业活力，市场主体明显增加，创业带动就业的倍增效应明显增强。来自河南省工商局的数据显示，2015年末全省实有各类市场主体中各类企业为83.85万户，同比增长24.3%；个体工商户达到261.72万户，同比增长5.0%。从产业贡献看，第三产业（服务业）对全省市场主体数量和资本总额增长贡献明显。同时，经济新常态下劳动者就业渠道和形式日趋多样化，既补充了传统就业岗位的不足，也促使就业总规模的扩大与稳定。

（四）鼓励和扶持大学生创业、就业取得显著成效

"十二五"期间，全省坚持以"服务广大师生、服务教育教学、服务经济社会发展"为着力点，积极推进构建地方、高校、教师、学生"四位一体"创业服务体系。一是整合地方政策资金优势。创造性地贯彻执行国家有关政策措施，制定印发了教育系统贯彻落实大学生创业引领计划的实施意见，会同郑州市政府等单位出台了鼓励大学生在郑州创业的若干政策措施，仅2015年就投入600万元扶持40所高校的95个创业项目。二是构建全程化创业教育体系。将创业教育纳入教学计划，予以学时、学分保障。2015年，在原有15所创业教育示范学校的基础上，评选出2所示范学校和6个创业示范基地。依托河南促进大学生就业职业培训学校，开展创业培训1.2万人次。三是发挥教师传帮带作用。组织高校就业指导人员参加就业创业师资培训班，提升就业创业指导人员综合素质。吸收有创新精神的学生参与高校教师的科研项目，通过多种形式将科研成果用于大学生创业，提高大学生创业成功率。四是营造学生主动创业氛围。2015年组织了全省91所高校及美国27所大学的1211个项目团队参加"云台山杯"中美创业大赛。举办了"互联网+"创新创业大赛河南选拔赛，促进并形成了良好的创业氛围。

（五）农民工转移就业工作取得积极成效

一是进一步完善农村劳动力转移就业服务体系。全省各市、县、街道（乡镇）和社区（大部分中心村）全部建立了人力资源社会保障服务工作机构，形成了省、市、县、乡、村"五级协调联动"的工作服务机制。开展"春风行动"搭建对接平台。每年春节前后，组织开展以促进农村劳动力转移就业为主题的"春风行动"。全省各级、各类公共就业服务机构为农村劳动者发放"春风卡"、维权手册等宣传资料，组织举办专场招聘会，免费提供就业服务，促进供需对接。利用信息化手段提供便利服务。开发并推广应用"人社一点通"手机求职软件，建立就业创业微信、QQ群，通过现代通信技术与传统就业服务方式的结合，为农民工就业提供便利化服务。

二是不断加强农民工技能培训工作。"十二五"期间，全省实施"全民技能振兴工程"，建立了人社、教育、农业、扶贫、民政、残联"六路并进"的

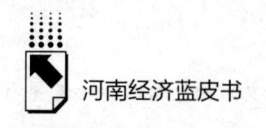

工作机制，每年培训农村劳动力200万人左右。其中，仅全省人社部门实施的"农村劳动力技能就业计划"就完成培训农村劳动力约308万人。打造出了具有河南特色的劳务品牌。目前，全省有较大规模的劳务品牌90多个，涉及30多个行业50多个工种，其中有35个劳务品牌被授予"全国优秀劳务品牌"称号，如"林州建筑"、"长垣厨师"、"鄢陵花工"、"遂平家政"、"新县涉外"等优秀劳务品牌在国内外享有较高知名度。

三 目前全省就业工作中存在的困难和挑战

在全省就业保持稳定增长的同时我们看到，宏观层面，当前和今后一个时期，就业工作的深层次矛盾正在加剧，风险因素不断增多，就业形势依然严峻复杂。从劳动力供给情况看，就业形势面临着数量递减、年龄变大的"两个转变"；从劳动力市场需求看，就业形势面临着国际、国内有效需求不足的"两大挑战"；从劳动力供需变化看，就业形势面临着部分劳动者就业难和部分企业招工难并存的"两难困境"。

（一）经济下行压力对就业产生的影响

影响就业的不确定因素增多，城镇新增就业出现多年未见的波动现象。在国际、国内经济社会发展大环境下，受宏观经济调整、波动以及诸多不确定因素影响，虽然2015年前三季度全省城镇新增就业总体保持增长，但新增就业呈"马鞍形"波动态势，表现为1、2月份同比分别下降5.6%、7.6%，3月份开始实现正增长，4月份达到峰值，同比增长3.4%，5月份开始回落，7、8月份增幅再次降为负值，同比分别下降1.4%、0.9%，9月份企稳回升，同比增长0.5%。这一波动情况表明全省就业增长的基础还不够稳固（见图3）。

（二）企业用工存在的主要问题

一是企业"招工难"的问题依然存在。2015年第四季度全省企业用工情况调查显示：有占40.7%的企业存在"招工难"情况，较三季度增加了5.1个百分点。26.6%的企业认为"求职者薪酬期望过高"是企业"招工难"的重要原因；23.1%的企业认为"高级技工"是企业的最稀缺资源，这是造成

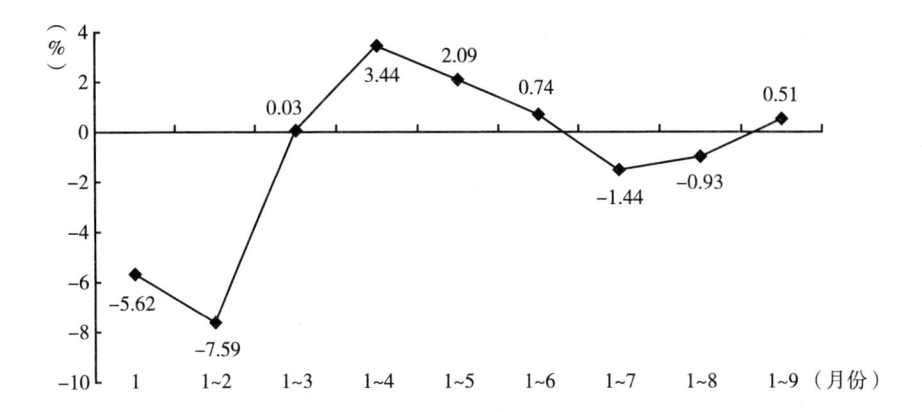

图3 2015年前三季度河南省城镇新增就业同比变化情况

企业"招工难"的两大原因。

二是企业生产任务不足依然是影响用工的主要原因。订单减少引起生产任务不足仍然是企业减少用工的最主要原因。2015年四季度末全省用工同比减少的企业占48.0%。其中，有30.2%的企业认为"生产任务不足"仍是本企业用工减少的主要原因，比三季度增加8.3个百分点；工资水平达不到员工预期，生产成本上升分别占企业的15.0%和14.4%。企业用工人数自2014年8月份由原来的增加转为减少出现"拐点"，2015年延续了下降态势。在联网直报企业前三季度从业人员增长4.3%中，新入网企业增多是一个重要因素，若剔除新增企业影响，相同企业比上年同期下降1.3%。

（三）离校未就业高校毕业生总量多、压力大

尽管全省2015年9月份高校毕业生就业签约率与上年比差异不大，但2015年应届高校毕业生总量比2014年多1.6万人，目前离校未就业高校毕业生累计近8万人，而离校未就业高校毕业生中受专业、岗位供给、择业观念等因素影响，就业难度较大。郑州市作为全省吸纳高校毕业生的一个主要城市，9月份吸纳离校未就业应届高校毕业生就业仅1.1万人，同比减少0.7万人，下降41.0%。

同时，我们还应该特别关注几个问题。一是高校培养人才的学科、专业结构与经济社会发展特别是产业结构调整的契合度还需要进一步增强。二是

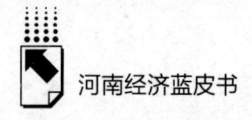

个别部门和地方由于认识不到位、重视不够，对高校毕业生就业政策落实不到位，就业政策的配套性举措还需要进一步加强。三是在积极倡导"大众创业，万众创新"的大环境下，目前全省还没有设置专门的大学生创业基金，全社会关心支持大学生自主创业的氛围还需要进一步增强，机制还需要进一步完善。

（四）就业结构性矛盾依然突出，"双高"人才缺乏

主要是供需不匹配，招工难与就业难并存；"双高"人才短缺问题突出，新兴产业中高技能人才和高层次人才严重不足，难以满足企业用工需求。从全省郑、开、洛、安、新、许六市人力资源市场2015年三季度职业供求情况看，高级技师岗位空缺和求职人数的比率最高为3.4∶1；高级工程师岗位空缺和求职人数的比率为2.7∶1。

（五）当前农民工就业面临更严峻的挑战

一是产业结构优化升级、供给侧改革对劳动者的素质提出了更高的要求，当前，农民工接受就业技能培训的比例总体还偏低，农民工的技能素质普遍还不高。二是农民工转移就业融入城市还存在体制机制性障碍。通过企业用工调查发现，企业需要裁员的时候，农民工往往首当其冲，被裁减人员中，农民工占比较大。

（六）部分"去产能"行业就业形势严峻

2015年前三季度，全省联网直报企业中，煤炭、钢铁、电解铝等行业就业人员持续下降。截至9月末，煤炭行业从业人员下降4.7%，减少3.57万人；钢铁行业下降2.0%，减少4100多人；电解铝行业下降5.0%，减少2760人。另外，住宿和餐饮业就业人员同比下降1.5%。

四 2016年就业形势分析

近年来，全省产业结构调整工作取得积极成效，创新创业如火如荼，新型城镇化快速发展，产业集聚区和服务业"两区"成为经济增长的强力引擎，

这些积极因素将有力地促进全省的就业工作。但宏观经济下行压力依然较大，就业结构等深层次问题依然存在，对全省劳动就业工作带来一定困难。综合分析，2016年全省就业市场将继续保持相对稳定的态势。

（一）面临的机遇

"十三五"时期，全省加快形成引领经济发展新常态的体制机制和发展动力，着力实施国家三大战略规划，着力优化经济结构、转换发展动力，着力保障和改善民生，将进一步促进就业发展。通过推动供给、需求共同发力，深入实施创新驱动发展战略，完善提升科学发展载体，加快构建现代产业体系等各项改革，必将推动经济社会较高速发展，为扩大就业创造良好的环境。同时，在省委、省政府的领导下，全省积极实施就业优先战略，实施更加积极的就业政策，坚持简政放权、放管结合、优化服务，用改革的办法搭建更优质的创业就业平台，拓展就业新空间，用市场的力量努力创造更多的就业机会，全省创新创业及就业增长的新引擎将进一步发力，带来促进就业的良好机遇。

（二）存在的困难

一是就业结构性矛盾依然存在。企业"招工难"和劳动者"就业难"的结构性矛盾依然存在。农民工"返城流"和企业"招工流"错位导致"招工难"加剧；高校生不愿从事艰苦行业或到基层工作；企业一线技工、熟练技工、高技能人才更是大量短缺。二是企业稳岗面临较大压力。受用人单位市场预期以及转型升级等因素的影响，一些企业不能很好地履行《劳动合同法》，造成农民工流失率高；一些中小民营企业生产经营难以为继，用工待遇降低造成员工流失；部分企业急于消解成本压力，裁员频繁。隐性失业显性化趋势加剧，企业"稳岗"压力增大。据河南省人社部门对全省2196家企业监测，2015年前三季度有698家企业发生不同程度的岗位流失情况，占监测企业总数的31.8%。而从企业养老保险费征缴情况看，传统企业缴费能力下降明显，2015年前三季度"郑煤"、"平煤"、"义煤"三企业新欠企业应缴职工养老金7.7亿元，企业负担加重，"稳岗"压力加大。三是农民工转移就业的制约因素。全省城镇化进程的加快、服务业迅速发展，将为未来农民工新增就业开辟重要渠道，但随着劳动力人口数量的下降和人口老龄化，农村劳动力转移就业的速度也将放缓。目前，全省农村尚有400多万农村富余劳动力，是全省农村劳动力转移就业稳定的基础。同时，由于农民工就业技能和素质普遍不高，未来实现农民工稳定就业、体面就业、高质量就业的形势依然严峻。"十三五"期间，全省还将有1200多万农村劳动力需要培训。

B.17
2015~2016年河南省居民消费价格走势分析

刘明宪 郑东涛 田少勇 王建国*

摘　要： 2015年，国际经济复杂多变，国内经济呈现提质增效"新常态"，河南经济增速适度放缓，全省居民消费价格总水平同比上涨1.3%。2016年，支撑和抑制物价上涨的因素并存，预计河南省居民消费价格将呈现较为温和的上涨态势。

关键词： 河南　居民消费价格　走势分析

2015年，在国际经济复杂多变、国内经济增速换挡的大背景下，河南经济增长中枢继续下移，但在促经济提质增效的前提下，河南经济实现了增速换挡不失速、量增质提升。与经济运行密切相关的CPI（居民消费价格指数）全年呈现平稳、温和上涨态势，涨幅较2014年有所收窄。综合考虑经济发展前景和CPI运行趋势，2016年河南省居民消费价格仍将保持温和上涨态势。

一　2015年河南省居民消费价格总体情况

（一）价格总水平涨幅收窄

2015年河南省居民消费价格同比上涨1.3%，较2014年同期1.9%的涨

---

* 刘明宪，河南省地方经济社会调查队队长；郑东涛，河南省地方经济社会调查队副队长；田少勇，河南省地方经济社会调查队住户与价格调查处处长；王建国，高级统计师，河南信息统计职业学院副院长。

幅小0.6个百分点,为2010年以来同期最小涨幅,其中城市上涨1.3%、农村上涨1.2%。与2014年同期相比,八大类商品和服务价格七涨一跌。其中,食品类上涨1.8%,烟酒类上涨1.1%,衣着类上涨2.3%,家庭设备用品及维修服务类上涨0.5%,医疗保健和个人用品类上涨2.4%,交通和通信类下跌2.1%,娱乐教育文化用品及服务类上涨2.1%,居住类上涨1.0%。食品、衣着、家庭设备用品及维修服务、娱乐教育文化用品及服务、居住等六大类涨幅小于2014年;烟酒、医疗保健和个人用品两大类涨幅大于2014年。

(二)河南CPI涨幅与安徽并列中部第四

2015年全国CPI同比上涨1.4%,河南上涨1.3%,低于全国平均水平0.1个百分点,与安徽并列中部六省第四位。周边其他省份涨幅分别为:江西1.5%、湖北1.5%、湖南1.4%、山西0.6%、安徽1.3%。

二 2015年河南省居民消费价格运行主要特点

2015年河南省居民消费价格全面进入"1"时代,总体呈现低位平稳运行态势。

(一)CPI各月同比走势

河南省2015年各月CPI同比分别上涨1.2%、1.8%、1.6%、1.7%、1.2%、1.1%、1.4%、1.6%、1.2%、0.7%、1.0%、1.1%(见图1),各季度CPI同比涨幅分别为1.5%、1.4%、1.4%、0.9%,整体呈现平稳趋弱走势。

(二)CPI各月环比走势

河南省2015年各月CPI环比分别上涨0.2%、1.0%、-0.7%、-0.3%、-0.5%、-0.2%、0.4%、0.7%、0.2%、-0.6%、0.1%、0.6%(见图2)。1~2月,受春节假期、雨雪天气等因素影响,CPI环比分别上涨0.2%、1.0%;3~6月,随着节日因素消退和天气转暖,食品价格的明显回落带动

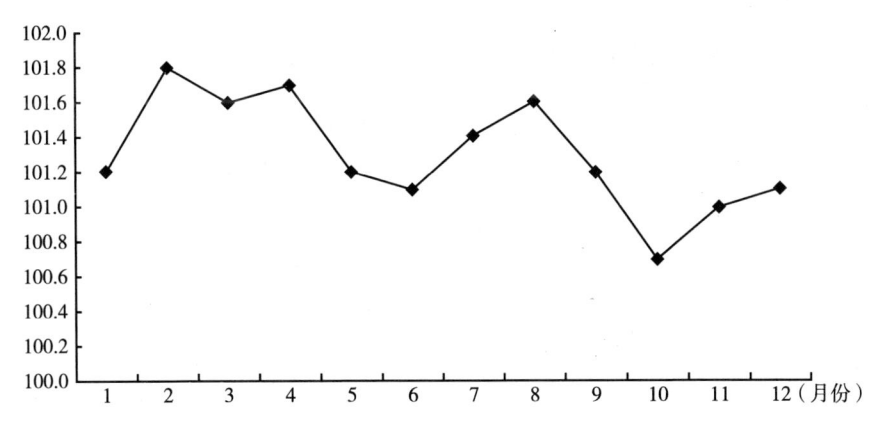

图1 2015年河南省CPI同比走势（2014年同月=100）

CPI总体呈下降趋势，环比分别下降0.7%、0.3%、0.5%、0.2%；7~9月，由于雨水比往年偏多、学校陆续开学、蔬菜夏秋换季，加之中秋节临近，CPI环比分别上涨0.4%、0.7%、0.2%，猪肉、鸡蛋价格持续快速上涨是7月、8月环比上涨较大的主要原因；10月猪肉、鸡蛋价格快速回落导致CPI环比下跌0.6个百分点；11月虽然猪肉、鸡蛋价格继续回落，但一场大雪导致蔬菜价格大幅上涨，CPI环比上涨0.1个百分点；12月，鲜菜价格环比上涨19.3%，影响居民消费价格总水平上涨约0.57个百分点，成为CPI环比上涨0.6个百分点的主要因素。

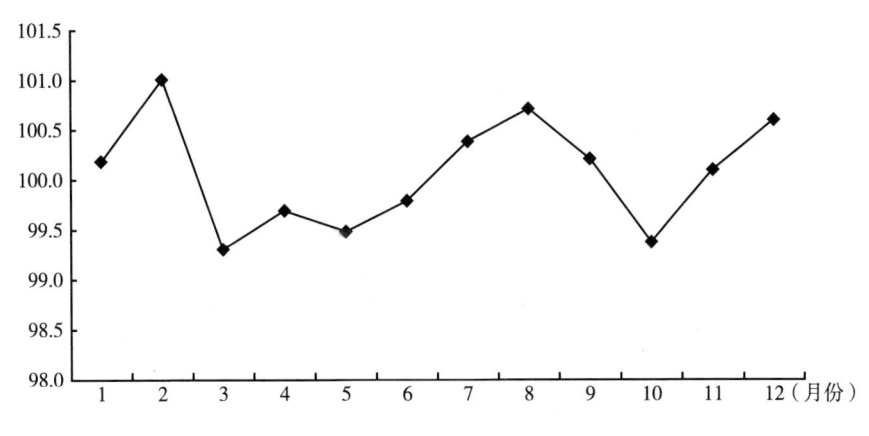

图2 2015年河南省CPI各月环比走势（上月=100）

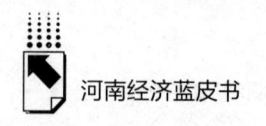

（三）翘尾因素影响较大

2015年河南省居民消费价格同比1.3%的涨幅中，翘尾因素为0.8个百分点，占CPI涨幅的61.5%，对全年CPI的上涨起了较大的作用。

（四）食品类价格温和上涨，主要食品价格涨跌互现

食品类作为CPI中权重最大的部分，其走势对CPI走势起着关键性的导向作用。2015年河南省食品价格上涨1.8%，较2014年低0.8个百分点，拉动CPI上升0.56个百分点，对CPI的影响程度为43.1%，是2010年以来的最小涨幅。

猪肉价格上涨。受生猪价格连续上涨的影响，自2015年4月开始，河南省猪肉价格持续上涨，至9月达到最高点，上涨近33%。受此影响，四季度全省猪肉价格虽然有所回落，但全年平均价格仍比2014年上涨近9%。

鸡蛋价格下跌。2015年上半年，河南省鸡蛋价格持续下跌，从1月的9.22元/公斤下跌至6月的6.88元/公斤；自7月开始，鸡蛋价格止跌并快速上涨，至9月鸡蛋平均价格达到9.06元/公斤，10~12月快速回落，全年同比下跌近17%。

（五）服务项目对CPI的影响持续增强

2015年河南省服务项目价格同比上涨2.7%，带动CPI同比上涨0.76个百分点，对CPI的影响程度为58.5%。2010~2015年，河南服务项目价格同比分别上涨1.9%、3.8%、2.4%、3.4%、3.3%、2.7%，对CPI的影响程度分别为13.3%、19.2%、26.4%、32.8%、48.9%、58.5%，服务项目价格持续上涨，对CPI的影响程度越来越大。

同时，交通通信类价格同比连续两年下降，是自2011年以来首次出现大类价格指数同比连续下降。

三 影响2015年河南省居民消费价格走势的主要因素

（一）CPI同比上涨的成因

1. 影响因素构成

2015年河南省居民消费价格同比增长1.3%的涨幅中，翘尾因素为0.8个

百分点，占 CPI 涨幅的 61.5%；新涨价因素为 0.5 个百分点，占 CPI 涨幅的 38.5%。

2. 全省经济保持中高速平稳运行

2015 年，面对复杂严峻形势，河南省坚持调中求进、改中激活、转中促好、变中取胜，全省经济呈现总体平稳、稳中有进、稳中向好的发展态势，全年生产总值同比保持 8.3% 的增速，实现了换挡不失速、量增质提升。整体经济的平稳、适度运行为物价温和上涨奠定了坚实的基础。

3. 消费需求平稳增长

2015 年，河南省社会消费品零售总额为 15740.43 亿元，同比增长 12.4%，增速比上半年提高 0.2 个百分点。消费需求的平稳增长对物价上涨起到一定的推动作用。

4. 农产品价格稳步回升

2015 年前三季度，受生猪价格连续上涨影响，河南农产品生产价格稳步回升，一季度总指数为 101.3，二季度总指数为 103.9，三季度总指数为 102.1，前三季度河南农产品生产价格累计上涨 2.9%，比 2014 年同期高出 3.3 个百分点。四季度受主要粮食作物价格走低影响，河南农产品生产价格虽然下降 2.5%，但全年同比仍上涨 0.7%。农产品价格稳步回升对 CPI 产生较强的推升作用。

5. 房地产市场回暖

2015 年国内房地产市场坚持促消费、去库存的总基调，供需两端宽松政策频出促进市场量价稳步回升，行业运行的政策环境显著改善。从需求端来看，中央采取多轮降准降息、降首付、减免税费等措施来降低购房成本，以此推动需求入市；同时，多地也采取税费减免、财政补贴、取消限购限外等多项措施刺激房地产消费。从供应端来看，土地供应控规模、调结构，并加大保障性住房货币化安置力度，改善市场环境。房地产市场回暖，有利于改善物价运行的宏观环境，对 CPI 产生一定的拉升作用。

（二）抑制 CPI 升幅的主要因素

1. 经济增速回落

近年来，国际经济形势错综复杂，全球经济增长普遍疲弱，中国经济

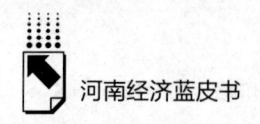

也经历着从高速增长转为中高速增长，经济结构优化升级，要素驱动、投资驱动向创新驱动的转变，国内经济呈现提质增效的"新常态"特征，增速逐渐放缓，2011~2015年国内GDP增速分别为9.3%、7.7%、7.7%、7.4%、6.9%。经济增速减缓抑制了社会总需求的增长，物价上涨压力得以缓解。

2. 大宗商品价格持续下跌

2015年，全球经济增速持续回落，大宗商品需求呈疲软态势，其价格持续下跌。据彭博大宗商品指数显示，截至2015年11月，22种期货合约中，有21种合约价格下跌，跌幅从蔗糖的6%到天然气的50%。前三季度，河南汽油、柴油价格同比分别下降16.1%、15.4%，无烟煤价格同比下降22.9%，大型型钢价格同比下降25.8%。2015年，河南小麦、玉米价格同比分别下跌1.7%、13.5%。大宗商品价格的下跌，通过市场传导机制，对下游消费品价格起到较强的抑制作用。

3. 工业生产者价格连续下跌

2015年，受煤炭、钢铁、石油等资源性产品价格下跌影响，河南工业生产者价格同比持续下降，连创新低。工业生产者出厂价格（PPI）全年同比下降5.2%，降幅比2014年同期扩大3.3个百分点。自2012年6月至2015年12月已连续下跌43个月，其间虽有波动但仍在负值区间运行。上游产品价格的连续下跌减轻了下游消费品价格上涨的压力。

四　2016年河南省居民消费价格走势研判

展望2016年，国际经济环境依然复杂多变，我国将步入"十三五"规划的开局之年和如期实现全面建成小康社会奋斗目标的重要时点，国家将继续深化改革，扩大对外开放，拓展国际经济合作，国内经济增长将在合理区间内保持基本稳定。在这样的大环境下，多元消费的兴起、资源性产品价格改革、服务业价格持续上涨等因素将会推升CPI，但产能过剩、就业压力、需求不足、翘尾因素偏弱等将抑制CPI涨幅。因此，预计河南省2016年全年物价将继续保持温和的上涨态势。

（一）推动物价上涨的因素

1. 国内经济仍将保持中高速平稳增长

2016年，我国仍处于战略发展机遇期，加之十八大确定的全面深化改革各项举措逐步落地生效，必将有力、明显地释放经济内在增长动力和激发市场主体的活力，国内经济仍将保持中高速平稳增长。2016年，河南省将着力实施"八大专项"建设，包括加快郑州航空港经济综合实验区建设、全力推进"米"字形高速铁路网建设、实施"1816"投资促进计划、协调推进重点经济体制改革事项、提升口岸经济发展水平、研究落实供给侧结构性改革配套政策、实施脱贫攻坚工程、实施2016年重点民生工程，全省经济发展总体质量水平将越来越高，经济将保持适度平稳增长。

2. 大宗商品价格止跌趋稳

依据国际货币基金组织（IMF）对能源和食品等国际大宗商品价格走势的最新预测，2016年能源、食品以及铁矿石价格的涨幅将逐步由负转正，且平均价格指数都将高于2015年。同时，2016年国内去产能化力度将明显加大，会对国内钢铁、煤炭等大宗商品价格产生一定的支撑作用。大宗商品价格的趋稳复苏将会缓解国内价格的下行压力，尤其将减小PPI的降幅，并进一步通过价格间的传导效应推动CPI同比涨幅的回升。

3. 政策助力多元消费

2015年，国务院出台了《关于积极发挥新消费引领作用加快培育形成新供给新动力的指导意见》，我国消费结构正经历着深刻变化。随着"一带一路"政策的深化与沿线国家的经贸合作，西部地区的消费增速将有所提升；随着网络技术和商业模式的创新，以年轻一代为消费主力的互联网消费增速将显著快于传统渠道的消费增速；农村商品流通领域基础设施的完善和网络购物的普及将使农村消费增速继续领先于城镇消费增速；在高档商品、高端餐饮消费增速大幅下滑的同时，大众化商品和大众化餐饮消费继续保持快速增长；休闲旅游、文化娱乐服务消费将越来越受到青睐。新型多元消费的兴起将有助于消费需求稳定增长。

4. 继续深化资源性产品价格改革

2015年底，国家发展和改革委员会阐述了2016年中国经济体制改革的四

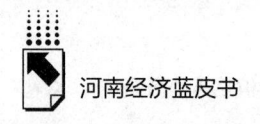

大重点，指出加快资源性产品价格市场化是其中一项重要内容，主要包括加快资源性产品价格市场化改革，及时放开市场竞争较充分、个性化需求较强的医疗服务价格。随着改革推进，基本生活成本价格上涨将不可避免，这将在一定程度上拉大物价涨幅。

5. 服务项目对CPI的影响持续增强

2010~2015年，河南服务项目价格同比分别上涨1.9%、3.8%、2.4%、3.4%、3.3%、2.7%，对CPI的影响程度分别为13.3%、19.2%、26.4%、32.8%、48.9%、58.5%，服务项目价格持续上涨，对推升CPI的作用越来越大。

6. 宏观政策的滞后效应

2015年央行五次降息、五次降准，积极财政政策力度也进一步加大，这些措施都将在一定时滞之后对CPI上涨产生助推作用。

（二）抑制物价上涨的因素

1. 就业和工资面临较大下行压力

2016年，随着投资和GDP增速进一步放缓，就业和工资将面临较大的下行压力。此外，随着供给端改革的启动，产能过剩行业开始清理和重组无效企业，工业、采矿业等传统行业裁员压力可能加剧。虽然服务业和新兴产业有望稳健增长、创造就业，但不足以完全吸收传统行业裁减的劳动力。就业和工资的下行压力将会对物价上涨产生结构性的压制。

2. 猪肉价格趋于平稳

2015年3~8月，国内猪肉价格累计上涨40%左右，此后开始环比下降；12月，22个省市猪粮价格比已接近8左右，明显高于6左右的正常比例，养猪利润明显提升；生猪存栏量已连续4个月环比回升；玉米价格也开始呈现下行趋势。这些数据表明，猪肉价格上涨周期可能已接近尾声，2016年由于猪肉价格上扬引起物价大幅变化的概率较低。

3. 粮食实现十二连增

2015年，全国及全省粮食产量实现十二连增。粮价稳则百价稳，粮食供给的增加对保障供应和稳定物价将发挥基础性作用。

4. 翘尾因素偏弱

经测算，2016年翘尾因素为0.6个百分点，比2015年低0.2个百分点，仍维持较低水平，这将在一定程度上抑制2016年全年的CPI涨幅。

综上判断，2016年河南省消费价格将继续呈现较为温和的上涨态势。应密切关注去产能过程中失业、下岗人员再就业和生活保障，避免物价波动对社会稳定造成影响，同时要继续关注资源性产品、公共事业产品价格改革推进时机与力度。

B.18
河南"十二五"服务业发展回顾与"十三五"展望

俞肖云 王予荷 孟静 常伟杰 陈哲 陈琛*

摘　要：　"十二五"以来，河南把加快发展第三产业作为转变经济增长方式、促进产业结构优化升级的战略重点，以郑州航空港经济综合实验区、商务中心区和特色商业区建设为载体，创新体制机制，扩大开放招商，全省第三产业实现了稳中有升的发展态势。展望"十三五"，河南第三产业发展潜力大，促进发展的政策效应将逐步显现，总量偏小和速度偏低的问题明显改善，对经济增长的贡献持续增强。

关键词：　河南省　第三产业　回顾　展望

"十二五"以来，面对错综复杂的经济形势，全省上下按照省委、省政府的工作部署，把加快发展第三产业（又称服务业）作为转变经济增长方式、促进产业结构优化升级的战略重点，以郑州航空港经济综合实验区、商务中心区和特色商业区建设为载体，创新体制机制，扩大开放招商，全省第三产业实现了稳中有升的发展态势。展望"十三五"，河南第三产业发展潜力大，促进发展的政策效应将逐步显现，总量和速度偏低的问题明显改善，对经济增长的贡献持续增强。

---

* 俞肖云，高级统计师，河南省统计局副局长；王予荷，河南省统计局服务业统计处处长；孟静，河南省统计局服务业统计处副处长；常伟杰，高级统计师，河南省统计局服务业统计处；陈哲，河南省统计局服务业统计处；陈琛，河南省统计局服务业统计处。

一 "十二五"以来河南省服务业发展状况

"十二五"以来，随着一系列加快发展服务业政策措施的贯彻落实，河南省服务业总体呈现稳中有升态势，重点领域和重点服务企业实现稳步增长。

（一）服务业对经济增长的拉动力不断增强

1. 第三产业增加值总量不断迈上新台阶

"十二五"期间，河南第三产业发展规模不断扩大，2010年第三产业增加值总量为7077.14亿元，2011年突破8000亿元，达到8653.50亿元；2012年突破1万亿元，达到10008.52亿元；2013年达到11475.70亿元；2014年达到12961.67亿元；2015年达到14611.33亿元。2015年第三产业增加值是2010年的2.2倍（现价），"十二五"期间年均增长10.7%（可比价），比GDP增速大1.1个百分点。

2. 第三产业增加值占GDP比重不断提高

总量不断增加的同时，第三产业增加值占GDP的比重也不断提高。2010年，河南第三产业增加值占GDP比重为30.6%。2011~2015年第三产业增加值占GDP比重分别为32.1%、33.8%、35.7%、37.1%和39.5%，分别比上年提高1.5个、1.7个、1.9个、1.4个和2.4个百分点，总体呈现逐年上升态势，2015年比2010年提高7.4个百分点。

3. 投资持续增加

"十二五"期间，河南加大对第三产业投资力度。2015年，全省服务业固定资产投资完成16478.28亿元，服务业投资年均增长22.8%，增速分别高于第二产业投资、固定资产投资0.1个和0.3个百分点。服务业投资占固定资产投资的比重提高到47.1%。

4. 税收贡献不断提高

全省服务业税收实现较快增长，税收总量由2010年的803.40亿元，增长到2015年的2277.31亿元，增长近2倍，年均增长23.2%；服务业税收占全部税收的比重由2010年的42.7%提高到2015年的58.0%，提高15.3个百分点，服务业成为税收最重要、最稳定的来源。

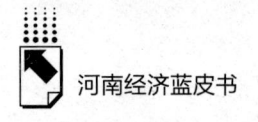

5. 吸纳就业能力逐步增强

"十二五"期间全省服务业吸纳就业年均增长 5% 以上；服务业从业人员占全社会从业人员的比重达到 30% 左右，年均提高 0.8 个百分点左右，服务业成为全省城镇化进程中承接农村人口转移就业的重要阵地。

（二）现代服务业不断发展壮大

随着全省新型工业化、城镇化进程的加快，现代物流、信息服务、金融、文化、旅游等现代服务业发展较快。

1. 现代物流大发展

近年来，围绕郑州航空港经济综合实验区建设，依托综合交通枢纽和铁路、公路、航空网络优势，强化中心、提升节点、产业联动，形成大枢纽促大物流、大物流带大产业的发展格局，物流业增加值年均增长 10% 以上，2015 年有望达到 1900 亿元，社会物流总费用与 GDP 的比率不断下降，郑州物流中心在全国物流网络中的地位、物流业对产业转型升级的支撑服务作用显著提升。重大物流项目加快布局，郑州航空港经济综合实验区航空物流功能不断加强，河南航空正式独立运营，河南 B 型保税物流中心跨境贸易电商试点成效显著，郑州国际铁路货运班列成为国内首家实现往返均衡对开的班列。郑州国际物流园区建设加快推进，嘉里物流、招商局物流、安得物流、丰树物流等一批重大物流项目建成投用。航空物流成为发展亮点，UPS、俄罗斯空桥、顺丰等知名企业入驻航空港区，连通北美、西欧、东亚、东南亚、澳洲的货运航线网络初步形成。郑州机场开通货运航线 30 多条，其中国内货运航线 4 条、国际地区货运航线 26 条，2015 年货邮吞吐量达到 40.33 万吨，居中部地区首位。行业物流发展成效显著，全省冷库规模超过 300 万立方米，双汇、众品等龙头企业建立辐射华东、华北、西南、东北等地的冷链配送网络；国药、九州通、华润爱生等前三强年营业收入超过 100 亿元，市场份额进一步提升；快递物流业务总量居中部第一，初步形成一批具有全国影响力的专业物流基地。2015 年全省快递业务量 5.14 亿件，同比增长 74.5%；快递收入 63.11 亿元，同比增长 54.5%。重点企业快速成长，河南煤化国龙物流、郑州交运集团等 6 家企业被国家评为 5A 级物流企业，豫鑫物流、长通物流等企业加快向省内外布局，成为带动全省物流业发展的生力军。

2. 信息服务初显成效

持续实施"宽带中原"战略，确定全省首批10个"宽带中原"示范试点县（市），郑州、洛阳、济源等3市被列为信息惠民国家试点城市，"河南省电子制造云计算服务平台"被确定为国家"工业云"创新服务试点。信息基础设施不断完善，郑州国家级互联网骨干直联点建成运行，建成互联带宽能力800G，开通网间互联带宽200G，跻身全国十大通信网络交换枢纽，实现全省乡镇以上4G网络全覆盖，加快城市住宅区光纤化成片改造和农村家庭光纤到户改造。云计算、大数据等新兴产业发展不断加快，省政府与阿里巴巴集团签署云计算和大数据战略合作协议，菜鸟智能骨干网、京东电子商务基地、顺丰电商产业园等一批重点工程加快建设。全面启动全省电子商务企业认定备案工作，现已认定备案全省电子商务企业700多家，郑州、洛阳成功申建国家电子商务示范城市。

3. 金融业成为拉动经济增长的主要动力

"十二五"期间，河南金融业增加值年均增长17.6%。金融体系不断完善，服务能力持续增强，目前全省银行业金融机构营业网点1.2万余个，中原银行、中原农业保险公司、中原股权交易中心开业运营，中原航空港产业投资基金、总规模1000亿元的全国第一只PPP基金获批设立，中原证券在港上市，发起设立洛银金融租赁公司，组建农商行34家，吸引243家金融机构入驻郑东新区，郑州商品交易所交易品种达到16个。全省境内上市公司已达71家，境外上市公司31家，新三板挂牌达到103家。

4. 旅游产业异彩纷呈

围绕建设世界知名旅游目的地，加快资源整合、品牌培育、服务创新和开放合作，旅游消费新亮点不断涌现，"十二五"全省接待海内外游客人数和旅游总收入两大指标年均增速达到15.0%和17.0%以上，旅游业实现持续快速发展。旅游精品工程成效显著，丝绸之路、大运河成功申遗，重渡沟成为全国乡村旅游样板，南太行、伏牛山、桐柏—大别山等山水度假旅游集群发展势头迅猛，新乡南太行、洛阳黛眉山等一批核心景区提质增效。旅游信息化、标准化建设步伐加快，洛阳、郑州入选国家智慧旅游试点城市，云台山景区数字化应用规范上升为国家标准，4家单位被确定为国家旅游标准化示范。中原旅游影响力不断提升，成功举办3届世界旅游城市市长论坛，国家将全省纳入丝绸

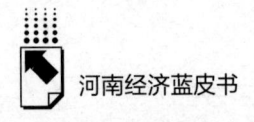

之路经济带旅游合作发展框架和整体宣传范围，中原经济区城市旅游联盟等区域旅游协作日益紧密，入境游市场保持逆势上扬。

5. 文化产业硕果累累

充分挖掘中原历史文化资源，全面推进文化体制改革，加快文化改革发展实验区、文化产业园区和重大项目建设，文化产业实现较快发展。2014年文化产业法人单位增加值达984.66亿元，现价增长20.7%，占GDP的比重达2.82%，"十二五"时期前四年年均现价增速达20%以上。新兴文化产业快速发展，新闻出版广播影视数字化、网络化进程不断加快，河南广播电视新发射塔建成投用，省辖市有线电视网络数字化整体转化基本完成，河南电视台国际频道全球开播，河南手机报用户突破1000万人，大河报APP下载量居全国都市报类第一位，奥斯卡院线票房收入突破6亿元。内容产业蓬勃发展，21种图书分别荣获国家和省"五个一工程"奖，《汉字英雄》、《梨园春》、《武林风》、《大河儿女》、《焦裕禄》等影视作品实现收视口碑双丰收，"禅宗少林·音乐大典"、"千回大宋"等演艺节目和《小樱桃》、《少林海宝》等原创动漫在省内外反响强烈。"双十"工程扎实推进，国家级文化和科技融合示范基地落户洛阳高新区，开封宋都古城升级为国家级文化产业示范园区，国家动漫产业发展基地（河南基地）跻身全国10佳创意产业园区，国家知识产权创意产业园、郑州华强文化科技产业基地等园区开工建设；河南大象融媒体集团、大河网络传媒集团成功组建，报业集团经济效益居全国第四位，中原出版传媒集团实现主营业务整体上市，动漫企业约克股份新三板挂牌，荣昌钧瓷等企业入围国家文化产业示范基地。

6. 科技服务和教育培训逐步深入

科技对经济增长的贡献率不断提高，河南粮食作物协同创新中心入选国家首批"2011协同创新中心"，国家知识产权局专利审查协作河南中心、国家知识产权创意产业试点园区快速发展，申省级以上工程技术研究中心799家，启动实施科技企业孵化器建设三年行动计划，共建成74家省级及以上科技企业孵化器，累计孵化企业7537家。深入实施全民技能振兴工程、职教攻坚计划和技能人才回归工程，启动实施100所省级职业教育品牌示范院校和200所特色院校建设计划，加快推进中原人力资源服务产业园区、国家级高技能人才培训基地建设，初步统计全省高职单招学校增至62所，职业教育在校生达到

236.5万人，居全国第2位，全省劳动人口平均受教育年限和技术技能型劳动者比例明显提高。

7. 健康服务和养老服务业快速发展

2014年，全省规模以上健康服务业企业825家，实现营业收入1066.33亿元，其中主营业务收入1062.67亿元，分别比2013年增长34.2%和34.4%；企业效益稳步提升，全年实现利润32.86亿元，上缴税金14.06亿元，分别比2013年增长32.0%和17.9%；实现利税总额46.92亿元，增长27.4%。社会办医支持力度不断加大，全省新建二级以上社会资本举办医疗机构56所，郑州大健康、郑州仁人健康体检中心、艾迪康医学检验中心等一批民营机构投入运营，阜外华中心血管病医院、中美（河南）荷美尔肿瘤研究院项目建设进展顺利。制定《关于加快发展养老服务业的意见》，坚持政府引导和市场运作相结合，通过贷款贴息、直接融资补贴、融资担保等办法，使更多信贷资金和社会资金投向养老服务业。促进健康养老融合发展，洛阳、漯河两市列入国家养老服务业综合改革试点城市。

8. 商务服务发展提速

出台《关于促进全省广告产业发展的意见》，中原广告产业园升级为国家级广告产业试点园区，园区一期集聚效应显著，二期工程正在加快建设。制定《河南省会展业发展暂行办法》，漯河食品展览会、南阳玉博会等品牌展会列入商务部引导支持展会项目，河南省成为全国会展业十大强省之一。印发《关于加快实施知识产权战略的意见》，国家知识产权局专利审查协作河南中心及河南省创新与知识产权服务产业园建设有序推进，国家专利导航产业发展实验区建设全面启动，2015年全省万人有效发明专利拥有量突破1.8件。

（三）传统服务业加快发展

"十二五"期间，河南注重应用现代管理理念、信息技术和新型业态模式，加快商贸流通、房地产等传统支柱服务业改造提升。

1. 河南批发零售业和住宿餐饮业行业增加值占第三产业增加值比重保持稳定态势

2011~2015年，批发零售和住宿餐饮业增加值占第三产业的比重分别为26.9%、27.0%、26.0%、25.3%和24.4%。批发和零售业增加值年均增长

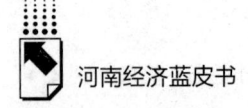

11.1%，住宿和餐饮业增加值年均增长6.1%。社会消费品零售额总体实现平稳增长，2015年全省社会消费品零售总额1.57万亿元，年均增长14.5%，整体呈现平稳增长态势。商贸流通企业的信息化水平加快提升，商贸餐饮与生态游憩、娱乐体验等逐步融合，郑州等中心城市加快推进城区范围内批发市场外迁。

2. 河南房地产业在波动中发展，增加值占比有所下降

"十二五"期间，各地认真落实国家和省出台的促进房地产健康发展的政策措施，积极培育文化旅游地产、养老地产等新兴业态，全省房地产市场持续健康发展。2011~2015年，房地产业增加值年均增长5.9%，占第三产业增加值的比重分别为13.4%、12.4%、12.6%、11.9%和11.1%，呈现下降态势。"十二五"以来，除2012年外，河南商品房销售面积增速均高于全国平均水平，特别是2014年以来，在全国商品房销售面积下降态势持续延续的情况下，河南商品房销售面积保持了10%以上的增速。"十二五"期间，房地产开发累计完成投资18700.23亿元，年均增长19.7%。

二 存在的主要问题

"十二五"以来，在国内外形势复杂严峻、经济下行压力加大的情况下，河南第三产业保持了稳定发展的势头。但是，受河南经济发展阶段性制约以及农业大省、人口大省、城镇化水平低、消费能力不强等深层次因素的制约和影响，第三产业总体发展水平还比较滞后，一些深层次问题需要逐步破解。一是第三产业增加值增速偏低，第三产业增加值占GDP比重偏低问题仍需长期关注。尽管河南目前已经摆脱服务业增加值占GDP比重全国倒数第一的局面，但仍居落后行列，服务业增加值占GDP比重低于全国平均水平11.0个百分点，形势依然严峻。二是服务业内部结构不优，传统服务业增加值占比依然偏高，电子商务等现代服务业规模偏小，对经济增长的拉动力不强。三是区域发展不平衡，漯河市、鹤壁市服务业增加值占比低于30%；10个省直管县半数占比低于30%。四是服务业缺少规模较大的领军企业，一些规模较大的企业亏损严重。大企业基本分布于交通运输、仓储和邮政业，信息传输、软件和信息技术服务业两个门类，新兴服务业行业缺乏领头羊，企业"小、散、弱"

现象突出。交通、仓储等大型企业中不乏营业收入大、营业利润少甚至严重亏损的企业。

三 "十三五"服务业发展环境分析

随着加快发展服务业一系列政策措施的贯彻落实，河南服务业发展的有利因素将不断增加。但受河南经济发展阶段性制约，城镇化水平低、消费力不强等影响服务业发展的不利因素依然存在。总体来看，"十三五"河南服务业加快发展的机遇与挑战并存。

（一）有利因素

1. 新常态为服务业发展提供重大机遇

我国经济社会发展已进入新常态，经济增速放缓，结构调整加快，服务业特别是现代服务业已经成为支撑经济增长方式实现科学转变的优势产业。习近平总书记在河南考察时指出："我国发展仍处于重要战略机遇期，我们要增强信心，从当前我国经济发展的阶段性特征出发，适应新常态，保持战略上的平常心态"，他强调"要加快发展服务业，把服务业培育成现代产业体系的重要支柱"。新常态是对当前所处发展阶段的科学判断和规律认识，也代表着宏观经济调控的新趋势；加快服务业发展是主动适应新常态的重大战略举措。

2. 河南服务业发展的积极因素增多

全省服务业大会召开以后，全省上下已经形成大力发展服务业的良好局面。《关于建设高成长服务业大省的若干意见》、《关于进一步加快发展服务业的若干政策》，以及加快发展电子商务、养老、快递、健康和旅游业等一系列文件的出台，极大地推动这些行业快速发展，河南省服务业重点领域、新兴产业发展将面临重大机遇。国内外大型服务业企业，尤其是国内外知名品牌落户河南，将极大地带动河南交通运输、仓储、信息等相关产业的大发展，随着其龙头带动作用逐步显现，上下游一大批企业会优先考虑河南，将为河南第三产业发展创造良好机遇。

3. 三大国家发展战略为河南服务业发展提供了更加宽松的环境

三大国家战略中，中原经济区建设、郑州航空港经济综合实验区建设都与

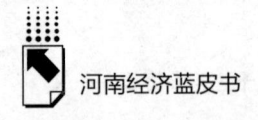

服务业发展密切相关。中原经济区规划明确提出加快发展服务业，提出巩固提升郑州综合交通枢纽地位，构筑便捷高效的交通运输网络，建设全国现代物流中心。中原经济区规划、郑州航空港经济综合实验区发展规划都提出了促进服务业发展的政策措施，这将为河南服务业发展提供更加宽松的环境。

（二）不利因素

从发展进度与增速来看，第三产业增速仍然偏低，在全国位次依然靠后，第三产业对经济增长的拉动作用偏弱。城乡居民收入、城镇化水平仍然偏低，限制了第三产业发展空间。2015年，河南省城镇化率为46.85%，仍低于全国平均水平9.25个百分点；农村居民人均纯收入、城镇居民人均可支配收入分别为10853元和25576元，明显低于全国平均水平，在31个省（区、市）中排名靠后。从服务业构成来看，第三产业发展更多地依靠传统产业，新兴服务产业规模偏小。虽然近几年新兴产业有一定的升级趋向，但远没有成为产业增长的主体，市场竞争力不强。从发展潜力来看，第三产业尤其是新兴服务业后续发展潜力不足。2015年，全省第三产业投资占固定资产投资的比重为47.1%，明显低于全国平均水平。从内部结构看，投资的主要方向是房地产和公共设施建设，文化体育娱乐、租赁商务服务、居民修理服务及其他服务、科学技术服务、信息软件技术服务等新兴服务业投资比重不足10%，第三产业尤其是新兴服务业增长的后续力量严重不足。

国家"十三五"规划建议明确提出"开展加快发展现代服务业行动，放宽市场准入，促进服务业优质高效发展。推动生产性服务业向专业化和价值链高端延伸、生活性服务业向精细和高品质转变，推动制造业由生产型向生产服务型转变。大力发展旅游业"。这一系列有关加快服务业发展的政策措施效应逐步显现，将大力推动服务业发展。

总体来看，在经济结构不断转型升级、宏观经济渐稳趋好、政策环境不断优化的大背景下，预计"十三五"时期河南服务业将保持稳定增长态势，年均增长8%左右。

B.19
河南"十二五"时期能源形势分析与展望

常冬梅 曹战峰 杨琳 贾梁*

摘 要： "十二五"时期，全省经济发展步入新常态，能源发展也进入一个新阶段，本文从能源生产、能源供应、能源利用、能源消费结构和品种结构、能源消费弹性系数、民生及工业和全社会节能等九个方面阐述了 2011~2015 年全省能源发展取得的成绩，指出在未来一段时间内能源生产及消费所面临的问题及挑战，并对新常态下继续做好全省能源发展工作提出建议。

关键词： 河南 能源 形势分析 展望

"十二五"时期经济步入新常态，全省以加快转变经济发展方式为主线，以建设中原经济区、加快中原崛起和河南振兴为总体战略，积极适应转变发展方式新要求和能源供需新格局，充分利用省内省外能源资源，着力优化能源结构，推动能源生产和利用方式变革，促进能源节约和合理利用，全面落实国家合理控制能源消费总量工作要求，加快资源节约型、环境友好型社会建设，全面完成"十二五"能源发展目标，以尽可能少的能源消耗支撑全省经济社会又好又快发展。

---

* 常冬梅，河南省统计局能源统计处处长；曹战峰，河南省统计局能源统计处副处长；杨琳，河南省统计局能源统计处；贾梁，河南省统计局能源统计处。

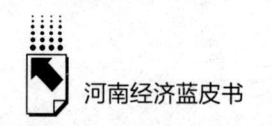

一 "十二五"时期能源发展成绩斐然，节能降耗成效显著

（一）能源主要品种产量结构优化

"十二五"时期，能源供求关系发生变化，部分能源品种供应相对过剩，全省一次能源生产总量呈下降态势。一次能源生产总量从2011年的15786万吨标准煤逐步下滑到2015年10465万吨标准煤，年均下降幅度为9.7%。其中原煤产量大幅下降是一次能源产量下降的主要因素，其产量由2011年的20597万吨逐步下降到2015年13548万吨，年均下降9.6%。电力、焦炭等二次能源生产略好于一次能源生产，发电量和焦炭产量分别由2010年的2283.8亿千瓦时、2673万吨增长到2015年的2558.9亿千瓦时、2942万吨，年均增长分别为2.3%、1.9%。

绿色电力呈现快速增长、跨越式发展的局面。2010~2015年，水力发电量年均增长5.0%，占电力生产的比重大体是稳中有升；新能源发电量年均增速高达28.8%，占全部电力生产的比重由0.5%上升到1.6%。

表1 "十二五"时期河南省主要能源生产情况

能源品种	2010年	2011年	2012年	2013年	2014年	2015年	平均增速（%）
一次能源生产总量（万吨标准煤）	17438	15786	12224	13133	11796	10465	-9.7
原煤（万吨）	22384	20597	15895	16037	14415	13548	-9.6
原油（万吨）	497.9	485.5	476.6	476.5	470.5	412.0	-3.7
天然气（亿立方米）	6.8	5.0	5.0	4.9	4.9	4.2	-9.1
水电（亿千瓦时）	85.2	98.3	128.4	115.5	96.2	108.7	5.0
新能源发电（亿千瓦时）	11.2	16.3	19.4	24.0	31.6	39.7	28.8
发电量（亿千瓦时）	2283.8	2598.4	2596.8	2811.3	2674.5	2558.9	2.3
焦炭（万吨）	2673	3101	2577	2765	2898	2942	1.9

注：发电量为省电力公司数据。

（二）能源供应体系逐渐完善

"十二五"以来，全省加快能源建设，积极利用省外能源资源，持续增强电力保障能力。2014年，净调入（进口）煤炭达到9064万吨、原油342万吨、天然气72亿立方米、电力245亿千瓦时。煤炭和电力调入（进口）量比2010年分别增长4.8倍和2.5倍，天然气增长77.9%。省外能源的调入（进口）极大地弥补了本省能源资源的不足。目前，全省已经初步形成以煤炭为主体、电力为中心、油气增长明显、新能源与可再生能源稳步发展的能源供应格局，建立起了较为完善的能源供应体系，为全省经济社会发展提供了良好支撑。

（三）能源加工转换效率稳步上升

"十二五"以来，全省加快能源技术进步和科技创新，不断提高能源开发利用水平，加工转换效率稳步提高。2015年全省规模以上工业能源加工转换总效率为73.21%，比"十二五"初期提高0.2个百分点（见表2）。其中电力工业提高洁净煤发电机组比重，实施小锅炉替代工程，建设"能效电厂"，火力发电转化效率稳步提升，发电煤耗稳步下降，2015年火力发电煤耗为300.76克/千瓦时，比2010年下降14.62克/千瓦时。按2015年火力发电量计算，可节约36万吨标准煤。

表2 2011~2015年全省规模以上工业能源加工转换效率

单位：%

指标\年份	2011	2012	2013	2014	2015
火力发电	39.43	39.60	39.80	39.90	40.23
供 热	76.91	75.50	76.60	78.40	78.23
原煤入洗	93.37	93.60	94.10	94.20	93.81
炼 焦	91.46	91.50	93.40	93.90	93.54
热电联产	42.54	42.80	43.00	43.80	44.29
合 计	73.01	72.70	72.80	73.80	73.21

（四）经济增长对能源消费的依赖大幅减弱

初步测算，"十二五"时期，全省以年均4.1%的能耗增速支撑了9.6%的经济增长。2011~2015年，全省能源消费弹性系数依次为0.66、0.22、0.53、0.50、0.15，下降趋势明显。"十二五"时期平均能源消费弹性系数为0.43，

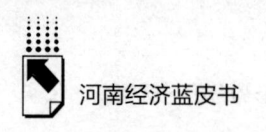

与"十一五"时期的平均能源消费弹性系数 0.62 相比继续下降，经济增长对能源消费的依赖进一步减弱，经济增长中的能源利用效率明显提升，依靠较高的能源消耗拉动经济增长的发展方式显著改善（见表3）。

表3 全省"十二五"时期经济增速和能源弹性变化情况

单位：%

指标	2011年	2012年	2013年	2014年	2015年预计	"十二五"平均
生产总值增速	11.9	10.1	9.0	8.9	8.0	9.6
能源消费增速	7.9	2.2	4.7	4.5	1.2	4.1
能源消费弹性系数	0.66	0.22	0.53	0.50	0.15	0.43

（五）三次产业能源消费比重优化

"十二五"时期，全省经济在保持较高增长的同时，经济结构不断优化。2010~2014年，全省三次产业结构由 13.8∶55.5∶30.6 变为 11.9∶51.0∶37.1，一产、二产增加值比重分别降低 1.9 个和 4.5 个百分点，三产增加值比重上升 6.5 个百分点，工业增加值比重下降 1.9 个百分点。同期三次产业及居民生活能源消费占全社会消费量的比重由 2.7∶79.8∶8.4∶9.1 变化为 2.6∶74.2∶12.3∶10.9，与三次产业增加值比重变化趋势基本一致。一产和二产能源消费比重分别降低 0.1 个和 5.6 个百分点，居民生活能源消费比重提高 1.8 个百分点，三产能源消费比重提高 3.9 个百分点，工业能源消费比重降低 5 个百分点，能源消费结构进一步优化（见表4）。

表4 2010~2014年河南省分产业能源消费结构和产业结构变化情况

单位：%

指标	各产业占能耗总量的比重					生产总值产业构成	
	2010年	2011年	2012年	2013年	2014年	2010年	2014年
一产	2.7	2.5	2.5	2.6	2.6	13.8	11.1
二产	79.8	77.7	76.0	74.9	74.2	55.5	54.2
#工业	79.1	76.9	75.2	74.1	73.3	50.0	51.9
三产	8.4	9.6	10.5	11.8	12.3	30.6	31.5
生活	9.1	10.2	11.0	10.7	10.9	—	—

（六）居民生活用能量保持刚性增长趋势

随着经济社会发展，民生大幅改善，尤其是近年来，空调、计算机等生活家电普及率越来越高，家庭轿车拥有量快速增加，居民生活用能需要刚性上升。"十二五"时期，河南积极实施"气化河南"等民生工程，优先保障居民生活用能需要，全省居民生活用能得到充分保障和改善。2014年全省人均生活能源消费量达到263千克标准煤，较2010年增长18.5%，生活消费用能比重提高1.8个百分点。清洁能源人均消费量逐年提高（见表5）。

表5 2011年以来河南省居民人均生活能源消费量

指标	2011年	2012年	2013年	2014年	平均增速（%）
生活能源消费比重(%)	10.2	11.0	10.7	10.9	—
人均生活消费能源量(千克标准煤)	222	244	249	263	10.0
天然气(立方米)	9.7	10.7	11.8	14.3	22.1
液化石油气(千克)	4.3	8.7	7.3	8.1	24.0
热力(百万千焦耳)	0.28	0.37	0.40	0.51	21.3
电力(千瓦时)	356	402	395	406	9.0
汽油和柴油(千克)	11.1	9.8	13.8	12.7	12.8
原煤(千克)	59	60	59	62	7.4

（七）能源消费的品种结构不断优化

"十二五"时期，河南立足本省保障能力，加快新能源和可再生能源发展，为全省经济社会提供了有效的能源供应，能源消费结构不断改善。与"十一五"时期相比，煤炭消费比重进一步下降，非化石能源比重不断增加。"十二五"前四年全省非化石能源消费比重提升1.5个百分点（见表6）。

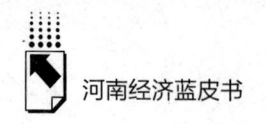

表6　河南省2010~2014年能源消费品种构成情况

单位：%

年份\品种	煤炭	石油	天然气	非化石能源
2010	83.6	9.3	3.4	3.7
2011	81.6	10.4	3.6	4.4
2012	80.0	11.5	4.7	3.8
2013	77.2	12.9	4.8	5.1
2014	77.7	12.6	4.5	5.2
2011~2014	79.0	11.9	4.4	4.7

（八）主要耗能工业企业单位产品能耗持续下降

"十二五"以来，全省继续狠抓重点领域节能降耗，加快淘汰"两高"行业落后产能，节能降耗贡献突出。2011~2015年，全省单位工业增加值能耗分别下降8.95%、14.75%、10.77%、9.80%、10.26%，累计下降43.5%。工业企业通过技术升级、挖潜改造和淘汰落后产能等措施，逐步提高能源利用水平，到2015年，印染布、粘胶纤维（长丝）、铝材加工、铅冶炼、氧化铝、纯碱等单位产品能耗和乙烯、硅铁、合成氨等单位产品电耗大幅下降，原煤、火力发电、纱线、水泥、电解铝等单位产品能耗持续下降（见表7）。

表7　"十二五"时期河南省主要耗能工业企业单位产品能耗对比

主要单位耗能指标	2010年	2015年	变化幅度(%)
原煤综合能耗(千克标准煤/吨)	7.70	6.75	-12.3
火力发电标准煤耗(克标准煤/千瓦时)	315.38	300.76	-4.6
粘胶纤维综合能耗(长丝)(千克标准煤/吨)	4739.82	3415.8	-27.9
纱(线)混合数综合能耗(千克标准煤/吨)	447.16	376.62	-15.8
印染布综合能耗(千克标准煤/万米)	5604.79	3445.91	-38.5
天然碱法单位纯碱生产综合能耗(千克标准煤/吨)	379.19	319.97	-15.6
单位电石生产综合能耗(千克标准煤/吨)	1222.08	989.45	-19.0
水泥综合能耗(千克标准煤/吨)	87.27	74.48	-14.7
硅铁工序单位能耗(千克标准煤/吨)	630.6	545.58	-13.5
单位氧化铝综合能耗(千克标准煤/吨)	562.28	463.64	-17.5
单位电解铝综合能耗(千克标准煤/吨)	1726.71	1649.35	-4.5

续表

主要单位耗能指标	2010年	2015年	变化幅度(%)
单位铅冶炼综合能耗(千克标准煤/吨)	474.53	381.8	-19.5
铝材加工耗能(千克标准煤/吨)	170.74	132.39	-22.5
粘胶纤维耗电(长丝)(千瓦时/吨)	7575.17	7207.63	-4.9
单位乙烯生产耗电(千瓦时/吨)	170.46	94.65	-44.5
单位合成氨耗电(千瓦时/吨)	1261.43	1023.1	-18.9
硅铁单位耗电(千瓦时/标准吨)	4310.1	3261.88	-24.3
单位铝锭综合交流耗电(千瓦时/吨)	13993.26	13740.03	-1.8

（九）全省节能降耗目标超额完成

2011~2014年，全省万元生产总值能耗累计下降17.46%。初步测算，2015年全省万元生产总值能耗将下降6.5%以上，2011~2015年全省万元生产总值能耗将累计下降22.8%以上，超额完成"十二五"时期万元生产总值能耗累计下降16%的节能降耗目标任务（见表8）。

表8 "十二五"时期河南省万元生产总值能耗及下降速度

单位：%

年份	万元生产总值能耗降低率	万元生产总值能耗累计降低率
2011	-3.57	-3.57
2012	-7.14	-10.46
2013	-3.92	-13.97
2014	-4.06	-17.46
2015预计	-6.5以上	-22.8以上

二 "十三五"及未来能源生产消费面临的问题和挑战

河南是能源资源大省，也是能源消费大省。但能源资源结构单一，产业结构偏重，资源约束日益加剧，环保压力不断增大，河南应对气候变化挑战加

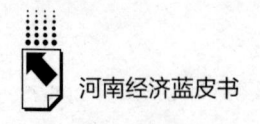

剧，面对绿色、低碳发展的客观要求，能源供需矛盾将更加凸显，能源发展将面临严峻挑战。

（一）煤炭行业举步维艰，转型压力大

2012年以来，煤炭价格逐步走低，2014年跌至2006年以来的最低点，就2015年销售情况看，平煤商品煤销售价格每吨较2014年下降100元以上，义马煤业商品煤售价仅183.05元/吨，郑煤集团原煤平均售价258.55元/吨，同比下降31.6%；全省原煤产量自2010年进入下行通道，自2009年的最高点2.30亿吨逐步下降到2015年的1.35亿吨，2012年、2013年和2014年运煤产量连续3年同比降幅在两位数以上，分别同比下降13.7%、11.2%和10.1%，2015年同比下降8.0%；原煤库存不断攀升，2013~2015年，原煤库存分别较上年增加14.9%、9.6%和19.1%，增幅有扩大态势，截至2015年底，煤炭企业库存高达524.55万吨，为"十二五"时期最高水平，较2014年增加84.13万吨，远高于"十二五"时期年均增长50万吨的增幅；河南省煤炭企业主营业务收入自2012年达到3056.96亿元的高点之后逐步下滑，2013年与2014年分别同比减少7.0%和3.0%，利润总额自2011年378.68亿元后，连续3年出现两位数降幅，2012年、2013年和2014年分别同比下降38.8%、17.8%和41.5%。自2015年前三季度开始，煤炭企业利润总额已经转亏，同比下降8.0%。随着煤炭行业亏损的持续，产能过剩情况加剧，企业经营愈来愈困难，煤炭行业亟须改革脱困。

（二）煤炭消费比重偏高，环境和大气污染严重

河南能源消费长期以来以煤炭为主，天然气、石油及非化石能源等比例偏低。2014年，全省煤炭消费占能源消费总量的比重接近80%，虽然较2010年下降6个百分点，但仍高出全国平均水平约10个百分点。煤炭对河南经济发展起到重要作用，但大量的煤炭消耗加剧城市煤烟型污染，煤炭利用效率低下带来了巨大的污染物排放负荷，引发温室气体浓度、二氧化硫等污染物排放、PM2.5等颗粒物排放增加等复合型大气环境问题，给环境保护带来不小压力。尽管近年来全省通过合理控制煤炭消费总量、大力发展新能源和可再生能源等措施来调整能源消费结构，但煤炭消费高的现状在短期内不会有太大改变，如

何加大对煤炭消费的控制力度,怎样对新上的高耗煤项目实行煤炭消耗等量和减量替代,怎样有效限制高污染劣质煤的使用,推广使用清洁优质煤和清洁能源,是今后发展中迫切需要解决的问题。

(三)提高非化石能源比重任务艰巨

无论是能源供给,还是能源消费,河南都存在非化石能源比重偏低的问题。从一次能源生产看,"十二五"时期前四年,河南非化石能源生产比重提高了0.9个百分点,2014年全省非化石能源生产比重为3.9%。而2013年全国非化石能源生产比重为10.8%,河南仍然比全国2013年平均水平低6.9个百分点。从能源消费来看,"十二五"时期前四年,河南非化石能源消费比重提高了0.8个百分点,2014年全省非化石能源消费比重为5.2%。而2013年全国非化石能源消费比重为9.4%,河南仍然比全国2013年平均水平落后4.2个百分点。"十三五"时期及更远的未来,国家对提高非化石能源消费比重将提出更高要求。河南面对水电资源开发殆尽、新能源发电、生物质能利用总量规模偏小等问题,提高非化石能源消费比重任务艰巨。

专题研究篇

Monographic Study Section

B.20
加快推进供给侧结构性改革

王作成[*]

摘　要： 复杂严峻的经济发展环境下，我国提出供给侧结构改革。这个新的课题为河南带来机遇，也提出了挑战。面对如此形势，河南省委经济工作会议提出"重点打好去产能、去库存、去杠杆、降成本、补短板'五大攻坚战'"，确保"十三五"实现良好开局。

关键词： 加快　供给侧　改革

2016年是实施"十三五"规划、全面建成小康社会决胜阶段的第一年，也是经济发展进入新常态之后推进结构性改革的攻坚之年。如何适应引领新常态、打好供给侧结构性改革攻坚战是提高河南经济供给体系质量和效率、加快发展动力转换、确保"十三五"实现良好开局的关键。

---

[*] 王作成，高级统计师，河南省政府研究室副主任。

一 河南供给侧结构性改革面临的环境

2016年，河南面临的外部经济环境依然严峻复杂。从世界经济看，复苏走势疲弱，结构调整持续，新供给正在孕育。一是世界经济疲弱复苏，全球贸易低迷。各主要国际经济组织在预测2016年继续保持增长的同时，预期值普遍较前期预测调低：世界银行2016年1月发布的《全球经济展望》预测，2016年世界经济增幅将不足2.9%，比2015年6月的预测下调0.4个百分点；同月国际货币基金组织预测2016年世界经济增长3.4%，比其2015年10月预测下调了0.2个百分点；2015年12月联合国发布《2016年世界经济形势与展望》，预测2016年世界经济增长2.9%，比2015年5月份的预测下调0.2个百分点。世界经济的疲弱态势在大宗商品和贸易变化中的表现也很突出，干散货运输市场波罗的海综合运价指数已经从2015年7月的最高点1131降到12月底的477；纽交所轻质原油期货价格2015年初为每桶50美元左右，年中涨至每桶60美元，年底跌至每桶40美元以下，2016年1月跌破每桶30美元；铁矿石价格2011年升至历史高点191.70美元/吨之后，已下滑80%，2015年累计下跌45%，2015年12月跌破40美元/吨。多年来，全球贸易增速一直保持快于经济增速的态势，但近年已连续4年低于世界经济增速。WTO公布数据显示，按美元计价，2015年前10个月全球出口值下降幅度超过11%，是自2009年全球金融危机全面爆发后再次出现下降。二是世界不同经济体走势和政策继续分化，外部环境的不稳定、不确定因素依然较多。美国经济复苏加快，2015年第一季度、第二季度、第三季度折年率增速分别为0.6%、2.3%、1.5%，但与危机前平均3%以上的年度GDP增速相比，仍有一定距离；日本经济持续下降，2015年第一季度、第二季度、第三季度折年率增速分别为4.5%、-1.2%、-0.8%；欧元区经济在逐渐摆脱"欧债危机"影响后，仍在底部徘徊，2015年第一季度、第二季度、第三季度折年率增速分别为0.4%、0.4%、1.7%；新兴市场国家受自身结构矛盾、油价下跌等多种因素困扰，增长速度下滑。据国际货币基金组织数据，2015年新兴市场与发展中经济体的经济增长率为4.0%，创2010年以来的最低水平。随着2015年12月启动近10年来的首次加息，美国进入加息通道，而欧洲、日本等仍将继续保持宽松政策，全球主要央行货币政策的分化态势进一步加剧，新兴市场国家的资本外流、货币贬值和股市动荡等诸多挑战日益加剧。三是世界经济结构正在深度调整，新的供给正在不断产生。国际金融危机打破了持续多年的欧美发达经济体借贷消费模式，东亚地区提供高储蓄、廉价劳动力和产品，俄罗斯、中东、拉美等地区提供能源资源的全球经济大循环，欧美国家纷纷实施数字制造、绿色制造、智能制造推进"再工业化"，希望在新的高度上夺回工业发展的主导权，世界多极化、经济全球化深入发展，供应链重组、经济结构调整进程加快。同时，信息技术、生物技术、新能源技术、新材料技术等交叉融合正在引发新一轮科技革命和产业变革，催生了大量新业态、新模式，促进产业制造的智能化和产业技术的融合化，供给创新正在成为新的增长动力。

从国内经济看，认识新常态、适应新常态、引领新常态是当前和今后一个时期我国经济发展的大逻辑。创新、协调、绿色、开放、共享五大发展理念成为把握引领新常态、破解发展难题、增强发展动力、厚植发展优势的新理念。加强供给侧结构性改革、提高供给体系质量和效率、加快培育新的发展动能、增强持续增长动力成为推动我国社会生产力水平整体改善的重大变革。一是经济下行压力仍然很大。突出表现为：经济增长速度继续下降，2015年，全国一季度生产总值同比增长7.0%，二季度同比增长7.0%，三季度同比增长6.9%，四季度同比增长6.8%；工业品价格持续下降，截至2015年12月，我国PPI同比增速连续46个月下降；实体经济盈利严重下降，2015年1~11月，全国规模以上工业企业实现利润总额同比下降1.9%，41个工业大类行业中，29个利润总额同比增长、1个与上年持平、11个同比下降；财政收入大幅度下降，经济风险发生概率上升。在这种形势下，防范化解因经济下行引发的各种风险仍是政策着力的重要方面。二是供给侧结构性改革迫切。随着国际市场增长放缓和我国经济发展进入新常态，在高速增长阶段形成的相当部分产能达到峰值，投资类产品普遍需求不足，能源原材料产能严重过剩，产出萎缩、效益下滑。2015年1~11月，全国煤炭行业利润总额下降61.2%，非金属矿物制品业利润下降8.8%，黑色金属冶炼和压延加工业利润下降68%，有色金属冶炼和压延加工业利润下降6.9%。粗钢产量同比下降2.2%，生铁产量同比下降3.1%，平板玻璃产量同比下降7.9%，水泥产量同比下降5.1%。汽车等曾经保持高速增长的消费品工业增长速度也明显放缓，2015年1~11月全国汽车产量增长1.4%，其中轿车产量下降9.7%。与此同时，随着居民收入水平提高和消费结构升级，消费档次拉开，个性化、多样化消费渐成主流，人们对中高端消费品和发展型、享受型的精细化、高品质生活性服务需求快速增长，而这些需求国内现有的生产能力又不能很好地满足。近年来，越来越多的国人走出国门消费，"代购潮"、"海淘热"、"疯抢马桶盖"等现象成为热点。据国家旅游局预计，2015年我国出境旅游人数突破1.2亿人次，出境游客消费支出高达1.23万亿元。在这一背景下，推进供给侧结构性改革成为适应我国经济发展新常态的必然要求，成为世界经济艰难增长大环境下中国经济引领新常态的必然选择。

二　河南供给侧结构性改革的机遇和挑战

与长期实施的需求拉动发展模式相比，供给侧结构性改革是一个新的课题。习近平总书记强调："供给侧结构性改革，重点是解放和发展社会生产力，用改革的办法推进结构调整，减少无效和低端供给，扩大有效和中高端供给，增强供给结构对需求变化的适应性和灵活性，提高全要素生产率"。用这一新的要求来审视，河南既有机遇，也有挑战。

从机遇看，供给侧结构性改革的大趋势与河南这些年培育起来的优势有望形成良性共振，加快促进发展潜力的释放。一是区域优势凸显有利于集聚新的供给。最突出的是战略叠加优势和比较优势。从战略叠加优势看，国家高度重视河南的发展，习近平总书记强调，实现"两个一百年"奋斗目标，实现中华民族伟大复兴的中国梦，需要中原更加出彩。近年来，国家先后批复粮食生产核心区、中原经济区、郑州航空港经济综合实验区三大战略规划，2016年初国务院又批复了郑州跨境电子商务综合实验区，郑洛新国家自主创新示范区、河南自贸区申建取得重大进展，未来重大战略机遇彼此支撑的叠加效应将会逐步增强，河南在全国发展大局中的战略地位将会持续提升，有利于供给侧改革过程中各种要素资源的汇集。从比较优势看，河南劳动力总量占全国的7.6%，每年普通高校和职业学校毕业学生60多万人，每年接受各类职业技能培训300万人次，有较高知识水平和职业技能的劳动力比重持续提高，人力资源优势更加凸显；"米"字形快速铁路网和郑州综合交通枢纽加快形成，航空网络不断完备，多式联运快速发展，现代立体综合交通网络优势越来越凸显，有助于赢得更多的发展要素和空间；作为过亿人口的发展中大省，河南市场规模优势在社会总需求依然不足的大环境下更加凸显；产业门类比较齐全，产业协作配套能力不断加强，集聚发展态势明显，发展战略性新兴产业有基础和条件，发展传统产业有优势和潜力，有利于在供给侧多个领域同时发力。二是发展空间拓展为供给侧结构改革提供了宽阔的舞台。其中最大的空间是新型工业化、信息化、城镇化、农业现代化"四化"同步发展。从发展阶段看，河南正处于"四化"加速推进阶段，农业现代化水平快速提高，产业结构加快优化，特别是服务业进入快速成长期，新的需求和增长点不断涌现，有效供给持续增加；缩小城乡、区域发展差距的力度逐步加大，巨大的内需潜能正在加速释放。同时，国家鼓励中原地区形成带动全国发展的新空间，将推动"四化"同步发展进程进一步加快，进而创造大量新需求、催生大量新供给。三是外部新供给的增加将为结构性改革带来新的机遇。最重要的是科技产业革命、国家政策与产业转移三大机遇。从科技产业革命看，新一轮世界科技革命和产业革命正在孕育形成，"中国制造2025"启动实施，尤其是"互联网＋"蓬勃发展，加速与各领域深度融合，河南在一些领域有一定优势，可以形成具有较强竞争力的新经济增长点。从国家政策看，国家将制定实施新十年中部崛起规划，支持中原城市群发展，加大对中西部基础设施投资力度，实施脱贫攻坚工程，货币政策保持适度、中性，财政政策加力增效，阶段性提高财政赤字率，实行普惠性降税政策，这些措施都有利于河南争取国家更大支持、加强薄弱环节、加快结构调整。从产业转移看，国家大力推进"一带一路"战略，培育以沿海、沿江、沿线经济带为主的纵向横向经济轴带，国际国内产业梯度转移的趋势仍在继续，有利于河南融入全国开放格局，打造内陆开放高地。尤其是为贴近消费市场，沿海发达地区一些厂商已开始将产业的中高端环节甚至整个链条、研发机构向中西部转移，这将为河南通过承接高水平产业转移优化结构安上"加速器"，有利于河南扩大有效供给。

从挑战看，河南经济主要是受发展水平低、产业结构不合理、创新能力弱的制约，供给侧结构性改革的任务更重，影响更大、难度更大。一是供需错配突出，结构性改革任务艰巨。一方面，能够实现的供给市场需求不旺。突出表现是：一些传统产业生产能力利用率不高、产出增速减缓或下降，如全省原煤产量从 2009 年的 23018 万吨下降到 2014 年的 14416 万吨；原铝产量从 2012 年的 368 万吨下降到 2015 年的 325.90 万吨；布的产量从 2010 年的 39.34 亿米下降到 2015 年的 25.20 亿米；机制纸和纸板从 2009 年的 1023.66 万吨下降到 2014 年的 698.40 万吨。另一方面，无论是生产还是消费需求都存在本省供给能力不足或无法供给的问题。比如市场需求旺盛的高品质消费品和高端投资品生产能力较弱且处于零星分布状态，有的还是空白。再比如，河南服务业占比低于全国 10 个百分点左右，全国市场供需缺口大的新兴服务业和具有"乘数效应"的金融、现代物流等生产性服务业发展严重不足。又比如，公共产品和公共服务历史欠账较多，尤其是在教育、医疗、养老、减贫脱贫等社会事业领域，供水、供热、公交等公共服务领域，供给规模和服务质量与人民群众日益提高的需求不相适应，人均水平与全国平均水平的差距也比较大。二是产能过剩行业庞大，存量调整阵痛剧烈。河南煤炭、有色、建材、化工等全国性产能严重过剩行业在工业中占比高达 45% 左右，且从业人员多、企业负债高、潜在风险大。以煤炭为例，2014 年河南煤炭行业从业人员 52.11 万人，总资产 3390.43 亿元，流动资产 1234.82 亿元，负债合计达 2094.53 亿元，当年应交增值税 116.68 亿元。2015 年 1~11 月，全行业亏损 23.59 亿元，税金同比下降 26.5%，一部分矿井已经处于停产或关闭状态，企业职工出现减薪、待岗等现象，企业已经体会到产能不能有效发挥的痛苦。国家加大去产能力度，在对这些行业产生影响的同时，也将对全省经济、就业产生较大冲击。三是要素总体水平偏低，补齐短板任重道远。河南要素配置市场化程度低，尤其是资本市场发育不充分，高素质人才短缺，创新能力和科技成果转化能力弱。据统计，目前全省研发投入强度仅相当于全国平均水平的一半左右，大中型企业建有研发机构的只有 1/4，高新技术企业数占全国的比重不足 2%，新产品销售收入占主营业务收入的比重不足 8%，低于全国平均水平 5 个百分点以上。作为供给主体的企业多数处于"小而散"的状态，技术水平先进、市场地位领先的大企业、大集团少，尤其是行业领军企业和知名品牌少、带动能力弱，多数市场主体距离提供优质供给的要求还有相当距离。特别是国有企业改革相对滞后，不少企业包袱重、困难多，在市场竞争中处于不利的地位；民营企业发展的体制机制障碍较多，在产权保护、市场准入、政策待遇、资金融通等方

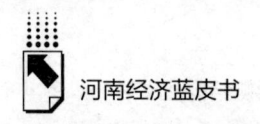

面存在诸多难题,发展活力不足、经营能力和市场竞争力不强。新技术、新产业、新业态、新模式对产业新旧动力转换的支撑引领作用不强,创造新供给、提高供给质量难度较大。

三 河南推进供给侧结构性改革的重点

河南省委经济工作会议指出:"必须在适度扩大总需求和调整优化需求结构的同时,把加强供给侧结构性改革作为提高发展质量和效益的关键,加快形成引领经济发展新常态的体制机制和发展方式,以改革开放创新促进人力、资本、土地、技术等要素优化配置,重点打好去产能、去库存、去杠杆、降成本、补短板'五大攻坚战',不断提高供给体系的质量和效率",明确了河南供给侧结构性改革的方向。在实际工作中应突出重点,在"三个着力点"上下工夫。

着力"去",优结构,防风险,包括去产能、去库存、去杠杆,通过减少无效和低端供给、减少房地产库存、化解各种债务风险改善供给结构。

"去产能"重点要解决好那些处于全国产能过剩行业中的企业的去向问题,按照企业为主体、政府推动、市场引导、依法处置的原则,因地制宜、分类有序处置。一要积极稳妥处置"僵尸企业"。国家已经明确规定,要对不符合能耗、环保、质量、安全等标准和长期亏损、资不抵债、停产半停产的企业采用关停并转、兼并重组、破产清算等方式予以出清。应及早着手,摸清底数,制订周密方案。有序退出资源枯竭、灾害严重、煤质差、长期亏损的煤矿,坚决关闭退出煤矿落后产能,对承担社会责任重、产品有市场的骨干煤炭企业应采取免收国有资本经营收益、降低洗选煤资源税折算率等措施予以支持,对完成"三供一业"分类移交工作的省属煤炭企业予以补助;对主动退出过剩产能的钢铁企业给予融资、用地、排污权交易等支持。在处置僵尸企业的过程中,既要停止对"僵尸企业"的财政补贴和各种形式保护,引导金融机构配合、支持企业兼并重组,又要稳妥处置企业债务,防止企业恶意逃废银行债务,妥善安排下岗职工,防范引发金融、社会风险,同时还要防止一刀切,对产品有市场、有效益但暂时遇到困难的企业不能一概归为僵尸企业,仍要积极创造条件,推动企业走出困境。二要推进产能过剩行业企业转型发展。对产能过剩行业中不属于僵尸企业的,要加大转型发展力度,增强企业竞争力和可持续发展能力。比如钢铁、电解铝、建材企业可以面向市场、开拓市场、调整产品结构，延伸补强下游精深加工产业链，降低成本，实现转型脱困。再比如煤炭企业可以强化全链条、全环节、全方位成本管控，提高原煤洗选加工比重，降本增效，积极探索以资产为纽带的煤电一体化平稳运行新机制等。

"去库存"重点是去房地产库存。当前突出的问题是部分市县房地产库存量过大，尤其是一些县城按目前的销售速度，库存在未来几年内也很难消化。但也要看到，房地产市场的分化特征很明显，不同市县供求状况差别很大，各地的政策不能一刀切，必须因城施策。应加快推进以满足新市民住房需求为主要出发点的住房制度改革，加大公积金归集扩面力度，将有稳定劳动关系的非市民常住人口纳入覆盖范围，通过发放货币补贴、由政府购买或长期租赁存量商品房解决公共租赁住房，提高棚改货币化安置率。探索建立租购并举的住房制度，大力发展住房租赁市场，引导一般就业者先租后买、梯度消费。县城要加大促进农民进城购房力度，落实好促进农民进城买房政策，扩大有效需求，消化库存。

"去杠杆"重点要防范和化解金融风险，坚决守住不发生系统性和区域性风险的底线。河南政府债务风险总体可控但也要防范个别地区由于经济减速过快出现局部风险。更为重要的是：一要防范和化解企业资金链断裂引发的担保链风险。随着经济下行压力加大和部分行业困难加剧，一些企业资金链绷紧甚至断裂，由此可能引发担保链风险，甚至发展为局部区域金融风险。地方政府既要准备好资金池，必要时救急，又要当好"外科医生"，必要时"封闭切割"，防止风险的传递，同时还要协调好银行，在维护好银行利益的同时，防止银行一刀切、乱抽贷。二要防范和化解非法集资风险。尽管政府对非法集资打击力度很大，但案件仍在不断爆发，尤其是非规范民间借贷演变为非法集资案件增多。应继续落实属地管理责任和监管部门责任，坚持分类处置，认真排查，集中解决重点地区、重点行业非法集资问题，着力处置重大案件，最大限度地维护群众利益、维护经济发展、维护社会稳定。

着力"降"，减包袱、强活力。核心是帮助企业降低成本，让企业轻装上阵。生产经营成本持续攀升是企业经营困难的主要原因，2015年，河南省规模以上工业企业主营业务成本占主营业务收入的比重为87.5%。企业面临的高成本问题包括：制度性交易成本，虽然政府简政放权力度很大、商事制度改革效果很好，但"事难办"的问题仍很突出；融资成本高，融资难、融资贵仍是很多企业面临的突出问题。各种税费成本、物流成本和社会保障成本等。要对症下药，切实为企业减轻负担。为此，一要继续简政放权，切实打通"中梗阻"和"最先"、"最后"一公里，解决懒政怠政和不作为慢作为问题；二要继续加大金融改革发展力度，为企业拓宽融资渠道，降低融资成本。加快"金融豫军"的建设，发展多层次资本市场，支持更多的企业挂牌上市，鼓励金融机构改革创新，清理企业贷款中的不合理收费及绑定服务，强化银企合作。三要加大减费降税力度。尽快落实出台降低制造业增值税税率、职工社会保险企业缴付比例、高速公路收费标准和电价等政策，帮助企业降低交易、人工、物流、财务、电力等成本和税费负担。继续清理规范中介服务收费，适当下调政府性担保公司担保费率，切实减轻企业负担。

着力"补"，破瓶颈、增优势。重在补各种短板，强化发展的优势。一要补产业发展短板。工业供需错配严重、服务业占比低且新兴业态少、农业大而不优是河南产业发展的短板。省委经济工作会提出的二三产业十大结构调整方向和现代农业发展重点是弥补这一短板的重要抓手，要采取切实措施扎实推进。要以发挥特色优势、实现局部突破为重点推动高端装备制造业升级发展；以龙头带动、集群配套为抓手促进电子信息产业加快发展；以绿色安全、知名品牌为引领推动食品工业增创新优势；以新能源汽车商业化、汽车整车制造为重点推动汽车工业跨越发展；以延链补链、降本增效、兼并重组为主攻方向推进能源原材料工业转型发展；以提升研发能力、扩大市场规模为重点推动医药产业加速发展；以技术突破、应用推广为重点推动节能环保产业加快发展；以现代物流和现代金融为引领带动生产性服务业提速发展；以民生消费为导向促进消费品工业和生活性服务业加快发展；以去库存、促消费为首要任务促进房地产业健康发展；以稳粮增收、提质增效为核心，以集约高效绿色可持续为方向发展现代农业。二要补创新发展短板。以申建郑洛新自主创新示范区为引领，大力推进各类众创孵化平台建设，着力打造创新驱动新引擎。营造鼓励创新、宽容失败、允许试错的环境气氛，加大科技改革力度，提升科技资源配置效能。坚持开放创新和自主创新相结合，激发企业、科研机构和高校、市场转化科技成果三方面潜力，切实增强创新能力和创新效果，通过创新提升供给体系的质量和效率。三要补人力资源素质短板。加快推进劳动力资源大省向人才强省的转变，立足于素质提升，持续实施全民技能振兴工程、职教攻坚工程、企业家梯次培养工程，着力培养高素质技能型人才和高素质企业家队伍；着眼于人才集聚，鼓励高校加快建设国内一流学科和优势特色学科，加强院士工作站和海外高层次人才创新园等平台建设。四要弥补基础设施短板。加快建设"米"字形高速铁路网、郑州航空港、新型能源设施、信息基础设施、水利设施等重大基础设施，创新投融资机制，加快完善政府和社会资本合作的体制机制，吸引更多的社会资本进入。五要弥补民生保障短板，重点打好脱贫攻坚战，根据不同贫困状况，分类实施向城镇转移就业脱贫、发展特色优势产业脱贫、易地搬迁脱贫、社会保障兜底脱贫和扶危济困脱贫等措施，在精准扶贫、精准脱贫的同时，推动贫困地区产业结构调整，优化区域产业结构布局，形成新的经济增长点。

B.21
谈谈对当前河南经济形势的认识

王世炎*

摘 要: 2015年经济运行总体平稳、稳中有进,结构调整与转型升级取得新进展,民生大局保持稳定。站在新的起点上,实现未来时期的发展目标,必须切实贯彻五大发展理念,以新的发展理念引领河南的发展。

关键词: 河南 河南经济 经济形势

2015年,面对复杂严峻的经济形势,全省上下深入贯彻落实中央和省委、省政府各项决策部署,主动适应经济发展新常态,统筹稳增长、促改革、调结构、强支撑、防风险、惠民生,全省经济呈现出总体平稳、稳中有进、稳中向好的良好发展态势,速度、结构、质量、效益总体协调,发展动能加快转换,人民生活持续改善。

1. 2015年经济运行总体平稳、稳中有进

全年全省生产总值比上年同期增长8.3%,高于全国1.4个百分点。工业生产增势平稳。规模以上工业增加值增长8.6%,高于全国2.5个百分点。全年呈现小幅波动、总体平稳、稳中趋升的增长态势。服务业加快发展。全省服务业增加值增长10.5%,高于全国2.2个百分点,比2014年同期提高0.9个百分点。投资需求稳中趋升。全省固定资产投资增长16.5%。消费需求总体平稳。全省社会消费品零售总额增长12.4%,增速高于全国平均水平1.7个百分点。2015年以来,社会消费品零售总额累计增速保持在12.2%~12.4%,

---

* 王世炎,高级统计师,河南省统计局副局长。

总体呈现平稳增长态势。

2. 结构调整与转型升级取得新进展

经济结构继续呈现积极变化。全省服务业增加值占 GDP 比重为 39.5%，同比提高 2.4 个百分点；拉动 GDP 增长 3.1 个百分点，同比提高 0.3 个百分点；全省高成长性制造业和高技术产业增加值占全省工业的比重分别为 47.5%、8.8%，分别提高 2.5 个、1.2 个百分点；传统支柱产业产品结构正逐步由低加工度向高加工度转化、由产业链前端向中后端延伸。新业态新模式新技术蓬勃发展。为"互联网+"发展提供技术支持和配套服务的软件和信息技术服务业、互联网和相关服务业均以超过 35% 的速度高速增长。节能降耗成效显著。规模以上工业单位增加值能耗同比下降 11.54%。万元生产总值能耗超额完成国家规定任务。

3. 民生大局保持稳定

就业总体稳定。全省城镇新增就业 144.5 万人。农村劳动力新增转移就业 72 万人，转移就业总规模达到 2814 万人。城乡收入保持较快增长。全省居民人均可支配收入 17125 元，同比增长 9.1%。城镇居民人均可支配收入 25576 元，同比增长 8.0%；农村居民人均可支配收入 10853 元，同比增长 8.9%。居民消费价格温和上涨。全省居民消费价格上涨 1.3%，涨幅比上年同期收窄 0.6 个百分点，保持温和上涨态势。

经济社会发展也存在一些突出矛盾和问题，如传统行业生产经营困难加剧、企业效益持续下降，潜在风险显性化，经济发展传统优势减弱而新的支撑力量尚在形成之中，增长动力"青黄不接"；房地产市场走势分化；部分企业融资难、融资贵问题突出；粮食价格走低、种植效益下降；财政收支平衡难度大等。总体来看，在全国经济发展步入新常态大背景下，河南省委省政府把稳增长、保态势作为全局工作的突出任务来抓，制定实施一系列政策措施，实现了经济换挡不失速、量增质提升，实现了"十二五"圆满收官，为 2016 年的经济发展奠定了良好基础。

2016 年，河南经济发展面临的形势依然复杂，依然是机遇与挑战并存，下行压力较大。一方面，稳增长保态势的一系列政策效应会继续显现，推动全省经济平稳较快增长的积极因素继续积累并发挥作用，并且经过"十二五"的发展，发展思路更加清晰，发展目标更加明确，发展基础更加坚实，有利于

"十三五"开好局、起好步;另一方面,传统产业生产经营困难与产能过剩问题不会明显改善,长期积累的结构性矛盾与竞争力不强的问题短期内还不可能得到根本解决,保持全省经济平稳较快发展仍会面临很多困难。河南省委经济工作会议提出2016年全省GDP增长目标为8%左右,我们认为是积极稳妥的。一是高于全国预期增长目标,有利于缩小与全国的差距;二是符合新常态下经济增长的趋势,也能体现全省稳增长、保态势的成效;三是既与生产要素的供给能力和资源环境的承载能力相适应,又为转方式、调结构、促改革留下空间。总体上看,2016年河南仍处于可以大有作为的重要战略机遇期,经济发展总体向好的基本面不会改变,经济发展方式和增长动力正在有序转换,促进发展的有利条件明显多于阻碍发展的困难和问题。随着积极因素的持续积累,保持经济社会持续健康发展仍然可期。

分析河南今后的发展,应该站在一定的历史纵深上来把握。"十二五"以来全省经济社会发展取得的成就,使全省加快现代化建设站在了新的历史起点上,并为2016年以及整个"十三五"发展打下了坚实基础。

一是发展的物质基础更为雄厚。经过"十二五"时期的发展,全省已经拥有较为雄厚的物质基础。2015年生产总值超3.7万亿元,稳居全国第五位,是2010年的1.6倍;粮食年产量分别于2011年跨越1100亿斤、2015年跨越1200亿斤,达到1213亿斤;新郑机场二期等重大项目建成投用,米字形高速铁路网建设全面展开,高速公路通车里程增加到6300公里,基础支撑能力显著增强;服务业占生产总值的比重达到39.5%、比2010年提高8.9个百分点,高成长性制造业和高技术产业占规模以上工业增加值的比重达到56.3%、提高15.5个百分点;常住人口城镇化率达到46.85%,作为拥有一亿多人口的大省,河南有近一半的人在城市工作和生活是了不起的。

二是三大国家战略深入实施、效果显著。为解决粮食安全和发展基础问题,河南于2009年推动粮食生产核心区上升为国家战略。经过六年多时间的建设,到2015年粮食总产量、夏粮产量、秋粮产量分别突破1200亿斤、700亿斤、500亿斤,顺利完成了粮食生产核心区中期目标。为解决农业主产区在不牺牲农业的前提下,通过工业化、城镇化与全国同步实现小康问题,河南于2012年推动中原经济区上升为国家战略,经过三年多时间的努力,河南主要经济指标年均增速高于全国平均水平;城镇化质量和水平稳步提升,"四化"

同步协调性明显增强。为解决内陆省份在全球化背景下，构建开放新平台利用两种市场两种资源，搭建参与国际经济循环的窗口，配置高端生产要素促进产业结构升级，打造战略突破口，解决核心增长极问题，河南于2013年推动郑州航空港经济综合实验区上升为国家战略。经过近三年的建设，目前货运航线网络基本覆盖欧美亚，国际空运物流中心枢纽地位初显，以郑州为中心的全球智能终端研发制造基地初步形成，郑欧班列运营综合指标居中欧班列首位，郑州跨境贸易电子商务服务试点综合指标居全国试点城市首位，航空港引领开放、带动发展的作用日益彰显。一言以蔽之，三大国家战略的支撑为河南在新的起点上跨越起飞奠定了坚实基础。

三是区域发展空间进一步拓展。河南对空间发展格局理念的认识不断深化，于2008年提出完善中原城市群规划，着力构建"一极两圈三层"现代城镇体系；2012年进一步明确了核心带动、轴带发展、节点提升、对接周边的原则；在此基础上，通过总结以往城镇化经验做法，于2015年底正式提出坚持中心带动、向心发展、错位发展和互补发展，构筑"一极三圈八轴带"的空间发展格局。随着以郑州为中心、辐射八方的米字形高速铁路网、城际铁路网和航空港加快建设，人口和产业正逐渐沿交通线集聚从而形成米字形城镇产业发展轴带，越来越具备弥补诸如黄淮地区等发展"短板"和薄弱环节，变劣势为潜力，从而拓展区域发展新空间、增强发展后劲的能力。

四是要素支撑条件进一步改善。从人力支撑看，河南是人力资源大省，劳动力较为充裕且素质不断提升。从交通支撑看，河南着力打造现代立体综合交通网络，高速公路里程居于全国前列，米字形高速铁路网加快推进，交通运输能力显著增强。从资金支撑看，全省金融机构人民币各项存款余额达到4.76万亿元，大于GDP 1.06万亿元，资金量充裕；存款余额高于贷款余额的幅度从2010年的7278亿元增加至2015年的16197亿元，贷款有较大潜力。从能源支撑看，全省火力发电装机容量已超过6000万千瓦，新能源迅猛增长。要素条件的进一步改善，将有力支撑河南经济保持较高增速增长。

五是产业发展基础进一步巩固。从农业看，农业生产有望继续保持稳定。近年来，河南加快粮食生产核心区建设，实施藏粮于地、藏粮于技战略，实施高标准良田"百千万"工程和依靠科技提高单产和品质等增产增效行动，已形成稳定的粮食综合生产能力。只要不出现大的自然灾害，粮食丰收就有保障；畜牧业大型规模化养殖已成畜牧业生产主体，目前畜牧业生产有望继续保持稳定。从工业看，支撑全省工业保持平稳较快增长的因素依然较多。中央结构性改革的政策措施将会从供给和需求两端发力，给工业优存量、促增量、稳增长、调结构注入新的动力；我国实行新一轮高水平对外开放、大力推进"一带一路"建设，为河南融入全球产业链价值链物流链、推动优势产能"走出去"提供了契机；近年来河南谋划建设的179个产业集聚区、郑州航空港经济综合实验区以及电子信息产业等重大项目会继续发力，为工业经济增长提供有力支撑；全省高成长性制造业和高技术产业已占工业半壁江山，精深加工产品产量较快增长增强了传统支柱产业的稳定性，工业结构调整和转型升级取得的成效奠定了工业稳定增长的基础。从服务业看，服务业提速扩量、有望进一步加快发展。近年来河南加大力度促进服务业发展，通过放宽市场准入、加大基础设施和公共服务平台建设投入、打造服务业发展软环境、加快建设176个"商务中心区"和"特色商业区"承接产业转移、推进服务业重大项目建设等多项措施，有力推动了服务业加快发展，改变了长期以来服务业增速慢、比重低，一直是经济发展短板的局面。随着一系列促进第三产业发展政策的进一步落实，服务业有望继续保持较好发展势头。

坚实的基础是未来发展的新起点。党的十八届五中全会提出，必须牢固树立创新、协调、绿色、开放、共享发展理念，这是关系我国发展全局的一场深刻变革。站在新的起点上，实现未来时期的发展目标，必须切实贯彻五大发展理念，以新的发展理念引领河南的发展。

一是把创新作为引领发展的第一动力。2015年，河南研发经费投入强度预计只有1.19%，明显低于全国平均水平，也没能完成"十二五"规划目标。河南不仅科技创新资源不足，制度创新、管理创新、文化创新等方面的工作也不到位，造成整体创新水平低，资源配置效率差，产品大路货多、技术含量和附加值低，不适应市场需求，导致传统支柱产业的优势和竞争力不断减弱，调整转型的阵痛时有加剧。习总书记指出，"创新是引领发展的第一动力，抓创新就是抓发展，谋创新就是谋未来"。从河南实情看，推进创新发展，大力推进科技创新、制度创新、管理创新、文化创新等各方面创新，能有效提高供给的质量和水平，能加快培育新的增长动力和新的竞争优势，大大减少增长动力"青黄不接"的时间，从而更好适应新常态。

二是把协调作为持续健康发展的内在要求。河南在发展中一定程度地存在不平衡、不协调、不可持续的问题。地区间发展差异较大，黄淮4市等传统农业区人均GDP明显低于全省平均水平，是经济发展的短板；城镇化水平低，统筹城乡发展任务繁重。不协调发展，就不足以全面小康；不协调发展，就不足以崛起振兴。推进协调发展，构筑平衡发展新格局，必须在强化弱项、补齐短板上多用力，通过加快中原城市群一体化发展、有序推进农业转移人口市民化，变不足为动力，化当前劣势为今后发展潜力，努力在推动协调发展中拓宽发展空间，实现经济持续健康发展。

三是把绿色作为永续发展的必要条件。近年来河南资源环境约束日益加剧，长期积累的生态环境问题正在集中显现，大面积严重雾霾现象日益常态化，地表水环境质量总体下降，城乡居民饮水不安全。粗放的工业生产及化肥农药过量使用导致土壤污染加剧、质量退化。城镇固体废弃物堆存量不断增加，农村环境污染问题日益突出。环境污染已导致河南产生了越来越多的健康问题，成为人民群众普遍关切的热点焦点问题。青山绿水是河南最宝贵的生态资源，必须坚持节约资源和保护环境的基本国策，坚定不移走绿色低碳循环发展之路，构建绿色产业体系和空间格局，推动形成绿色生产方式和生活方式，建设天蓝、地绿、水净的美丽河南。

四是把开放作为繁荣发展的必由之路。近年来河南对外开放取得的成绩斐然。通过发挥比较优势、提升产品国际竞争力，2015年全省进出口同比增长15.3%，在全国同比下降7%的大环境下实现了逆势上扬，找到了一条内陆省份开放发展的新路子。但我们对外开放的水平总体上还不够高，利用开放推动产业优化升级、加快工业化城镇化进程、集聚创新要素、推进创新发展的能力还不够强。要想在下一步发展中乘势而上、弯道超车，必须坚持以扩大开放"一举求多效"，提升郑州航空港经济综合实验区这一高层次国际交流平台的坚实水平和竞争优势，全面融入国家"一带一路"建设，持续推进开放招商，拓展对内对外开放的广度和深度，提升利用国际国内市场、资源的效率和效益，发展更高层次的开放型经济。

五是把共享作为中国特色社会主义的本质要求。改革开放以来，河南经济发展的"蛋糕"不断做大，但分配不公问题还比较突出，2014年底全省有贫困人口576万、总量居全国第3位，贫困人口相对比较多。习总书记指出，

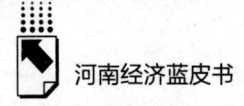

"面对人民过上更好生活的新期待,我们不能有丝毫自满和懈怠,必须再接再厉,使发展成果更多更公平地惠及全体人民,朝着共同富裕方向稳步前进"。对河南而言,要把"蛋糕"分配好,必须注重解决好社会公平正义问题,促进就业创业和居民收入增长,持续增加城乡居民尤其是中低收入劳动者收入,打赢脱贫攻坚战,实现全省人民共同迈入全面小康社会的目标。

B.22
当前河南供给侧存在的问题和"十三五"时期调整建议

俞肖云 叶皓瑜 宗方 曹雷 崔岚 张小科*

摘　要： 在特定的时期内，注重需求侧管理的宏观经济政策对我国及河南经济社会的发展起到促进作用。随着经济发展阶段的演进，经济中的主要矛盾已经发生深刻变化，供需不匹配的情况凸显，河南作为经济大省和资源大省，受到较大的冲击，供给侧改革和调整势在必行。本文从河南供给侧现状出发，深入剖析供给侧存在的问题，并通过 DEA 模型对各行业效率进行考察和分析，希望能对河南供给侧调整提出一些有针对性的对策和建议。

关键词： 河南　供给侧　DEA 模型

改革开放以后，市场经济体制不断完善和发展，宏观经济学逐步引入并指导我国经济社会实践。扩张性的财政货币政策的实施，在一定时期内对我国经济增长和社会发展起到很大的促进作用。随着经济发展阶段不断推进，经济中主要矛盾发生变化："投资出口占比太大，消费占比太小"的时代正在远去，而"供给跟不上需求"正成为经济增长的重要障碍。

作为经济大省之一，河南对资源依赖相对较大，经济中主要矛盾的变化对

---

* 俞肖云，高级统计师，河南省统计局副局长；叶皓瑜，高级统计师，河南省统计科学研究所副所长；宗方，高级统计师，河南省统计科学研究所；曹雷，河南省统计科学研究所；崔岚，河南省统计科学研究所；张小科，河南省统计科学研究所。

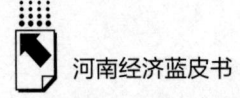

河南影响较深。河南以往围绕自然资源开发利用积累了大量过剩的生产能力。产能过剩的企业和产业会占据大量资源，使人力、资金、土地等成本居高不下，制约了新经济体制和模式的发展，逐步成为河南经济转型升级的一大包袱。根据发展经济学家钱纳里的经济发展阶段理论，当前河南已经处于工业化的中后期阶段，从国际产业发展和产业结构调整与分工趋势来看，当工业发展到一定阶段，现代农业、工业和服务业的发展将成为国民经济发展的新增长点，因此政府的产业政策也必须做出相应的调整。在此情形下，河南"供给侧改革"也应运而生，且势在必行。

一 河南供给侧的现状和特点

（一）一产、二产供给能力显著增强，三产比重偏低

近年来，河南省按照粮食生产核心区战略规划，大力实施高标准良田"百千万"建设工程，加快转变农业发展方式，粮食在高起点上继续增产，已经连续四年超过1100亿斤。2014年河南省粮食产量达到1154.46亿斤，占全国总产量的9.5%，中部六省最高。从一产内部结构来看，2014年河南农业增加值2627.40亿元，占一产增加值的63.16%，牧业占比32.9%，而林业、渔业的比重较低，发展滞后；一产中粮食作物占农作物的比重为71%，比重偏高（见表1）。

表1 河南主要农作物种植结构

单位：%

农作物	2010年	2011年	2012年	2013年	2014年
粮 食	68.4	69.1	70.0	70.4	71.0
油 料	11.0	11.1	11.0	11.1	11.1
棉 花	3.3	2.8	1.8	1.3	1.1
烟 叶	0.9	0.9	0.9	1.0	0.9
蔬 菜	12.0	12.1	12.1	12.2	12.0
瓜果类	2.4	2.3	2.3	2.3	2.3
其 他	1.2	0.8	0.9	0.8	0.8

资料来源：《河南统计年鉴2015》。

从二产内部的结构来看,规模以上工业中建材、能源、轻纺、冶金、化工等传统支柱产业供给能力较强。但总体上看,高能耗、高污染、资源型的产业仍比重较大,2014年河南六大高载能行业占规上工业增加值比重仍在35%以上,与中部六省和全国平均水平相比,河南处于较高水平;近年来高技术产业增幅虽然较大,但比重仍然较小,2014年河南规模以上工业中高技术产业增加值仅占7.6%;在高成长性制造业中装备制造业和食品工业等行业获得较快的发展,增加值比重不断提升(见表2)。

表2 2014年河南省规模以上工业行业结构

单位:%

	行业	增加值占规模以上工业比重
六大高载能行业	煤炭开采和洗选业	5.3
	化学原料及化学制品制造业	4.9
	非金属矿物制品业	13.1
	黑色金属冶炼及压延加工业	5.1
	有色金属冶炼及压延加工业	3.5
	电力、热力的生产和供应业	3.4
	合计	35.3
高技术产业	医药制造业	2.5
	航天、航空器及设备制造业	0.0
	电子及通信设备制造业	3.8
	计算机及办公设备制造业	0.2
	医疗仪器设备及仪器仪表制造业	0.9
	信息化学品制造业	0.1
	合计	7.6
高成长性制造业	电子信息产业	3.7
	装备制造业	15.1
	汽车及零部件产业	3.5
	食品产业	15.7
	现代家居产业	3.8
	服装服饰	3.3
	合计	45.0

资料来源:《河南统计年鉴(2015)》。

第三产业比重仍旧偏低,发展相对滞后。和全国及中部六省相比,河南的一产、二产占比较高,三产占比偏低。从全国的产业结构来看,三产的比重在2012年已超过二产,而河南省的三产比重仍然低于二产。和中部其他5省相比,2014年河南一产占比是中部6省中最高的,二产占比仅比中部6省中二产占比最高的安徽低2.1个百分点,而三产却比中部6省中三产占比最高的山西低7.4个百分点。总体来看,三产对河南经济增长的拉动作用偏弱(见表3)。

表3 2014年全国及中部六省生产总值分产业构成

单位:%

区域	第一产业	第二产业	第三产业
全国	9.2	42.7	48.1
山西	6.2	49.3	44.5
安徽	11.5	53.1	35.4
江西	10.7	52.5	36.8
河南	11.9	51.0	37.1
湖北	11.6	46.9	41.5
湖南	11.6	46.2	42.2

资料来源:《中国统计年鉴(2015)》。

从三产内部结构看,传统服务业供给较为稳定。2014年批发零售、住宿餐饮增加值同比增长8.8%和6.0%,房地产业供给过剩,2014年河南商品房待售面积3694.06万平方米,环比增长35.98%,待销1~3年的面积环比增长49.52%,库存压力大和民众买房难共存,供需结构和方式不匹配(见表4)。新兴服务业发展加快,供给增幅较大,2014年金融、租赁和商务服务、居民服务等增加值同比分别增长15.6%、26.0%和14.2%。随着全省交通运输条件的优化升级,航空物流、快递物流业发展迅猛,2014年新增2A级以上物流企业169家,全年快递业务量2.61亿件,同比增长52.2%,业务收入36.42亿元,同比增长54.0%。

表4 2014年河南房地产待销情况

单位：万平方米

项目	合计	住宅	办公楼	商业营用房	其他
商品房待销面积	3694.06	2875.05	78.49	531.12	209.40
待销1～3年	1274.31	945.02	29.48	225.01	74.80
待销3年以上	36.83	16.26	2.80	9.03	8.74

资料来源：《河南统计年鉴（2015）》。

（二）市场要素资源供给存量相对充足

劳动力供应存量较大，但人口红利逐步减少。从三次产业就业结构来看，河南省2014年第一产业就业人数占比最高，一产就业人数比二产、三产分别高出32.9%、41.6%，劳动力存量资源较多。但随着人口老龄化的到来，河南"人口红利"优势也在逐步减弱。2014年河南省16～18岁劳动年龄人口6551.4万人，占常住人口比重为69.4%，同比减少20.6万人，同比下降0.4个百分点，全省劳动力的绝对数量和相对数量都呈下降态势。

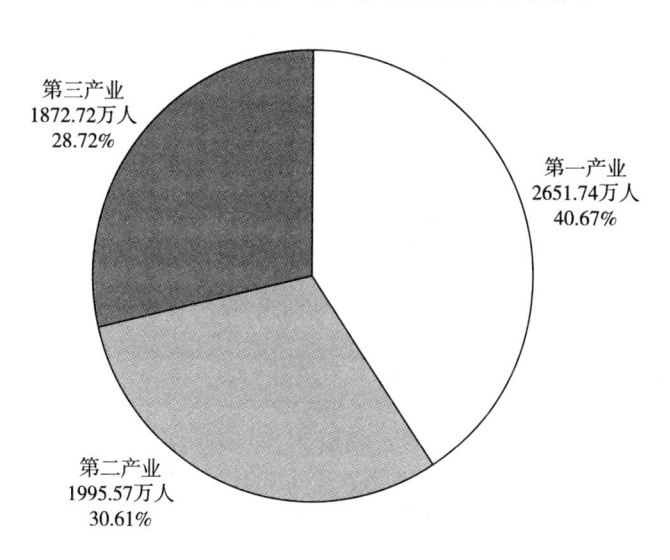

图1 2014年河南省三次产业从业人员数及占比

资料来源：《河南统计年鉴（2015）》。

土地资源相对稀缺,基础资源供应相对充足。河南省占全国国土总面积的1.74%,山区、丘陵和平原面积分别为4.44万、2.96万和9.30万平方公里,平原面积最大,占总面积的55.7%。土地类型复杂多样,为农、林、牧、渔业的综合发展和多种经营提供了十分有利的条件。但人均土地资源数量有限,河南以占全国1.74%的土地,养育着全国6.9%的人口,全省人均土地资源仅有0.18公顷,只有全国平均水平的25.7%。由于人口基数大,人口增长绝对数量多,人多地少的矛盾突出,土地开发利用程度高,可利用的后备土地资源特别是后备耕地资源严重不足。河南省主要基础性原材料供应充足,2014年原煤、粗钢、发电量、原油和水泥的产量占全国的比重分别是3.72%、3.5%、0.73%、2.23%和6.95%;和中部其他5省相比,河南水泥产量在中部6省中最高,原煤产量位居第二,发电量位居第二,粗钢产量位居第三(见表5)。

表5 2014年全国及中部六省基础性原料供给状况

单位:万吨,万千瓦

地区	原煤	粗钢	发电量	原油	水泥
全国	387400	82230.63	15053.02	21142.92	249207.08
山西	92800	4325.40	18.30	Na.	4831.96
安徽	12800	2451.40	4.50	Na.	12982.13
江西	2800	2235.30	24.58	Na.	9848.60
河南	14416	2882.16	109.71	470.46	17331.49
湖北	1100	3020.87	87.90	79.00	11423.74
湖南	5600	1917.60	136.58	Na.	12186.83

资料来源:《中国统计年鉴(2015)》。

(三)政府提供的公共产品总量不足、区域不均

政府提供的公共产品和全国平均水平有较大差距。河南在教育、医疗、卫生、文化等公共服务事业方面的供给和支出仍不能满足人民日益增长的需求,与东部省份和全国平均水平都有着一定的差距。2014年河南省普通高等学校129所,占全国普通高等学校数的5.1%,低于河南人口所占比重,同时河南没有"985"高校,"211"高校只有郑州大学一所。2014年河南社区卫生服务中心和社

区卫生服务站分别为402个和910个，同样是人口大省的广东分别为1057个和1470个，河南医疗机构提供的床位数与其作为人口大省的排位不匹配，与社会对其需求更不匹配。2014年人均公共馆藏图书0.25册，在全国排在倒数第一的位置。

由于城乡、地区之间经济发展的不平衡，以及城乡二元结构的影响，公共产品的供给在城乡、地区之间呈现较大差异。近年来，河南在城市的道路交通、教育、医疗卫生等方面都获得相对较快的发展。然而，在农村仍然存在基本公共设施供给不足、医疗卫生条件差、社会保障不到位、公共产品可选择的空间狭小等问题，城乡之间差异明显。2014年河南城市、农村每千人拥有的卫生机构床位数分别为7.84张和3.54张，两者相差一半以上，考虑到人口的因素，缺口会更大。2014年河南新农合人均筹资380元，在全国排倒数第2位，虽然新农合基本实现全覆盖，但是新农合的保障力度需进一步加大。

二 河南在供给侧方面存在的问题

以往的需求侧的宏观调控政策对河南经济快速发展发挥了重要作用，近年来河南经济增速一直高于全国平均水平，许多行业的产能得到了快速提升。但是河南在自身资源的利用上，积累了很多过剩的产能。随着我国经济步入新常态，传统的需求导向机制也对河南经济的可持续发展产生了制约。

（一）供给端产能和产品出现结构性过剩

1. 农业供给品种相对单一

从以往的一产结构可以看出，河南的农林牧渔业中，农业比重较大，在农业中粮食作物比重持续增加，农民卖粮难问题开始显现。特别是随着人民群众温饱问题的解决，农业需求基本格局开始由粮食"一元结构"向农经饲"三元结构"转化，整个市场存在着对粮食需求相对增量减少、水产品和经济作物不能满足现代消费者生活要求，以及农产品加工深度不足的问题。目前，发达国家农产品加工业产值与农业产值之比大多在2.0~3.7:1，而河南只有0.43:1。

2. 工业产能过剩行业比重偏大，产品科技含量偏低

一是工业供给结构总体偏重、高耗能行业占比仍然较大。河南作为资源大

省,重工业一直是发展的基础和优势,但随着工业化的不断推进,我国已经总体进入工业化中后期,国民经济对重工业的需求不断下降,特别是在环境承载压力下,对高耗能产能及产品的需求会迅速下降,对消费终端的轻工业需求会逐步上升。河南重工业比重相对较高导致产能的不断积累,产品过剩严重,特别是六大高载能行业产值仍占工业比重1/3以上。

二是产能过剩行业在河南比重大,且较为集中。当前,市场中过剩的行业多为资源型产业,如煤炭行业、钢铁行业、有色行业、建材行业、化工行业、纺织行业等,这些行业基本上囊括了河南的支柱行业。2014年全省的冶金、建材、化学、轻纺和能源五大支柱产业占规上工业增加值的比重将近50%(见图2)。

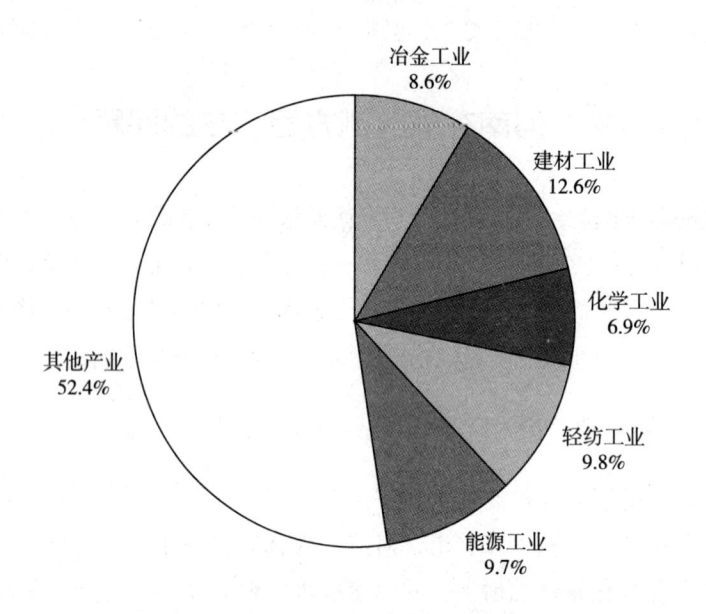

图2　2014年河南省传统支柱产业占全部规模以上工业增加值的比重

资料来源:《河南统计年鉴(2015)》。

三是工业产品科技含量偏低。河南工业企业技术力量和产品自主开发能力薄弱,多数工业产品仍集中在产业链上游和价值链低端,技术含量较低,竞争力不强。2014年全省工业企业自主创新经费投入强度仅为0.5%,低于全国平均水平0.34个百分点,在全国排第23位。从R&D经费投入活动类型来看,

2014年全省规上工业企业R&D经费活动中试验发展支出335.76亿元，占全部投入的99.56%；基础研究仅有30万元。大量研发经费只投入与生产直接相关的试验发展，导致研发结构层次不够合理，研发的后续动力不足。

3. 第三产业发展相对滞后

在河南第三产业内部构成中，传统服务业比重偏大，现代服务业比重较小，新兴服务业拓展不足。2014年，河南交通运输、仓储、邮电通信业、批发、零售贸易、住宿、餐饮业和房地产等传统服务业完成增加值6495.02亿元，占服务业增加值总量的50.8%；而信息软件业、金融保险等现代服务业和新兴服务业的比重较低，其中信息传输、软件和信息技术服务业仅占服务业增加值的3.5%（见表6）。

表6 2014年河南三产产业分布情况

单位：亿元，%

行业	增加值	占比
传统服务业	6495.02	50.8
信息传输、软件和信息技术服务业	453.88	3.5
金融业	1509.20	11.8
租赁和商务服务业	457.85	3.6
科学研究和技术服务业	311.59	2.4
水利、环境和公共设施管理业	144.36	1.1
居民服务、修理和其他服务业	553.18	4.3
教育	1212.10	9.5
卫生和社会工作	544.55	4.3
文化、体育和娱乐业	216.69	1.7
公共管理、社会保障和社会组织	891.95	7.0

资料来源：《河南统计年鉴（2015）》。

（二）供给机制有待改进

1. 产业发展方式滞后

农业发展方式滞后，不利于农业供给结构的调整。作为农业大省，传统的农户经营方式对市场反应较为迟钝，风险抵御能力较弱，产品供给较为单一，使供给结构调整缓慢。农业生产组织形式和农业劳动生产率一直处于较低水平，还不能适应现代社会对产品的需求总量和结构的变化。工业发展中，以粗犷的资本要素扩张为主，资源的循环利用、精细产品的生产、衍生产品的开发、生产的组织管理等都在一时的利润掩盖下被忽略，现代化的生产模式和生产意识还没有完全建立和树立。

2. 供给路径依赖严重

多年来，河南走粗放型发展道路，"路径依赖"严重，"锁定效应"较强。河南仍然是产业结构偏重化工业，产业链偏上游，价值链偏低端，发展方式偏粗放，路径依赖尚未打破。在"十二五"期间，虽然个别行业投资有所调整和发展，比如专用设备制造业、汽车制造业等发展较为迅速，投资增长较快，对产出和供给结构变化有较为积极的贡献。但总体上看，2011~2014年，河南的投资结构并没有本质性转变，投资总量排名靠前的行业比重和位次变化并不太明显，投资结构固化，生产和供给的路径依赖较强（见表7）。

表7 2011年与2014年固定资产投资产业结构对比情况

单位：%

2011年 固定资产投资产业		比重	2014年 固定资产投资产业		比重
第一产业		4.4	第一产业		4.2
第二产业		51.1	第二产业		51.2
二产中投资比重较大的行业	非金属矿物制品业	6.4	二产中投资比重较大的行业	非金属矿物制品业	5.2
	化学原料及化学制品制造业	4.4		化学原料及化学制品制造业	3.4
	采矿业	4.3		专业设备制造业	3.3
	电气机械及器材制造业	3.1		电气机械及器材制造业	3.2
	通用设备制造业	3.1		农副食品加工业	3.1
	农副食品加工业	3.0		通用设备制造业	2.9
	电力、燃气及水的生产和供应业	2.9		汽车制造业	2.5
	汽车制造业	2.7		电力、燃气及水的生产和供应业	2.3
	专业设备制造业	2.6		计算机、通信和其他电子设备制造业	2.3
	有色金属冶炼及压延加工业	2.2		金属制品业	2.2
	纺织业	2.1		食品制造业	2.2
	食品制造业	1.8		有色金属冶炼及压延加工业	2.1
第三产业		44.6	第三产业		44.5
房地产业		22.1	房地产业		22.6

资料来源：《河南统计年鉴》，2012、2015。

3. 供给保障机制尚不健全

目前，河南能得到广泛认同的产品和服务品牌少之又少。近年来，频繁发生的食品安全、生产安全、服务安全等问题触目惊心，从被社会普遍关注的三聚氰胺事件、瘦肉精、地沟油等食品安全问题，到河南长虹矿业公司"3.21"重大煤与瓦斯突发事故、鲁山县康乐园老年公寓"5·25"特别重大火灾事故、长垣县皇冠歌厅大火事件等生产和服务安全问题，都涉及不同领域和不同行业，造成了巨大的生命财产损失、经济和社会发展波动，充分暴露了河南的供给保障机制不健全、质量监督体系不完善。

4. 财政收支缺口大，财政支出结构有待调整

1994年我国进行了分税制改革，通过划分税权，将税收按照税种划分为中央税、地方税两大税类进行管理。随着社会和经济的发展，地方政府供给公共产品的责任有增无减，很多地方政府的责任与财力出现了严重不对称的局面。2014年，河南财政支出占全国比重为4.7%，居全国第5位；而财政收入仅占3.6%，居全国第9位。近年来，河南的财政收支缺口越来越大，收支不匹配的状况愈来愈严重。同时，在需求导向的财政政策引导下，河南财政支出结构中，经济建设支出比重仍然偏高。大量的经济建设支出以及过多参与市场领域经济运行，影响了市场机制的发挥。而在一些市场失灵的领域，财政支出过于分散，支出重点不明确，有些方面出现了保障不足或无力保障的情况，如对社会保障的支持不足，对文教、卫生和公益事业的保障乏力，对基础设施和公共设施建设的投入不足等，导致民众可享受的社会福利减少，严重制约居民边际消费倾向提高，进而抑制居民消费能力增强和消费水平升级。

（三）开放格局有待进一步完善，供给水平和空间受限

1. 外贸依存度仍然较低，产品和劳务输出能力有限

近年来，河南对外出口发展迅速，2014年河南进出口总值3944.36亿元，创历史新高，但外贸依存度仍然只有11.4%，外贸作为拉动经济发展的三驾马车之一，对全省经济发展的推动作用仍有待提升。特别是在河南出口结构中，工业品对外贸易一直是河南主要创汇来源，而服务贸易出口创汇非常少。在河南服务贸易出口中，传统的服务产品居多，旅游业和国际劳务输出是主要的出口创汇项目，而金融、保险、信息技术、通信等新兴领域服务出口极少，

知识密集型服务出口发展滞后。

2. 河南利用外商直接投资（FDI）调整经济结构的思维有待加强

改革开放以来，河南利用外商直接投资飞速发展。2014年，河南利用FDI达到149.27亿美元，占全国FDI总量的12.5%。但河南利用FDI结构不合理，FDI在三次产业间的分布比例为3.3%：77.7%：19.0%，第一产业和第三产业利用FDI的水平相对较低，尤其是第一产业利用FDI占比还不到4%，而河南是一个农业大省，这与河南的实际需求不太相符（见表8）。河南省实际利用FDI主要集中在以制造业为主的第二产业，制造业又多集中在劳动密集型的加工业。FDI产业投向的不合理不利于河南产业结构的平衡发展。

近年来，河南对外直接投资额也有所上升，2014年对外直接投资达到15.9亿美元，是2000年的142倍。但这个总量仅占全国对外直接投资额的1.29%，与河南GDP占全国GDP 5.5%的比重相比差距较大，说明河南"走出去"的步伐比较慢，对外输出能力欠缺。

表8 2014年河南FDI行业分布

单位：万美元，%

行业	投资额	占投资额比重
农、林、牧、渔业	49428	3.31
采矿业	25969	1.74
制造业	1021058	68.40
电力、燃气及水的生产和供应业	104299	6.99
建筑业	7821	0.52
交通运输、仓储及邮政业	42160	2.82
信息传输、计算机服务和软件业	11293	0.76
批发和零售业	56035	3.75
住宿和餐饮业	2810	0.19
金融业	5918	0.40
房地产业	105787	7.09
租赁和商务服务业	37683	2.52
科学研究、技术服务和地质勘察业	10093	0.68
水利、环境和公共设施管理业	8528	0.57
居民服务和其他服务业	0	0.00
教育	8	0.00
卫生、社会保障和社会福利业	0	0.00
文化、体育和娱乐业	3798	0.25

资料来源：《河南统计年鉴》2012、2015年。

三 基于DEA模型的河南行业效率实证分析

关于供给侧改革，习近平总书记强调："在适度扩大总需求的同时，着力加强供给侧结构性改革，着力提高供给体系质量和效率，增强经济持续增长动力。"结构性改革旨在调整经济结构，使要素实现最优配置，提升经济增长的质量。DEA模型正是侧重多种投入和产出的相对效率，对代表性行业的规模性和技术性效率进行分析与对比，这有利于我们准确把握产业发展情况，有针对性地调整产业供给结构。

（一）建立DEA模型效率评价体系

我们根据可比性、可操作性、科学性、实用性的指标选择原则选取以下指标和所需数据。

对于投入指标，本文选择从业人员数、资产总计作为劳动力和资本要素的投入，对于产出指标，选择了规模以上工业增加值和服务业总产值作为产出指标。笔者选取2012~2014年河南规上工业企业的数据来分析工业行业平均效率情况，选取2014年河南服务业的数据来分析服务业各行业的效率情况（见表9）。

表9 河南省行业效率评价指标

类别	指标
产出指标	规模以上工业增加值或服务业总产值(亿元)
投入指标	从业人员(万人)
	资产总计(亿元)

（二）DEA效率测度及评价分析

1. 对河南工业行业效率分析

从表10中看出，规模以上工业企业中，烟草行业综合技术效率水平最高，达到1，生产效率最优，现有的资源得到了有效的配置。但烟草行业较为特殊，市场化程度与其他行业不可比。其他行业综合技术效率普遍偏低，

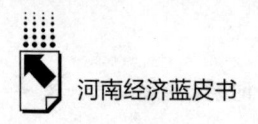

有21种行业处于平均值以下,说明这些行业对资源和技术的利用率相对较低。

表10 2012~2014年河南省规模以上工业效率整体情况

行业	2012年	2013年	2014年	均值	排名
烟草制品业	1.000	1.000	1.000	1.000	1
有色金属矿采选业	0.621	0.521	0.432	0.525	2
开采辅助活动	0.454	0.559	0.454	0.489	3
木材加工及木、竹、藤、棕、草制品业	0.491	0.496	0.473	0.487	4
非金属矿采选业	0.557	0.433	0.400	0.463	5
家具制造业	0.510	0.410	0.423	0.448	6
黑色金属矿采选业	0.506	0.391	0.391	0.429	7
皮革、毛皮、羽毛及其制品和制鞋业	0.564	0.247	0.477	0.429	8
金属制品业	0.455	0.425	0.401	0.427	9
废弃资源综合利用业	0.496	0.401	0.363	0.420	10
农副食品加工业	0.430	0.394	0.409	0.411	11
纺织服装服饰业	0.414	0.396	0.421	0.410	12
橡胶和塑料制品业	0.425	0.410	0.393	0.409	13
食品制造业	0.401	0.395	0.401	0.399	14
非金属矿物制品业	0.430	0.379	0.388	0.399	15
文教、工美、体育和娱乐用品制造业	0.428	0.366	0.355	0.383	16
石油加工、炼焦及核燃料加工业	0.436	0.321	0.379	0.379	17
印刷和记录媒介的复制业	0.415	0.364	0.349	0.376	18
铁路、船舶、航空航天和其他运输设备制造业	0.399	0.373	0.323	0.365	19
通用设备制造业	0.346	0.348	0.369	0.354	20
酒、饮料和精制茶制造业	0.343	0.350	0.363	0.352	21
造纸及纸制品业	0.321	0.352	0.382	0.352	22
纺织业	0.350	0.337	0.337	0.341	23
医药制造业	0.346	0.338	0.336	0.340	24
黑色金属冶炼及压延加工业	0.319	0.338	0.345	0.334	25
仪器仪表制造业	0.282	0.334	0.378	0.331	26
汽车制造业	0.283	0.324	0.341	0.316	27
专用设备制造业	0.301	0.303	0.323	0.309	28
电气机械及器材制造业	0.251	0.269	0.299	0.273	29
石油和天然气开采业	0.269	0.262	0.271	0.267	30
煤炭开采和洗选业	0.270	0.261	0.253	0.261	31

续表

行业	2012 年	2013 年	2014 年	均值	排名
化学原料及化学制品制造业	0.259	0.251	0.246	0.252	32
化学纤维制造业	0.251	0.260	0.218	0.243	33
计算机、通信和其他电子设备制造业	0.202	0.238	0.269	0.236	34
其他制造业	0.244	0.220	0.161	0.208	35
电力、热力的生产和供应业	0.194	0.162	0.161	0.172	36
有色金属冶炼及压延加工业	0.201	0.159	0.145	0.168	37
金属制品、机械和设备修理业	0.117	0.189	0.193	0.166	38
水的生产和供应业	0.159	0.175	0.147	0.160	39
燃气生产和供应业	0.165	0.159	0.147	0.157	40
均值	0.373	0.348	0.348	0.356	

为了便于说明问题，笔者将规模以上工业行业中传统支柱产业、六大高载能行业、高成长性制造业、高技术产业四大类进行对比分析，综合效率水平从高到低依次为：高成长性制造业、传统支柱产业、高技术产业、六大高载能行业。综合效率水平高，意味着在既定产出下，技术和要素得到了相对合理的配置，在供给侧改革的前提下，应当加大对效率相对高的行业的扶持力度，释放潜在供给能力。

具体来看，高成长性制造业综合效率最高，且高于行业平均效率（0.385），因而应重点扶持。在高成长性制造业中比重大、综合效率高的行业应当适度扩大其市场规模，例如食品工业、服装服饰业等；还有一些属于高技术产业，科技含量高、发展迅速、竞争力强，这类行业应当在扩大产业规模的同时引进配套的技术，提升其自主创新能力，例如电子信息产业，综合效率水平（0.237）最低，而规模效率最高（0.472），这与河南省近年来电子信息产业规模迅速扩大，产品以组装、制造为主有关。

传统支柱产业行业效率均值相对较高（0.370），但这些行业发展成熟期已过，行业新技术利用率低，产品层次低，需求也在不断下降，例如冶金和化学工业，技术效率和规模效率都不高；同时规模报酬处于递减阶段，单纯地增加要素投入并不能提高产出。因此对于传统制造业目前最为重要的是加快产业升级，使之与市场需求相匹配，要淘汰落后产能，尽快处置"僵尸企业"。

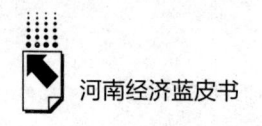

高技术产业行业效率均值（0.318）偏低主要是因为这些行业在河南省的发展还处于初期，其资源转化能力、产业技术能力以及市场化能力相对较弱，发展优势还没有完全凸显，但这些行业未来将在国民经济中占据重要地位，河南应不断扩大高技术行业规模，同时提升技术水平。

六大高载能行业的行业效率均值（0.275）最低，这些行业规模效率远高于技术效率，说明这些行业产出的增加主要依靠要素的不断投入，例如煤炭开采和洗选业、黑色金属冶炼及压延业等，这些高耗能行业，有一部分也是河南省的传统支柱产业，其占用了大量存量资金和资源，但行业效率非常低，河南应逐步缩减该六大行业规模（见表11）。

表11　2012～2014年河南省不同分类的工业行业效率情况

单位：%

项目	规模以上工业行业	综合效率	技术效率	规模效率	行业效率均值
高成长性制造业	电子信息产业	0.237	0.504	0.472	0.385
	装备制造业	0.328	0.487	0.674	
	汽车及零部件产业	0.316	0.439	0.740	
	食品产业	0.541	0.705	0.793	
	现代家居产业	0.447	0.514	0.870	
	服装服饰业	0.420	0.441	0.930	
传统支柱产业	冶金工业	0.346	0.635	0.545	0.370
	建材工业	—	—	—	
	化学工业	0.336	0.470	0.715	
	轻纺工业	0.378	0.452	0.838	
	能源工业	0.372	0.449	0.829	
高技术产业	医药制造业	0.340	0.350	0.973	0.318
	航空航天器及设备制造业	0.365	0.412	0.885	
	电子及通信设备制造业	0.238	0.504	0.472	
	计算机及办公设备制造业	—	—	—	
	医疗仪器设备及仪器仪表制造业	0.331	0.411	0.804	
	信息化学品制造业	—	—	—	
六大高载能行业	煤炭开采和洗选业	0.261	0.565	0.463	0.275
	化学原料及化学制品制造业	0.252	0.595	0.424	
	非金属矿物制品业	0.463	1.000	0.399	
	黑色金属冶炼及压延业	0.334	0.915	0.365	
	有色金属冶炼及压延业	0.168	0.543	0.313	
	电力、热力生产和供应业	0.172	0.499	0.346	

数据来源：《河南省统计年鉴》2013、2014、2015。

2. 对河南省服务业行业效率分析

2014年河南省服务业综合效率值为0.506，高于工业的综合效率值，相比工业而言，服务业的资源得到了较好的配置和利用，因此，增加服务业在三产之间的比重也将有利于提高河南省整体经济运行效率。在服务业中，住宿餐饮、居民服务、教育等综合效率值达到1，说明这些生活性服务行业资源配置效率相对较高，这些行业除不断扩大供给外，还要注重向精细化和高端化发展。

传统服务业如房地产业、批发零售业、交通运输业等综合效率低，且规模递减，这些行业属于劳动密集型或资金密集型，产业层次低，因此应当改造提升传统服务业，摒弃陈旧发展模式，引进现代管理理念。河南现代服务业如文化、科学研究、信息传输、商务服务等，技术效率和规模效率双低，但规模效率处于递增阶段，说明这些行业效率处于起步阶段，优化的空间大，这些行业作为河南省的发展方向，经济效益高、市场前景广，因而培育和壮大高成长性服务业、推进高科技与现代服务业的融合也是符合经济新常态下供给侧改革和产业转型要求的（见表12）。

表12 河南省服务业2014年行业效率及排名

行业	综合效率	排名	技术效率	规模效率	
限额以上住宿和餐饮业	1.000	1	1.000	1.000	—
物业管理和房地产中介服务业	1.000	2	1.000	1.000	—
居民服务、修理和其他服务业	1.000	3	1.000	1.000	—
教育	1.000	4	1.000	1.000	—
卫生和社会工作	0.780	5	1.000	0.780	irs
房地产业	0.544	6	1.000	0.544	drs
文化、体育和娱乐业	0.423	7	1.000	0.423	irs
限额以上批发和零售业	0.313	8	1.000	0.313	drs
科学研究和技术服务业	0.292	9	0.535	0.545	irs
信息传输、软件和信息技术服务业	0.207	10	0.298	0.696	irs
建筑业	0.183	11	0.632	0.290	drs
水利、环境和公共设施管理业	0.145	12	0.650	0.224	irs
交通运输、仓储和邮政业	0.134	13	0.333	0.402	drs
租赁和商务服务业	0.067	14	0.130	0.513	irs
均值	0.506		0.756	0.624	

注：irs，规模效率递增，drs，规模效率递减，—：规模效率不变。
数据来源：《河南省统计年鉴（2015）》。

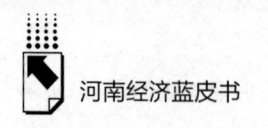

四 "十三五"时期河南供给侧调整建议

中共十八届五中全会强调,实现"十三五"时期发展目标,破解发展难题,厚植发展优势,必须牢固树立并切实贯彻创新、协调、绿色、开放、共享的发展理念。河南在转变经济增长方式、调整经济结构和保障有效供给方面,要始终贯彻这五个发展理念,才能使经济保持中高速增长,使产业不断迈向中高端水平。

(一)贯彻落实协调发展理念,加快改善供给结构

实施供给侧改革和调整的根本原因就是一些行业和产品供给偏多、存量较大、产能过剩,供需不匹配。对一个地区来说,在一定时期内要素资源是一定的,如何在现有的资源和要素条件下,发挥市场优势,清理无效供给,调整产业内部和产业之间人力、资源和资金等要素配置比例,进而提高整个经济社会资源利用效率,成为供给侧调整的当务之急。

一是协调三次产业间的结构。首先,要继续增加服务业比重。河南省即将迈入工业化后期这样一个发展阶段,经济和社会对服务业的需求总量越来越大,需求层次会越来越高,大力发展服务业是新常态下经济和社会发展的必然趋势。其次,在工业结构中,要逐步提高和民生相关的轻工业比重,逐步降低重工业比重,以满足人们日益增长的物质需要。

二是协调三次产业内部的结构。就农业来讲,首先是要提升产能效率。鼓励和探索农业生产方式不断升级,积极发展现代农业,提高农业整体生产效率,进一步释放农村劳动力和其他生产要素,使农业现代化和新型城镇化相互促进、协调发展。其次是调整产出结构。在保证耕地总体数量不减少、生产能力不下降的情况下,根据市场粮食存量和价格情况,调整农业种植结构,增加经济作物比重,促进农业和农民种植效益增加。再次,消化过剩农产品。一方面对过剩产品进行深加工,调整供给产品品种;另一方面调整政府转移支付方式,对于过剩的粮食和农产品,可以通过政府购买的形式,提供给全国贫困地区6000多万贫困人口。

就工业方面来讲,河南一些传统优势产业和支柱产业效率相对较低,装备

制造业和电子信息等高成长性产业效率较高,但有些产业比重偏小。因此对于产能过剩的行业(如煤炭、钢材、水泥、电解铝等效率较低的"两高一资"产业),一方面要加大其兼并重组力度,剥离不良资产,集中优势产品打开市场,将过剩的产能和新型城镇化的建设需求对接起来,运用PPP等新型投融资模式和渠道,增加区域内基础设施投资需求;另一方面要发挥优势行业资本富余特点,加大科技投入力度,加大基础性研发力度。同时要增加电子信息产业、中高端装备制造业等产业规模,加速传统产业和互联网融合进程。

对三次产业来讲,一些传统服务业规模效率递减,就需要把重点放在升级改造上,提升服务质量;对于金融、互联网+、智能家居等新兴服务业和趋势性的服务业供给,需要不断增强这些新兴行业的技术优势和规模效应,提高这些行业整体效率,从而满足区域内外人们日益增长的消费需求。

(二)贯彻落实开放发展理念,打造中原经济区的升级版

随着经济新常态的到来,河南一些比较优势产业积累了过剩产能,已成为拖累经济增长和发展的负面因素。当前,河南作为我国"一带一路"战略的重要节点,要充分利用这一战略机遇。产能的过剩是一个相对概念,当前过剩的产能是对于区域内市场来说的。中原经济区的建设,使中原地区交通便捷、互通有无,有效地带动了区域内的要素优化配置,产业集聚区的建设更是迅速地提升了河南省的生产能力。"一带一路"战略的实施,对于河南意味着市场的进一步扩大,如果能充分利用好这个扩大版的市场空间,打造中原经济区的升级版,产能过剩将不再是经济发展中的主要矛盾和问题。因此,不但要通过招商引资,"娶来中意媳妇",还要扩大开放,"嫁出去长大的姑娘"。河南既要通过"一带一路"节点优势打开国外市场,输送区域内的产品,又要通过开放战略的实施,加大对外投资力度,特别是对发展中国家投资,输送区域内的产能。这将为河南省经济结构调整、产业升级赢得宝贵的缓冲时间,同时这也和"十三五"时期国家促进中西部地区对外开放的政策导向相契合。

(三)贯彻落实创新发展和绿色发展理念,不断提高供给有效性

对于供给侧的改革和调整,最重要的就是在增量上做文章,这是河南经济实现中高速增长的基础和保障。扩大有效供给能力,最重要的是建立良好的有

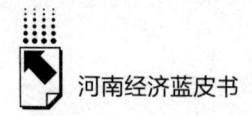

效供给保障机制。一是要严格产品质量标准。作为政府要履行好质量监督责任，指导发布行业认证标准，建立企业信用体系，实行严格的市场退出机制，引导和鼓励一些行业龙头企业制定行业标准，并积极加入国际质量认证的行列。二是要加大科技投入力度。制定一定行业和企业的创新激励机制，对于一些优势国有企业或垄断企业要有科研投入标准，提高科技创新力，确保制造业迈向中高端水平，提升产业核心竞争力。三是要畅通供给渠道。充分利用河南区位和交通优势，整合区域内外资源，畅通要素流通渠道，提高要素流通效率，为区域内企业发展提供要素支撑。继续加大交通基础设施投资力度，打造"一带一路"上最为完备的交通和物流节点，吸引更多的物流企业入驻和创业，充分发挥互联网＋河南交通的独特优势。充分发挥跨境 E 贸易的优势，跨境贸易不但要进口优质国外产品，还要不断把区域内产品销出去。四是要加强信息分析应用。充分利用大数据等现代分析工具，捕捉市场需求信息，把河南自身优势和新型城镇化、扶贫开发以及中心城市群建设等国家的战略需求结合起来。五是要充分利用河南"一个载体"基础优势。首先要充分利用好产业集聚区这个载体，改变以往招商引资的思路，要增加有效供给，要注重产业和产品质量，过剩产能坚决不要。其次要利用好"商务中心区和特色商业区"大力发展新兴服务业。利用市场导向优势和现代科技优势，使终端产品和市场需求对接起来。

（四）不断改善供给环境，为提升供给能力创造良好空间

供给学派的理论依据就是市场出清，其根本就是让市场去调节和决定经济运行，因此供给侧改革需要以良好的市场环境为基础。首先，政府部门要主动简政放权、放松管制。要加大政务公开力度，使权力在阳光下运行，对市场采取宽进严管的方式，降低企业进入门槛，注重市场供给质量，形成良好的竞争机制。其次，加大和加快改革力度和步伐。加快国企改革，妥善处理"僵尸企业"，降低垄断行业或非战略性行业的市场准入门槛，逐步让市场发挥决定性作用；加快金融体制改革，不断适应新形势、新业态和新趋势的变化，培育和发展适应"双创"的金融体制和机制，增强资金利用效率；加大土地改革力度，探索适合河南自身特色的土地使用和流转机制，更加高效地利用农村土地，强化河南在农业和农产品上的供给优势。再次，降低税率，减轻企业负

担。降低税率和采取灵活的税收机制相结合，着力营造扶商、安商、惠商的良好市场环境。

（五）贯彻落实共享发展理念，调整财政支出结构

以往经济中的主要矛盾是需求不足，财政政策主要是在需求管理的机制下运作，财政政策对投资的直接和间接支持力度较大。随着经济发展阶段和发展形势的变化，供需不匹配的矛盾成为经济中的主要矛盾和问题，这就需要我们的财政政策导向做相应调整。一是要改变财政支出结构。逐步扩大财政支出对消费的引导和带动作用，逐步减少盈利性的投资支出和政府"三公经费"支出，扩大用于民众的教育、医疗卫生、社会保障以及就业和住房保障等方面的支出，打消民众消费的顾虑。要不断增加公共产品、公共服务等基础设施的供给，营造良好的消费环境，打造共享经济。二是配合国企改革和市场改革，进行政策托底，保障改革顺利进展。国企在河南经济社会中的比重较大，国企改革既关系经济社会发展质量，也关系国企在岗职工的切身利益。因此，政府应在一定时期内制定相应的过渡性的财政支持政策，对涉及的利益群体进行适当保障和托底，确保国企改革顺利进行。三是适度赤字的财政政策。供给侧改革离不开税收环境的支持。在采取降低税率的政策时，短期内财政收入势必减少，因此政府需要适度增加财政赤字来满足不断增长的财政支出的需要。地方政府可根据财政赤字情况，适度扩大政府赤字规模，增加短期内财政支出来源。

参考文献

徐靖：《我国城市公共产品的有效供给研究》，上海社会科学院博士学位论文，2011。

吴平：《统筹城乡视角下农村公共品有效供给机制研究》，西南财经大学博士学位论文，2014。

郝身永、那艺：《更关注供给侧的宏观经济管理——因应国内外形势变化的积极调整》，《当代经济管理》2015年第4期。

贾康、苏京春：《"三驾马车"认知框架需对接供给侧的结构性动力机制构建——关

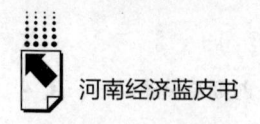

于宏观经济学的深化探讨》,《全球化》2015 年第 3 期。

王君斌、郭新强、蔡建波:《扩张性货币政策下的产出超调、消费抑制和通货膨胀惯性》,《管理世界》2011 年第 3 期。

吴和成:《制造业 R&D 效率测度及对策研究——基于中国 17 个制造行业的数据》,《科研管理》2010 年第 9 期。

吴晓云:《我国各省区生产性服务业效率测度——基于 DEA 模型的实证分析》,《山西财经大学学报》2010 年第 6 期。

张信东、董孝伍、郝丽芳:《结构调整中的行业创新效率研究——基于 DEA 和 SFA 方法的分析》,《经济管理》2012 年第 6 期。

张颖:《基于三阶段 DEA 模型的安徽省高技术产业效率分析》,安徽大学硕士学位论文,2013。

B.23
加快"互联网+工业"发展，推动先进制造业大省建设
——河南省信息化和工业化融合发展现状研究

刘明宪　朱怀安　赵祖亮　刘文太　李　玉*

摘　要： 党的十八届五中全会指出，要实施"互联网+"行动计划。河南"互联网+工业"的发展凝聚天时地利，对河南省建设先进制造业大省、全面建成小康社会具有重大战略意义。伴随着国家政策的密集出台和互联网应用的日益普及，河南部分大中型工业企业正在步入"互联网+工业"的深度融合发展阶段，提质增效的成果逐步显现。但河南两化融合整体水平不高、工业企业信息化应用层次较低、产业应用发展不均衡等问题依然存在，本文在充分剖析河南经济发展中存在问题的基础上，有针对性地提出今后的发展方向和对策。

关键词： 河南省　"互联网+工业"　先进制造业大省

自2015年李克强总理在政府工作报告中提出制订"互联网+"行动计划以来，"互联网+"就屹立在战略制高点，引领新一轮行业变革发展浪潮。我国相继出台了《中国制造2025》、《国务院关于积极推进"互联网+"行动的指导意见》，促进"互联网+工业"发展。"互联网+工业"本质上即信息化

---

* 刘明宪，河南省地方经济社会调查队队长；朱怀安，河南省地方经济社会调查队副队长；赵祖亮，河南省地方经济社会调查队专项调查处处长；刘文太，河南省地方经济社会调查队专项调查处副调研员；李玉，河南省地方经济社会调查队专项调查处。

与工业化的深度融合,在工业尤其是制造业中充分应用云计算、大数据、物联网等信息技术,在新一轮全球工业革命中抢占制高点。河南省在经济发展新常态格局下,加快"互联网+工业"发展,促进信息技术在工业企业中的应用,实现信息化和工业化深度融合,有利于促生新业态、新模式,形成经济社会发展的新引擎、新动力,有利于推动全省工业企业转型升级、提质增效,实现跨越式大发展,对河南省建设先进制造业大省、全面建成小康社会具有重大战略意义。

一 河南信息化和工业化融合发展现状

依据河南省 2014 年 21218 家规模以上工业企业[①]信息化年报数据和 2015 年河南省地与经济社会调查队对 192 家重点制造业企业专项问卷调查,总体研判:近年来随着政府政策的强力推动、扶持资金的引导和企业的不断努力,全省两化融合发展环境不断改善,工业企业内部信息化基础设施增加,应用信息化领域拓宽,互联网应用日益普及,电子商务交易规模不断扩大,效益提升,部分大中型企业正在步入信息技术、智能制造技术以及"互联网+"的深度融合发展阶段。

(一)国家政策密集出台,发展环境不断改善

工信部《信息化和工业化深度融合专项行动计划(2013~2018年)》,河南省《先进制造业大省建设行动计划》、《关于开展 2015 年智能制造试点示范项目推荐的通知》等文件给河南工业企业深入应用信息化指明了方向。河南省工信厅印发了《推进工业机器人产业发展的实施意见》,重点打造洛阳、郑州、许昌等 3 个集机器人整机、关键零部件制造及集成应用于一体的产业园区和专业基地。河南目前拥有 11 个国家级新型工业化产业示范基地,共 20 家企业被确定为 2015 年国家级信息化和工业化融合管理体系贯标试点企业。互联网基础支撑方面,国家工业云创新服务平台试点工程——"河南工业云创新服务平台"已经启动,浪潮云计算中心在郑州航空港落地开建,中国联通中

[①] 规模以上工业企业,即年主营业务收入 2000 万元以上的工业企业。

原数据基地内,百度、腾讯、阿里巴巴等世界顶级互联网企业服务器安装运行。截至2014年底,河南光缆线路长度达到102.9万公里,较2013年新增17.9万公里;4G基站数达到4.1万个,行政村通光纤的比例也达到了八成以上①,为工业企业广泛开展互联网业务奠定了坚实基础。郑州、漯河等11个国家级试点智慧城市的建设也为两化融合发展创造更趋完善的基础设施条件。

(二)互联网应用日益普及,电子商务发展迅速

2014年全省规模以上工业企业②互联网应用日益普及,99.0%的企业使用计算机,98.7%的企业使用互联网,97.4%的企业在管理中应用信息化手段。86.4%的企业通过互联网对本企业进行宣传和推广,每百家企业拥有网站62个。互联网日益成为企业创新发展的驱动力。2014年全省规模以上工业企业电子商务交易额达到2641.22亿元,较上年增长25.6%,其中销售额为1856.58亿元,增长29.3%,电子商务采购额为784.64亿元,增长17.8%。经济新常态下,电子商务对工业企业扩大销量的作用日益突出,2014年规模以上工业企业有电子商务销售的企业中,电子商务销售收入占企业全部营业收入的30.0%,比上年增长8.7个百分点,2014年规模以上工业企业跨境电商销售收入达到55.01亿元。

(三)信息化理念不断增强,生产运营各环节应用深化

信息化已经成为企业进行战略决策的重要考虑因素,甚至内生为其经营决策的一个基本要素。2014年规模以上工业企业信息化总投入为75.34亿元。在2015年被调查的企业③中,71.4%的企业建立了信息化工作组织管理机制,统筹协调企业信息化运营;74.0%的企业有明确的信息化发展规划;60.4%的企业制定了正式的信息化预算。信息化已经渗透企业生产运营的各个环节,如图1所示,财务部门普及应用程度最高,达到87.0%,环保监测、办公自动化OA应用程度也分别达到76.6%和70.3%。信息化程度要求相对较高的企

---

① 数据来源于《河南日报》。
② 2014年全省规模以上工业企业的数据来源于2014年信息化年报,下同。
③ 被调查企业的数据来源于2015年对192家重点制造业企业的专项调查,下同。

业资源计划 ERP[①] 也达到 54.7%，有利于企业物流、资金流、信息流、工作流和价值流的集成，实现企业内部数据集中管控。

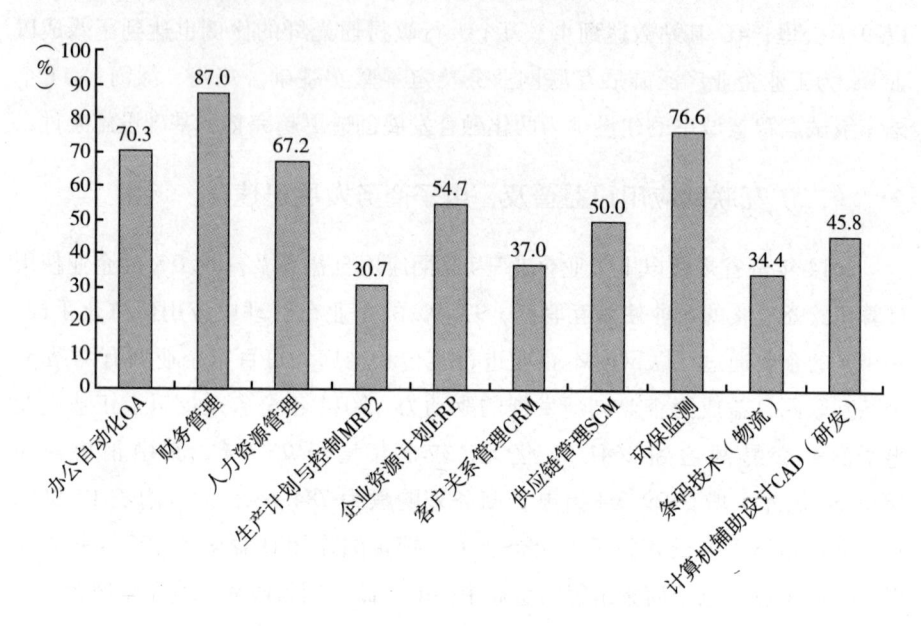

图1 2014年河南省企业信息系统应用情况

（四）两化融合效应积累，提质增效逐步显现

随着互联网的深化应用，79.7%的被调查企业认为信息化对企业决策能力的提高提供了有力支撑，方便、快捷、高效的信息化管理模式日益得到企业的接受和认可。工信部发布的《2014年中国信息化与工业化融合发展水平评估报告》显示，河南省2014年两化融合效益指数为71.48，较2013年增长了6.8个点。信息化给企业带来的效益虽然不易精确量化，但大多数被调查企业认为企业综合赢利能力得到提高。比如格力电器信息化深入应用后，企业利润增长58.1%，人均产值增加23.2%，生产成本降低18.6%，产品

---

① ERP 系统是企业资源计划（Enterprise Resource Planning）的简称，覆盖生产、质量、财务、物流、销售、人力资源等核心业务模块，是在全公司范围内应用的、高度集成的系统，集信息技术与先进管理思想于一身。一旦成功实施，便可数据共享，实现企业信息的"实时和动态"整合管理，提高整体工作效率和管理水平。

质量合格率提高 10.2 个百分点；目前员工人数约 2000 人的曙光健士医疗器械实现信息化管理后用工人数较过去减少约 30%；河南天冠集团有限公司减少库存积压 30%，采购提前期缩短 30%，交货期缩短 20%，企业资金运转加快，管理效率显著提高，提质增效成果显现。

二 信息化和工业化融合发展中的主要问题

在政府的正确引导和企业界的奋发努力下，全省两化融合进程加快，效果显现，但受传统保守思想观念制约和信息化高智力、高投入要求等因素影响，河南企业信息化建设还存在许多问题和困难，需要在今后推进过程中逐步解决。

（一）两化融合整体水平不高

作为新兴的工业大省，近年来河南工业增加值保持在全国第 5 位，2014 年全省规模以上工业增加值增长 11.2%，增速居全国第 7 位，但工信部发布的《2014 年中国信息化与工业化融合发展水平评估报告》显示，2014 年河南省两化融合发展水平评估总指数排名居于全国第 16 位，中部六省第 5 位，这与河南工业大省地位不相匹配，两化融合水平仍显落后。就两化融合指数比较来看，如图 2 所示，河南与全国排名第一的江苏省总指数相差 23.92 个点，差距明显，基础环境、工业应用、应用效益三个分类指标中，应用效益指标差距最大，相差 54.53 个点，而且河南的应用效益指标低于全国均值。与中部六省排名第一的安徽省比较来看，河南工业应用指标与之差距明显，河南指数比安徽低 20.33 个点，应用率偏低。

（二）工业企业信息化应用层次较低，产业应用发展不均衡

工业企业的信息化应用主要集中于初级的财务管理、办公自动化等企业管理浅表层阶段，深层次、技术要求较高的应用比例较低。在被调查企业中，企业资源计划 ERP、供应链管理 SCM 应用率仅分别为 54.7%、50.0%，物流信息技术中的条码技术、射频识别 RFID 技术、全球定位系统 GPS 技术应用率分别仅为 34.4%、21.4%、15.6%。从表 1 可以看到，各种研发设计系统在工业

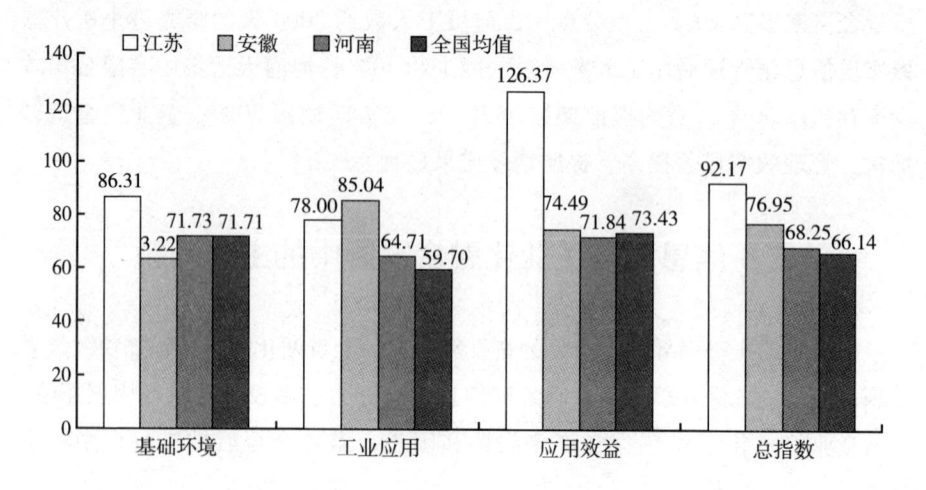

图2 2014年河南省两化融合指数与江苏安徽及全国比较

企业全部实现比例更低。2014年信息化年报显示，每百家规模以上工业企业中开展电子商务交易的企业仅为3.87个，电子商务应用率过低。

表1 被调查企业2015年各种研究开发系统企业应用比例

单位：%

研究开发系统	计算机辅助设计系统CAD		计算机辅助制造系统CAM		计算机辅助工艺流程CAPP		产品生产周期管理系统PLM		开发及工程项目管理PM	
	全部实现	部分实现	全部实现	部分实现	全部实现	部分实现	全部实现	部分实现	全部实现	部分实现
应用比例	17.7	28.1	2.6	31.8	2.6	31.8	4.7	28.1	0.5	16.7

信息化应用层次从产业分布来看（见表2），在被调查企业中，河南省高成长产业的信息系统应用现状总体要优于传统支柱产业。在六大高成长产业中，食品加工产业、家具产业和服装产业大部分信息系统应用比例低于产业平均水平，信息化应用需大幅提升。五大传统支柱产业中，冶金工业、化学工业信息化应用稍显优势，能源、轻工纺织、建材等则稍显劣势，整体应用水平均需提升。

表2 被调查企业2015年各行业信息系统应用比较

单位：%

信息系统应用比例	办公自动化OA	财务管理	人力资源管理	生产计划与控制MRP2	企业资源计划ERP	供应链管理SCM	客户关系管理CRM	环保监测	条码技术物流	计算机辅助设计CAD（研发）
一、高成长产业	69.2	88.5	69.2	28.8	58.6	52.5	41.5	68.6	47.4	71.4
1. 电子信息产业	78.6	85.7	85.7	50.0	64.3	64.3	57.1	57.1	57.1	73.9
2. 装备制造	87.0	91.3	60.9	39.1	69.6	56.5	30.4	56.5	56.5	75.0
3. 汽车制造	85.0	85.0	65.0	40.0	75.0	60.0	55.0	60.0	50.0	16.7
4. 食品加工	72.2	88.9	72.2	11.1	55.6	50.0	38.9	77.8	44.4	20.0
5. 家具产业	26.7	86.7	80.0	13.3	33.3	33.3	33.3	86.7	26.7	42.9
6. 服装产业	50.0	92.9	57.1	14.3	21.4	28.6	21.4	92.9	28.6	63.3
二、传统支柱产业	71.6	85.2	64.8	33.0	53.4	50.0	34.1	84.1	21.6	33.3
1. 冶金工业	89.5	89.5	78.9	36.8	68.4	73.7	47.4	100.0	42.1	12.5
2. 建材工业	60.0	93.3	46.7	33.3	40.0	40.0	33.3	60.0	20.0	36.8
3. 化学工业	87.5	87.5	75.0	37.5	62.5	37.5	31.3	93.8	18.8	42.1
4. 轻工纺织	57.9	89.5	57.9	31.6	47.4	36.8	21.1	84.2	21.1	51.9
5. 能源工业	63.2	68.4	63.2	26.3	47.4	57.9	36.8	78.9	5.3	38.6

企业的信息化进程一般是依照管理自动化——ERP——研发设计等生产环节循序渐进，本文以ERP系统为例来探寻企业信息系统软件使用过程中存在的问题。被调查企业中，仅有19.3%的企业ERP系统全部实现，35.4%的企业部分实现，而这54.7%的企业在使用ERP系统过程中均存在问题。一是ERP系统软件为外部购买，设计的功能模块与企业实际需求不相适应，导致运行不流畅、数据挖掘不够、企业的业务流程重组产生困难，业务流程有待持续优化。根据企业需求进行二次开发所需技术、人才不足。二是在与企业其他信息管理系统如SCM、CRM集成时存在困难。三是购买设施成本和后期更新、维护成本过高，实施周期长、投入高、见效慢使管理层投入意愿受到影响，部分企业仅购买部分模块，全流程不能打通。其他深层次信息系统软件同样存在类似问题，致使企业应用率不高。

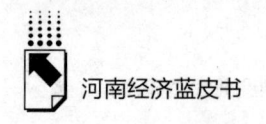

（三）设备自动化应用程度不高，相关产业支撑不足

目前河南工业自动化阶段还未完全实现，设备自动化应用程度不高，并且采购的智能数控设备、信息系统软件很大比例来自国外，国内相关产业支撑不足。一是工信部两化融合评估报告中2014年河南重点行业典型企业装备数控化率指数为54.46，该指数满分为80，最高的重庆为69.42。河南省大部分企业仍处于劳动密集型阶段，设备自动化没有全面覆盖，"机器换人"程度不高。二是192家被调查企业中，仅54.7%的企业信息化软件全部采购于国内，35.4%的企业生产环节应用的自动化数控设备全部采购于国内。被调查企业普遍认为，国内生产自动化数控设备厂家较少，自主创新能力不足，核心竞争力较弱，在自动化程度、功能、效率、精度以及耐用性方面尚不能完全替代进口。信息化软件同样如此，在软件成熟度、性价比方面均显不足。国内智能数控设备和信息系统软件服务支撑力不强，河南则更显薄弱。以软件业为例，截至2015年6月，中国电子信息行业联合会公布的计算机信息系统集成企业资质认证通过的企业，全国共有5472家，一级、二级、三级、四级数目分别为229家、621家、3121家、1501家，而河南仅有165家软件企业通过认证，一级、二级、三级、四级数目分别为2家、12家、113家和38家，河南软件业研发水平与全国其他省份相比差距明显。

（四）工业企业生产运营各环节集成互联程度有待提高

河南工业企业生产运营环节的全部生产设备、信息软件之间互相连接不足，内部集成控制程度较低。被调查企业中，仅8.3%的企业生产环节所有工序应用的生产设备通过信息化软件实现全部集成控制，仅33.3%的企业在设计、生产、管理之间较全面地形成信息共享、集成管理，59.9%的企业反映业务集成难度较大。目前企业内部的信息系统都相对分散、孤立，数据共享程度较低，形成了信息孤岛，给企业内部的协同工作、信息化系统的有效利用带来了很大的困难。要达到工业4.0要求企业运营全部环节无缝连接集成实现个性化定制、智能生产的目标，河南工业企业依然任重道远。

（五）资金、人才等支撑因素制约突出

河南省工业企业在信息化的应用实施过程中，受到资金、人才、技术等多重配套因素的掣肘。一是资金投入缺乏。被调查企业中，66.4%的企业2014年信息化投入占销售收入的比重在0.5%以下，仅5.7%的企业比重在1.5%以上。39.6%的企业反映资金投入不足，导致前期规划的信息化项目不能如期落地。信息化投入大、见效慢的特性使企业高层领导投入意愿不足，甚至有17.2%的企业高层领导对信息化重视不够，加上经济下行压力，企业没有能力在信息化方面过多投入。二是信息化实施人才匮乏，相比北上广深，河南没有区位竞争优势，外地人才引进难与人才外流现象并存。58.3%的被调查企业缺乏信息化专业人才，26.6%的企业2014年人才流失率超过10%。工业企业内部操控智能设备的蓝领工人也相对缺乏。三是河南企业的信息化建设处于探索阶段，为提高信息化建设成效，60.9%的企业认为需要推广同行业标杆企业信息化建设经验，多进行交流和沟通，共同促进。四是第三方机构和社会服务平台所构建的信息化服务支撑环境不足，如网络、支付、物流、信用、信息安全等商业环境有待改善。

三 深化信息化和工业化融合发展的政策措施

加快信息化和工业化深度融合是"互联网+工业"发展的核心，是河南省工业企业在经济新常态下转型升级、实现弯道超车的迫切需求，是助推河南省由河南制造、制造大省向河南智造、智造强省转变的重要举措。围绕河南省实施先进制造业大省行动计划的战略机遇，准确定位，迅速出击，创造性地推动两化深度融合，加快提升传统产业，着力培育新兴产业，促进制造业转型发展，构造新常态下河南现代产业发展新体系、新优势。

（一）做好顶层设计，加强扶持引导

落实"互联网+"行动计划，成立河南省制造强省领导小组，统筹协调各个部门，做好河南省"互联网+工业"顶层设计，明确发展战略，营造两化融合良好的政策环境。坚持市场主导、政府引导，发挥互联网平台作用，推

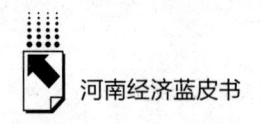

动云计算、大数据、物联网等信息技术与工业深度融合，推动制造业产业集聚区向产业集群转型升级，各地要结合当地优势产业，培育一批制造业两化融合优质产业集群。建立两化融合绩效考核机制，提升两化融合项目效益。

（二）多措并举，优化两化融合发展基础环境

加快宽带中原建设和智慧城市建设，实现光纤入户全覆盖，完善网络基础设施。全面搭建各类信息化公共服务平台，健全公共服务体系。加大政策资金扶持力度，拓宽企业信息化融资渠道。制订两化融合人才引进计划，鼓励推动校企联合，建立产学研用协同发展机制，引导高校在人才培养模式方面与企业加强合作。完善信息法律法规体系，创造规范有序、公平竞争的商务发展环境。

（三）深化"互联网+"应用，推动智能制造、电子商务发展

深化"互联网+"应用，生产环节推动智能制造，营销环节推动电子商务发展，实现企业生产运营各环节"互联网+"的深层次渗透。一是大力发展智能制造、大规模个性化定制等革新性生产模式，着力提升机器、软件内部集成控制程度，以大数据共享、集成利用为手段实现工业企业流程再造，构建开放、共享、协作的智能制造产业生态，推动制造业智能化转型。二是鼓励工业企业电子商务平台搭建，引导工业企业积极推进电子商务，优化分销体系。充分利用跨境贸易电子商务服务试点政策，持续引导河南工业企业参与全球产业链竞争，倒逼企业技术、产品转型升级。

（四）坚持创新驱动，打造两化融合新兴经济增长点

坚持创新驱动，促进"互联网+工业"产业衍生，培育新兴产业，打造经济增长新引擎。重点扶持发展本省新一代信息通信技术产业、高档数控机床和机器人、航空航天装备、节能与新能源汽车、电力装备、生物医药及高性能医疗器械、农业机械装备等战略性新兴制造业。推进以企业为主导的自主创新，以研发创新、技术引进、兼并重组等方式实现技术快速创新突破，加快信息科技成果转化，发展一批具有自主知识产权、核心关键技术的品牌企业，打造制造业创新驱动新优势，在行业发展中抢占先发优势，为本省工业企业智能制造转型升级提供产业支撑。

B.24 "十三五"时期河南经济竞争力研究

赵新池 李伟 周文瑞*

摘 要： "十三五"时期是全面建成小康社会、实现我们党确定的"两个一百年"奋斗目标的第一个百年奋斗目标的决胜阶段，是河南基本形成现代化建设大格局、让中原更加出彩的关键时期。面对日趋激烈的区域竞争，如何正确评价河南经济社会发展的比较优势，客观认识发展短板，是摆在我们面前重要而紧迫的课题。

关键词： 河南省 竞争力 经济发展

21世纪以来，河南经济步入又好又快的发展轨道，2003～2012年，GDP连续10年保持两位数增长速度，总量已突破3万亿元接近4万亿元，这标志着河南经济发展水平、发展实力、地区财富以及对周边的影响力跃升至一个新阶段。但同时必须看到，"十三五"时期是我国全面建成小康社会的关键时期，区域竞争将更加激烈，瓶颈制约作用日益增强。站在新的发展平台、面对新的发展环境、处在新的发展阶段，如何正确评价河南经济社会发展的比较优势，客观认识发展短板，是摆在我们面前重要而紧迫的课题。本文试图用实证分析的方法，找寻"十三五"时期河南经济社会发展的优势与短板，以供领导与社会各界参考。

---

* 赵新池，河南省统计局贸易外经统计处副调研员；李伟，河南省统计局贸易外经统计处；周文瑞，河南省统计局贸易外经统计处。

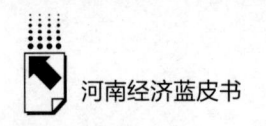

一 河南经济发展的比较优势在哪里

河南是发展中的大省，2014年河南人均GDP 37072元，仅为全国平均水平的79.5%；在岗职工平均工资42670元，仅相当于全国平均水平的74.4%，在全国居第31位；居民人均可支配收入15695元，仅相当于全国平均水平的77.8%，居第24位。但必须同时看到，伴随着新发展战略的引领与发展阶段的转换，河南经济后发优势明显。

（一）城镇化潜力支撑中高速增长

1. 与全国相比，河南经济发展的相对速度在提高

2001~2014年，河南经济年均增长11.5%，高于全国1.7个百分点，是全国的1.14倍。特别是进入"十二五"时期以来，在宏观经济逐步深度调整的环境下，河南经济依然保持10.0%的年均增速，高于全国2个百分点。2014年，河南经济增长8.9%，仍比全国高出1.6个百分点。

2. 产业结构调整优化的潜力正在发挥

2014年，河南第三产业对GDP的贡献率为32.3%，虽然比全国平均水平低15.8个百分点，但潜力正在显现。2014年，全省第三产业增加值增长9.4%，高于全国1.6个百分点。

同时，河南工业门类齐全，产业配套能力强。2014年底，全国41个工业大类中河南省有40个。其中，河南有色金属矿采选业，非金属矿物制品业，食品制造业，皮革、毛皮、羽毛及其制品和制鞋业，有色金属冶炼和压延加工业等在全国优势明显。进入"十二五"时期以来，伴随着承接产业转移力度的加大，高端制造业在河南扮演着日趋重要的角色。与2010年相比，河南文教、工美、体育和娱乐用品制造业，计算机、通信和其他电子设备制造业，皮革、毛皮、羽毛及其制品和制鞋业等20个工业大类区位熵与2010年相比有所提高，煤炭开采和洗选业、石油和天然气开采业、化学纤维制造业等20个工业大类区位熵则有所下降，反映出河南产业结构在保持传统产业优势的同时，制造业优势正逐步培育，产业链进一步完善（区位熵提高，差值大于0，说明对行业做了正向调整；区位熵下降，差值小于0，说明对行业做了负向调整）。与

2011年相比,河南六大高载能行业占规模以上工业增加值的比重由40.7%下降到2014年的35.3%,高技术产业持续高速增长,占规模以上工业增加值的比重结束了"十二五"初期以来在5%上下徘徊的局面,2014年达到7.6%。

表1 河南省2010年与2014年工业大类区位熵

工业类别	2010年	2014年	差值
开采辅助活动	0.00	1.05	1.05
铁路、船舶、航空航天和其他运输设备制造业	0.00	0.65	0.65
金属制品、机械和设备修理业	0.00	0.64	0.64
文教、工美、体育和娱乐用品制造业	0.24	0.84	0.60
计算机、通信和其他电子设备制造业	0.07	0.55	0.48
皮革、毛皮、羽毛及其制品和制鞋业	1.24	1.52	0.28
印刷和记录媒介复制业	0.83	1.07	0.25
纺织服装、服饰业	0.51	0.76	0.25
纺织业	0.90	1.05	0.15
电气机械和器材制造业	0.52	0.66	0.14
金属制品业	0.61	0.75	0.14
仪器仪表制造业	0.53	0.66	0.13
黑色金属冶炼和压延加工业	0.72	0.82	0.10
汽车制造业	0.48	0.56	0.08
家具制造业	1.07	1.14	0.07
橡胶和塑料制品业	0.85	0.92	0.07
废弃资源综合利用业	0.48	0.52	0.04
通用设备制造业	0.93	0.97	0.04
水的生产和供应业	0.45	0.47	0.02
其他采矿业	0.00	0.00	0.00
化学原料和化学制品制造业	0.75	0.74	0.01
专用设备制造业	1.52	1.50	-0.02
酒、饮料和精制茶制造业	1.42	1.39	-0.03
医药制造业	1.19	1.16	-0.03
食品制造业	1.96	1.85	-0.11
烟草制品业	0.96	0.83	-0.13
非金属矿物制品业	2.33	2.19	-0.14
黑色金属矿采选业	0.49	0.32	-0.17
石油加工、炼焦和核燃料加工业	0.65	0.46	-0.19
农副食品加工业	1.68	1.43	-0.25

续表

工业类别	2010年	2014年	差值
燃气生产和供应业	0.98	0.72	-0.25
有色金属矿采选业	4.48	4.21	-0.27
其他制造业	1.03	0.73	-0.30
电力、热力生产和供应业	1.10	0.79	-0.31
非金属矿采选业	1.70	1.36	-0.34
造纸和纸制品业	1.53	1.18	-0.35
木材加工和木、竹、藤、棕、草制品业	1.39	1.00	-0.39
有色金属冶炼和压延加工业	1.91	1.51	-0.40
化学纤维制造业	0.63	0.19	-0.44
石油和天然气开采业	0.83	0.31	-0.52
煤炭开采和洗选业	2.02	1.48	-0.54

3. 城镇化潜力巨大

根据钱纳里和赛尔奎因的理论，城市化与工业化之间存在着天然的动态发展关系，即随着人均收入水平的上升，工业化演进导致产业结构转变，从而带动城市化程度的提高。从指标上看，河南城镇化率由2010年的38.8%提高到2014年的45.2%。按照城市化理论，目前河南正处于城市化的中期，即经济加速发展阶段。据测算，我国每增加1个城镇人口，可以带动10万元以上城镇固定资产投资，带动3倍于农民消费支出的消费，释放巨大的消费需求。按照河南省新型城镇化规划，到2020年全省要新增1100万左右的农村转移人口，每年要转移近200万人。不难看出，"十三五"时期，河南城镇化的潜力巨大，城镇化将在未来河南经济社会发展中扮演日趋重要的角色。

表2 城市化率与发展阶段关系

单位：%

发展阶段	城市化率
初级产品生产阶段	<32.0
工业化初期	<36.4
工业化中期	<49.9
工业化后期	<65.2
经济稳定增长阶段（后工业化时期）	>65.2

(二)基础设施更加完善

"十二五"时期前四年,河南累计完成固定资产投资96090.12亿元,占进入21世纪以来河南投资总额的59.5%。河南"十二五"时期固定资产投资年均增速为22.4%,比全国高1.8个百分点,在中部六省名列第2,仅次于湖北。现代交通系统逐步完善。以郑州为中心的米字形快速铁路网建设取得重大突破,郑开城际铁路通车运营,郑州地铁加快建设,让河南进入高铁、地铁、普铁、城铁"四铁"联运新时代。郑州机场二期工程节点任务全面完成。郑万高铁引入郑州枢纽工程开工,郑合、郑太高铁预可研完成审查,晋豫鲁铁路通车运营,郑焦城际铁路基本建成。高速公路、干线公路、内河水运、邮政快递服务能力继续加强,现代综合交通枢纽地位得到巩固提升。到2014年,河南拥有高速公路通车里程5859公里,居全国第5位;高速铁路5108公里,居全国第3位。

(三)人力成本优势明显

河南是人口大省,截至2014年底总人口1.07亿,其中城镇人口占总人口的45.2%,农村人口占总人口的54.8%,改革开放以来,河南外出务工的农村劳动力数量一直居全国前列。与全国相比,河南的工资水平仍然偏低,劳动力价格相对较低,河南具有明显的人力成本优势。2014年,河南人均可支配收入15695.18元,居全国第24位,仅占全国人均可支配收入20167.12元的77.8%;2014年,河南城镇单位就业人员平均工资为42179元,仅占全国城镇单位就业人员平均工资56339元的74.9%。

与此同时,河南优先发展教育,高度重视人才培养,把提升劳动者技能作为一项重大战略性工程全力实施,劳动者技能素质不断提高,河南人力资源低成本高效率的优势愈加明显。2009年以来,河南省委、省政府审时度势,做出实施全民技能振兴工程的重大决策部署,把人社部门的劳动者就业技能培训、教育部门的职业教育、农业部门的阳光工程、扶贫部门的雨露计划、民政部门的退役士兵技能培训和残联的残疾人劳动技能培训都动员起来,各司其职,"六路并进"。目前,全省已组建60个职教集团和20个省级专业性技工教育集团,120多所技工院校与省内外1500多家企业开展了"百校千企"合作

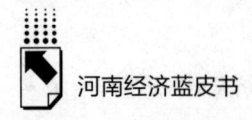

活动,"林州建筑""长垣厨师""鄢陵花工"等90多个劳务品牌享誉国内外,逐步形成河南人力资源的"金字招牌"。

(四)新的发展战略更趋成熟,新的发展力量正在积聚

近年来,河南省委、省政府审时度势、放眼全局,组织动员各界力量,汇集各方智慧,持续、延伸、拓展、深化中原崛起、河南振兴方略,推动粮食核心区、中原经济区、郑州航空港经济综合实验区国家三大战略在河南加快实施。

1. 推进三大国家战略与"一带一路"战略紧密结合

河南要把三大国家战略规划实施与国家"一带一路"战略推进密切结合起来,"东联西进、贯通全球、构建枢纽",通过建设无水港,发展铁海联运、公铁联运,推动陆海相通,实现向东与海上丝绸之路连接;通过提升郑欧班列运营水平,实现向西与丝绸之路经济带融合;强化郑州航空港国际物流中心作用,以航空网络贯通全球,培育壮大中原城市群,建设连接东西、沟通南北的运输通道和中心枢纽,打造"一带一路"战略核心腹地。

2. 推进粮食生产核心区建设

通过稳定面积、主攻单产、改善条件、创新机制、完善政策,提高粮食生产的规模化、集约化、产业化、标准化水平,实现内涵式增长,建立粮食生产稳定增长的长效机制,把河南建设成为全国重要的粮食稳定增长的核心区,解决自身的吃饭和发展基础问题,为保障国家粮食安全做出贡献。

3. 推进郑州航空港经济综合实验区建设

探索以航空经济促进发展方式转变新模式,构建航空、铁路、公路三网联合、多式联运的现代综合交通枢纽,促进高端制造业和现代服务业集聚发展,推动物流、投资、贸易、监管便利化,建设陆空高效衔接的国际物流中心、引领带动全省转型升级的现代产业基地、内陆地区对外开放高地和全省体制机制创新示范区,打造战略突破口和核心增长极。

经过持续不断的精心打造,河南逐渐培育起经济社会发展的新优势,竞争力不断提高。据中国城市竞争力研究会以经济、地理与行政划分为基础对各省、区、直辖市及特别行政区和台湾地区进行的系统而全面的研究与评价,2015年,河南省综合竞争力在全国列第8位,较2010年提高了4个位次,有效扭转了河南进入21世纪以来竞争力下降的态势。

二 河南经济社会发展的短板在哪里

（一）思想观念滞后，市场活力不够

体制机制决定一个地区发展进步的活力、创造力和竞争力。河南改革开放以来所取得的成果，主要在于体制机制的创新。同样河南与东部发达地区的发展差距，很大程度上源于河南与东部发达地区体制机制以及思想观念的差距。这突出表现在河南对又好又快的科学发展认识不足，习惯于抓增长、重增速的传统发展套路，全面协调可持续发展的思路不宽，新上工业项目建设的热情很高，但创新招商选资、招才引智的办法不多、力度有限，招商成效不好。2014年，全省固定资产投资中利用外商和港澳台的投资占投资总额的比重为1.0%，不仅远低于沿海发达地区，在中部六省份中占比也最低。2014年，安徽亿元以上投资项目实际到位外省资金7942.4亿元，而河南全部实际到位外省资金才达到7206.0亿元。若与全省投资规模相比，河南省外资金所占比重明显偏低。同时，工业投资比重较高、财政非税收入占比较大。因此，为适应新阶段、新形势的发展要求，河南应积极推进重点领域和关键环节改革，加快形成充满活力、富有效率、更加开放、有利于科学发展的体制机制。

表3 2014年中部六省及部分沿海省份外资占投资比重

单位：亿元，%

	省份	投资总额	#外商和港澳台投资	外资占投资总额比重
中部六省	河南	30782.17	305.32	1.0
	湖北	22915.30	647.77	2.8
	湖南	21242.92	423.18	2.0
	江西	15079.26	397.10	2.6
	安徽	21875.58	679.72	3.1
	山西	12354.53	176.98	1.4
部分沿海省份	广东	26293.93	3166.38	12.0
	上海	6016.43	1112.70	18.5
	江苏	41938.62	4144.00	9.9
	浙江	24262.77	1942.05	8.0

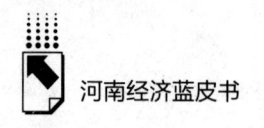

表4 2014年中部六省及部分沿海省份市场化指标

单位：%

省份		工业投资占比	非税收入占比
中部六省	河南	50.02	28.76
	湖北	44.15	27.03
	湖南	41.22	36.43
	江西	53.00	26.61
	安徽	43.08	23.71
	山西	40.95	37.70
部分沿海省份	广东	32.15	19.28
	上海	19.24	7.99
	江苏	48.53	16.96
	浙江	32.84	6.50

（二）受发展阶段制约，河南经济增长的效益较差

一是财政收入、居民收入与经济增长不匹配。2014年，河南财政收入占经济总量的7.8%，在全国列第31位，中部第6位。河南居民人均可支配收入占人均GDP的42.4%，河南居民人均可支配收入在全国列第15位，中部第5位。二是经济增长的代价大。2013年河南万元工业增加值能耗为1.21吨标准煤，全国平均水平为1.34吨标准煤，河南每万元工业增加值耗能量低于全国0.13吨标准煤，居中部第4位，单位工业增加值能耗明显高于江西、安徽和湖南。河南建设用地是广东省的近两倍，但创造的GDP却仅为广东的1/2，效益仅仅是广东的1/3。三是经济增长的资源环境压力大。当前，河南已进入工业化中期，"十三五"时期将是工业化加速推进的重要阶段，也是工业转型升级的关键期和攻坚期，河南将面临加快发展与转型升级及资源环境约束的多重压力，追求速度加快与效益提升成为两难选择，实现好与快的统一面临硬性约束。

表5 2014年部分省份六大高耗能产业增加值占工业增加值比重

单位：%

产业	河南	湖北	江西	安徽	山西	广东	浙江
煤炭开采和洗选业	5.3	0.3	1.1	4.9	51.8	0.0	0.0
化学原料和化学制品制造业	4.9	9.0	8.9	5.6	3.5	4.9	8.8
非金属矿物制品业	13.1	7.0	9.3	6.9	2.1	3.9	3.2
黑色金属冶炼和压延加工业	5.1	6.0	2.9	5.3	7.8	1.7	4.0
有色金属冶炼和压延加工业	3.5	2.2	13.5	4.1	1.8	1.8	3.8
电力、热力生产和供应业	3.4	3.6	3.6	5.1	10.0	6.2	6.4
六大高载能行业合计	35.3	28.0	39.4	31.8	77.0	18.5	26.1

表6 2013年中部六省及全国工业增加值能耗

地区	工业增加值（亿元）	工业的能源消费量（万吨标准煤）	工业能耗（吨标准煤/万元）
全国	217263.92	291130.63	1.34
河南	14937.72	18119.09	1.21
湖北	10139.24	13310.45	1.31
湖南	10001.00	10855.63	1.09
江西	6434.41	5562.44	0.86
安徽	8928.02	8683.66	0.97
山西	5842.14	16073.12	2.75

（三）创新竞争力不足

1.科研投入不足

一是较高学历的科研人员结构比例偏低。2014年，全省R&D人员中本科及以上学历占比38.6%，远低于全国平均水平。二是R&D人员投入与全国平均水平持平，但R&D经费投入强度偏低。全省"平均每个R&D人员的经费支出"为17.23万元，低于中部其他五省，在全国各省区市（除港澳台地区）中排第24位。三是R&D经费中用于基础研究的比重较低，创新发展动力不足。全省R&D基础研究人员仅占2.28%，仅为中部其他省份中该比重最低的湖北省的1/2，在31个省区市中排第30位。同时，R&D经费内部支出比重也同样较低，基础研究的经费支出仅占1.92%，还不足全国平均水平的1/2，在中部六省中排倒数第一位，在31个省市区中排第28位。

表7 2014年中部六省科研创新指标

地区	R&D人员全时当量与R&D人员比(人·年/人)	平均每个R&D人员的经费支出(万元/人)	R&D经费与GDP比(%)	R&D人员折合当量比重(%) 基础研究人员比重	R&D人员折合当量比重(%) 应用研究人员比重	R&D人员折合当量比重(%) 试验与发展人员比重	R&D经费内部支出比重(%) 基础研究支出比重	R&D经费内部支出比重(%) 应用研究支出比重	R&D经费内部支出比重(%) 试验与发展支出比重
全国	0.69	24.32	2.04	6.34	10.97	82.69	4.71	10.74	84.54
河南省	0.70	17.23	1.14	2.28	5.36	92.36	1.92	4.43	93.65
山西省	0.66	20.59	1.19	6.93	13.32	79.76	4.12	10.28	85.61
湖北省	0.65	23.43	1.87	5.99	12.95	81.06	3.64	13.53	82.82
湖南省	0.66	22.64	1.36	6.54	12.27	81.2	3.13	10.98	85.88
江西省	0.57	20.08	0.97	6.76	11.4	81.85	2.8	6.33	90.88
安徽省	0.64	19.57	1.89	6.85	12.11	81.04	5.7	10.44	83.85

2. 工业结构仍然偏重

数据显示，2013年，全国工业企业新产品销售收入占主营业务收入的比重为12.4%，而河南为8.0%，居中部六省第4位。与中部六省其他省份相比，河南的优势产业依然为基础工业（主要是矿产品采选及冶炼和压延加工业），区位熵达1.35，在中部仅低于山西的7.25，高于湖南的1.02、安徽的0.85、江西的0.57和湖北的0.51。河南制造业水平与全国平均水平相当，区位熵为0.99，低于湖北的1.05、安徽的1.01和湖南的1.01。电力、热力、燃气及水生产和供应业是中部六省的弱势产业，仅产煤、产电大省山西区位熵超过1，达到1.75，而河南、安徽、湖南、湖北和江西分别为0.78、0.93、0.82、0.73和0.67，河南处于中部第4位。

表8 中部六省工业大类区位熵前10位行业

安徽省		山西省	
行业	区位熵	行业	区位熵
废弃资源综合利用业	3.4	煤炭开采和洗选业	14.6
电气机械和器材制造业	1.9	黑色金属矿采选业	2.2
印刷和记录媒介复制业	1.6	酒、饮料和精制茶制造业	0.7
有色金属冶炼和压延加工业	1.5	石油加工、炼焦和核燃料加工业	1.6
木材加工和木、竹、藤、棕、草制品业	1.4	黑色金属冶炼和压延加工业	2.4
农副食品加工业	1.3	有色金属冶炼和压延加工业	0.7
非金属矿采选业	1.3	专用设备制造业	0.7
黑色金属矿采选业	1.3	金属制品、机械和设备修理业	0.9
纺织服装、服饰业	1.2	电力、热力生产和供应业	1.8
橡胶和塑料制品业	1.2	燃气生产和供应业	1.4
湖北省		江西省	
行业	区位熵	行业	区位熵
非金属矿采选业	2.6	有色金属冶炼和压延加工业	4.3
酒、饮料和精制茶制造业	2.3	有色金属矿采选业	2.4
汽车制造业	2.0	纺织服装、服饰业	2.1
农副食品加工业	1.8	印刷和记录媒介复制业	1.6
烟草制品业	1.7	医药制造业	1.6
其他制造业	1.6	非金属矿物制品业	1.6
纺织业	1.5	非金属矿采选业	1.5
非金属矿物制品业	1.3	皮革、毛皮、羽毛及其制品和制鞋业	1.3
食品制造业	1.2	电气机械和器材制造业	1.3
化学原料和化学制品制造业	1.2	废弃资源综合利用业	1.2
湖南省		河南省	
行业	区位熵	行业	区位熵
有色金属矿采选业	2.6	有色金属矿采选业	4.2
非金属矿采选业	2.3	非金属矿物制品业	2.2
其他采矿业	3.9	食品制造业	1.9
烟草制品业	3.0	有色金属冶炼和压延加工业	1.5
木材加工和木、竹、藤、棕、草制品业	1.6	专用设备制造业	1.5
造纸和纸制品业	1.5	皮革、毛皮、羽毛及其制品和制鞋业	1.5
印刷和记录媒介复制业	1.6	煤炭开采和洗选业	1.5
有色金属冶炼和压延加工业	1.8	农副食品加工业	1.4
专用设备制造业	2.6	酒、饮料和精制茶制造业	1.4
其他制造业	1.6	非金属矿采选业	1.4

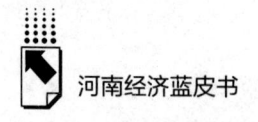

3. 信息化程度低于全国平均水平

2013年，河南规模以上企业信息化主要指标户均（人均）情况总体低于全国平均水平。企业每百名从业人员拥有计算机数低于全国8台；接入宽带企业比重低于全国0.8个百分点，通过互联网进行宣传推广的企业比重低于全国1.2个百分点；每百家企业平均拥有网站数低于全国8个；每百家企业开展电子商务交易的企业低于全国2.4个；每百家开展电子商务企业平均销售额高于全国0.1亿元。

表9 2013年中部六省规上企业信息化情况

地区	企业数（个）	每百名从业人员拥有计算机数量	接入宽带企业占使用互联网企业比重（%）	通过互联网进行宣传推广的企业比重（%）	每百家企业拥有网站（个）	每百家企业开展电子商务交易的企业个数（个）	每家电商企业平均销售额（亿元）
全国	853705	20	95.4	70.4	57	5.2	1.0
山西	13224	16	94.0	56.3	43	1.8	1.3
安徽	31709	16	96.7	73.7	64	4.7	0.8
江西	15259	12	96.6	70.2	58	3.2	1.2
湖北	36376	18	95.9	72.2	54	3.4	1.1
湖南	28679	16	95.5	71.2	52	4.0	0.9
河南	42405	12	94.6	69.2	49	2.8	1.1

（四）投资增长外延化、效益递减，投资效果有待增强

近年来，在河南经济快速增长过程中，投资一直扮演着重要角色。河南投资规模先后跨过九个千亿元台阶，由2000年的1475.72亿元增加到2014年的30782.17亿元，年均增长25.1%，比全国平均水平快3.2个百分点；对经济增长的贡献由2001年的31.1%稳步提高到目前的83.0%以上，是拉动经济增长的需求主动力。但在投资强劲支撑经济扩张的同时，投资结构与效益并不理想，新建、扩建投资比重超过八成，外延型投资特征没有根本改变。2014年，全省固定资产投资中用于新建的投资占比87.4%，高于全国平均水平17.4个百分点，也远高于中部其他省份。内涵型投资比重明显偏小，如果照此速度推

进,河南现有的工业企业若进行全面改造需20年以上,与发达国家相差甚远,与美国相差5~7年、与日本相差3~5年,从而延缓了工业经济增长方式的转变进程。再从边际资本产出率[ICOR=当年投资增量(I)/生产总值增加量(ΔY),即年度投资与当年增量产出之比]来看,"九五"时期以前的大部分年份ICOR在0.5以下,"十五"时期以来持续走高,"十一五"时期则跃升到0.75以上,2014年达到0.88,而美国、德国等国家则不到0.5,这表明河南已出现较为明显的投资报酬递减现象。

表10　2014年中部六省新建投资占投资总额比重

单位:亿元,%

地区	投资额(不含农户)	#新建投资	新建投资占比
全国	501264.9	350782.8	70.0
河南	30012.3	26218.3	87.4
湖北	22441.7	16801.1	74.9
湖南	20548.6	11462.2	55.8
江西	14646.3	10631.2	72.6
安徽	21256.3	14854.4	69.9
山西	12035.5	8455.9	70.3

(五)资金供给能力弱

一是金融生态环境相对较差。据中国社会科学院的研究成果,河南金融生态环境相对较差,在全国列后进位次,在中部地区居末位。受传统落后文化的影响,河南省社会信用法制层次比较低。在金融消费领域,一些企业和居民的诚信意识也较差。缺少完善的金融产权保护法律,对失信行为的惩治力度较小,导致较高的不良贷款率和较低的金融资产质量。二是河南收入比水平较低,资本形成能力较弱。2014年,河南收入比(指一个地区的存款总额在国民收入中的占比)为64.2%,低于全国平均水平12.1个百分点,更远远低于发达地区(如低于上海26.1个百分点)。在中部六省中也处于相对落后地位,落后于山西、江西和安徽。三是资本市场的发育程度还比较低。河南是全国重要的经济大省,但从A股上市公司数量、后备的拟上市企业数量、上市公司市值等指标来看,河南省却在全国排第13位。四是金融体系不完善,尤其缺少区域性金融组织。河南区域性资本市场发展滞后,企业融资方式较为单一,主要依靠银行的信贷融资,因此银行仍然为河南省主要的金融机构类型。2014年,河南存贷比为65.8%,远低于全国73.9%的平均水平。河南金融业区位熵为0.59,在中部六省中仅高于湖南,居第5位。

表11 2014年中部六省金融业发展水平指标

地区	收入比(%)	区位熵
全国	76.3	
河南	64.2	0.59
湖北	63.0	0.68
湖南	60.7	0.41
江西	68.7	0.64
安徽	70.0	0.69
山西	110.8	0.96

三 对策建议

到2020年全面建成小康社会,是我们党确定的"两个一百年"奋斗目标的第一个百年奋斗目标。"十三五"时期是全面建成小康社会的决胜阶段,基于河南在国家经济社会发展大局中举足轻重的地位,全面建成小康社会不仅事关全省人民福祉,也影响全国发展大局。未来,河南发展仍有诸多机遇,但也面临诸多矛盾和挑战,正处于爬坡过坎、攻坚转型的紧要关口,我们必须牢固树立创新、协调、绿色、开放、共享的发展理念,坚持扬长避短,发挥优势,弥补短板,为在全省全面建成小康社会加快现代化建设提供坚实保障。

(一)巩固和提升基础竞争力和环境竞争力

1. 培育高素质生产要素,提升基础竞争力

产业竞争力的提升归根结底还是在于经济素质的提高,但经济素质并不是孤立的,它需要各类市场要素素质的提高作为支撑,尤其是人的素质。因为无论是产业政策的制定和执行,还是企业的管理运营和产品技术的升级改造,都需要高素质的人来实现。正如美国著名心理学家英格尔斯所说,"如果一个国家的人民缺乏一种能赋予制度以真实生命的广泛的现代心理基础,如果执行和运用这些现代制度的人自身还没有从心理、思想、态度和行为都经历一个走向现代的转化,那么失败的、畸形发展的、悲剧的结局是不可避免的,再完善的现代制度和管理方式、再先进的工艺,也会在这样一群传统人手中变成废纸一堆"。

2. 优化发展环境,提升环境竞争力

强力打造高效政府,建设服务型政府,使政府职能适应全面小康社会建设的需要,使政府主导的基础设施建设和政策服务满足企业竞争力发展需要。各级政府要有明确的产业聚集和企业集群的战略定位,重视聚集人才,加大教育投入,建立区域创新和自主学习的相关机制,在创造和维护基础设施、技术设施、生活与环境和健康设施方面不断提升竞争优势。积极融入新的国家发展战略并借势发展,通过提升政府竞争力来拉动区域竞争力的提升。在国家大力实施新的区域发展战略的关键时期,笔者建议相关部门进一步加强形势分析研判,加强政策措施和项目建设可行性研究,争取更多项目进入国家盘子,抢得先机,为河南发展争取更多政策支持。

(二)着力提升核心竞争力,增强综合竞争优势

1. 加快推进产业产品结构调整,促进工业结构转型升级

产业产品结构调整是创造竞争优势、培养核心竞争力的重要立足点,要按照特色化、集聚化、高端化、规模化发展方向,坚持市场导向和政府推动相结合,将抢占未来制高点和支撑现实发展相结合,制订结构调整专项行动计划,加大政策和资金投入力度,促进产业总量持续扩大、产业结构持续优化、产业水平持续提升、产品竞争力增强。一要加大科技投入,提升传统产业附加值。在一个相当长的时期内,传统产业特别是工业制造业仍然有广阔的市场前景和发展前景。因而我们要加大技术改造力度,改造和提升原材料等重化工业,推进传统材料向新型材料产品的转换,原料粗加工向精深产品制造转换,同时也要防止固定资产投资惯性流向一些资源型工业。二要巩固提高优势加工制造业。重点加强自主知识产权的研发能力和自主创新能力,培育和增强优势加工制造业的核心竞争力。

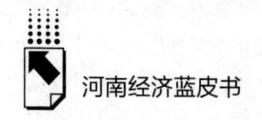

2. 积极推进承接产业转移与本土企业培育双轮驱动，培育一批具有核心竞争力的大型企业集团

近年来，河南坚定不移地实施开放带动战略，打造内陆开放高地，成功引进了以富士康为代表的一大批知名企业，发挥了"一招求多效"的综合效益，成为经济增长的新动力。与此同时，笔者也认为在当前招商引资难度加大的背景下，通过企业并购、转让、联合重组、控股等多种方式，积极促使本土企业做大做强也非常重要，成功培育一个大型企业就有可能带动一个产业的发展，形成一个新的产业集群，成为推动经济发展的新优势。笔者建议在坚持开放带动战略的前提下，进一步紧密结合全省产业基础好、区位交通便捷、自然资源与人力资源丰富等特点优势，以科技创新为主导，瞄准新兴朝阳产业，加强政策支持，培育一批有影响力、有潜力、有竞争力的本土企业，带动产业结构优化升级，形成竞相发展的态势。

3. 构建自主创新体系，提高自主创新水平

紧紧抓住科技创新为经济社会发展服务的中心任务，加快构建自主创新体系，为经济发展提供强力科技支撑。努力培育创新主体，注重发挥企业的关键作用、科研院所的骨干作用和高等院校的生力军作用。打造多层次的创新平台，围绕现代产业体系，积极打造不同层级、不同层次的创新平台。完善创新机制，包括完善科技成果转化机制、科技创新投融资机制、科技成果评价和奖励机制等，为科技创新提供制度保障。

B.25
新常态下河南经济增长趋势研究

俞肖云 罗勤礼 张喜峥 徐 良 董正阳 雷茜茜 胡昶昶 赵国顺*

摘　要： 面对"三期叠加"因素影响下持续下行的河南经济，笔者认为当前河南经济面临增速换挡、发展方式面临结构转换、发展要素面临转型升级，发展阶段处于工业化中期、走向成熟阶段，并且河南经济增长动力也正在经历需求由投资拉动向投资、消费共同拉动转变，供给由资本驱动向资本、全要素生产率共同驱动转变，产业由第二产业主导向第二、三产业协同推进转变的新阶段。同时通过对短期和中长期河南经济发展趋势的分析和判断，笔者认为"十三五"时期河南潜在经济增长率在7.0%～8.4%。

关键词： 新常态　经济增长　河南省

当前，在"三期叠加"因素影响下的河南经济，仍然处在结构艰难调整、增速持续下行的进程当中。2014年12月省委九届八次全会通过《河南省全面建成小康社会加快现代化建设战略纲要》（下文简称《纲要》）。《纲要》提出到2020年河南要全面建成小康社会。这一目标的实现，需要河南经济在新常态下继续保持平稳较快增长。在这一背景下，对当前河南经济发展所处的阶段、经济增长的动力转换特征以及未来一个时期增长的趋势

---

* 俞肖云，河南省统计局副局长；罗勤礼，高级统计师，河南省统计局核算处处长；张喜峥，高级统计师，河南省统计局核算处副处长；徐良，河南省统计局核算处副处长；董正阳，焦作市统计局总统计师；雷茜茜，河南省统计局核算处；胡昶昶，河南省统计局核算处；赵国顺，河南省统计局核算处。

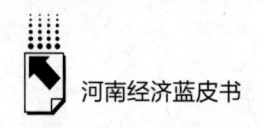

进行分析和判断，就成为当前河南经济发展过程中需要关注和亟待研究的一个问题。

一 河南经济发展进入新阶段

改革开放以来，河南经济发展历程总体上可以划分为两个阶段。第一阶段（1978~1990年），河南经济发展处于改革开放初期，这一时期是对传统计划经济体制进行改革的时期，这一时期河南经济波动与经济体制改革存在较大联系，经济周期与改革周期基本同步，经济发展与各项改革举措密切相关；第二阶段（1990年至今），河南经济发展主要处在市场经济体制不断形成时期，这一时期，市场对经济发展的主导作用逐渐增强，政府管理经济以经济、法律等间接手段为主，辅之以必要的行政管理等其他直接手段，河南经济发展稳定性逐渐增强、波动幅度逐渐减小。

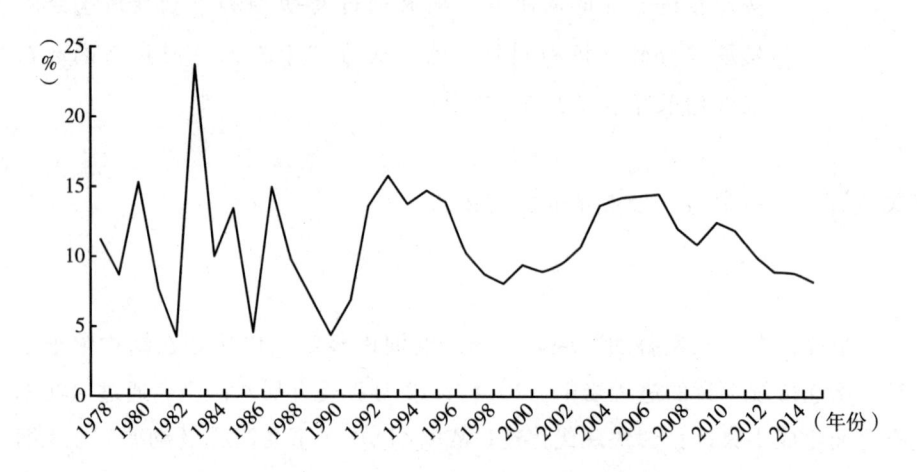

图1 1978年以来河南经济增速波动情况

在第二阶段，从1999年开始，在经历连续8年的上升期后，河南经济增速在2007年达到峰值，随后，在国际金融危机和宏观经济下行的共同作用下，从2008年开始，全省经济增长进入新一轮收缩期。2010年，得益于国家扩大内需政策，河南经济增速有所回升，进入2011年，受国内外经济环境日趋复杂、外部需求持续疲软、微观经济主体生产经营困难等诸多因素制约，河南经济增长重回下降通道，并于2013年开始进入个位数增长阶段，河南经济发展进入新的历史阶段。

1. 发展态势面临增速换挡

改革开放以来，河南经济持续保持较快增长，年均增速达到9.9%，高于全国平均水平0.5个百分点。在经过多年的快速增长之后，支撑河南经济发展的内外部环境和要素条件也在发生深刻变化，要素规模驱动也逐渐减弱、资源环境约束日益加剧、隐性风险逐步显露、经济体制机制仍不健全，诸多因素的制约导致河南潜在经济增长率趋于下降，尤其是金融危机以来，河南经济增长率下降趋势更为明显，河南经济增长已从高速向中高速转换，经济增长平台出现趋势性下移，河南发展态势呈现增速换挡的阶段性特征。

2. 发展方式面临结构转换

河南是经济大省，经济总量位居全国第五。当前，河南正处于工业化、城镇化加速发展阶段，但是，经济社会发展中的结构性矛盾仍是制约全省走新型工业化道路、加快城镇化进程的主要矛盾，也是制约全省经济社会全面协调可持续发展的根本性问题。产业结构中，第一产业比重大、第三产业发展相对滞后，工业经济中能源原材料等资源消耗型产业所占比重大，产业链条短、初级产品多、高端产品少，低层次的产业结构制约了全省经济效率和增长速度的提高；城乡结构中，城镇化水平低，城乡收入差距大，使得投资与消费、改革发展与稳定等关系短期内难以有效统筹协调；区域结构中，区域经济发展不平衡、产业同质化现象突出。"十三五"时期，河南将进入结构调整的艰难时期，调整经济结构、转换发展方式是河南必须面临的主要问题。

3. 发展要素面临转型升级

长期以来，河南经济发展主要依靠劳动、资本、土地、资源等生产要素的大量投入，从而形成企业依赖低成本、低价格竞争的格局，直接导致了企业创新能力动力不足、意识不强。但是，随着全省工业化、城镇化快速推进，支撑河南多年快速发展的生产要素供给条件正在不断发生变化。2014年，河南全省常住人口中劳动适龄人口占比为69.4%，比2008年降低2.9个百分点，六年间劳动适龄人口净减少620万人，人口总抚养比则由2008年的38.3%攀升至2014年的44.0%，全省人口总抚养系数的提高，必然带来全社会储蓄率的下降和劳动力成本的提高，进而会导致投资率的下降和资本存量的缓慢增长；

与此同时，支撑全省经济较快增长的土地供应缺口逐年加大、资源环境约束逐年增强。总之，继续沿用以生产要素规模投入带动经济快速增长的发展模式将难以为继，河南在"十三五"时期必须合理配置各类生产要素，依靠要素转型升级才能推动全省经济实现可持续发展。

4. 发展阶段处于工业化中期、走向成熟的阶段

笔者结合钱纳里工业化阶段理论，以及罗斯托经济成长阶段理论，对当前河南经济发展所处的阶段进行判断。从工业化发展进程分析，金融危机以来，河南产业结构的变化特征是第一产业比重稳中有降（2014年为11.9%），第二产业比重在2011年达到57.3%的峰值后出现下降（2014年为51.2%），第三产业比重稳步提高（2014年为36.9%），处于工业化中期阶段，接近工业化后期边缘；从制造业所占比重看，2014年全省制造业所占比重在40%左右，处于工业化中期的下限边缘；从人口空间结构看，河南城镇化率逐年提高，2011年突破40%，2014年达到45.2%，处于工业化初期阶段；从就业结构看，第一产业从业人员占比不断下降，2010年开始低于45%，2014年降至40.7%，处于工业化中期阶段。从各项指标看，河南发展并不均衡；从发展现实看，河南工业化和城镇化在继续扩张，服务业发展滞后于工业，大量农村劳动力需要转移。因此，我们可整体判断出，河南目前正处于工业化中期阶段。

表1 工业化水平评价标准及阶段划分

基本指标	前工业化阶段	工业化实现阶段			后工业化阶段
		工业化初期	工业化中期	工业化后期	
三次产业结构	A>I	A>20%,A<I	A<20%,I>S	A<10%,I>S	A<10%,I<S
制造业增加值占总商品价值比重（工业结构）	20%以下	20%~40%	40%~50%	50%~60%	60%以上
人口城市化率（空间结构）	30%以下	30%~50%	50%~60%	60%~75%	75%以上
第一产业就业人员比重（就业结构）	60%以上	45%~60%	30%~45%	10%~30%	10%以上

注：三次产业结构中，A代表农业比重，I代表工业比重，S代表服务业比重。

从经济增长进程分析，金融危机以来，面对严峻复杂的形势，河南经济仍保持了较快增长，经济社会发展取得重大成就，2013年全省人均生产总值超

过 5500 美元，达到 5524 美元，河南综合实力又迈上一个新的台阶。根据罗斯托经济成长阶段理论，改革开放以来，河南经济发展在经历"传统社会阶段""为起飞创造条件阶段""起飞阶段"等三个阶段之后，于 2013 年开始正式步入"走向成熟阶段"，河南经济发展在相对较短的时间内完成了由低级向高级阶段的转换。

表 2　经济增长阶段划分（按照人均 GDP 标准）

单位：美元

经济发展阶段	罗斯托	钱纳里（1982 年）	钱纳里（2004 年）	钱纳里（2009 年）
第一阶段	传统社会阶段	728 以下	1179 以下	1379 以下
第二阶段	为起飞创造条件阶段	728～1456	1179～2358	1379～2759
第三阶段	起飞阶段	1456～2912	2358～4717	2759～5519
第四阶段	走向成熟阶段	2912～5460	4717～8845	5519～10349
第五阶段	大众高额消费阶段	5460～8376	8845～13569	10349～15876
第六阶段	追求生活质量阶段	8376 以上	13569 以上	15876 以上

注：本表结合了罗斯托经济发展阶段划分理论和钱纳里经济发展阶段划分理论（蒲晓华，2009）。

二　河南经济增长动力呈现新特征

改革开放以来，河南经济保持较快增长态势，尤其是从 2003 年开始，河南经济保持连续十年的两位数增长速度。但 2008 年之后，经济增速总体上呈波动下行态势。本次金融危机引发的全省经济大幅回落，表面上看是由外部需求急剧收缩造成国内出口大幅回落，进而传导到河南，并造成河南省内工业生产快速回落引起的，但深层次原因在于多年来河南主要依靠原有经济发展方式积累的结构性矛盾不断加剧，这不仅表现在需求结构上，而且表现在供给结构上。河南经济进入转型发展的新阶段，经济增长动力也呈现诸多新特征。

1. 需求由投资拉动逐渐向投资、消费共同推动转变

长期以来，在河南经济发展过程中，消费需求（最终消费）和投资需求（资本形成）是推动河南经济保持较快增长的两大主要力量。尤其是在 2004

年以前，消费需求对河南经济增长的拉动作用基本居于主导地位，消费需求对经济增长的贡献率持续高于投资需求，从2004年开始，河南消费需求贡献率开始出现明显下降，投资需求则持续上升，投资需求对经济增长的拉动作用不断增强。2006年，河南投资需求占比首次超过消费需求，占当年GDP总量的51.1%，对经济增长的贡献率达到70.0%，随后投资需求占比持续高于消费需求占比，成为拉动全省经济增长的主要动力，河南经济增长模式开始转变为投资主导型，这一时期需求动力的转换与2003年以来全省工业化、城镇化加速发展密不可分。

表3　2008年以来河南投资效果系数

2008年	2009年	2010年	2011年	2012年	2013年	2014年
0.287	0.107	0.218	0.216	0.124	0.098	0.090

注：投资效果系数，即资本边际产出生产率，是一定时期地区生产总值增加额与投资额的比值。

但是，经过持续多年大规模、高强度的投资建设，全省投资总量不断攀升，投资继续保持快速增长，支撑经济稳定增长的难度也在不断加大。从反映投资对经济发展贡献率的指标"投资效果系数"（资本边际产出生产率）来看，该指标呈逐年下降趋势，2008年为0.287，2014年则下降到0.090，投资效果系数表现出的不断下降的特征，说明河南经济增长所需的投资成本在不断增加，投资对全省经济发展的整体推动作用在逐渐降低。

从能够反映投资与消费水平的指标全社会固定资产投资、社会消费品零售总额增速观察，金融危机以来，二者则呈现新的变化特点，河南全社会固定资产投资增速从2008年的31.0%回落至2014年的18.0%，年均回落2.2个百分点；社会消费品零售总额增速从2008年的24.0%回落至2014年的12.7%，年均回落1.9个百分点，回落幅度小于投资0.3个百分点，反映出投资动力在出现减弱的同时，河南消费增长对经济增长的促进作用在日益增强，河南经济增长正在由投资拉动向投资、消费共同驱动转变。

2. 供给由资本驱动逐渐向资本、全要素生产率共同驱动转变

从供给角度看，劳动、资本和全要素生产率（TFP，包含技术进步、组织

创新、专业化和生产创新等）等要素投入构成经济增长的持久动力。经济新常态下，理论上，在供给要素结构中，劳动、资本等投入对经济增长的驱动作用会明显下降，而全要素生产率对经济增长的驱动作用则会不断增强。依据索洛余值法，利用柯布－道格拉斯生产函数，对河南省各供给要素对经济增长的贡献率进行测定：

$$Y_t = A_t K_t^\alpha L_t^\beta$$

其中，Y_t 为总产出，K_t 为资本投入，L_t 为劳动投入，A_t 为全要素生产率。这里，用国内生产总值（GDP）作为总产出，用固定资本存量作为资本投入，用从业人员作为劳动投入。

表4 2008年以来河南各要素对经济增长的贡献率

单位：%

年份	产出（GDP）增长率	各要素对经济增长的贡献率		
		资本	劳动	全要素生产率
2008	12.1	52.0	5.1	42.8
2009	10.9	67.3	10.4	22.3
2010	12.5	42.0	7.2	50.8
2011	11.9	48.3	12.6	39.2
2012	10.1	49.7	8.3	42.1
2013	9.0	49.0	10.2	40.8
2014	8.9	45.3	13.6	41.1

结果显示，金融危机以来，资本投入对全省经济增长的贡献一直占据主要地位，是驱动河南经济增长的第一力量，但是近年来有整体下滑趋势，2014年资本的贡献率回落至45.3%，是近年来资本贡献率较低的年份；劳动投入对河南经济增长的贡献率则基本上维持在10%左右；与此同时，全要素生产率的贡献率自2012年以来持续维持在40%以上，相对稳定，逐渐成为推动全省经济平稳较快增长的又一主要驱动力量。

随着全省开放改革走向纵深，"一个载体四个体系六大基础"建设不断推进，以技术进步为主导的技术革新将推动全省生产前沿面不断前移，生产要素在行业、产业链、地区等各市场主体间的配置效率将不断调整和优化，使得生

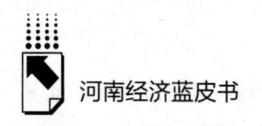

产率潜力得以不断发挥，技术进步、结构调整、创新等要素将在河南经济发展中扮演越来越重要的角色。

3. 产业由第二产业主导逐渐向第二、三产业协同推进转变

河南经济增长格局由改革开放初期主要依靠第一、二产业推动，逐步发展为产业结构占比呈现以"二、三、一"为主要特征的第二产业主导格局。金融危机以后，受国内外需求萎缩和河南结构性产能过剩影响，河南各产业对经济增长的贡献率呈现如下特点：第一产业相对稳定，对经济增长的贡献率稳定在5.0%左右；第二产业总体下降，其中工业下降较为明显（第二产业对经济增长的贡献率由2008年的68.5%下降到2014年的63.3%，回落5.2个百分点；同期，工业贡献率则由2008年的65.3%回落到57.2%，下降8.1个百分点，大于第二产业回落幅度）；第三产业贡献率不断提高，并达到30.0%以上。

随着工业结构的调整升级和服务业的发展，河南第二、三产业协同发展在经济增长中的作用会进一步强化，尤其是第三产业的驱动作用会不断增强，从而逐渐成为支撑全省经济平稳较快增长的又一主导力量。

表5 2008年以来河南各产业对经济增长的贡献率

单位：%

年份	第一产业	第二产业	#工业	第三产业
2008	6.5	68.5	65.3	25.0
2009	5.1	64.8	55.1	30.0
2010	4.5	68.5	64.3	27.0
2011	4.3	63.6	61.2	32.1
2012	5.8	65.1	59.8	29.1
2013	5.9	65.6	58.8	28.5
2014	5.3	63.3	57.2	31.4

另外，从动态视角看，经济增长快慢还与产业结构水平高低高度相关，一个时期的产业结构在一定程度上决定了一个时期的经济增长方式。改革开放以来，河南经济大体上经历了"农业主导型"时期、"结构转型"时期、"工业化主导型"时期等三个时期。不同产业对经济增长的贡献不同，因此，不同的产业结构将带来不同的总产出，河南产业结构在不同阶段和时期的转换，对

全省经济增长也产生了较大影响。本文通过因素分析法分析产业结构变动对经济增长的贡献率,设定如下公式:

$$g = \sum w_i g_i \quad (i = 1,2,3)$$

其中,g 表示国民生产总值的增长率,w_i 表示第 i 产业占国民生产总值的比重(权重),g_i 表示第 i 产业增加值的增长率。以各产业报告期增长率乘以基期增加值比重求得 GDP 测算增长率,与报告期实际 GDP 增长率相比较,得到产业结构变动对经济增长的贡献率。

表6 2000年以来产业结构变动对河南经济增长的拉动

单位:个百分点

年份	贡献率	年份	贡献率	年份	贡献率
2000	0.0	2005	0.4	2010	1.1
2001	0.2	2006	0.6	2011	0.8
2002	0.1	2007	1.1	2012	0.7
2003	0.4	2008	0.8	2013	0.7
2004	0.1	2009	0.8	2014	0.6

经测算(以进入21世纪的2000年为基期),结果显示河南产业结构变动贡献率均为正值,金融危机以来的2010年达到近年来最高值,为1.1个百分点,其余年份则为0~0.8个百分点。产业结构贡献率的正向拉动,说明产业推动在由第二产业主导向第二、三产业协同推进的转变对经济增长具有积极促进作用。

三 河南经济增长短期趋势和中长期判断

当前,河南经济发展正处在"增长速度正在换挡但下行压力较大,经济结构正在优化但调整阵痛显现,发展动力正在转换但新兴力量不够强大,新的成长点抵补下拉因素后尚不足以支撑较快增长的关键时期"。展望2015年和整个"十三五"时期,河南经济发展面临的形势也将更为复杂严峻。

1.短期看,经济增长仍将维持缓中趋稳发展态势

对经济的短期波动,需要从需求层面进行分析。影响经济短期波动的主要

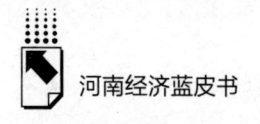

因素有投资、消费以及政府的各项政策。

投资的快速增长是河南工业化和城镇化快速推进的必然要求，近年来河南工业、基础设施、房地产业投资合计占投资总量的比重在85%~90%。工业投资2008年以来占投资的比重整体上呈下降趋势，由2008年的54.8%回落至2014年的51.3%，六年间回落3.5个百分点。河南工业投资长期倚重传统工业投资，高附加值工业投资不足，再加上金融危机以来，部分行业尤其是制造业产能出现过剩，种种叠加因素影响，导致从2012年12月开始全省工业投资增速持续低于投资总体增速。当前全省工业投资增长仍在这种下降趋势中延续，短期内难有较大起色。基础设施投资自金融危机以来增长呈现"先上升后下降"，但从2013年开始再次出现加快趋势，尤其是进入2015年以来，全省基础设施投资持续保持高速增长，在经济下行压力加大的情况下，由政府主导的基础设施投资已经成为河南投资增长的动力源和稳定器。房地产业投资自进入2014年以来，受区域市场分化和去库存化因素的双重影响，全省房地产业投资步入下降通道，目前市场有所好转，但整体上没有根本改观。综上所述，在投资增长主导力量"两缓一快"的发展格局下，短期内全省投资增长仍将延续目前的缓慢下行态势，投资需求增长将逐步小幅趋缓。

加快建立扩大消费需求长效机制，是党的十八大报告提出的扩大内需战略基点之一，近年来河南消费规模持续扩大，消费品市场总体平稳。从发展趋势来看，金融危机以来河南社会消费品零售总额增长呈稳中趋缓态势，增速由2008年的24.0%回落至2014年的12.7%，速度放缓的主要原因是宏观经济趋紧、需求不旺、市场竞争加剧等。进入2015年后，受城乡居民收入增速持续回落（2013年以来河南城乡居民收入增速开始出现持续小幅趋缓现象）、汽车金银珠宝通信器材类等消费热点增速放缓、房地产市场形势尚未出现明显好转，以及网络销售对传统商业实体的冲击等多种因素的影响，全省消费品市场增势逐渐减弱。初步判断，若无较强消费刺激政策出台，未来一个时期，全省消费品市场仍然将延续前期稳中趋缓态势，不会出现较大起伏。

面对复杂严峻的经济形势，近年来，河南相继制定了全面建成小康社会加快现代化建设的战略纲要和推进全面深化改革、全面依法治省、全面从严治党的意见，出台了《"百千万"亿级优势产业集群培育工程行动计划》《促进经济平稳健康发展若干政策措施》《实施稳增长保态势若干重大专项工作方案》

等相关文件，系列政策措施的相继推出及实施，为全省"稳增长、保态势"起到了积极作用。但是，当前全省经济下行，是周期性因素与结构性因素相互交织、短期风险与长期积累问题相互叠加、外部严峻环境冲击与内部深层次矛盾爆发相互影响的结果，具有复杂性和长期性特点，短期内还难以根本解决。

所以，从投资、消费以及政府政策措施角度分析，河南经济增长，就短期而言，仍将维持目前缓中趋稳的发展态势。

2. 从中长期看，经济将保持中高速增长

对经济增长的中长期趋势，需要从供给层面来进行研究。根据经济增长理论，决定中长期经济增长的，主要是劳动、资本等要素投入，以及全要素生产率等影响潜在生产能力的因素。

从劳动的供给看，当前河南正处于"人口红利"的黄金时期。从发展趋势看，金融危机以来河南从业人员数、从业人员占常住人口比重逐年提高，2014年全省从业人员数达到6520.03万人，占常住人口的比重为69.1%，比2008年提高7.2个百分点。整体趋势变化特点表明，当前一个时期河南正处在劳动力资源相对丰富时期，全省人口红利有望持续较长时期，这将为全省"十三五"时期乃至更长时期内经济建设和工业化、城镇化发展提供坚实的人力资源支撑。

从资本的供给看，鉴于河南经济发展正处在工业化中期、走向成熟阶段这一基本特征，河南投资对经济发展的推动也将呈现一个新的阶段特征，全省投资增长将不大可能再像"十一五"时期乃至以前时期那样，出现补缺式的快速增长，河南投资增速将逐步小幅趋缓，但在增速趋缓的同时，产业升级、环境改善、基础设施建设、城镇化发展等投资需求空间巨大，河南投资的实际增量仍将十分可观，全省的资本供给仍相对充足，投资在经济发展由需求管理向供给管理转变的过程中，也将更加注重整体经济转型升级、技术创新和质量效益提高，资本的供给对河南经济发展的推动也将更有力。

从全要素生产率看，以劳动、资本投入为主的粗放型经济增长方式向以技术进步为主要特征的经济增长方式转变是一个必然过程。从改革开放推动河南全要素生产率不断提高的过程来看，河南作为一个经济欠发达地区，可以通过自身后发优势，利用较大的可吸收借鉴空间，不断向发达国家和地区学习和追赶。随着河南改革开放的深入、市场化体制的完善以及政策环境的改进，以技

术进步为主导的技术创新、组织创新、生产创新等各种创新,将持续推动各生产要素在行业间、区域间配置效率的提高和优化,使得全省全要素生产率不断得到有效释放提升。2014年全省研发（R&D）经费投入首次突破400亿元大关,达到400.01亿元,同比增长12.6%,高于全省GDP增速3.7个百分点,研发投入强度达到1.15%,以自主创新为主要特点的各种改革创新能力的不断提高,使得全要素生产率对河南经济增长的贡献将逐步提高。

所以,从劳动、资本和全要素生产率等供给因素分析,"十三五"时期,河南经济发展将适应并逐渐引领经济发展新常态,能够较长时间地处于经济的中高速增长阶段。

四 河南"十三五"时期潜在经济增长率测算

潜在经济增长率是指一个地区所生产的最大产品和劳务总量的增长率,或者说一个地区在各种资源得到充分配置条件下,所能达到的最大经济增长率。这里的资源包括自然资源、人力资源、技术和管理,还包括制度安排和经济政策。对潜在经济增长率进行测算可追溯到美国经济学家奥肯,后来其他学者不断加以丰富完善,提出的测算方法有十余种。但是,由于潜在产出无法直接测算,潜在经济增长率的测算更是困难,不同测算方法有不同结果,而且结果可能相差很大,因此,目前潜在经济增长率的测算在国际国内并无明确统一的方法。整体而言,学术界对潜在经济增长率的测算主要分为两类,第一类是统计趋势分解方法,第二类是经济结构关系方法。前者试图把时间序列分解为永久性成分和周期性成分,后者则试图用经济理论分离出结构性和周期性因素对产出的影响。

1. 基于HP滤波法的ARIMA模型测算

HP滤波法基本原理是从时间序列的原始数据中分解出周期成分和波动成分。通过HP滤波得到潜在经济增长率的历史数据后,可从历史数据的变化趋势推测出潜在经济增长率的未来变化。具体地,对1978~2015年河南经济增长率进行HP滤波,结果表明,改革开放以来河南潜在经济增长率维持在8.8%~12.3%。

按照"谷－峰－谷"的划分方法,改革开放以来河南潜在经济增长率的

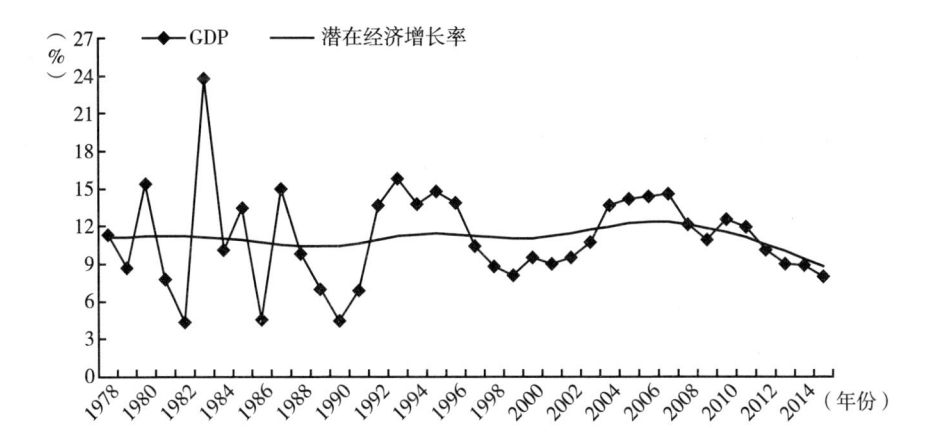

图2 1978~2015年HP滤波后河南潜在经济增长率

长期趋势可以分解为三个周期：第一个周期是1978~1989年，跨度为12年，潜在经济增长率波动区间在10.4%~11.2%；第二个周期是1990~1999年，跨度为10年，潜在经济增长率波动区间在10.5%~11.4%；第三个周期是2000年至今，该周期潜在经济增长率的高点为2006年、2007年这两年，达到12.3%，到2015年回落至8.8%（见图2）。

应用ARIMA模型，对经过HP滤波后得出的河南省1978~2015年潜在经济增长率选择合适的拟合模型，通过判断和运算进行预测。从预测结果看，全省经济增长率的下降态势较为明显，"十三五"时期的潜在经济增长率可能会维持在7.0%~8.4%（见表7）。

表7 "十三五"时期河南潜在经济增长率预测结果

单位：%

年份	2016	2017	2018	2019	2020
预测值	8.33	7.86	7.49	7.21	7.03

2. 基于三次产业分解法的测算

基于结构分解思路，根据1990年以来河南省三次产业增加值数据，对各产业定基发展趋势进行分析，在此基础上选取各产业适用的模型对"十三五"时期各产业发展情况进行预测，最终合成并测算"十三五"时期全省潜在经

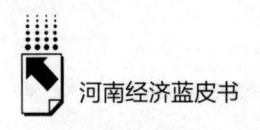

济增长率。

根据测算,"十三五"时期河南第一产业增加值增速呈趋缓态势,全省第一产业增加值年均增速在3.01%左右。近年来,全省第一产业增加值增速均在3.5%以上,如果不出现较大自然灾害,正常年景测算结果可能偏低。第二产业增加值年均增速在8.5%左右,按此测算,全省规模以上工业增加值年均增速要达到9%以上,假设增加值增长率维持在25%左右,规模以上工业主营业务收入2020年要达到11万亿元以上,考虑到"十三五"时期河南经济以"转方式、调结构"为主线,第二产业发展中化解产能过剩、推动传统产业转型升级任务较重,需要经历一个过程,因此综合判断全省"十三五"时期第二产业增加值实际增速或将低于8.52%的预测值。第三产业增加值年均增速在9.46%左右。考虑到近年来面对复杂经济形势,全省把加快发展第三产业作为转变经济发展方式、促进产业升级的战略重点,因此初步判断,"十三五"时期河南第三产业将呈现稳中有升的发展态势,第三产业增加值实际增速或将高于9.46%的预测值。根据各产业预测结果,合并计算可以得到,"十三五"时期全省潜在经济增长率年均增速在8.4%左右。

根据以上两种测算方法,并结合对"十三五"时期全省经济发展的有利条件和制约因素的分析,初步认为:河南"十三五"时期经济潜在增长率可能的区间在7.0%~8.4%。根据经济运行一般规律,实际增长率会围绕潜在经济增长率上下波动,但不会偏离很远。

五 引领新常态,不断增强河南经济发展新动力

"十三五"时期,是河南全面建成小康社会加快现代化建设的关键时期,坚持较快发展仍是解决所有问题的关键,全省要将经济运行保持在合理增长区间,坚守经济增长底线,要以全面改革创新为动力,以提高经济增长质量和效益为中心,着力扩大内部需求、提高技术进步对经济增长的贡献水平,加快转型升级步伐和发展方式转变,从而保持全省经济长期平稳较快增长。

1. 全面深化改革,增强经济发展动力

改革是促进经济社会发展的不竭动力,要继续深化重点领域和关键环节改革。一是正确处理好政府与市场的关系,进一步加大简政放权力度,引入

"负面清单"管理,切实消除在一些领域仍或多或少存在的"玻璃门"和"弹簧门"现象,更好发挥政府作用,为各类市场主体营造公平竞争环境;二是加快投融资体制改革,推进政府购买服务、公私合作模式和特许经营制度,调整和优化投资结构,提高投资质量与效益;三是优化收入分配体制,规范收入分配秩序,缩小收入分配差距,激发市场需求,进一步释放产业结构优化的需求动力。

2. 扩大有效需求,保持投资消费双轮驱动

实现经济稳定增长,必须增强需求的拉动作用,更好发挥投资的关键作用和消费的基础作用。一是围绕增加公共产品有效供给和改善民生做文章,补足投资短板,要抓住基础设施建设、生态环境保护、社会事业发展投资机遇,扩大医疗、养老、教育、文化体育等关系民生领域的投资需求;二是尽快培育河南服务业新的投资增长点,把投资重点放在高附加值的金融保险证券、现代物流、文化、旅游等产业上;三是提高工业投资效益,避免低水平重复建设,重点支持高附加值精深加工工业投资、高新技术产业投资和战略性新兴产业投资;四是提高收入水平,增加中低收入群体收入,完善社会保障制度,促进基本公共服务均等化,提高消费预期;五是培育和扩大消费新热点,从不同收入群体消费结构变化中发现消费新热点,提升传统消费,拓宽新兴服务消费。

3. 实施创新驱动,加快产业优化升级

创新是全面深化改革的关键。一要加快建立科技创新体系,充分发挥企业创新主体作用,完善并落实鼓励科技创新和科技成果产业化的财税金融政策,扶持一批有实力的企业单独设立技术研发中心。大力推进企业间及企业与高校、企业与科研机构之间的协同创新,不断提高各种市场主体转型升级能力;二要抓好科技创新平台建设,充分发挥高等院校、科研院所的作用,打造具有较强原始创新能力的科研平台,依托国家高技术产业基地、国家高新开发区、产业集聚区等产业载体,有效汇聚区域内各种创新要素,推进全省产业结构不断调整和转型升级。

4. 提高人口素质,加大人力资本投入

人力资源素质是关系经济可持续增长的长远大计,创新驱动本质上是人才驱动,应充分扩展人口红利空间,使河南由人口数量红利大省向人口素质红利

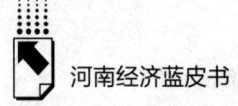

大省转变。第一，要构建多层次创新型人才体系，培育和引进创新、创业型人才；第二，要加强基础型和应用型人才培养，不断提高劳动者素质，提高全省自主创新能力；第三，要改进和完善人才评价和激励机制，全面提高企业经营者管理素质和各级干部管理经济社会的能力，细化鼓励稀缺人才引进、政府采购优先等激励措施。

B.26
重要战略机遇期河南省区域经济社会发展差异分析

赵德友 徐委乔*

摘 要： 推动区域协调发展是五大发展理念的重要内容。进入重要战略机遇期15年来，河南省18个省辖市发展水平和发展速度差异较大，本文通过构建区域经济社会发展评价指标体系，分析比较各省辖市发展水平和发展速度，对各省辖市全面建成小康社会进程进行量化，并结合各地资源禀赋和现实基础，提出促进区域经济社会协调发展的思考与建议。

关键词： 战略机遇期 区域经济 差异分析

重要战略机遇期是党中央在21世纪初对21世纪前20年我国发展环境和阶段做出的科学判断，全面建设小康社会是党中央确定的21世纪前20年全国人民的奋斗目标。2012年10月召开党的十八大，时值我国全面建设小康社会时间进程过半，党中央根据我国经济社会发展实际，提出了全面建成小康社会的奋斗目标。

进入重要战略机遇期以来，河南省18个省辖市经济社会呈快速发展态势，但由于各地资源禀赋、历史基础等差别较大，各省辖市发展水平和发展速度呈现较大差异。本文通过构建区域经济社会发展评价指标体系，计算经济社会发

---

* 赵德友，博士，高级统计师，河南省统计局总统计师；徐委乔，河南省统计局社会和科技统计处。

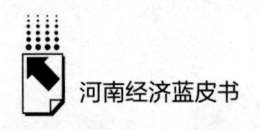

展综合指数（ESDI），对各省辖市发展水平和发展变化进行量化分析，并提出促进区域经济社会协调发展的思考与建议。

一 区域经济社会发展评价指标体系的设计与构建

区域经济社会发展评价指标体系的设计就是通过选取系统全面而又有机统一的若干指标，并科学确定各指标的权重，以客观反映区域经济社会发展水平。

（一）指标选取的基本原则

1. 导向性原则

构建指标体系要着眼于中国特色社会主义五位一体总体布局，选取的指标要切实反映创新、协调、绿色、开放、共享五大发展理念。

2. 系统性原则

选取的指标要从不同的角度全面反映经济社会发展的主要特征和状态，各指标之间既相互独立又彼此联系，共同构成一个有机统一的严密体系。

3. 可操作性原则

所选取的指标应简单明确，数据易于收集，统计口径基本一致，可以量化，具有可比性。

（二）指标的选取与权重

参考国家统计局《全面建成小康社会监测指标体系》和《河南省县域经济社会发展评价指标体系》，结合河南省经济社会发展的总体现状，并充分征求专家意见，确定区域经济社会发展评价指标体系的13项指标，其中人均指标6项，占45%的权重，结构指标5项，占40%的权重，强度指标2项，占15%的权重，13项指标中除万元GDP能耗为逆指标外，其余均为正指标（见表1）。

表1 区域经济社会发展评价指标体系及权重

单位：%

评价指标	权重
一、人均指标	45
1. 人均 GDP(元)	15
2. 城镇居民人均可支配收入(元)	4
3. 农村居民人均纯收入(元)	4
4. 人均居民储蓄存款余额(元)	6
5. 人均一般公共预算收入(元)	10
6. 人均社会消费品零售总额(元)	6
二、结构指标	40
7. 第三产业增加值占 GDP 比重(%)	10
8. 各项税收收入占二三产业增加值比重(%)	10
9. 进出口总值占 GDP 的比重(%)	5
10. 常住人口城镇化率(%)	10
11. R&D 经费支出占 GDP 比重(%)	5
三、强度指标	15
12. 固定资产投资强度(万元/平方公里元/人)	9
13. 万元 GDP 能耗(万吨标准煤)	6

注：固定资产投资强度由人均全社会固定资产投资和单位区划面积全社会固定资产投资两项平均构成。

（三）指标的处理和评价方法

将每一评价指标无量纲处理加工为单项指标规格化指数，再将单项指标规格化指数加权计算经济社会发展综合指数 ESDI，用综合指数 ESDI 对 18 个省辖市进行排序。

1. 单项指标的无量纲化处理

由于排序的指标为不同内容的数据，而且计量单位也不同，因此要进行无量纲化处理。为了使无量纲化后的指数比较科学，正指标采用"最高值～最低值"作为最大差幅，每个省辖市数值与最低数值的差幅除以最大差幅，得到各省辖市该正指标的规格化指数；逆指标采取"最低值～最高值"作为最大差幅，每个省辖市数值与最高数值的差幅除以最大差幅，得到各省辖市该逆

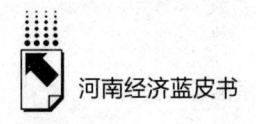

指标的规格化指数。按照这种方法计算的单项指数排序结果与单项指标排序结果是一致的，消除了不同指标之间不能简单综合计算的问题，并解决了量纲统一的问题。

$$i \text{ 市指标 } A \text{ 的规格化指数} = \frac{A_i - \min A}{\max A - \min A} (\text{正指标})$$

$$i \text{ 市指标 } A \text{ 的规格化指数} = \frac{A_i - \max A}{\min A - \max A} (\text{逆指标})$$

2. 综合指数的计算及排序

区域经济社会发展综合指数 ESDI 为各单项指标规格化指数与该指标权重的乘积之和，计算公式如下：

$$ESDI = \sum_{j=1}^{13} \text{指标} j \text{ 的规格化指数} \times \text{指标} j \text{ 的权重}$$

各省辖市的经济社会发展位次按照 ESDI 的大小位次排列。

二 区域经济社会发展综合比较分析

（一）区域经济社会发展水平综合排序

笔者选取重要战略机遇期中的4个主要年份计算18个省辖市的 ESDI，并进行排序（见表2）。

表2 河南省18个省辖市经济社会发展综合指数及排名

各市	2000年 综合指数	排名	2005年 综合指数	排名	2010年 综合指数	排名	2014年 综合指数	排名	2014年较2000年位次变化
各市平均	0.285		0.345		0.348		0.338		
郑州市	0.942	1	0.958	1	0.951	1	0.979	1	0
济源市	0.427	3	0.586	2	0.580	2	0.522	2	1
洛阳市	0.417	4	0.511	3	0.545	3	0.512	3	1
许昌市	0.284	7	0.335	6	0.389	6	0.405	4	3
焦作市	0.379	5	0.468	4	0.430	4	0.404	5	0

续表

各市	2000年 综合指数	排名	2005年 综合指数	排名	2010年 综合指数	排名	2014年 综合指数	排名	2014年较2000年位次变化
三门峡市	0.429	2	0.409	5	0.409	5	0.377	6	-4
新乡市	0.271	9	0.325	10	0.369	7	0.346	7	2
平顶山市	0.257	11	0.329	8	0.332	8	0.324	8	3
安阳市	0.353	6	0.331	7	0.282	11	0.302	9	-3
漯河市	0.282	8	0.312	11	0.300	10	0.294	10	-2
开封市	0.171	13	0.237	13	0.250	12	0.281	11	2
鹤壁市	0.234	12	0.327	9	0.315	9	0.260	12	0
南阳市	0.140	14	0.226	14	0.231	13	0.242	13	1
濮阳市	0.269	10	0.244	12	0.230	14	0.232	14	-4
信阳市	0.097	15	0.182	16	0.194	15	0.184	15	0
商丘市	0.057	17	0.185	15	0.180	16	0.162	16	1
驻马店市	0.089	16	0.139	17	0.169	17	0.158	17	-1
周口市	0.031	18	0.102	18	0.105	18	0.095	18	0

注：位次变化正值表示上升，负值表示下降。

2014年省辖市经济社会发展水平排序前三位的分别是郑州、济源、洛阳，排序最后三位的是商丘、驻马店、周口。18个省辖市2014年排序与2000年比较，有8个市的位次上升，平顶山和许昌上升了3位，开封和新乡上升了2位；有5个市的位次下降，濮阳和三门峡下降了4位，安阳下降了3位；其余5个省辖市的位次维持不变。

根据2014年ESDI排序和各省辖市发展状况，将18个省辖市分为四类（见表3）。

表3　2014年经济社会发展综合指数分类

分类	省辖市	综合指数	位次
Ⅰ	郑州	0.979	1
Ⅱ	济源、洛阳、许昌、焦作、三门峡、新乡、平顶山	0.522~0.324	2~8
Ⅲ	安阳、漯河、开封、鹤壁	0.302~0.260	9~12
Ⅳ	南阳、濮阳、信阳、商丘、驻马店、周口	0.242~0.095	13~18

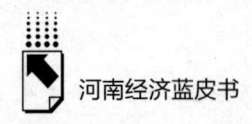

排序首位的郑州 ESDI 为 0.979，是各省辖市均值的 2.90 倍，是第 2 位济源市的 1.88 倍，经济社会发展总体水平明显高于其他地区。第Ⅱ类地区 ESDI 平均为 0.413，比各省辖市均值高 22.2%。第Ⅲ类地区 ESDI 平均为 0.284，比各省辖市均值低 15.8%，第Ⅳ类地区 ESDI 平均为 0.179，仅为各省辖市均值的 53.0%，第Ⅰ类地区 ESDI 是第Ⅳ类地区均值的 5.47 倍。

（二）省辖市综合经济社会发展水平差异分析

为直观地观察与分析省辖市间经济社会发展水平的差异，笔者用雷达图的形式表示各省辖市的 ESDI 值（见图 1）。

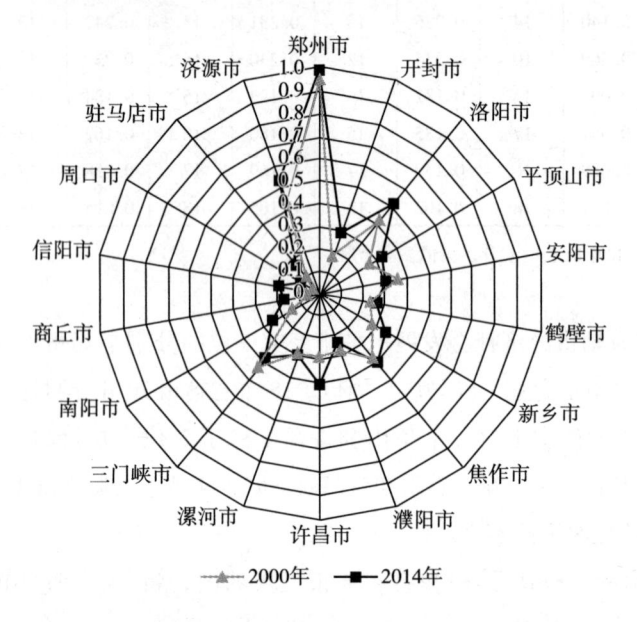

图 1　2000 年和 2014 年河南省 18 个省辖市经济社会发展综合指数值

2000 年与 2014 年的 ESDI 值曲线形状变化不大，说明 2000 年与 2014 年省辖市经济社会发展水平的整体格局变化不大；不同省辖市在两条曲线上的相对位置变动不同，表明 2000~2014 年部分省辖市的经济社会发展水平得到了提升，而部分省辖市的经济社会发展水平出现了下降；各省辖市雷达图上的分布圈层较多，且在不同圈层的省辖市数差异较大，说明各省辖市的 ESDI 的离散性较大，进而说明省辖市经济社会发展水平的差异性较大。

通过考察省辖市 ESDI 的极差与离散系数可以进一步分析省辖市经济社会发展水平的差异性。从图2可以看出，2000~2014年，各省辖市 ESDI 的极差略有下降，但并不明显，从2000年的0.911下降到2014年的0.884，仅下降了约3.0%，说明各省辖市经济社会发展水平的两极差距不大。同时也可以看出，各省辖市 ESDI 的离散系数2005年较2000年大幅下降后基本保持平稳，2014年各省辖市 ESDI 离散系数较2000年下降约19.6%，说明各省辖市经济社会发展水平的差距在缩小。

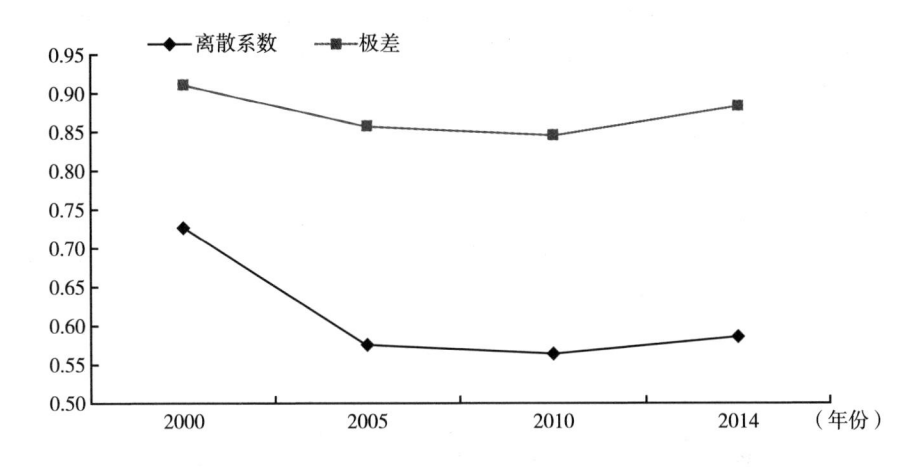

图2　河南省18个省辖市 ESDI 的极差和离散系数

（三）省辖市综合经济社会发展状况比较分析

通过观察主要评价指标基础数据的变化，可以定量分析比较各省辖市发展状况。

2000年，ESDI 最高的郑州市人均 GDP 是18个省辖市平均水平（简称均值，下同）的206.0%，而 ESDI 最低的周口市为均值的60.9%；2014年，ESDI 最高的郑州市人均 GDP 是均值的196.9%，而 ESDI 最低的周口市仅是均值的61.0%（见表4），两市人均 GDP 差距变化并不明显。而18个省辖市人均 GDP 的离散系数从2000年的0.350变化为2014年的0.370，说明各省辖市之间人均 GDP 发展水平的差距仅略微变大。

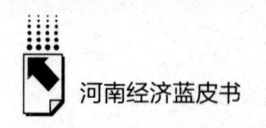

表4 2014年各省辖市部分指标占18个省辖市平均水平的比重

单位：%

省辖市	人均GDP指标占比	城镇居民人均可支配收入指标占比	农村居民人均纯收入指标占比	人均居民储蓄存款余额指标占比	人均一般公共预算收入指标占比	人均社会消费品零售总额指标占比	人均全社会固定资产投资指标占比
郑州市	196.9	122.9	155.2	217.2	309.0	214.2	176.6
开封市	87.5	90.7	93.5	79.2	72.0	96.9	77.9
洛阳市	133.3	113.9	97.0	112.5	134.7	144.7	139.4
平顶山市	89.3	103.0	95.2	92.5	91.0	83.7	91.5
安阳市	95.0	106.3	107.2	100.0	69.8	79.6	96.8
鹤壁市	114.8	97.6	117.5	73.7	101.1	68.6	114.3
新乡市	90.9	101.3	107.7	89.0	84.1	83.3	101.4
焦作市	141.4	101.3	125.6	94.9	103.2	106.7	143.9
濮阳市	94.1	100.4	88.6	89.3	67.4	77.9	96.9
许昌市	130.7	100.3	121.8	93.6	100.1	98.0	119.2
漯河市	99.3	98.3	109.3	80.1	84.6	101.7	95.1
三门峡市	149.1	96.1	100.1	109.1	141.7	106.7	182.7
南阳市	71.9	100.2	97.7	74.9	48.3	93.2	78.6
商丘市	63.0	94.1	80.5	71.5	47.7	66.6	65.2
信阳市	74.2	89.0	89.0	97.8	43.2	81.9	85.9
周口市	61.0	83.4	77.7	71.5	35.2	66.1	51.3
驻马店市	66.0	90.1	83.0	83.9	42.6	64.9	56.9
济源市	180.1	106.5	132.1	102.0	183.7	113.8	177.6

2000年，郑州城镇居民人均可支配收入和农村居民人均纯收入分别是均值的124.5%和146.6%，而周口是均值的76.5%和96.4%；2014年，郑州市城镇居民人均可支配收入和农村居民人均纯收入分别是均值的122.9%和155.2%，而周口是均值的83.4%和77.7%，两市城镇居民人均可支配收入差距在缩小，而农村居民人均纯收入差距在拉大。同时，18个省辖市两个收入的离散系数分别从2000年的0.125和0.139变化为2014年的0.093和0.193，也反映出各省辖市之间城镇居民人均可支配收入的差距在缩小，而农村居民人均纯收入的差距在拉大。

2000年，郑州人均一般公共预算收入是均值的2.5倍，周口是均值的40.8%；2014年郑州人均一般公共预算收入是均值的3.1倍，而周口仅为均值的35.6%，两市人均一般公共预算收入差距在扩大。同时18个省辖市人均一般公共预算收入的离散系数从2000年的0.536增大到2014年的0.670，也说明各省辖市之间人均一般公共预算收入的差距在扩大。

2000年，郑州人均全社会固定资产投资是均值的2.4倍，周口是均值的48.4%；2014年郑州人均全社会固定资产投资是均值的1.8倍，而周口为均值的51.3%，两市人均全社会固定资产投资的差距在缩小。同时18个省辖市人均全社会固定资产投资的离散系数从2000年的0.502减小到2014年的0.376，也说明各省辖市之间人均全社会固定资产投资的差距在缩小。

2000年，郑州第三产业增加值占GDP比重比均值高出15.4个百分点，周口比均值低7.5个百分点；2014年，郑州比均值高出9.3个百分点，周口比均值低6.8个百分点，两市第三产业增加值占GDP比重的差距在缩小。而18个省辖市第三产业增加值占GDP比重的离散系数从2000年的0.199减小到2014年的0.176，也说明各省辖市之间第三产业增加值占GDP比重的差距在缩小。

2000年，郑州各项税收收入占二三产业增加值的比重比均值水平高2.9个百分点，周口比均值低3.4个百分点；2014年，郑州比均值高5.7个百分点，周口比均值低5.0个百分点，两市各项税收收入占第二、第三产业增加值比重的差距在拉大。18个省辖市各项税收收入占第二、第三产业增加值比重的离散系数从2000年的0.348减小到2014年的0.251，说明各省辖市之间各项税收收入占第二、第三产业增加值比重的差距在缩小。

三 区域经济社会发展变化比较分析

"十二五"期末区域经济社会发展水平是在期初水平的基础上，通过期间发展、结构研究和质量提高取得的，这里进一步分析2001~2014年各省辖市经济社会发展变化。

（一）主要人均指标变化比较

2001~2014年人均GDP年均增速最高的是济源，为13.0%，最低为郑州10.2%（见表5）。而2014年ESDI排序上升3位的许昌比排序下降4位的濮阳年均增速高 0.7 个百分点，说明人均 GDP 发展速度的差异是两市经济社会发展水平排序变化的原因之一。

表5 2001~2014 年河南省 18 个省辖市主要评价指标平均增速

单位：%

省辖市	人均 GDP 增速	城镇居民人均可支配收入增速	人均居民储蓄存款余额增速	人均一般公共预算收入增速	人均全社会固定资产投资增速
郑州市	10.2	12.0	15.0	21.7	22.9
开封市	10.9	12.6	13.4	18.3	26.6
洛阳市	12.2	12.5	12.6	18.7	24.9
平顶山市	10.7	12.3	14.7	18.5	26.2
安阳市	12.5	13.1	11.3	15.6	26.8
鹤壁市	12.9	13.5	11.4	19.8	27.6
新乡市	11.5	12.3	12.0	18.2	26.1
焦作市	12.9	13.6	11.0	17.1	27.3
濮阳市	11.3	13.4	11.5	15.8	21.0
许昌市	12.0	12.8	14.4	20.1	24.1
漯河市	10.7	12.2	11.7	17.7	21.6
三门峡市	12.2	11.0	12.2	18.6	24.8
南阳市	11.2	12.7	14.8	15.1	23.9
商丘市	11.2	12.9	16.2	18.2	22.9
信阳市	10.4	12.5	17.0	15.5	22.5
周口市	10.7	12.8	15.3	15.5	22.5
驻马店市	11.1	11.9	16.5	14.3	23.1
济源市	13.0	12.7	13.2	22.0	29.0

2001~2014 年城镇居民人均可支配收入年均增速最高的是焦作，为13.6%，增速最低的是 2014 年 ESDI 排序下降 4 位的三门峡，为 11.0%，比排序上升 3 位的许昌和平顶山分别低 1.8 个和 1.3 个百分点。同时，2014 年 ESDI 排序上升最多的平顶山和许昌，其 2001~2014 年人均居民储蓄存款余额年均增速分别为 14.7% 和 14.4%；而排序下降最多的濮阳和三门峡为 11.5% 和 12.2%，说明城镇居民人均可支配收入和人均居民储蓄存款余额年均增速的差异是造成它们经济社会发展水平排序变化的原因之一。

2001~2014 年人均一般公共预算收入年均增速最高的是济源，为 22.0%，比增速最低的驻马店高 7.7 个百分点。2014 年 ESDI 排序上升 3 位的许昌和平顶山比排序下降 4 位的濮阳人均一般公共产预算收入年均增速分别高 4.3 个和

2.7个百分点，说明人均一般公共预算收入是造成这几个省辖市经济社会发展水平排序变化的原因之一。

2001~2014年人均全社会固定资产投资年均增速最高的是济源，为29.0%，增速最低的是2014年ESDI排序下降4位的濮阳，为21.0%，相对较低的人均固定资产投资增速削弱了濮阳的固定资产投资强度，从而影响了当地的经济社会发展水平。

（二）主要结构指标变化比较

各省辖市第三产业增加值占GDP比重变化呈现较大差异。综合来看，2001~2014年，第三产业增加值占GDP比重提升最大的是南阳，上升了11.3个百分点，而济源和三门峡下降均超过7个百分点（见表6）。

表6 河南省18个省辖市主要结构指标变化情况

单位：个百分点

省辖市	第三产业增加值占GDP比重增减情况 2001~2010年	第三产业增加值占GDP比重增减情况 2001~2014年	各项税收收入占第二、第三产业增加值比重增减情况 2001~2010年	各项税收收入占第二、第三产业增加值比重增减情况 2001~2014年	常住人口城镇化率增长情况 2006~2010年	常住人口城镇化率增长情况 2006~2014年
郑州市	-4.6	-0.7	2.2	4.9	4.4	9.1
开封市	1.3	6.4	0.3	2.9	3.3	9.9
洛阳市	-1.5	5.8	0.8	1.6	6.3	13.0
平顶山市	-6.3	3.5	1.2	1.4	6.4	12.8
安阳市	-5.2	3.2	-8.7	-7.2	6.1	12.8
鹤壁市	-7.5	-4.4	-1.3	-0.7	5.4	11.5
新乡市	-3.5	2.1	0.8	1.9	7.5	14.0
焦作市	-5.6	-1.0	-2.6	-2.9	7.1	13.2
濮阳市	4.1	6.8	-3.7	-2.3	2.8	9.8
许昌市	-1.1	4.2	1.0	2.9	7.1	13.7
漯河市	-3.0	2.5	0.7	4.3	7.5	14.0
三门峡市	-11.6	-7.0	0.6	0.6	5.0	11.1
南阳市	3.9	11.3	-0.4	2.1	3.0	9.6
商丘市	2.3	8.4	3.3	3.9	3.7	10.4
信阳市	-0.8	2.0	-0.3	2.2	7.0	13.7
周口市	2.5	6.1	-0.8	0.5	10.7	17.2
驻马店市	3.7	7.1	0.3	2.5	11.1	17.7
济源市	-12.8	-7.3	2.9	4.3	9.4	16.4

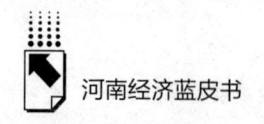

2001～2014年，省辖市各项税收收入占第二、第三产业增加值比重提升最多的是郑州，上升了4.9个百分点，而有4个市的比重出现了下降，其中安阳市下降了7.2个百分点。

2006～2014年，18个省辖市的常住人口城镇化率持续提升，其中驻马店和周口上升幅度最大，分别提高了17.7个和17.2个百分点，而郑州市仅提高了9.1个百分点，反映出不同发展水平和不同发展阶段地区之间的发展差异。

四 区域全面建成小康社会进程分析

（一）两个翻番实现情况

党的十六大报告提出全面建设小康社会的目标："在优化结构和提高效益的基础上，国内生产总值到2020年力争比2000年翻两番，综合国力和国际竞争力明显增强。"党的十七大报告在十六大报告确立的全面建设小康社会目标的基础上对我国发展提出新的更高要求。报告指出："转变发展方式取得重大进展，在优化结构、提高效益、降低消耗、保护环境的基础上，实现人均国内生产总值到2020年比2000年翻两番。"

进入重要战略机遇期以来，河南省积极有效应对挑战，紧紧把握住历史机遇加快发展，但是各地经济发展状况存在着较大差异，各省辖市在实现GDP和人均GDP比2000年翻两番的目标进程中存在差异，表7中列示了各省辖市两个翻番的实现情况。

表7 河南省18个省辖市实现两个翻番情况

省辖市	GDP 翻一番年份	GDP 翻两番年份	人均GDP 翻一番年份	人均GDP 翻两番年份
郑州市	2006	2011	2007	—
开封市	2008	2014	2008	2014
洛阳市	2006	2011	2006	2012
平顶山市	2006	2013	2007	2014
安阳市	2006	2011	2006	2011
鹤壁市	2006	2010	2006	2011

续表

省辖市	GDP		人均GDP	
	翻一番年份	翻两番年份	翻一番年份	翻两番年份
新乡市	2007	2012	2007	2013
焦作市	2005	2011	2006	2011
濮阳市	2007	2013	2007	2013
许昌市	2006	2012	2007	2012
漯河市	2006	2012	2007	2014
三门峡市	2007	2012	2007	2012
南阳市	2007	2013	2007	2013
商丘市	2007	2014	2007	2013
信阳市	2007	2014	2007	—
周口市	2008	—	2008	2014
驻马店市	2007	2014	2008	2013
济源市	2006	2011	2006	2011

注："—"表示截至2014年尚未实现目标。

由表7可见，鹤壁2010年第一个实现了GDP比2000年翻两番，周口截至2014年仍未实现这个目标。2011年安阳、鹤壁、焦作和济源4市率先实现了人均GDP比2000年翻两番的目标，郑州和信阳截至2014年仍未实现这个目标。

（二）省辖市GDP比2010年翻一番目标进展

党的十八大报告提出了实现2020年GDP和城乡居民人均收入比2010年翻一番的奋斗目标。党的十八届五中全会重申了这一奋斗目标，指出"经济保持中高速增长，在提高发展平衡性、包容性、可持续性的基础上，到2020年国内生产总值和城乡居民人均收入比2010年翻一番"。初步预测，2015年，在河南18个省辖市中除平顶山外，GDP比2010年增长均超过50%，其中有11个市超过60%，最高的是郑州为69.8%。经测算，要实现GDP比2010年翻一番的目标，各省辖市2016~2020年GDP的年均增速要达到3.33%~6.83%，其中所需最低增速为郑州3.33%，最高为平顶山6.83%（见表8）。

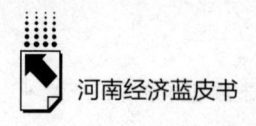

表8　河南省18个省辖市以2010年为100的GDP定基指数

单位：%

省辖市	2011年	2012年	2013年	2014年	2015年	实现GDP翻一番目标，2016~2020年必须达到的年均增速
郑州市	114.0	128.0	141.3	154.6	169.8	3.33
开封市	112.9	125.5	139.0	152.3	166.0	3.80
洛阳市	112.5	123.7	132.6	144.5	157.4	4.91
平顶山市	110.5	118.5	126.2	135.5	143.7	6.83
安阳市	111.9	120.0	129.8	141.1	151.0	5.79
鹤壁市	110.2	124.7	140.5	154.7	167.2	3.65
新乡市	114.3	127.3	138.5	151.3	160.4	4.51
焦作市	113.2	125.8	138.6	150.8	163.8	4.08
濮阳市	112.6	126.3	141.6	155.8	168.7	3.46
许昌市	114.5	128.1	142.9	156.2	169.5	3.37
漯河市	112.4	125.4	137.4	149.8	162.5	4.23
三门峡市	112.9	126.8	138.3	150.8	156.2	5.07
南阳市	111.3	122.7	133.4	144.8	157.8	4.85
商丘市	110.5	122.1	135.3	147.7	160.6	4.49
信阳市	111.0	122.8	134.0	145.9	159.0	4.69
周口市	111.1	123.2	134.7	146.9	160.0	4.56
驻马店市	111.3	122.9	134.6	146.0	158.9	4.71
济源市	114.1	127.0	141.9	155.8	165.1	3.91

注：2015年指数由前三季度GDP增速预测。

（三）省辖市全面建成小康社会人均GDP实现情况

国家统计局根据党的十八大报告精神，研究制订了包括经济发展、民主法制、文化建设、人民生活、资源环境五大板块39项指标的《全面建成小康社会统计监测指标体系》，监测指标体系的核心指标人均GDP的标准值按2010年价格计算达到57000元，据此可以测算各省辖市人均GDP全面小康指数（见表9）。

表9　河南省18个省辖市人均GDP全面建成小康社会指数

单位：%

省辖市	2000年	2005年	2010年	2011年	2012年	2013年	2014年
郑州市	30.1	51.9	83.5	92.1	100.0	100.0	100.0
开封市	12.5	18.7	34.7	39.3	43.6	48.6	53.8
洛阳市	17.7	32.4	62.2	69.8	76.6	81.8	88.6
平顶山市	14.7	25.1	45.6	50.3	53.9	57.0	61.3
安阳市	12.3	22.3	44.4	50.2	54.4	59.3	64.5
鹤壁市	13.9	25.8	50.1	53.9	59.5	66.3	72.8
新乡市	11.4	19.5	37.2	42.1	47.1	51.5	56.1
焦作市	17.0	34.1	62.5	69.7	77.7	85.7	93.2
濮阳市	12.8	21.6	38.2	42.7	47.9	53.5	58.8
许昌市	14.4	39.2	62.3	68.0	73.5	76.5	80.2
漯河市	14.8	25.7	47.4	52.8	58.7	64.1	69.3
三门峡市	20.4	34.0	68.7	77.5	86.9	94.8	100.0
南阳市	10.8	18.4	33.6	37.4	41.4	45.0	57.4
商丘市	8.9	15.0	26.5	30.5	33.9	37.6	41.2
信阳市	11.0	17.6	31.3	33.1	35.8	37.2	39.6
周口市	8.1	12.5	22.7	26.8	29.9	32.9	35.9
驻马店市	8.2	12.4	25.5	28.8	32.5	35.9	40.3
济源市	23.7	45.8	88.6	100.0	100.0	100.0	100.0

由表9可见，省辖市之间人均GDP全面小康指数差异很大，郑州、三门峡、济源人均GDP按2010年可比价计算已经超过57000元，2014年分别达到67156元、58658元和74182元，其中济源最早在2011年就已达到全面小康人均GDP目标值。在尚未达到目标值的省辖市中，最接近的是焦作，其指数为93.2%；指数在60%~90%之间的有6个，在40%~60%之间的有6个，低于40%的有2个，最低的是周口，仅为35.9%。同时，人均GDP全面小康指数处于全省后四位的省辖市，其ESDI排序也居全省后四位。

五　思考与建议

河南省区域发展很不平衡，存在强极不强、弱极太弱，先发不足、后发难

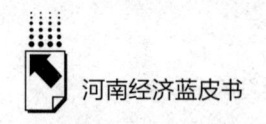

发等问题。"十三五"时期是全面建成小康社会的决胜阶段,要实现全面建成小康社会发展目标,必须按照核心带动、轴带发展、节点提升、对接周边的原则,构建以郑州都市区为中心和以"米"字形城镇产业发展轴带为支撑的半小时核心圈、1小时紧密圈和1个半小时合作圈,形成"一极三圈八轴带"区域发展格局。18个省辖市要结合自身实际,因地制宜,科学确定本地区发展道路和发展模式。

(一)郑州要实现跨越式发展,以实施《中国制造2025》行动为抓手,采取开放创新双驱动战略,加快向集群化、智能化升级,构建高端高质的现代制造业体系

深化户籍制度改革,推动建立完善积分落户制度,健全常住人口市民化激励机制,加快新型城镇化进程。深入推进"互联网+"行动,促进现代物流、电子商务、金融等生产性服务业和旅游、商贸流通等生活性服务业快速发展。把航空港区作为全省最大开放品牌建设成为内陆开放高地,塑造具有国际影响力的现代化大都市,打造中原城市群的核心增长极。

(二)在第Ⅱ类地区中除三门峡外,其余都位于半小时核心圈,要推动优化产业结构,着力去产能、去库存,加快实现资源型城市转型发展,推进工业化和信息化、制造业和服务业深度融合,创新业态模式,加快产业高端化

壮大城市规模和综合实力,巩固提升洛阳在中原城市群副中心城市中的地位,开展新型城镇化综合试点,推进基础设施和重点工程建设,不断完善产业集聚区和服务业"两区"集群的支撑和配套功能,横向错位发展、纵向分工协作,持续提升发展载体优势,增强县域产业支撑,有序推进新农村建设。

(三)在第Ⅲ类地区中,开封位于核心圈,其余都位于紧密圈靠近核心圈位置,要大力发展工业,构建新型工业经济体系,突出壮大优势主导产业,加快新旧产业转换,推动产业重组

完善招商引资平台,创新招商方式,突出精准招商,引进龙头企业和标志性项目。推进农村第一、第二、第三产业的融合发展,拓展产业发展空间,推进农村基础设施和公共服务设施等重点工程建设，增强新农村建设的产业支撑，推动"粮经饲统筹、农林牧渔结合、种养加一体"，提高农业质量效益和竞争力。

（四）第IV类地区都位于一小时紧密圈，靠近省界，是发展的弱极。要大力发展以农产品为原料的加工业，着力发展劳动密集型产业和先进制造业，形成门类齐全的工业体系

坚持区域中心城市、县城和小城镇三级联动，加快新型城镇化步伐。在保证国家粮食安全的前提下，培育特色高效农业产业化集群，着力构建现代农业产业体系、生产体系、经营体系，增加农民收入。推进与省际毗邻城市交通基础设施互联互通，增强区域合作的辐射力，推动与武汉城市圈、皖江城市群、鲁西南经济带融合发展。

B.27 "十三五"时期加快建设河南自贸区，强化河南作为全国战略支点作用研究

顾俊龙　李玉　乔旭明　黄莹莹　岳颖*

摘　要： 为在"十三五"时期实现李克强总理对河南发展的殷切期望，继续保持河南经济中高速增长动力，使河南在全国发展中发挥更大的作用，强化河南乃至中原地区在全国发展中的战略支撑作用，研究提出在"十三五"时期建设河南自贸区的构想。本文在介绍自贸区概念、功能与特征的基础上，阐述了"十三五"时期加强河南自贸区建设的重要意义，对河南自贸区的区域构成、发展定位、建设目标进一步明确，分析了加强自贸区建设、强化河南战略支点作用的途径，有针对性地对目前建设自贸区工作提出建议。

关键词： 河南"十三五"时期　自贸区　战略支点

2015年9月，李克强总理到河南视察时，希望河南按照"四个全面"战略布局要求真抓实干，积极推进"四化同步"，在"双创"中敢为人先，加快中原发展，促进中部崛起，为我国经济保持中高速增长、迈向中高端水平做出新贡献。为实现总理对河南发展的殷切期盼，继续保持经济中高速增长动力，使河南走在中西部地区发展的前列，在全国发展中发挥更大的作用，强化河南

---

* 顾俊龙，河南省统计局普查中心主任；李玉，统计师，河南省地方经济社会调查队；乔旭明，高级统计师，河南省统计局普查中心；黄莹莹，经济师，河南省统计局普查中心；岳颖，河南省统计局普查中心。

乃至中原地区在全国发展中的战略支撑作用，研究提出在"十三五"时期建设河南自贸区的构想。建设河南自贸区，既有基础条件，又有迫切需要，对河南今后发展影响深远。

一 关于自由贸易区的概念、功能与特征

（一）自由贸易区的概念

自由贸易区是指在主权国家或地区的关境以外，划出特定的区域，准许外国商品豁免关税自由进出。自由贸易区的核心是"自由"，即在特定区域内贸易与关税的自由。在国际通行规则下自由贸易区的监管要以"自由"和"便捷"作为出发点，在货物自由过境的整个流程中，海关尽可能不干预或是少干预，即使常规海关监管也应以简化监管手续为宗旨。

（二）自由贸易区的功能

从功能层次看，由于各个国家和地区在政治、经济、文化、地理等方面的差异，自由贸易区通过不同的形式表现出来。

从自贸区功能特点入手对自贸区进行分类，可将自贸区分为转口集散型、贸工综合型、出口加工型、报税仓库型及商业零售型。简单地讲，自贸区的功能就是境内关外。

具体来讲，我国自贸区的创新功能有4个，一是货物自由贸易，这是所有传统自贸区的基本功能。二是推动中国服务贸易和投资的便利化和自由化，这是新一轮的全球贸易规则调节的最主要力量。三是通过离岸金融市场的发展推进中国金融国际化、市场化，包括利率汇率市场化、人民币国际化和资本账户的开放等。四是理顺政府和企业、市场、社会的关系。自贸区有两大战略使命，一是转变政府职能，构造一个有限的政府，打造小政府、大市场、大社会。二是增强开放功能，实现人民币的国际化，贸易和投资的便利化、自由化。

（三）自由贸易区的基本特征

一是更灵活的商业政策。比如最为精简的海关服务，实现一站式的购物许

可和投资申请。劳动法和其他商业法比东道国其他地区更具弹性。二是便利的离岸位置。自由贸易区作为离岸商业活动最为活跃的场所，能以较低的制造成本出售成品，而无须进入市场。三是以出口为主。区内企业生产的产品主要出口国外市场，而非东道国市场。四是具有吸引力的一揽子激励措施。自由贸易区一般会给外国投资者提供一揽子激励政策，包括免检、免关税或进行退税补贴。五是服务设施先进。土地、办公空间、公共服务、物流服务、商业服务及其他设施齐全、先进。

二 建设河南自贸区的重大意义

各国设置自贸区的目的是改善本国市场经济发展水平、提升技术能力、有效提高政府效率、吸引国外企业投资。作为内陆省份的河南，建设自贸区有着非常重大的意义。

（一）建设自贸区是河南融入"一带一路"战略，应对当前国际国内竞争的迫切需要

当今世界正发生复杂深刻的变化，国际金融危机深层次影响继续显现，世界经济缓慢复苏、发展分化，全球市场总需求不振，国际贸易大幅下降，短时期内难以回到金融危机前的水平。发达经济体为攫取更多利益，正在密集重构新一轮贸易投资规则。美国推进"跨太平洋战略经济伙伴协议"（TPP）、"跨大西洋贸易与投资伙伴关系协定"（TTIP）、"诸边服务业协议"（TISA），重新划分世界经济贸易版图。为了应对全球经济贸易新规则，2013年习近平主席提出共建"一带一路"战略构想，并先后成立了上海、天津、广东、福建四个自贸区试点，先行先试，逐步积累参与国际多边和区域合作的经验，按照新的贸易投资规则与西方发达国家开展贸易谈判。在此背景下，河南作为"一带一路"重要节点成立自贸区势在必行，可以积极融入"一带一路"框架，促进国际贸易跨越式大发展。

目前已经有60多个国家和国际组织积极响应"一带一路"的倡议，这些国家的总人口约44亿，经济总量约21万亿美元，分别约占全球的63%和29%。在这条经济走廊上，2014年中国与沿线国家的货物贸易额达到1.12万

亿美元，占我国货物贸易总额的1/4。未来10年，这个数据将翻一番，突破2.5万亿美元。这必将给河南带来更大的市场空间、更多的就业机会和更广的合作领域。

从国内区域竞争看，河南周边城市群建设发力，竞相在新一轮改革开放中占取先机，长三角、珠三角、环渤海地区、武汉都市圈、关中城市群等都在谋求新一轮更大的发展。河南也应抓住本轮改革开放的巨大机遇，积极建设自贸区，力争在发展上实现新突破、实现新跨越，使中原地区在全国发挥更重要的作用。

（二）建设自贸区是新常态下破除经济发展瓶颈、全面建成小康社会的需要

"十三五"时期是全面建成小康社会的决胜阶段，对河南这个人口大省来说任重而道远。2014年，河南常住人口为9436万人，居全国第3位，15~64岁人口为6551万人，占河南常住人口的69.4%，劳动力资源丰富，扩大就业任务繁重。但河南城镇化率仅为全国的82.6%，人均生产总值仅为全国的79.5%，居民可支配收入为全国的77.8%，在岗职工平均工资在全国位居第31位，拥有国家级贫困县31个，整体收入水平偏低，扶贫压力巨大。全面建成小康社会新的目标要求是，在我国现行标准下农村贫困人口实现脱贫，贫困县全部摘帽，解决区域性整体贫困。在现阶段"三期"叠加复杂严峻的经济形势下，河南长期积累的结构性矛盾更为突出，人口多、底子薄，经济结构不合理、农村富余劳动力亟待转移、城乡统筹难度较大等问题依然存在，迫切需要探寻一条破解河南经济发展瓶颈的新路径，来推动经济增长，提高城乡居民收入，全面建成小康社会。建设河南自贸区，将充分利用河南资源禀赋优势和交通区位优势，吸引更多要素集聚中原，新业态、新产业集聚发展，引发"大众创业、万众创新"热潮，带动产业升级，拉动就业，加速全面建设小康的步伐。

（三）建设自贸区是全面深化改革、开创内陆改革开放新局面的迫切需要

"十三五"时期是全面深化改革的重要战略机遇期，是全面提升对外开放水平、构建开放型经济新体制的关键时期。自贸区是撬动中国新一轮改革开

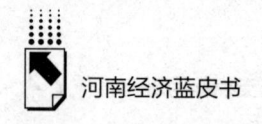

放的支点，意在倒逼经济改革、释放改革红利、加强与国际接轨，为全面深化改革积累经验。

目前我国设立的四个自由贸易区都在沿海地区，缺少内陆地区的自贸区，建设河南自贸区，填补我国没有内陆自贸区的空白，能够探索内陆地区贸易功能创新、金融功能创新、运输功能创新、通关便利创新，能够按照国际规范简化审批流程以破解政府管理体制中的审批环节程序复杂、手续繁琐、效率低等难题，以制度创新推进我国税收、金融、贸易等一系列改革，推动政府职能转变，提高政府管理效能。

（四）建设自贸区是产业迈向中高端水平，创造产业发展新优势的需要

近年来，河南工业化进程不断加速，工业结构调整取得积极成效，但煤炭、电力、钢铁、有色等传统产业比重仍然偏高，高成长性和高技术产业总量比较少。2014年，河南能源原材料行业占全省工业的44.2%，高技术产业对全省工业增长的贡献率仅为13.6%。工业依靠资源优势和大量的初级产品加工支撑经济增长，产业层次为价值链的中低端，企业平均规模依然偏小，产业集中度有待提高，创新能力明显不足。2014年河南R&D经费占GDP的比重偏低，仅为1.14%，在中部六省中排倒数第2位，仅高于江西省，低于全国平均水平0.90个百分点，在全国排第17位。

建设河南自贸区，一方面通过自贸区政策平台，引进国内外先进技术，通过技术示范和溢出效益，加快培育新兴产业，发展智能制造，促进产业迈向中高端，实现凤凰涅槃；另一方面通过更大的开放，将过剩产能转移出去，实现腾笼换鸟，优化河南产业结构布局，创造产业发展的新优势。

（五）建设自贸区是强化河南战略支点地位的需要

改革开放以来，河南紧紧抓住发展的战略机遇，实现了更好、更快发展的目标，2014年全省GDP达3.49万亿元，稳居全国第5位。河南的发展，辐射带动了周边地区，以河南为主体的中原经济区在全国地位更加重要，定位更加清晰，成为区域协调发展的重要战略支点，东引西进、南北交流的战略通道，支撑全国发展的增长极，形成了发展隆起带。但在获得巨大发展的同时，河南

也背负了产能过剩、产业发展粗放、环境过载的沉重负担，体制机制面临革新，保持持续发展动力面临巨大困难。建设自贸区将给河南带来新的发展机遇，是实现新一轮发展的契机。

自党的十八大以来，以自贸区建设为发端的新一轮改革开放拉开大幕。自贸区建设探索政府管理制度创新，简化监管，发展自由贸易，将使国内外经济要素迅速聚集，推动自贸区乃至周边实现新一轮的快速发展。河南如能抓住这一机遇，建设内陆开放型自贸区，将形成新的发展优势，吸引众多资本、商品、金融、人才进入，新业态、新模式加速形成，自贸区快速发展并辐射带动周边，迅速形成新的发展隆起带。这必将带动新一轮发展热潮，巩固并提升河南以及中原地区在全国的地位，为全国发展做出更大的贡献。

三 "十三五"时期河南自贸区建设的定位与发展目标

（一）河南自贸区的区域构成

目前申建自贸区方案初步确定由郑州、开封、洛阳三市"组团"申报，划定三个片区，总体面积约120平方公里，与上海、福建、广东、天津自贸区面积基本一致。

（二）河南自贸区的发展定位

1. 河南自贸区的基本功能

河南自贸区的基本功能包括进出口贸易、转口贸易、仓储、加工、商品展示、金融等多种功能，在制度上引进吸收国内外先进的自贸区管理经验再创新，为内陆地区改革开放探索新路子。

2. 自贸区发展的战略定位

河南要顺应新一轮改革开放的大潮，把自贸区的发展与促进新的增长极形成，使河南乃至中原地区在全国发展中发挥更大作用联系起来，综合考虑。自贸区的发展战略定位应当是以促进流通国际化和投资贸易便利化为重点，以国际化多式联运体系、多元化贸易平台为支撑，打造内陆先行改革开放实验区和新的增长极以及创新、创业集中区和"一带一路"上的重要节点，强化河南

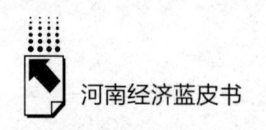

乃至中原地区在全国发展中的战略支撑作用，走在中西部地区发展的前列，使河南在全国的发展中做出更大的贡献。

（三）河南自贸区建设的目标

1.河南自贸区主要指标增速力争高于国内自贸区水平

从其他自贸区发展看，上海自贸区自2013年9月29日正式成立以来，各项指标都显著高于上海GDP的增长率，企业集聚效应非常显著。广东自贸区自2015年4月21日挂牌以来，企业入驻迎来井喷态势。截至2015年8月18日，前海蛇口自贸片区累计注册企业达到51583家，注册资本超过2.3万亿元。从2015年上半年来看，前海蛇口自贸片区注册企业实现增加值476.74亿元，同比增长50%；仅前海区块实现税收39.8亿元，同比增长305%。福建自贸区规划到2019年实现地区生产总值1940亿元，年均增长18%；实际利用外资达13亿美元，年均增长21%；进出口总额达286亿美元，年均增长13%；两岸贸易额达48亿美元，年均增长15%。

河南自贸区拟涵盖的五个片区，本身就是当地的经济发展标杆，领跑本地经济发展。尤其是郑州航空港区，2014年各项主要经济指标持续快速增长，增速均高于全市、全省，继续领跑全省180个产业集聚区与全市4个开发区（见表1）。

表1 2014年河南部分市（区）主要经济指标及增长情况

单位：亿元，%

地区	生产总值		规模以上工业增加值		固定资产投资		公共财政预算收入	
	总额	同比增长	总额	同比增长	总额	同比增长	总额	同比增长
河南省	34939.4	8.9	15249.2	11.2	30012.3	19.2	2738.5	13.4
郑州市	6783	9.5	3094	11.2	5259.6	20.1	833.9	15.2
郑州高新区	201.4	10	82.6	6.1	266.3	20.8	25.5	25.9
郑州经开区	339.4	17.5	228.6	19.5	328.6	20.8	23.1	28.5
郑州航空港区	412.9	18	342.8	21.4	400.9	91.8	21.2	40.4
开封市	1492.1	9.5	519.7	13.7	1135.6	20.6	96.2	19.1
开封新区	150.9	11.2	45	13.6	211.2	28.5	10.4	28.7
洛阳市	3284.6	9	1360	11.3	2981.1	18.3	260.3	11.2
洛阳高新区	77.3	13.2	51	15	83	28	7.1	18.2

资料来源：各地统计局发布的统计公报、月报及部分地区政府官网。

"十三五"期末，河南自贸区各项主要指标的增长速度应当显著高于全省、全国平均水平，力争主要指标增速高于全国自贸区平均水平，GDP年均增长15%以上，5年实现翻一番，对外贸易成倍增长，新增注册企业和利用外资井喷式的数倍增长，拉动河南实现持续中高速增长，辐射带动周边地区增长。

2. 新业态、新产业占比显著提升

上海自贸区自运行以来，贸易、航运、金融等方面均有突破性发展。更多的金融机构在上海注册开业，海上保险等航运服务业务在上海得以培育和集中，免税和自由港吸引了高端制造业，而贸易区吸引更多的加工、制造、贸易和仓储物流企业聚集。广东自贸区包括国际航运、物流、金融、旅游、商贸、文化等在内的高端产业集聚发展态势已经显现。

河南建立自贸区将有利于集聚新业态、新产业，发展进出口贸易、物流、临空经济、国际金融、电子商务，新产业、新业态不断涌现，服务业迅速发展。到"十三五"期末，服务业、新产业、新业态所占地区生产总值的比重比"十二五"期末要有显著提升。

3. 初步形成适合内陆改革开放发展的政府负面清单

负面清单管理模式是上海自贸区的关键内容。上海自贸区2013年的首个负面清单有190条特别监管措施，2014年调减为139条。按措施的类型分，限制性措施110条，禁止性措施29条；外商投资项目核准改为备案制，并从"接轨国际惯例"向"参与规则制定"转变。河南自贸区地处内陆，与上海、广东、福建、天津自贸区地处沿海不同，既是关内，又要实现"关外"监管，河南需要在复制、推广上海、广东等自贸区负面清单管理制度的同时，探索新路径并逐步形成适合内陆改革开放发展的政府负面清单，为全国改革开放提供经验。

4. "一带一路"上的开放高地

习近平总书记视察"郑欧班列"时提出"要把郑州国际陆港建设成为连通境内外、辐射东中西的物流通道枢纽，为丝绸之路经济带建设多做贡献"。河南自贸区将成为"一带一路"上的经济隆起带和改革开放高地，并强化河南作为中原经济区的主体省份在全国区域协调发展中的战略支点和处于丝绸之路经济带西向、东向和连接海上丝绸之路的重要节点地位。

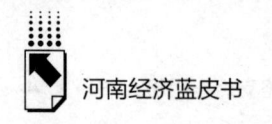

四 建设河南自贸区，强化河南战略支点作用的途径

（一）借鉴国内外自贸区建设的成功经验为我所用

从上海、广东、福建及天津自贸区总体方案看，四者作为综合改革试验田，在功能布局上均实现了现代服务业、先进制造业、金融服务和区域合作发展全覆盖，均强调以制度创新为核心、贯彻"一带一路"战略，均提出了推动政府职能转变、促进贸易转型升级、实现投资开放便利、加快金融开放创新、深化区域经济合作等改革方向。4个自贸区各有侧重，上海自贸区侧重于为争取国际金融经济话语权开辟新渠道；广东自贸区侧重于为现代服务业开放发展谋划新路径，以深化粤港澳合作为重点，进一步推动粤港澳服务贸易自由化，加快经贸规则与国际对接；天津自贸区侧重于为中国制造业升级版搭建新平台，重点发展融资租赁业、高端制造业和现代服务业；福建自贸区侧重于为区域经济合作发展探索新路径，重点突出对接台湾自由经济区。从国外自由贸易区实践来看，自由贸易区的基本功能是进出口贸易、转口贸易、仓储、商业或工业简单加工、商品展示、物流服务等，扩展功能是指金融、保险、商贸、旅游等服务或投资贸易等。河南建设自贸区，要借鉴上述国际国内经验，逐步实现上述功能，同时还要探索在内陆地区如何实现自贸区的功能。

（二）发挥交通区位优势，实现自贸区的集聚与扩散效应

1. 完善公路、铁路网

河南区位交通条件优越，拥有"三纵五横"铁路干线网和"十二横九纵六放射"高速公路网，向西可直达中亚、中东欧、波斯湾，向南可通达沿海地区直抵东南亚，向东可通过港口便捷连接海上丝绸之路。河南"米"字形快速铁路将把环渤海地区与西南乃至孟加拉湾及东南亚各国、长三角地区与西北边界口岸，东南沿海地区与西北内陆地区连接起来，形成以郑州为中心连南贯北、承东启西的"四面八方"轴带发展格局。"郑欧班列"打通了与欧洲的货物运输通道，运行基本成熟。"十三五"时期，要以打造国际物流大枢纽为目标，进一步建设和完善公路、铁路网，为自贸区建设提供便利的交通条件。

2. 利用航空港，架起与国外的物流空中走廊

郑州航空港已基本建成，规模大，功能全，吸引了高端企业，阿里巴巴的"云计算"、卢森堡货航的"飞机维修"以及富士康、三星、华为、金立、酷派、创维等，还有生物制药、航空偏好产业及与航空物流配套的金融、保险等高端服务业纷纷"落户"郑州航空港。要持续推动建设大枢纽，为自贸区的物流、人流提供支撑。

（三）构建新产业、新业态

自贸区产业发展要围绕自贸区的功能特点，发展进出口贸易、加工、物流、商品展示、金融等产业，同时利用自贸区的溢出效应，大力发展高端制造业。

1. 大力发展航空物流、金融、进出口贸易等

依托航空港，建成覆盖中西部、辐射全国、连通世界的现代物流中心。依托区域交通枢纽城市，推动物流园区、物流通道、枢纽场站等物流基础设施建设，打造区域性物流中心。建立自由贸易账户，实现资本项目可兑换。积极开展国际结算业务，推动国内外金融机构、后台服务中心、金融外包服务企业进驻。

2. 引进新业态、新模式、新产业

借助自贸区平台和一系列优惠政策，引进国外产业和智力，形成如"互联网＋"、智能制造、E贸易等新产业新业态的集聚。

3. 扩大河南过剩产能转移范围

利用自贸区平台，推动中国装备走出去和国际产能合作。

（四）创新自贸区管理体制

大力借鉴国外、国内自贸区管理模式，在复制国内自贸区成熟做法的基础上，结合本地实际进行创新。一是在管理模式上，以政府主导进行建设。政府通过投入，改善基础设施，整合各方面资源，为自贸区发展提供良好的环境。二是确定其"境内关外"的法律地位，完善法律法规，使自贸区企业有明确的法律保障其合法经营。三是积极探索负面清单管理，监管方式从"事前监管"向"事中监管""事后监管"进行转变。四是重点

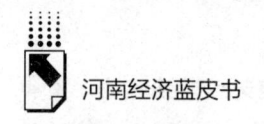

探索金融开放制度创新。围绕建立自由贸易账户体系，推进跨境人民币境外借款、跨境双向人民币资金池、跨境人民币集中收付、经常项下和直接投资项下跨境人民币结算简化、大宗商品衍生品交易结售汇、小额外币存款利率市场化等方面进行制度创新。吸引更多金融相关企业入驻自贸区，让国内出口型企业，有境外投资意向的企业、物流企业、融资租赁公司、大宗商品交易商在自贸区设立企业，为河南自贸区提供更有活力的发展空间。

五 加快河南自贸区建设工作的建议

（一）自贸区申建工作必须快速推进

自贸区建设对河南省乃至全国发展意义重大，申建自贸区要志在必得，绝不能落后。此次自贸区申建竞争激烈，河南省要取得成功，各项工作必须提前谋划、提前安排、快速推进。各有关部门要各负其责，统筹规划，多吸收借鉴其他自贸区的建设经验，超前谋划，多想一步。申建方案要严密，定位要准确，突出河南特色，力争在"十三五"初期申建成功。

（二）准确把握河南特点，扬长补短

河南自贸区作为内陆自贸区，最大的优势就是区位交通条件优越，连接南北，贯通东西，航空、铁路、公路十分发达，这是自贸区建设的优势。但地处内陆，观念不新，开放度较低是建设自贸区的薄弱环节。所以建设自贸区，关键是更新思想，破除条框约束，要以改革的决心，以时不我待的紧迫感，使河南在新一轮改革开放中不落后。

（三）积极引进人才

自贸区建设对河南来讲是新的领域，申报与建设自贸区，要积极引进国内外人才，利用国内外自贸区建设的成功经验，为河南所用。一方面引进人才可帮助完善方案，献计献策，缩短申建时间，争取尽快申建成功；另一方面自贸区建设需要专业人才，如自贸区管理人才、物流产业专业人才、高新技术专业

人才、新兴产业高级管理人才，为河南省带来新的管理理念和经验，加强管理，提高自贸区运营水平。

（四）加强政策协调

自贸区建设中有关政策的制定和实施，要兼顾航空港区、保税区、高新技术、中小企业等已有的有关优惠政策，保持政策协调兼容；在顶层设计时，要注意加强部门间沟通，与土地、城市规划等相衔接，确保相关政策在时间上的一致性和不同部门间的协调性。

参考文献

李友华：《自由贸易区及其功能设定的国际借鉴》，《港口经济》2008年第6期。

胡汝银：《上海自贸区有四大创新功能》，和讯网，http://news.hexun.com/2013-10-25/159061467.html，2013年10月25日。

河南统计局：《河南统计年鉴（2015）》，中国统计出版社，2015。

《"一带一路"绘就发展新蓝图》，新华网，http://news.xinhuanet.com/comments/2015-04/15/c_1114976693.htm，2015年4月15日。

程军：《四地自贸区为构建开放型经济新体制多维度破题》，新华网，http://news.xinhuanet.com/fortune/2015-04/21/c_127714554.htm，2015年4月21日。

B.28 "十三五"时期河南全面建成小康社会的问题和建议*

——基于全面建成小康社会统计监测体系的分析

叶皓瑜 宗方**

> **摘　要**：按照国家统计局科研所全面建成小康社会监测指标体系，笔者对2014年河南全面小康实现程度进行监测，通过对五大类39个分指标进展情况进行量化分析，以准确测度2014年每个方面以及每个指标的实现程度，并对未来河南省全面建成小康社会进度及完成年份进行预测分析。通过分析，本文找出实现全面小康存在的突出问题和现阶段遇到的困难，最后给出切实可行的对策建议。
>
> **关键词**：河南　小康社会　建议

自党的十六大提出要全面建设小康社会后，党中央根据我国经济和社会的发展情况，与时俱进地进行了多次调整。党的十八大明确提出，确保到2020年全面建成小康社会，实现国内生产总值和城乡居民人均收入比2010年翻一番的目标。2014年12月，河南省委第九届八次全会通过《河南省全面建成小康社会加快现代化建设战略纲要》，这是河南省根据党的十八大对全面建成小康社会提出新的要求做出的战略调整和规划。党的十八届五中全会进一步强

---

* 本文系2015年度河南省政府决策研究招标课题《2014年河南省全面建成小康社会统计监测分析》（课题编号：2015B018）的阶段性成果。
** 叶皓瑜，高级统计师，河南省统计科学研究所副所长；宗方，高级统计师，河南省统计科学研究所。

调,"十三五"时期是全面建成小康社会的决定性阶段,"十三五"规划必须紧紧围绕实现这个奋斗目标来制定。

一 全面建成小康社会目标的具体描述

1. 党中央和河南关于全面建成小康社会的规划

(1) 党的十八大和十八届五中全会关于全面建成小康社会目标的描述。

党的十八大提出五个方面的内容。一是经济持续健康发展。国内生产总值和城乡居民人均收入比2010年翻一番。二是人民民主不断扩大。三是文化软实力显著增强。四是人民生活水平全面提高。五是资源节约型、环境友好型社会建设取得重大进展。

党的十八届五中全会对全面建成小康社会提出了新的目标要求:经济保持中高速增长,在提高发展平衡性、包容性、可持续性的基础上,到2020年国内生产总值和城乡居民人均收入比2010年翻一番,产业迈向中高端水平,消费对经济增长贡献明显加大,户籍人口城镇化率加快提高。农业现代化取得明显进展,人民生活水平和质量普遍提高,在我国现行标准下农村贫困人口实现脱贫,贫困县全部摘帽,解决区域性整体贫困。国民素质和社会文明程度显著提高。生态环境质量总体改善。各方面制度更加成熟更加定型,国家治理体系和治理能力现代化取得重大进展。

(2) 河南省关于全面建成小康社会目标的描述。

2014年12月25日,中国共产党河南省第九届委员会第八次全体会议通过的《河南省全面建成小康社会加快现代化建设战略纲要》提出到2020年全面建成小康社会,与全国同步。具体包括主要经济指标年均增速高于全国平均水平,力争经济社会发展主要人均指标高于全国平均水平;工业化基本实现,城镇化率接近60%且质量和水平明显提高,信息化水平大幅提升,农业现代化全国领先;创新驱动发展取得重大进展,开放型经济水平显著提升,区域竞争力明显增强;人民民主不断扩大,依法治省水平全面提升;文化强省建设取得显著成效,公民文明素质和社会文明程度明显提高;人民生活水平全面提高,社会保障全民覆盖,人人享有基本医疗卫生服务,住房保障体系基本形成,基本公共服务均等化总体实现,进入人力资源强省行列,中等收入群体持续扩

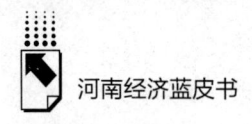

大,扶贫开发任务全面完成,人民群众生活质量和幸福指数明显提升,社会和谐稳定;资源节约型环境友好型社会建设取得重大进展;重要领域和关键环节改革取得决定性成果,治理体系和治理能力现代化迈出重大步伐。

上述目标大致相同,无论是全国还是河南,全面小康目标都是在党的十六大精神的基础上不断细化、完善和提高,与经济社会发展实际紧密结合,都有两个量化的目标——GDP和城乡居民人均收入。但要具体说明河南目前全面建成小康社会的成就和差距,则需要各个方面的量化目标,不仅仅是GDP和城乡居民收入。

国家统计局科研所早在2003年就制定了全国统一的全面建成小康社会统计监测方案,并根据历届党代会的精神逐步完善和调整。目前所用的方案包括五大类39个指标,利用指数形式表示监测结果,100%为理论上的全面实现。这些指标基本上涵盖了党的十八大对全面建成小康社会的描述,笔者也一直用国家的方案对河南的全面小康建设进程进行跟踪测算。

二　河南省全面建成小康社会稳步推进

2014年,河南全省人民在省委、省政府带领下,全面贯彻落实党的十八大和十八届三中、四中全会精神,努力打造富强河南、文明河南、平安河南、美丽河南,河南全面建成小康社会稳步向前推进。2014年全面建成小康社会总指数为82.54%,比上年提高2.09个百分点(见表1),比作为基期的2000年提升约31.2个百分点,年均提升约2.23个百分点。

表1　五年规划期河南省全面建成小康社会指数增长情况

单位:%

小康指数	2014年指数	平均增长			比上年增长
		"十五"时期	"十一五"时期	"十二五"时期前四年	
一、经济发展	77.69	1.75	3.67	4.73	3.19
二、民主法制	81.09	1.23	0.13	0.70	-1.23
三、文化建设	74.30	2.01	1.53	3.83	0.90
四、人民生活	89.72	0.97	2.40	2.63	2.27
五、资源环境	84.89	0.41	3.49	2.62	3.22
全面建成小康社会总指数	82.54	1.22	2.55	3.08	2.09

1. 经济发展水平在第三产业比重提升带动下快速提升

2014年经济发展分指数为77.69%，较上年提高3.19个百分点。在9个指标中，居民消费支出占GDP比重、工业劳动生产率、互联网普及率等指数已达到或基本达到全面小康目标。人均GDP、第三产业比重、每万人口发明专利拥有量等指数快速提升，带动经济类全面小康分指数继续提高。城镇化率、R&D经费支出占GDP比重和农业劳动生产率提升幅度较小。R&D经费支出占GDP比重和每万人口发明专利拥有量与目标值差距比较大。

2. 民主法制建设保持相对平稳状态

2014年民主法治分指数为81.07%。在4个指标中，基层民主参选率已十分接近目标值，社会安全指数和每万人口拥有律师数提升缓慢。在社会安全指数分项指标中，刑事犯罪人数一直呈上升趋势，个体指数逐年降低。

3. 文化建设进展相对缓慢

2014年文化建设分指数为74.30%，较上年提高0.90个百分点。在5个指标中，"三馆一站"覆盖率指数已达100%，城乡居民文化娱乐服务支出占家庭消费支出的比重指数已达到98.30%。文化及相关产业增加值占GDP比重、人均公共文化财政支出和有线广播电视入户率离目标值比较远。

4. 人民生活稳步提高

人民生活分指数为89.72%，较上年提高2.27个百分点。人民生活类包含14个指标，其中6个指标（失业率、恩格尔系数、城乡居民收入比、城乡居民家庭人均住房面积达标率、每千人口拥有执业医师数、农村卫生厕所普及率）已达到目标值。除城乡居民收入指数为56.9%外，其余指标指数均在80%以上。

5. 资源环境类指数保持快速提升趋势

分指数为84.89%，较上年提高3.22个百分点。资源环境类有7个指标，单位GDP水耗和城市生活垃圾无害化处理率均已达目标值。单位GDP能耗和单位GDP建设用地指数以及主要污染物排放强度指数有较大提高，环境质量指数提升较为缓慢，污染物排放强度指数与目标差距较大。

三 河南省全面建成小康社会面临许多突出问题

近年来，河南省全面建成小康社会虽然已经取得明显成绩，但仍面临许多

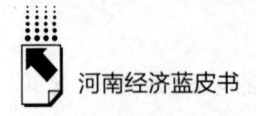

问题。作为农业、人口大省，河南基础相对薄弱，如期建成全面小康社会任务艰巨。从以往年份的监测结果看，河南总指数落后于全国平均水平7个百分点左右，以河南自身进程推算，时间上落后2~3年。河南在民主法制、人民生活、资源环境等方面与全国水平差距相对较小，经济、文化发展这两方面与全国平均水平差距较大。

1. 核心指标差距较大、进展缓慢，如期实现目标难度较大

党的十八大提出的国家层面的核心目标是国内生产总值和城乡居民人均收入比2010年翻一番。但各省发展水平不一，小康监测体系将各省目标具体定为人均GDP达到57000元和城乡居民人均收入达到25000元，这两个指标在总指数中的权重合计为8%，2014年河南这两个个体指数分别只有62.9%和56.9%，直接影响河南全面达到小康社会2个百分点左右。从逆向来推算，要实现人均GDP和城乡居民人均收入全面达到小康社会标准，要求河南今后6年GDP和城乡居民收入年均增长速度分别在8.0%和9.9%以上。当前我国经济发展进入新常态，随着经济发展阶段的推进，粗放的经济增长模式将被集约增长方式所代替，潜在经济增长率出现回落，这使实际经济增速将呈现不断下降态势。同时世界经济增长乏力，外部经济形势复杂多变，河南达到并维持上述中高速增长十分困难。

根据以往监测结果，按照2000年以来河南省全面建成小康社会指数推进的平均速度2.22%简单估算，2020年总指数将在96%左右，离国家统计局科研所目前所定义的全面建成（总指数达到97%以上）还有1个百分点的差距。如果考虑目标实现越往后越艰难的特点，实际差距可能还会大一些。借用实现程度的概念可以更直观地说明河南的差距：以2000年为基期，利用距离法计算出2014年河南省全面小康实现程度为64.7%，也就是2000~2014年，用了70%的时间走了不到65%的路程。在当前的环境下，需要用剩下30%的时间走完35%的路程，小康指数年均要提升2.9个百分点以上，艰巨性显而易见。

2. 发展中不平衡、不协调、不可持续的问题仍然很多

经济发展和文化建设方面进展滞后，经济社会中出现的不平衡、不协调、不可持续的问题仍然很多。虽然随着各类分指数逐步提升，最高类与最低类的差距逐年缩小，目前已由2012年以前的20个百分点以上缩小到

15个百分点以内，但五大类指标进展仍很不均衡。其中人民生活分指数已接近90%，而经济发展和文化建设分指数还在80%以下，这是影响河南省小康社会建设进程的重要因素。从经济方面看，经济发展质量有待提高，R&D经费支出占GDP比重和每万人口发明专利仍然较少，与沿海发达省份差别较大，经济发展靠资本和资源要素投入仍没有得到根本改观，产业迈向中高端水平任重道远；同时，由于河南省城镇化起点较低，进展相对缓慢，以目前城镇化增长水平来看，到2020年城镇化率实现接近60%的目标，统筹城乡发展、消除城乡二元结构矛盾仍有很长的路要走。在文化建设方面，文化产业增加值占国民经济比重以及人均公共文化支出指数较低，河南省在文化建设方面的投入较少，侧面反映了河南省在调整产业结构、转变增长方式等方面需加大步伐。

3. 个体指数与目标差距较大，共享发展相对滞后

全面建成小康社会监测系统显示，在39个指标中达到目标值的有10个，接近目标值的有5个，这15个指标可以视为已经或者基本完成；有6个指标还不到60%，分别是R&D经费支出占GDP比重（45.79%）、每万人口发明专利拥有量（40.98%）、每万人口拥有律师数（57.70%）、有线广播电视入户率（54.95%）、城乡居民人均收入（56.94%）、文化产业增加值占GDP比重（56.40%），如期达到目标值十分困难。指数在70%以下的指标是经济社会发展中的短板，从以往发展速度和经验判断，很难在既定的发展方式下于2020年实现小康目标。

4. 区域发展不平衡，一些地方距离目标较远

在区域发展方面，郑州、许昌、洛阳、焦作、新乡等经济相对发达的省辖市全面建成小康社会进展相对较快，基本上在全省平均水平之上，而豫东南传统农区和人口大市基本上低于全省平均水平。2014年省会城市郑州的全面小康指数已经接近95%，可以率先全面建成小康社会，而黄淮4市多在70%~75%，离全面建成小康社会目标差距较大。笔者通过SPSS统计软件对全省18个省辖市的五大类指标进行聚类分析，发现黄淮4市及南阳这5个省辖市和其他省辖市全面建成小康社会指数差异非常明显；在剩下的13个省辖市中，其他12个省辖市和郑州市也存在明显的差异（见图1）。

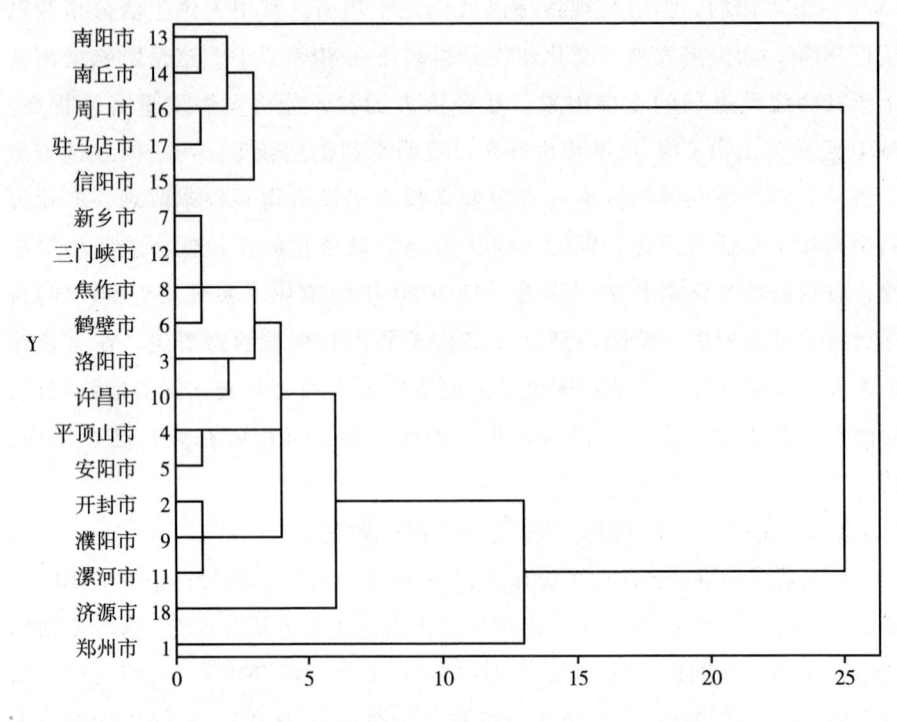

图 1　18个省辖市全面建成小康社会聚类分析结果

5. 贫困人口基数较大，消除贫困需投入更多精力

虽然现行全面建成小康社会指标体系还没有纳入贫困人口相关指标，但党的十八届五中全会明确提出全面建成小康社会新的目标要求，即在"我国现行标准下农村贫困人口实现脱贫，贫困县全部摘帽，解决区域性整体贫困"。当前，全面建成小康社会最艰巨的任务在农村，特别是在贫困地区，贫困问题依然是全面建成小康社会的最大短板。2011~2014年，河南省累计实现550多万名农村贫困人口脱贫。但截至2014年底，全省仍有53个贫困县、8103个贫困村、576万名农村贫困人口，占全国农村贫困人口约8.2%，特别是在大别山、伏牛山、太行山、黄河滩区"三山一滩"地区有连片贫困人口403.6万人，这些整体性的贫困地区和贫困人口都是脱贫的重点和难点。到2020年，如期全面建成小康社会，扶贫开发时间紧、任务重、责任大。

6. 体制机制建设仍是薄弱环节

全面建成小康社会，事关经济社会的方方面面，只有秉承开放的思维和建立良好的经济社会运作体制机制，经济和社会发展才不至于偏离建成小康社会的正常轨道。当前，一些行业市场准入门槛较高，社会资本难以进入，大众创业、万众创新的环境有待改善；政府税收机制不完善，还不能完全发挥调整经济结构的作用；一些地方政府办事效率低下，政务不公开，权力运行不透明；收入分配机制不能有效调节贫富差距、民众公平教育机会欠缺、市场环境保护机制不健全、对外开放力度不够、科技创新运作机制有待优化；等等，这些都制约着全面建成小康社会目标的整体推进。

四 抓重点，克难点，精准发力，全面推进小康建设

"小康不小康，关键看老乡"，河南常住人口近亿，农业人口占全国农业总人口比重将近1/10。河南省全面建成小康社会不仅关系河南人民的福祉，也关系全国总体目标的实现，可以说河南在落实中央"四个全面"战略布局和"五位一体"的总体布局上具有全局性意义。距离全面建成小康社会时间越来越短，任务越来越重，全面小康社会建设进入攻坚克难期。今后6年河南需加倍努力，针对全面建成小康社会的短板，抓住重点，攻克难点，全方位、各地区全面推进。

1. 努力保持经济中高速增长，为实现全面建成小康社会奠定坚实的物质基础

作为经济欠发达省份，发展经济仍然是河南第一要务。河南的人均GDP和居民收入与小康社会目标差距较大，与全国的差距也主要表现在经济方面。从小康监测系统看，全面小康建设进程领先的多是经济水平领先的沿海发达省市。经济发展是一切建设的基础，是全面建成小康社会的重点。文化产业的繁荣和发展、研究发展的投入、人民生活改善等都要以一定的经济水平做基础。调结构、转方式、深化改革、扩大开放、创新驱动等发展经济的根本措施能否在今后6年发挥成效，是全省实现"双中高"，进而全面建成小康社会的关键。

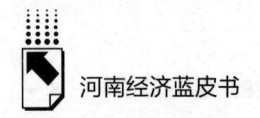

2. 保持优势，加强短板，促进经济社会等各方面共享发展、均衡发展

在五大类指标中，经济、文化是短板，在39个细分指标中，个体指数在80%以下的13个指标都可以称为短板。尤其是人均GDP、城乡居民人均收入、R&D经费支出占GDP比重、每万人口发明专利拥有量、每万人口拥有律师数、文化及相关产业增加值占GDP比重、主要污染物排放强度等指标，基础差、增长慢、对总体进程影响大，是全面建成小康社会的难点。经济和收入指标的提升要遵循经济规律，短期内大幅提升的可能性不大，对其余指标要借助政策手段奖先惩后、创造条件、鼓励发展。黄淮4市集中了全省超过50%的贫困县，全面建成小康社会进程较为滞后，是全省实现全面建成小康社会进程中的最大短板，对此省政府要重点关注。加大扶贫攻坚力度，实施精准扶贫，通过顶层设计分步骤、分时段解决区域性整体贫困问题，全力实现党的十八届五中全会提出的消除现行标准下贫困人口的目标。

3. 重点加快农业地区、粮食主产区全面小康建设进程，保证其在全面建成小康社会的道路上不掉队

改革开放以来，河南粮食主产区为全省乃至我国经济社会建设发挥了重要作用。但是，农业生产利润低，回报少，影响农村各方面建设水平。河南是农业大省，涉及的地区和人口众多，客观上制约了河南全面建成小康社会的整体推进。因此，对粮食主产区要重点关注和支持，尽可能多地争取国家的政策补贴，加大财政转移支付力度，保证粮农应得的国民待遇。加快城乡一体化进程，从全社会角度解决"三农"问题。

4. 转变发展方式，创新体制机制，贯彻落实"创新、协调、绿色、开放、共享"的发展理念

传统发展方式危害环境、浪费资源，危及人们身体健康，引发各种经济、社会问题，严重破坏生产力，已经难以为继。资源环境是生产力的重要组成部分，经济进入新常态，要更加强调科学发展，保护环境、节约资源就是保护生产力，这是发展的前提，更是全面建成小康社会的重要内容。要不断创新体制机制，营造良好的发展环境，要鼓励发展新兴产业，尤其是现代服务业，使其成为大众创业、万众创新的首选，要加快推进农业现代化，推进农业生产规模化、集约化、标准化。不断提高经济、社会、环境与人的和谐程度，努力争取与全国同步建成全面小康社会。

附表：

2014 年河南全面建成小康社会统计监测结果

单位：分

		监测指标	得分
	小康总指数		82.54
经济发展	分指数及得分 (77.69)	1. 人均 GDP(2010 年不变价)	62.90
		2. 第三产业增加值占 GDP 比重	78.51
		3. 居民消费支出占 GDP 比重	97.99
		4. R&D 经费支出占 GDP 比重	45.79
		5. 每万人口发明专利拥有量	40.98
		6. 工业劳动生产率	100.00
		7. 互联网普及率	100.00
		8. 城镇人口比重	75.33
		9. 农业劳动生产率	79.78
民主法制	分指数及得分 (81.07)	10. 基层民主参选率	94.04
		11. 每万名公务员检察机关立案数	0.00
		12. 社会安全指数	87.26
		13. 每万人口拥有律师数	57.70
文化建设	分指数及得分 (74.30)	14. 文化产业增加值占 GDP 比重	56.40
		15. 人均公共文化财政支出	64.48
		16. 有线广播电视入户率	54.95
		17. "三馆一站"覆盖率	100.00
		18. 城乡居民文化娱乐服务支出占家庭消费支出比重	98.30
人民生活	分指数及得分 (89.72)	19. 城乡居民人均收入(2010 年不变价)	56.94
		20. 地区人均基本公共服务支出差异系数	0.00
		21. 失业率	100.00
		22. 恩格尔系数	100.00
		23. 基尼系数	0.00
		24. 城乡居民收入比	100.00
		25. 城乡居民家庭住房面积达标率	100.00
		26. 公共交通服务指数	84.08
		27. 平均预期寿命	98.16
		28. 平均受教育年限	85.14
		29. 每千人口拥有执业医师数	100.00
		30. 基本社会保险覆盖率	95.02
		31. 农村自来水普及率	86.58
		32. 农村卫生厕所普及率	100.00

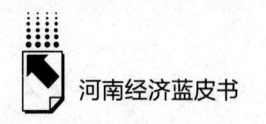

续表

监测指标			得分
资源环境	分指数及得分(84.89)	33. 单位GDP能耗(2010年不变价)	88.58
		34. 单位GDP水耗(2010年不变价)	100.00
		35. 单位GDP建设用地占用面积(2010年不变价)	79.60
		36. 单位GDP二氧化碳排放量(2010年不变价)	0.00
		37. 环境质量	82.05
		38. 主要污染物排放强度	66.24
		39. 城市生活垃圾无害化处理率	100.00

参考文献

《中共中央关于制定国民经济和社会发展第十三个五年规划的建议》,《解放日报》2015年10月30日。

《河南省全面建成小康社会加快现代化建设战略纲要》,《河南日报》2015年1月5日。

《李克强：全面建成小康社会新的目标要求》,《人民日报》2015年11月6日。

B.29
供给侧改革背景下,塑造河南工业重点产业新优势的路径选择

方国根　王学青[*]

摘　要： 近年来,在外部环境压力加大与内生动力不足的背景下,占全省工业比重60%以上的农产品加工、钢铁、装备制造、建材、化工等重点产业均存在低档产品和初加工产品产能过剩、技术创新能力薄弱、高端产品缺乏等问题,工业增加值增速明显放缓,支撑作用降低,供给侧结构性改革任务相当艰巨。河南必须坚定供给侧改革导向,统筹兼顾,找准路径,做足做好"加、减、乘、除四则混合运算",充分发挥市场在资源配置中的决定性作用,以政府有形之手协助市场无形之手,抢抓新技术、新业态、新模式发展和产业区域性调整转移机遇;以技术革命突破推动经济结构优化,形成新的经济增长点,实现无中生有、倍数增长,开创全省工业经济"新常态"发展新局面。

关键词： 河南　工业重点产业　供给侧改革

"十二五"时期以来,河南以抢占未来产业制高点和增强工业竞争力为方向,抓增量、调结构、增后劲、促升级,取得显著成效。但随着经济发展进入新常态,在外部环境压力加大与内生动力不足的背景下,除部分新兴产业外,占全省工业比重60%以上的农产品加工、钢铁、装备制造、建材、化工等重

---

[*] 方国根,河南省统计局工业处处长;王学青,河南省统计局工业处副处长。

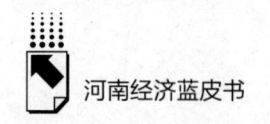

点产业增速放缓,支撑作用降低。面对如此形势,河南应紧抓供给侧"加、减、乘、除"结构性改革机遇,提高创新能力,加快转型升级,塑造产业发展新优势,促进河南工业经济持续健康较快发展。

一 农产品加工业——扩大增长点,做好"加法"

河南是农业大省,也是农产品加工业大省。2015年,河南农产品加工业实现主营业务收入20617.80亿元,占全省工业的28.5%,同比增长8.4%;实现利润1723.60亿元,占全省工业的35.6%,同比增长5.8%。但与2010年相比,河南农产品加工业主营业务收入与实现利润增速分别放缓22.9个和27.5个百分点,且产业集中度不高、创新能力与加工层次低、经济效益不佳问题突出。2015年,河南农产品加工业百亿元以上企业只有6家,仅占全省百亿元企业总数的14.0%;新产品创造产值仅相当于全省工业的10%左右;全省谷物磨制与烘烤类食品制造主营业务收入比为77.0∶23.0,谷物磨制行业实现利润增速和主营业务收入利润率分别低于烘烤类食品制造6.2个、3.1个百分点;纺织和服装服饰行业主营业务收入比为69.0∶31.0,纺织行业实现利润增速和主营业务收入利润率分别低于服装服饰13.0个、0.1个百分点;畜产品加工以原料及半成品为主,冷冻白条肉、分割肉、白条鸡、鸭及畜禽初级加工产品占主导地位,产品附加值较低;烟草、纺织服装服饰、木材加工在全国比较优势偏弱,酒、饮料和精制茶,烟草,木材加工,造纸和纸制品业等行业实现利润增速均低于全省农产品加工业平均水平,其中2015年酒、饮料和精制茶,烟草业实现利润增速同比分别下降9.4个百分点和9.5个百分点,下拉全省农产品加工业利润增速0.4个百分点。

供给侧结构性改革要求扩大增长点做好"加法",即补齐短板,发展新兴产业,提高经济增长质量与效益。对河南农产品加工产业而言,就是要提升企业创新能力和产业集中度,增强规模与品牌竞争优势。一是加快优化企业组织结构。鼓励骨干企业通过联合、兼并、收购等方式整合产业链,构建完善的农牧、加工制造和现代服务产业体系,塑造全产业链龙头企业。推进双汇集团股权收购,优化运作模式和产品渠道,进入全球肉制品产业供应链;加大众品集团省外产业整合力度,提升肉类产业链整合商地位;完善三全、思念品牌在全国区域布局，实现三全集团和台湾龙凤食品的品牌整合；加快雏鹰、信念等成长型企业生猪养殖加工基地建设，尽快形成品牌竞争优势。推动双汇、思念等一批中国名牌创世界名牌，梦想、爱厨等一批省内品牌创中国名牌。二是推进产业集聚发展。重点依托临颍、汤阴、浚县等32个具有资源优势、物流和消费集中的食品产业集群，促进上下游企业和横向关联配套企业集聚发展。强化集群内企业分工协作，建立从原料生产、加工制造、物流配送到终端消费的完整产业链条，加快产业链之间的集成融合，实现优势互补、信息共享、协调发展。三是加快发展食品冷链物流。引导冷链食品制造行业依托网络化温控仓储及冷链运输配送系统，以信息技术、供应链金融为核心服务手段，开展国内外贸易、流通加工、温控仓储、展示交易、干线运输、城市配送、终端连锁、网络营销等业务，实现商流、物流、信息流及资金流同步，构建统一、高效、安全、协同的温控供应链体系。

二 钢铁工业——转化拖累点，做好"减法"

钢铁工业是河南的传统支柱产业。2015年，全省钢铁工业实现主营业务收入3518.23亿元，占工业增加值的4.9%；安阳钢铁、龙成集团、鑫金汇、亚新钢铁、沙钢永兴、济源钢铁、闽源特钢、舞阳钢铁8家企业实现主营业务收入占行业的40%以上，其中安阳钢铁、龙成集团、鑫金汇和亚新钢铁主营业务收入均在100亿元以上，安阳钢铁达到300亿元以上；全省炼钢、炼铁等初级加工环节主营业务收入比重为11.9%，比2010年下降16.0个百分点；压延加工比重达到88.1%，比2010年提高16.0个百分点。但是，河南钢铁产业以生产棒材、线材和板材等低端产品为主，2015年板材产量居全国第1位，棒材、线材产量居第4位，产品技术含量相对较低，目前多数处于产能过剩、价格下滑状态。2015年，全省钢铁工业品出厂价格指数同比下降14.0%，较2010年回落25.2个百分点；棒材、钢筋、线材价格较2012年回落45%以上。而市场销路好、附加值相对高的铁道用钢材、大型型钢、特厚板和中板、热轧窄钢带等产品较少，并且产量较2010年大幅下降。2015年，河南铁道用轻轨产品产出为零，大型型钢、特厚板和中板产量较2010年分别下降23.1%、17.5%和31.3%。

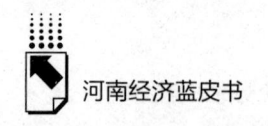

供给侧结构性改革要求转化拖累点做好"减法",即清除过剩产能、激发微观经济活力。河南钢铁产业供给体系总体上是中低端产品过剩,高端产品供给不足。因此,推进供给侧改革,就要从供给端做"减法"入手,淘汰落后,升级产品,调整结构。一是加快发展钢材深加工产品,提高产品附加值,推动产品向"高、精、专、深、特"调整。二是加快淘汰行业过剩产能。三是大力推进钢铁企业兼并重组。

三 装备制造业——抓住关键点,做好"乘法"

河南装备制造业规模位居全国前列,已成为推动经济增长和扩大就业的高成长性制造业。2015年,全省装备制造业实现主营业务收入11404.93亿元,居全国第6位,同比增长11.5%,增幅超过全省平均水平4.9个百分点;中信重工、一拖集团、许继集团、森源电气、郑煤机、平高集团、洛轴集团、卫华集团、林州重机、宇通重工、南阳防爆等一批龙头企业在全国同行业中处于领先地位;郑州、洛阳、许昌、新乡等市装备制造基地规模快速扩张,实现主营业务收入均超过1000亿元。但是,与发达地区相比,河南装备制造业占工业比重偏低,对经济发展的带动力不强。2015年,江苏装备制造业占工业比重达到41.6%、广东超过30%,山东和浙江也在25%以上,河南仅占15.8%,总量只分别相当于广东、江苏和浙江的13.3%、16.0%和42%;大多数装备制造企业处于价值链低端的加工装配环节,产品附加值低;本地化配套水平低,产业链上下游关联程度低,原材料和配套部件采购半径过大,难以有效降低企业物流成本和商务费用;研发创新能力薄弱,缺乏核心部件研发制造能力,独创性产品和拥有自主知识产权的高端产品少,新型装备发展滞后,数字化、智能化产品比重低,成套装备数控系统仅中信重工等少数企业能够生产,龙头工程机械企业数字化产品率仅达到30%左右。

供给侧结构性改革要求抓住关键点做好"乘法",即以创新发展理念,挖掘经济发展新动力。河南装备制造业要实现从规模优势向市场竞争优势转变,就需要构建技术创新体系,增强产业配套能力,走出一条智能化、数字化、集成化、高端化"供给侧"改革新路子。一是加快构建技术创新体系。依托省内现有国家级和省级企业技术中心、工程技术研究中心和重点实验室等创新载体,定期发布重大技术装备自主创新指导目录,重点攻克一批示范带动作用强的重大技术装备产品和关键部件。加强跨地域科技合作,吸引国内外一流的高校、科研院所与省内装备制造企业合作建立研发中心和成果转化基地,为装备制造行业技术创新及其产业化提供公共服务平台和技术支撑。推进质量管理体系和行业标准体系建设,积极培育一批高端装备制造业国家级和省级质量控制和技术评价实验室。加快培育和引进装备制造工业的中高级技工队伍、研发专家和团队、高级经营管理人才,造就一支高素质的企业家队伍,为产业发展提供智力支撑和人才保障。二是支持龙头企业拓展新兴领域。装备制造业龙头企业通过新办、投资控股、兼并重组等方式进入智能制造装备、现代物流装备、节能环保装备等现代装备制造业领域,或采用自动化、智能化的装备加快对传统工业改造升级的重大项目,省内各类专项资金给予重点支持,各地、各产业集聚区新增工业用地指标,要优先保障现代装备制造业重大项目,加快传统工业现代化改造。三是加快构建产业配套体系。推进高端装备制造业重点产品的产业链整合延伸、配套分工和价值提升,建立完整的产业链配套体系。鼓励和支持中小配套企业做专做精,提供专业化产品,为行业龙头骨干企业配套,形成产业链条,发挥集聚优势,推动块状经济向现代产业集群转型升级。鼓励兼并重组、强强联合和上下游一体化经营,提高产业集中度和资源配置效率。

四 建材工业——围绕核心点,做好"除法"

河南建材工业体系包括水泥、建筑卫生陶瓷、耐火材料、非金属矿制品及无机非金属新材料、超硬材料等,实现增加值占全省的 10.0% 以上,是河南重要的支柱产业,基本形成以郑州为主的耐火材料基地、以许昌为主的卫陶产业基地、以洛阳为主的优质浮法玻璃生产及深加工基地,以信阳、南阳为主的非金属矿加工产业基地,以郑州、许昌、商丘为主的超硬材料及制品生产基地,以焦作、新乡、郑州为主的建筑装饰材料、防水材料、密封材料生产基地。2015 年,河南水泥产量居全国第 3 位,卫生陶瓷、耐火材料均居全国第 1 位。天瑞、中联河南、同力三家大型水泥集团水泥熟料产能均超过 1000 万吨,在同行业中规模竞争优势明显;濮耐集团 2015 年销售总额突破 20 亿元,跃升至全国耐材行业综合实力第 1 位;方浩实业公司发展为全国最大的珍珠岩深加

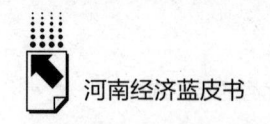

工企业；西保集团冶金功能材料占全国50%以上市场份额。超硬材料产业规模稳居全国之首，约占全国的75%，黄河旋风、中南杰特、郑州华晶产业规模和技术水平居国内超硬材料领域前三位；金刚石原辅材料、金刚石单晶、立方氮化硼单晶、金刚石微粉和专用设备仪器在全国市场的占有率分别约为30%、80%、95%、60%和90%。

但是，河南建材工业仍未摆脱依靠资源粗放开发扩规模、依靠中低端产品低价竞争的传统发展模式。在全省耐火材料750余家企业中，前20家企业产值仅占18.5%，多数小企业在生产技术和产品开发等方面同质化严重；水泥行业普通水泥产品产量占80%以上；优质浮法玻璃、高端陶瓷等高附加值产品市场基本被省外产品占领；多数建材行业在产业上下游分工和研发设计、辅助产品生产等产业配套方面缺乏支撑，生产成本较高，市场竞争力不强，相当一部分低档和初加工产品出现产能过剩。

供给侧结构性改革要求围绕产能过剩做好"除法"，清除经济发展路上的"拦路虎"。河南建材工业目前存在的核心问题是低档产品和初加工产品产能过剩，深加工制品尤其是新型绿色建材和无机非金属新材料产品比例不高，这就需要加大企业整合淘汰和产业优化重组力度，促进产品、产业升级。一是加快企业组织结构调整，二是加大技术改造支持力度，三是大力发展循环经济。

五 化工产业——抢占制高点，做好"乘法"

近年来，河南大力推进煤、盐和石油化工融合发展，加快推动豫北煤化工、平漯盐化工、洛阳石油化工等重大基地建设，化工产业发展较快。2015年，全省化工产业实现主营业务收入5497.98亿元，是2010年的1.7倍，年均增速达到11.2%；主营业务收入超100亿元法人企业达到3家，其中河南煤化连续3年入围世界500强，平煤神马在中国企业500强中居第324位；合成氨、甲醇、尿素、纯碱、烧碱、PVC等传统优势产品保持国内领先，新型煤化工、盐化工、合成材料、化工新材料、精细化工及专用化学品、新能源和生物化工、橡胶制品等有较大发展。但是，河南化工产业仍然没有摆脱初级产品过剩、高端产品不足、市场竞争力不强的发展格局。2014年，全省传统化工产品甲醇、纯碱、烧碱和PVC产能利用率分别为29.7%、84.3%、83%和64%，且生产成本居高不下，其中每吨甲醇成本比西部地区高出500~1000元；企业自主知识产权技术少、高端化工产品比重偏低，如高端专用化学品仅占全省化工行业的22.9%。

供给侧结构性改革要求抢占制高点，做好"乘法"，即以创新、协调、绿色、开放、共享五大发展新理念为指导，发挥制度创新和技术进步对供给升级的倍增效应。对初级产品过剩、高端产品不足、产品生产成本缺乏竞争优势的河南化工产业来讲，要实现倍增效应，就必须围绕技术进步，在产业链升级上抢占制高点，寻求新突破。一是升级石油化工产业链。重点建设洛阳、濮阳石油化工基地，扩大炼油化工一体化规模，提高轻质油品收率，实施原料来源多元化，积极引进国外先进石化技术，重点发展高附加值中间原料产品，打造各具特色的石化中下游产业链，建成中西部重要的炼化一体化生产基地。二是升级煤化工产业链。发挥现有产能优势，重点建设豫北、义马、永城煤化工基地，积极延伸深加工产业链条，推动现有煤化工产品从低端化、初级化向高端化、精细化、材料化方向发展。支持河南煤化等骨干企业与国内知名科研院所组建现代煤化工技术创新联盟，推进关键技术产业化，积极发展下游深加工产品，推动下游产品多元化发展。三是升级盐化工深加工产业链。打造盐—碱—电—化一体化产业链，加快产品向高端化和精细化方向转变。积极延伸下游深加工产业链条，实现产品结构延伸与调整。推动平漯、焦济、濮阳和南阳等盐卤富集区域盐化工集聚区和专业园区建设，形成与大石化、煤化、精细化工产业集群、先进装备制造业、大型化纤和造纸、食品轻工等行业原料相互配套、产品高效流通的可持续发展和循环经济模式。四是升级精细化工产业链。加强与央企、国内大型化工企业、跨国公司合资合作，集群式引进一批技术水平高、市场优势明显的精细化工企业，着力在增加品种、提高质量、增强创新能力、扩大应用范围方面下工夫，力争使化工新材料和专用精细化学品成为石化产业新的支柱领域。

近年来，河南积极推进工业结构转型升级并取得阶段性成效，但实现工业发展方式的根本性转变不可能一蹴而就，当前全省农产品加工、钢铁、装备制造、建材、化工等重点产业都还存在低档产品和初加工产品产能过剩、技术创新能力薄弱、高端产品缺乏等问题，供给侧结构性改革的任务相当艰巨。2016

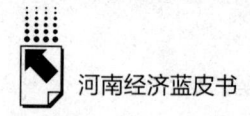

年是"十三五"时期开局之年，也是推进结构性改革的攻坚之年，必须坚定供给侧改革导向，统筹兼顾，抓住关键产业和重点问题，找准路径，做足做好"四则混合运算"，充分发挥市场在配置资源中的决定性作用，以政府有形之手协助市场无形之手，抢抓产业区域性调整转移机遇；以技术革命突破推动经济结构优化，形成新的经济增长点，实现无中生有、倍数增长，开创全省工业经济"新常态"发展的新局面。

B.30
提升河南工业经济效益问题研究

王学青 罗 迪*

摘 要： 2015年，河南工业经济效益主要指标运行总体平稳，但企业生产成本增长较快，传统支柱产业利润增速回落明显，能源原材料行业经济效益明显下滑，国有控股企业亏损情况持续恶化，全省工业企业主营业务收入利润率下降为6.69%，实现利润同比下降0.1%。随着经济发展新常态不断深化，中央要求发展质量、结构、效益相统一，加快推进转型升级已成为河南工业发展的必然选择，巩固基本面，培育新动能，促进平稳增长已成为经济发展的首要任务，必须早警觉、早动手，抓苗头、抓倾向，确保河南工业经济效益有效提升。

关键词： 河南 工业 经济效益

2015年，河南规模以上工业（以下简称工业企业）经济效益主要指标运行总体平稳，但企业生产成本增长较快，传统支柱产业利润增速回落明显，能源原材料行业经济效益明显下滑，国有控股企业亏损情况持续恶化。全省工业企业主营业务收入利润率由一季度、上半年的7.04%、6.71%下降为全年的6.69%；实现利润由一季度、上半年同比增长0.1%、0.7%变化为全年下降0.1%。研究支撑与制约河南工业经济效益提升的关键因素，采取有效措施扭转不利局面，对提高新常态下工业经济运行质量意义重大，影响深远。

---

* 王学青，河南省统计局工业处副处长；罗迪，河南省统计局工业处。

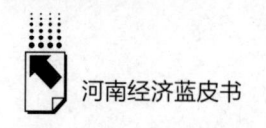

一 工业经济效益运行特征

1.工业效益好于全国平均水平

2015年,全省工业主营业务收入利润率6.69%,同比下降0.5个百分点,高于全国平均水平0.9个百分点;资产负债率46.8%,低于全国平均水平9.4个百分点;应收账款平均回收期22.4天,同比上升2.5天,快于全国平均水平12.6天。

2.主要指标增速波动趋稳

主营业务收入增速基本平稳,稳居全国第5位。2015年,全省工业主营业务收入累计增速月度波动不超过0.4个百分点,总体呈平稳增长态势。全年全省工业主营业务收入72381.37亿元,同比增长6.6%,居全国第5位和中部第1位,均较2014年前移了1个位次。

利润增速小幅波动,在全国位次前移2位。2015年,全省工业利润增速月度间小幅波动,3月以后逐月回升,上半年达到最高点0.7%,7月以后又逐步回落。全年全省工业实现利润4840.62亿元,同比下降0.1%,低于2014年7.4个百分点,居全国第13位、中部第5位,较2014年分别后移了2个和3个位次。

3.重点行业平稳较快发展

2015年,全省非金属(8446.67亿元)、农副食品加工(5940.14亿元)、有色金属冶炼压延(4917.27亿元)、化学原料和制品(4043.19亿元)、计算机通信设备(3656.09亿元)、专用设备(3590.33亿元)、黑色金属冶炼压延(3518.23亿元)7个行业实现主营业务收入超过3500亿元,占全省工业比重的47.1%。除黑色金属冶炼压延行业下降5.4%、有色金属冶炼压延增速略低于全省水平外,非金属、农副食品加工、化学原料和制品、计算机通信设备和专用设备五大行业同比分别增长7.6%、7.5%、7.3%、25.7%和10.1%,分别高于全省平均水平1.0个、0.9个、0.7个、19.1个和3.5个百分点。

4.小微型企业增速快于大中型企业

2015年,全省小微型工业企业实现主营业务收入26210.11亿元,同比增长9.1%,分别高出大型和中型企业6.1个和1.4个百分点。小微型企业占全省工业比重的36.2%，拉动工业增长3.2个百分点，贡献率达48.6%；实现利润总额2166.14亿元，同比增长5.7%；高出大型企业23.7个百分点，占全省工业的比重44.7%，拉动利润增长2.4个百分点。

5. 降准降息政策成效明显

2015年，为缓解企业融资难、融资贵的问题，国家出台了4次降准、3次降息的金融政策，工业三项费用（财务、销售、管理费用）增速减缓，企业利息负担减轻，直接降低了企业生产经营成本。2015年，全省工业三项费用为3651.53亿元，同比增长5.2%，增速较年初回落1.7个百分点。其中财务费用中的利息支出655.02亿元，同比增长1.0%，增速较年初回落3.5个百分点。

二 四大因素支撑河南工业经济效益平稳增长

2015年，面对严峻复杂的外部环境和艰巨繁重的工作任务，河南主动适应经济发展新常态，坚持调中求进、改中激活、转中促好、变中取胜，统筹稳增长、促改革、调结构、强支撑、防风险、惠民生，工业经济效益运行总体平稳，主要指标好于全国平均水平，主要得益于以下四大支撑因素。

1. 稳增长措施深入落实

2015年，为应对经济下行压力，省委、省政府坚持稳中求进工作总基调，主动适应经济发展新常态，准确把握工业经济发展新趋势，以提升产业竞争力为目标，以提高质量效益为中心，审时度势，出台促进经济持续健康发展30条和25个重大专项工作方案等一系列政策措施，实施"双百"企业培育计划和万家中小企业成长计划，完善工业经济运行监测和中小企业公共服务平台，认真落实结构性减税政策，有效遏制了工业过快下行势头。7月河南进一步提出把稳增长保态势作为全局工作的突出任务，把抓落实作为三季度的工作主题，8月又提出动员全省各方力量，齐心协力、顽强拼搏，打赢稳增长保态势攻坚战，有力推动了各项措施的及时落地生效，有效降低了企业成本，激发了经济增长的内生动力和活力。

2. 结构调整成效显著

高技术产业保持活力。2015年，全省高技术产业实现主营业务收入6312.60亿元，占全省工业的8.7%，比2014年提高1.7个百分点，同比增长

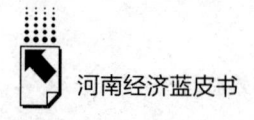

22.2%，增速高于全省工业平均水平15.6个百分点，拉动全省主营业务收入增长1.7个百分点；实现利润同比增长13.5%，增速高于全省平均水平13.6个百分点，拉动全省利润增长0.9个百分点。

高成长性制造业经济效益较好。2015年，全省高成长性制造业主营业务收入同比增长12.2%，高于全省平均水平5.6个百分点，对全省主营业务收入增长的贡献率为81.7%，较2014年提高24.0个百分点；实现利润同比增长7.6%，高于全省平均水平7.7个百分点，拉动全省利润增长3.7个百分点。

产业集聚区经济效益快速增长。2015年，全省产业集聚区工业实现主营业务收入45131.55亿元，占全省的比重62.4%，同比增长11.2%，增速高于全省平均水平4.6个百分点，对全省主营业务收入增长的贡献率达101.4%，拉动全省主营业务收入增长6.7个百分点；实现利润同比增长6.7%，高于全省平均水平6.8个百分点，拉动全省利润增长3.5个百分点。

高耗能行业增速放缓。2015年，全省六大高耗能行业实现主营业务收入25777.11亿元，同比增长1.3%，增速低于全省平均水平5.3个百分点，占规模以上工业主营业务收入的35.6%，同比下降2.0个百分点；实现利润同比下降9.2%，降幅超过全省平均水平9.1个百分点。

3. 增量补充发挥了重要作用

2015年，全省新建项目投产和规模以下升规入库企业2824家，同比增加761家；实现主营业务收入3130.07亿元，占全省的4.3%，贡献率为38.0%，拉动工业企业主营业务收入增长2.5个百分点。其中新建项目投产企业935家，较2014年增加392家，占工业企业单位数的4.3%；实现主营业务收入1216.83亿元，占工业企业主营业务收入的1.7%，对全省工业企业主营业务收入增长的贡献率达到24.1%，较2014年提高13.1个百分点，为工业生产经营稳定运行发挥了重要作用。

4. 非公有制工业快速发展

2015年，全省非公有制工业实现主营业务收入59778.00亿元，占全省工业的比重达82.6%，同比增长9.8%，高于全省平均增速3.2个百分点，拉动全省工业增长7.8个百分点。其中私营企业表现突出，实现主营业务收入50617.57亿元，增长9.5%，高于全省平均增速2.9个百分点，拉动工业增长6.5个百分点。

三 四大问题制约工业经济效益企稳向好

在新常态背景下,国际经济复苏不及预期、国内经济下行压力加大、全国工业运行总体不佳,河南工业经济效益能够平稳增长实属不易。但成本居高不下、需求疲弱、部分行业与国有企业亏损严重、企业"两项资金"占用量上升等四大问题对全省工业经济效益提升形成较强制约。2015年,全省工业企业实现主营业务收入同比增长6.6%,增速同比回落4.9个百分点;实现利润同比下降0.1%,增速同比回落7.4个百分点。

1. 价格持续下跌导致企业成本上涨,盈利空间收窄

2015年,全省工业品出厂价格降幅逐月扩大,累计价格指数已连续43个月处于下降通道,市场需求不旺在短期内难有明显改善。2015年,全省工业品出厂价格同比下降4.6%,降幅同比扩大2.8个百分点。初步测算,因工业品出厂价格下降,全省工业企业主营业务收入约减少3500亿元,利润净减少200多亿元。

2015年,全省工业企业主营业务成本63351.28亿元,同比增长7.4%,增幅高出主营业务收入0.8个百分点;其中国有企业主营业务成本同比下降6.0%,降幅小于主营业务收入降幅1.8个百分点;集体和非公有制企业主营业务成本同比分别增长0.1%和10.4%,增幅超过主营业务收入0.3个和0.6个百分点。全省百元主营业务收入成本为87.52元,达到近两年的最高值,较2015年初增加了1.37元;其中国有、集体、非公有制企业百元主营业务收入成本分别为89.03元、86.29元和87.33元,较2015年初分别增加了0.67元、0.85元和1.55元。

2. 行业利润增速分化明显,传统支柱产业利润增速大幅回落

2015年,全省40个工业行业大类中有28个行业利润同比实现增长,10个行业增速较上年有不同程度加快。其中,计算机通信设备制造、电力热力、服装服饰和汽车制造业利润同比分别增长23.6%、22.6%、20.6%和18.2%,拉动利润增长2.2个百分点。10个行业利润增速同比下降,1个行业由同期盈利转为亏损,1个行业亏损额同比增加,其中黑色金属冶炼和压延加工业利润同比下降20.3%,有色金属矿采选业利润同比下降9.8%,酒、饮料和精制茶

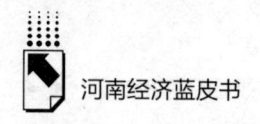

制造业利润同比下降9.4%,烟草制品业利润同比下降9.5%。煤炭采选和石油天然气开采两个行业分别亏损35.16亿和68.18亿元。

2015年,全省工业企业实现利润4840.62亿元,同比下降0.1%。其中冶金、建材、化工、轻纺和能源五大传统支柱产业实现利润总额1887.75亿元,同比下降8.4%,降幅同比扩大10.3个百分点,下拉全省利润增速3.6个百分点;占全省工业的比重为39.0%,同比下降3.2个百分点。特别是冶金、建材和能源工业实现利润分别下降9.9%、1.8%和79.2%,利润总额较上年减少224.31亿元,下拉全省利润增速4.7个百分点。

2015年,全省石油开采、煤炭采选、有色金属矿采选、黑色金属冶炼压延等采矿和钢铁原材料行业实现利润329.85亿元,同比下降45.3%,下拉全省利润增速5.6个百分点。其中石油开采业由上年亏损0.17亿元增至68.18亿元;煤炭采选业由上年盈利101.36亿元转为亏损35.16亿元,全省294家煤炭法人单位停产与亏损企业占24.8%;有色金属矿采选企业实现利润同比下降9.8%,降幅较上年扩大11.2个百分点,316家有色金属采选企业中141家利润同比下降;钢铁工业实现利润同比下降20.3%,降幅较上年扩大22.5个百分点。

3. 国有控股企业亏损情况持续恶化

2015年,全省工业亏损企业1098家,亏损面为5.0%。其中国有控股企业中亏损企业240家,亏损面达29.9%;国有控股亏损企业亏损额315.93亿元,占全省亏损企业亏损额的比重高达76.5%,同比提高了9.5个百分点。

4. 企业"两项资金"占用量上升,流动资金存在风险

2015年,全省工业应收账款、产成品库存"两项资金"占用6471.88亿元,同比增加631.09亿元,两项资金占流动资产的比重为26.5%,同比提高了0.8个百分点。其中,应收账款4899.64亿元,同比增长12.1%,增速高于主营业务收入增速5.5个百分点,企业间资金拖欠现象较为明显。工业应收账款平均收款天数虽然少于全国平均水平,但比上年减慢2.5天;在全省40个行业大类中,仅17个行业应收账款增速低于主营业务收入增速。工业产成品库存1572.24亿元,同比增长7.0%,同比净增103.26亿元。计算机通信设备制造、仪器仪表、文教用品制造等行业产成品库存出现大幅上升,增速均在30.0%以上。

三 几点建议

随着我国经济新常态的不断深化，中央要求发展质量、结构、效益相统一，河南工业经济也进入增速不断下调、产业结构趋于高级化、增长动力寻求新兴行业的"三期叠加"状态，加快推进转型升级已成为河南工业发展的必然选择，巩固基本面，培育新动能，促进平稳增长已成为经济发展的首要任务，必须早警觉、早动手，抓苗头、抓倾向，确保河南工业经济效益有效提升。

1. 加快适应新常态，提升工业增长质量

新常态下，河南工业正步入一个新的发展时期，应加快适应"新常态"，坚持深化国有企业改革，大力推进转型升级，积极调整优化产业结构，特别是加快发展先进制造业、先进装备制造业、高技术产业、战略性新兴产业，提升工业经济发展质量。对于落后产能，该淘汰的就淘汰；对于过剩产能，该压减的就压减。

2. 采取有效措施，千方百计削减产品库存积压

针对当前部分产成品库存偏多的局面，一方面应充分利用现代信息技术等手段，拓展市场研究的广度和深度，找准各层次消费人群的需求特点，不断跟上目前消费需求多元化、个性化等消费潮流，积极利用价格低、商品丰富、购买便捷的网络销售、网上支付、快递送货等现代销售手段，挖掘消费潜力，扩大消费空间，努力压减库存。另一方面注意压缩和消化过剩产能，密切关注产品销售率走低趋势，以销定产，防止出现新一轮产品积压和挤占过多资金。

3. 加快企业困难帮扶，提升企业发展实力

加大对具有竞争力企业的扶持力度，积极为企业的市场竞争创造公平宽松的制度环境，解决企业生产经营中出现的实际困难和问题，拓宽融资渠道，加强对企业的融资贷款帮扶，通过财政补贴、税收优惠等各种措施，缓解企业成本压力，促进企业茁壮发展。

4. 加快产业转型升级，努力培育新的利润增长点

充分认识和及时适应经济新常态特征，积极推进科技创新驱动发展战略，进一步加大对工业的投资力度，不断加快推进产业转型升级，培育新的利润增

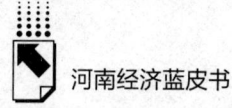

长点。继续做大做强传统优势产业，大力培育发展战略新兴产业，增强产业和产品竞争力，特别要力争在一些关键领域形成国际核心竞争力和新的增长点，创造新的消费需求。注意引导各地形成特色优势，将着力点放在技术突破和产业链整体升级上，培育形成具有鲜明特色和较强优势的产业体系，努力创造出新的稳定的利润增长源。

# B.31

抓住供给侧改革机遇，着力提高投资政策效果与质量

俞肖云　司曼珈　马炬亮　邱倩　朱丽玲[*]

摘　要： 供给侧改革实质上是不再依靠以"刺激政策"提升总需求的套路来促进经济增长，而"不再依靠"不等于"不再要"，主张供给侧改革，不能将其与需求侧刺激相对立，需要两端发力。因此，适度、有效、精准的投资对于遏制经济增速下滑、调整产业结构、调动民间资本积极性是非常必要的。从2014年下半年以来，省委、省政府认真贯彻落实中央"稳增长、促改革、调结构、惠民生"的政策，促使全省固定资产投资平稳运行，投资结构得到明显改善，房地产开发投资有所回升，民间投资占比得到提高。但是，由于经济走势不够明朗、部分项目推进困难、采取PPP模式相关制度法规不够完善，仍然制约着河南省固定资产投资的进一步发展。

关键词： 供给侧改革　投资政策　效果与质量

供给侧改革已经成为目前最火的话题，也成为全国上上下下对经济进行宏观管理的共识。主张供给侧改革并不意味着忽视经济增长的另一面，投资、出口、消费这三驾马车，虽不是财富的源泉和经济增长的根本动力，但也是产品

---

[*] 俞肖云，硕士，高级统计师，河南省统计局副局长；司曼珈，河南省统计局固定资产投资统计处处长；马炬亮，河南省统计局固定资产投资统计处调研员；邱倩，河南省统计局固定资产投资统计处副调研员；朱丽玲，河南省统计局固定资产投资统计处。

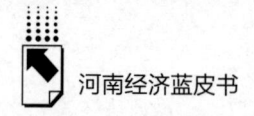

销售和价值实现的条件。关于供给侧改革，习总书记强调"在适度扩大总需求的同时，着力加强供给侧结构性改革"，"扩大总需求"是"保底线"，而"供给侧结构性改革"是"求未来"，现在与未来，哪个都不能舍。所以，主张供给侧改革，不能将其与需求侧刺激相对立，需要两端发力。特别是在河南省，产业技术升级、刚性住房需求、棚户区改造、地下管网建设、基础设施投资等扩大总需求的手段还是有很大的作用空间。因此，管理好、使用好投资需求的空间，是我们进行供给侧改革的重要抓手。从2014年下半年以来，省委、省政府在经济形势严峻复杂的情况下，围绕贯彻落实中央"稳增长、促改革、调结构、惠民生"的政策，结合河南具体情况，制定实施了一系列投资措施和办法，这些措施和办法实质上是供给侧改革的探索与体现，这些措施和办法其效果如何，是本文进行分析的重点所在。

一　重视供给侧改革的同时更应重视投资的拉动作用

近年来，国内外经济环境严峻复杂，阻碍国内、省内经济发展的主要因素仍然是两大过剩，即工业产能过剩和商品房屋过剩，两大过剩什么时间消化得差不多了，什么时候经济才能企稳回升，而这两大过剩又是导致投资不旺的根本原因，但等待就会错失良机，经济调整时期也正是超越的最好时机。现阶段，区域竞争仍是以投入为主的较量，适当超前、起点较高的投资会为一个地方形成先发优势，在周期性的经济增长中抢占先机。今天的投资就是明天的产出，投资具有长期发挥作用的缓释效益。扩大有效投资，加快资本形成，一方面可以通过增量扩张带动经济增长，另一方面可以通过增量投向的调整来影响和牵引产业结构调整，达到优化产业结构、促进转型升级的目的。在消费未能形成新热点并大规模启动，出口增长又面临诸多不稳定、不确定因素的情况下，扩大有效投资是培育发展战略性新兴产业和改造提升传统优势产业的主要手段，是确保经济平稳健康发展和优化调整产业结构的关键举措。因此，在即将进行供给侧改革的形势下，更要在指导思想上充分认识投资对经济的拉动作用。

虽然产能过多、房屋过剩，但并不是没有投资机会，也并不是没有投资需求。从河南目前的状况看，需要投资的地方还有很多，投资需求潜力空间还相当大，这些投资需求可以归结为三个方面，即旧变新方面的投资、上变下方面的投资、低变高方面的投资。一是旧变新方面的投资，也就是城市棚户区改造方面的投资，河南在这方面投资可以说仅仅处于起步阶段，大面积的老房子、旧房子亟待改造，投资潜力很大；二是上变下方面的投资，也就是地面之上的投资转变为地面之下的投资，即地下管廊的投资，目前河南还没有起步，投资牵扯面广，投资需求更大；三是低变高方面的投资，也就是由低端产业、低科技含量的产业转变为高端产业和高科技含量产业方面的投资，河南在这方面的投资大有文章可做，河南目前绝大多数产业处于产业的末端，大多是简单的加工工业，科技含量很低，多数是承接产业转移方面企业，所谓产业转移也就是被经济发达地区淘汰的、落后的、科技含量低的产业，随着科技的快速提升，这些转移过来的产业面临被淘汰的境地，亟须科技含量提升，因此由低端产业转向高端产业的投资其投资市场前景更加广阔。

二 2015年河南投资整体运行和投向情况

2015年，河南固定资产投资完成34951.28亿元，同比增长16.5%，比1~11月加快了0.3个百分点，比1~10月加快0.6个百分点，已连续11个月在15.6%~16.5%区间平稳运行。从三次产业看，第一、第三产业投资保持快速增长。第一产业投资增长31.9%，比1~11月回落0.4个百分点，第三产业投资增长21.8%，比1~11月加快2.2个百分点；第二产业投资增长10.7%，比1~11月回落0.3个百分点。从主要行业看，基础设施、服务业投资是拉动全省投资稳定增长的主要支撑。2015年，基础设施投资增长35.1%，比1~11月提高1.6个百分点。服务业中批发零售、住宿餐饮、商务服务、教育和卫生等行业投资分别增长20.0%、27.8%、42.1%、15.5%和70.7%。工业投资增长10.7%、房地产业投资增长12.2%，分别低于全省平均水平5.8个和4.3个百分点。从投资动力看，民间投资继续较快增长。2015年，民间投资增长16.6%，占全省投资比重的84.9%，比上年提高0.2个百分点。其中基础设施中的民间投资增长46.0%，远远高于全省投资平均增速。

纵观河南2015年各月度投资走势，投资增速一直在15.6%~16.5%平稳运行，增速波动不超过1个百分点，持续时间达11个月之久，这是在河南投

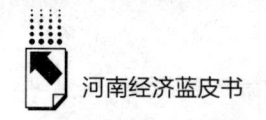

资历史上没有出现过的平稳状况，说明河南省委、省政府在经济形势严峻复杂的情况下，围绕贯彻落实中央"稳增长、促改革、调结构、惠民生"的政策所采取的一系列措施，其效果非常明显。笔者做出总体判断：2016年河南省房地产业和工业投资延续低速增长态势，但基础设施投资持续较快增长，随着国家促投资稳增长系列政策效应的释放，河南固定资产投资将继续保持稳定增长趋势。

三 促投资稳增长采取的政策措施及成效

为应对经济下行压力，2014年下半年以来国家和河南省并没有"大水漫灌"，没有搞强刺激，而是根据国家政策和河南省实际制定实施了促进经济平稳健康发展30条、稳增长保态势25个重大专项、财政支持稳增长18条、支持房地产健康发展16条等一系列稳健的政策措施，出台的这些政策和措施既兼顾需求又兼顾供给，既稳增长又调结构，既立足当前又着眼长远，并且以改革贯穿稳增长与调结构全过程。通过这些政策措施的实施，全省经济呈现出缓中趋稳、稳中向好的发展态势。

1. 着力抓好重大项目实施

建立完善责任分包制、协调联动机制、联审联批机制和"周协调、月督查"等制度，突出抓好国家和省确定的各类重大项目建设。2015年初，河南省印发了《扩大有效投资"双十"行动计划》，明确把由涉及产业升级、基础设施等领域的8000个重大项目组成的11项大工程包作为2015年投资工作的重中之重，通过加强要素资源保障、提高联审联批效率等十大举措，强力推进项目实施。截至2015年底，"双十"计划项目全年累计完成投资突破1.5万亿元，占全省投资比重高达42.9%。其中郑州机场二期、"米"字形快速铁路网、黄河滩区居民迁建试点、出山店水库等一批事关全局的重大工程建设取得积极进展。对于11项大工程包中涉及河南省的项目，认真落实年度责任目标，加强组织协调，强化按月调度，加快项目实施。全省共落实2014年和2015年计划开工建设的重大项目2083个，总投资3450亿元，其中有1631个已开工建设，累计完成投资1863亿元。同时，清理盘活中央预算内投资存量资金5.6亿元，加强对中央投资项目的监督检查，促进项目尽快开工建设，尽可能多地形成投资工作量。

2. 着力抓好投融资机制创新

2015年3月,省政府印发了《关于创新重点领域投融资机制鼓励社会投资的实施意见》,大力推行PPP模式、资产证券化、投资基金、股权债券融资等新型投融资方式,先后出台重点领域的实施细则。建立政府、企业、金融机构之间协调对接机制,2015年共组织22次银企、证企、保企对接活动,协助972个重大项目签订4937.7亿元贷款协议。协调国开行、农发行为城镇化综合试点提供融资与融智相结合的"一对一"综合金融服务,全年发行企业债60亿元。组织召开第九届中国(河南)国际投资贸易洽谈会、豫沪产业转移合作系列对接活动等,突出抓好重大项目引进。谋划推进基础设施、战略新兴产业、现代服务业等总规模超3000亿元的产业投资母基金和中原航空港、铁路、文化、水利等系列子基金组建,积极吸引社会资本参与,设立首支地方政府与社会资本合作发展投资基金,规模为1000亿元。出台《关于促进政府投融资公司改革创新转型发展的指导意见》,指导政府投融资公司加快转型发展,进一步提升投融资能力。

3. 大力推进PPP模式

按照国家要求,河南省把推进PPP模式作为创新投融资机制的重要举措强力推进。2014年底,省政府印发了《关于推广运用政府和社会资本合作模式的指导意见》,在省财政厅设立了领导小组办公室。2015年7月,省政府下发了切实做好《基础设施和公用事业特许经营管理办法》贯彻实施工作的通知,成立了省级特许经营联席会议制度。通过邀请专家开展专题培训、召开项目推进会议、汇编典型案例等方式,强化业务指导和经验交流。根据各地项目谋划情况,不断扩充和完善PPP项目储备库,积极向社会资本推介条件成熟的项目。2015年初,重点筛选了106个全省PPP示范项目,通过加强要素保障、强化协调服务、动态跟踪进度,全力予以推进,尽快发挥示范效应。在全省上下的共同努力下,河南省PPP项目实施取得积极进展。截至2015年底,共入库项目327个,总投资3024亿元,其中有社会资本1271亿元。全省重点推进的106个PPP示范项目中,有81个项目已落实社会投资主体,并明确了合作方式、投资回报等具体事项,40个项目已开工建设。

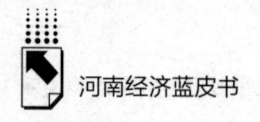

4. 着力抓好投资体制改革

按照国家和省统一部署，继续取消、下放投资领域审批事项，同时做好取消、下放投资审批事项的落实衔接和后续监管工作，做到放活不放任、管好不管死，进一步激发市场活力。在核准方面，按照国家"能放尽放""五个一律"要求，河南省政府两次修订《政府核准的投资项目目录（河南省2015年本）》，共取消和下放核准事项29项，取消了银行贷款承诺等18项核准前置审批。在备案方面，2014年河南省把备案权全部下放到县级投资主管部门，实行属地备案，取消了省辖市、城市新区等的复核权，只要符合国家产业政策，一律在线予以备案，不设置任何前置条件。在审批方面，对已纳入全省或行业发展规划、河南省审批的政府投资重大项目，合并审批项目建议书和可研报告，建立部门协调联动机制，通过完善信息沟通、规划统筹、联审会商、协调服务、跟踪问效等制度，优化服务，合力推进，提高审批效率。

在国家和省一系列稳健政策措施支持下，河南省投资运行中出现的亮点和增长点主要体现在以下方面。一是基础设施投资持续发力，增速进一步加快。2015年，全省基础设施投资增长35.1%，增速高于全省投资18.6个百分点，分别比1~11月和前三季度提高1.6个和4.1个百分点，增速连续7个月加快。基础设施投资占固定资产投资的比重为15.0%，比1~11月和前三季度分别提高1.6个和4.1个百分点。对全省投资贡献率达到27.5%，拉动全省投资增长4.5个百分点。其中，电力、交通、电信、水利、城市基础设施等行业投资分别增长82.4%、30.7%、183.0%、85.5%和23.9%。二是工业投资结构继续优化。2015年，电子信息、装备制造、汽车等高成长性制造业投资占全部工业投资比重为54.7%，同比提高0.5个百分点；化工、冶金、建材等传统支柱产业投资占全部投资比重的35.4%，比1~11月和前三季度均降低0.2个百分点；煤炭开采、金属冶炼等高载能行业占全部投资比重的25.4%，比1~11月降低0.2个百分点。三是房地产开发投资增速稳步回升。随着楼市政策效应逐渐释放，商品房销售趋于稳定增长。2015年，全省商品房销售面积同比增长8.6%，增速比前三季度和1~11月分别加快1.2个和1.3个百分点。全省商品房销售额同比增长14.7%，增速比前三季度和1~11月份分别加快2.2个和0.9个百分点。商品房销售的持续回升，房地产开发企业的投资信心有所恢复。1~11月，房地产开发投资增长10.1%，比前三季度加快0.9个百分点，已连续6个月保持稳步回升态势。

四 投资运行存在的困难和问题

1. 新开工项目不足

在投资快速增长时期，如2009~2013年，河南新开工项目计划总投资分别比上年增长62.2%、27.3%、25.7%、26.8%和16.4%，而到了2014年增速回落到3.3%，特别是2015年初以来，新开工项目计划总投资增速急转直下，始终是负增长，表明新开工项目不足的问题十分突出，工业新开工项目不足的问题更为严重。2015年，新开工项目计划总投资（不含房地产开发），同比下降0.2%，其中亿元以上新开工项目同比下降5.4%。工业新开工项目计划总投资同比下降8.2%，降幅远远大于全部新开工项目计划的总投资，工业新开工项目不足的问题对未来工业投资增长的制约作用将会持续显现。

2. 要素资源制约明显

在土地方面，各地普遍反映土地报批周期长，对项目开工建设形成制约。在占补平衡方面，由于河南省后备优质耕地有限，很难通过改善配套措施、改善土壤质量的方式提升耕地等级，实现国家"占优补优"的要求。在资金方面，多数企业反映融资渠道不畅，银行贷款门槛高、附加条件多、贷款审批时间长，中介担保增加融资成本，融资难、融资贵问题仍较突出。

3. 部分项目前期工作推进难度大

部分项目前置手续繁杂、涉及面广、协调难度大、办理耗时长，影响项目如期开工建设。比如铁路、重大水利工程等项目涉及面广，报批前置要件多，论证复杂，审批时间长。

4. 中央预算内投资项目进度不够理想

自2015年初以来，国家已累计下达河南省中央投资计划79批，安排中央预算内资金238.8亿元。但从市县反映的情况看，凡是有中央资金参与的项目，普遍存在开工晚、进度慢的问题。其主要原因一是国家出台的政策与项目计划下达时间已经到了下半年，等到省市县把资金落实到项目单位，时间到了第四季度，三四季度开工的新项目其投资总量占比不会太高。二是项目推进机制不完善，存在前置程序多、审批时间长、工作进度慢等问题，再加上中央资金采取严格审计程序，项目单位使用中央资金的积极性不高，造成项目推进不

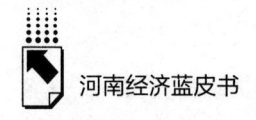

力。三是有的市县重视程度、工作力度不够，一些地方部门之间协调联动机制不畅，勇于担当、主动作为精神不强，个别地方甚至存在推诿扯皮的现象。四是有的部门对主管领域项目抓得不实，督导不够。

5. PPP模式推进有待规范

一是制度法规有待完善。国家在PPP推进方面虽然出台了一系列指导意见、操作指南等，但由于PPP模式仍处于探索实施阶段，在中介评估、社会信用体系建设等方面还需要加大规范和完善力度。二是创新手段运用不足。目前的PPP项目，在城市供水、供热、污水垃圾处理等方面的项目较多，而城市道路、河道治理和教育、卫生、文化等公益性项目较少，在操作方式和投资回报组合模式上缺乏创新。三是项目落实率不高。从已推介的项目看，铁路、高速公路、轨道交通等投资规模较大、回收期较长的项目，以及城市道路、河道治理、重大水利工程等公益性项目，由于社会资本实力不足、项目收益保障机制不健全等多种原因，难以落实社会投资主体。

五　进一步扩大有效投资的建议

2016年是"十三五"时期开局之年，这一年乃至"十三五"时期我国发展仍处于大有作为的重要战略机遇期，同时也面临诸多矛盾叠加、风险隐患增多的严峻挑战。要切实树立符合科学发展观的投资理念，摒弃只重投资规模、不重投资质量，简单、重复、低效、粗放外延扩张性的投资理念，摒弃比拼成本、价格、能源、土地、政策优惠和以牺牲环境为代价的投资行为，摒弃不愿立足主业做强做优做久、只求快速回报的投机型投资行为；弘扬既重视厂房设备、基础设施等"硬投入"，又重视优化环境和改善民生等"软投入"的投资理念。

1. 提高要素保障水平，继续优化投资环境

一是破解土地制约瓶颈。对重大招商引资项目单列用地指标，注重区域内挖潜，盘活存量建设用地，充分依靠土地整理、增减挂钩、人地挂钩等政策加大建设用地供给，加强区域内项目调剂。二是拓宽融资渠道。加强项目与金融部门之间的协调沟通，深化银企合作，健全投资担保体系，加大金融体系对项目建设的资金支持。三是提升人力资本。不断优化全省职业教育院校布局，强

化职业教育和产业集聚区、企业合作机制,创新校企合作模式,进一步完善人才引进政策。四是加强诚信建设。要依法合规对项目建设的各项承诺进行落实,维护项目合约和有关政策的连续性,切实维护各类投资主体的合法权益。

2.强化项目储备,保持投资稳步增长

在未来几年,河南要积极完善和落实推进项目前期工作的配合联动机制,抓紧列出一批关系河南中长期发展的重大项目清单,做好国家宏观政策调整刺激经济增长的项目储备。另外,要充分利用目前全球经济进入调整期、我国启动内需的机遇,进一步做好产业转移工作,为全省经济稳定较快增长提供重要的投资支撑点。与此同时,要完善项目库,推进项目库分层次滚动管理,提高项目的签约率和开工率,建立投产一批、续建一批、新开工一批、储备一批的项目接续机制,从而避免全省投资的大起大落。

3.加大投资结构调整力度,促进经济转型升级

依据当前河南经济发展的现状和特点,要确定投资重点,合理调整投资结构,要巩固提高第一产业、优化升级第二产业、加快发展第三产业。对于第一产业,要进一步加强对"三农"的投资,抓好农业产业化重点项目建设,确保第一产业投资比重适度提高。对于第二产业,要在现有优势产业的基础上继续实施重点投入、重点培养,对于国家明令禁止、淘汰的行业坚决予以取缔;同时,要适当压缩资源类投资规模,限制低水平加工工业投资,大力加强高附加值精深加工工业投资、高新技术产业投资和战略性新兴产业投资;对于第三产业,要尽快培育河南第三产业新的投资增长点,逐渐把投资重点从目前的基础设施类投资,向金融、保险、证券,现代物流,科技教育卫生,文化服务等新兴服务业转移,从而促进河南服务业的跨越式发展。

B.32
郑州航空港经济综合实验区产业发展研究

冯文元　赵 杨　刘秋香　方伟平　刘晓源[*]

摘　要： 郑州航空港经济综合实验区作为我国首个以航空港经济为主题的先行先试区，自2013年3月7日国务院批复以来，经济社会发展态势迅猛，同时也面临着缺乏核心技术和自主创新能力、临空经济因素不明显等不利因素，这些在某种程度上阻碍了航空港区的快速发展。本文运用定量与定性分析相结合的方法，对郑州航空港经济综合实验区产业发展驱动因子进行研究，并提出发展建议。

关键词： 郑州航空港区　产业发展　驱动因子

2013年3月7日，国务院正式批复了《郑州航空港经济综合实验区发展规划（2013~2025年）》，郑州航空港经济综合实验区（以下简称实验区）正式成为河南继粮食生产核心区、中原经济区之后又一上升为国家战略的大规划。《河南省全面建成小康社会加快现代化建设战略纲要》明确指出，要把郑州航空港经济综合实验区基本建成国际航空物流中心和全球智能终端生产基地，成为"一带一路"互联互通的重要枢纽和内陆地区融入"一带一路"战略的核心支点，用大枢纽带动大物流、用大物流带动产业群、用产业群带动城

---

[*] 冯文元，高级统计师，河南省统计局副局长；赵杨，高级统计师，河南省统计局统计监测评价考核处处长；刘秋香，河南省统计局统计监测评价考核处副处长；方伟平，河南省统计局统计监测评价考核处调研员；刘晓源，河南省统计局统计监测评价考核处。

市群、用城市群带动中原崛起、河南振兴、富民强省。

在这一战略背景下，本课题立足通过对"空港＋基地"这一区域产业发展的研究，阐述郑州航空港经济综合实验区产业发展的现状和特点，科学建立模型体系，分析产业发展存在的问题，提出政策建议，以期为省委省政府加快推进航空港经济综合实验区发展提供决策参考。

一 实验区总体规划及空间优势

在郑州航空港经济综合实验区的总体规划中，围绕机场发展与规划布局、综合交通与多式联运、港城一体与空间布局等核心问题，将实验区规划为"一核领三区、两廊系三心、两轴连三环"的规划结构。从空间架构看（见图1），

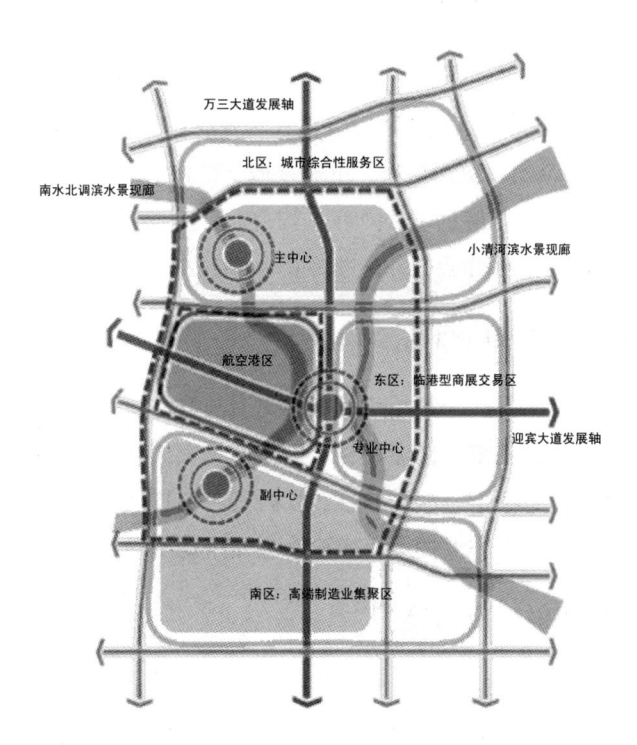

图1 郑州航空港经济综合实验区发展规划空间结构

资料来源：同济大学规划院，《郑州航空港经济综合实验区总体规划》。

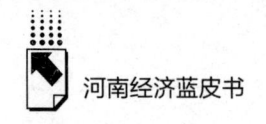

实验区建构了"航空+高铁+城际铁+地铁+轻轨+公路"的多式联运模式，进而可以实现交通体系内的运输效率最优化和整体价值最大化。

图1显示，在实验区北部、南部及规划产业板块，并围绕机场规划出"X"形生态布局框架体系，"X"两头空当一头是机场，一头是专业中心；"X"的外边就是北部主中心、南部副中心。同时，充分利用古枣林、生态林带、南水北调干渠、小清河、古城遗址等生态、文化景观要素，构造出典型的"X"形绿色生态景观结构。围绕实验区的空间结构，实验区的区位优势如虎添翼、更加彰显，同时借助未来更多的航线支持，高端产业同航空港区的布局更加合理。

二 实验区产业发展多项效应凸显

（一）先行实验效应凸显

以郑州航空港建设带动区域经济发展方式转变的新型探索，有助于带动科技创新、制度创新，带动实现更深层次、更宽领域、更高水平的发展。尤为重要的是，这一战略下的先行实验有助于全国第一个以航空港为实验区的国家战略规划为河南省明确发展目标、提出重点任务，进而带动全省战略举措的形成和迅速推进。

（二）示范带动效应凸显

航空港经济综合实验区国家战略规划的出台与推进，使河南肩负着为全国同类地区发展提供示范的重大使命。在全面实施国家战略规划的过程中，河南着力在土地流转、航空经济、海关监管、投融资、科技创新等方面做好示范引领、以点带面，通过培育并发挥示范效应来有效带动全局发展。

（三）聚合辐射效应凸显

航空港经济综合实验区国家战略规划的出台与推进，能够形成强有力的聚合效应，有助于人流、物流、金融流、信息流等高端生产要素的集聚，成为国际化物流、分销、供给与消费的热土，成为先进制造业、高成长服务业与高端人才、尖端科技集群发展的高地。日益凸显的聚合效应，已经成为河南加快产业结构升级和发展方式转变的新动力、新优势之所在。

三 实验区产业发展现状分析

（一）主要经济指标保持高速增长，发展取得明显成效

2015年，航空港实验区积极抓国家"一带一路"战略机遇，确定了"三年打基础、五年成规模、十年立新城"的总体目标，制定了"新三年行动计划"，确立了"万千百"工程，甄选了"八大产业集群"、谋划了"四大片区组团"，拟定了"八大专案"，并将2015年确定为"项目建设年"，经济发展呈现良好态势。2015年，全区生产总值达到520.75亿元，同比增长22.5%；固定资产投资完成521.75亿元，同比增长30.2%；规模以上工业增加值同比增长26.0%；规模以上工业主营业务收入预计达到2600亿元，同比增长25.0%；社会消费品零售总额达到83.01亿元，同比增长14.7%；全口径财政收入完成358.9亿元，同比增长84.5%；其中公共预算财政收入完成29.5亿元，同比增长39.4%；外贸进出口总额完成483.31亿美元，同比增长27.5%。

（二）工业生产快速发展，富士康带动作用显著

自郑州航空港经济综合实验区开始建设以来，地区生产总值由2010年（首次单独统计发布）的27.6亿元上升为2015年的520.75亿元，第一、二、三产业增加值占地区生产总值比重分别为2.3%、84.4%、13.3%。2015年规模以上工业增加值同比增长26.0%，高于全省17.4个百分点。其中，富士康完成增加值412.1亿元，同比增长25.5%，占规模以上工业增加值95.9%，主导着工业经济走向。

（三）顺应"供给侧结构性改革"要求，第三产业投资比例明显加大

从产业投资规模来看，2015年实验区固定资产投资已突破500亿元关口，完成521.75亿元，同比增长30.2%，占全省投资的比重为1.5%。从主要行业投资情况看，房地产业为109.86亿元，同比降低34.1%；交通运输、仓储和邮政业投资为155.31亿元，同比增长48.5%；工业投资为117.08亿元，同比增长46.3%；水利、环境和公共管理业为93.09亿元，同比增长

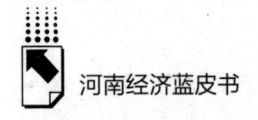

97.6%。

第三产业对政府保持经济增长和稳定就业的重要性不言而喻，第三产业每增长1个百分点可创造约100万个就业岗位，比工业多50万个左右。在实验区投资总额中，第二产业和第三产业投资比例预计为1∶3.5，表明当前以房地产业、交通运输、仓储和邮政业，批发和零售业，水利、环境和公共设施管理业为主的第三产业投资已占据实验区固定资产投资的较大比重，契合当前"供给侧结构性改革"加大第三产业发展要求，将有利于逐步改变目前实验区工业比重尤其大的格局。

（四）航空物流发展迅猛，大枢纽框架基本形成

近年来，随着区域经济的快速发展和机场基础设施的不断完善，郑州航空港航空物流呈现强劲的发展态势。2015年，在郑州机场运营的客运航空公司已达32家，开通客运航线137条，其中国际地区客运航线22条；在郑州机场运营的货运航空公司已达18家，开通货运航线34条，其中国际地区货运航线28条，居中西部地区第一位；客货运通航城市已达86个，基本形成覆盖全国及东南亚主要城市、连接欧美货运枢纽的航线网络，同时依托航线网络优势，开展国际国内货物"空空中转""空陆联运"等业务。2015年完成民航旅客吞吐量1729.7万人次，同比增长9.4%；完成货邮吞吐量40.3万吨，同比增长8.9%。随着郑州机场的强劲发展，特别是货运量的增长，入驻郑州机场的知名物流和货运代理企业如UPS、FedEx、空桥、丹马士、东航物流公司、国货航、海程邦达、捷运国际等达到40多家。

四 实验区产业发展中存在的突出问题

（一）产业发展效率不高，资源要素配置亟待优化

运用数据包络分析（DEA）对郑州航空港经济综合实验区的72个行业的发展效率进行评价（见表1），其中crste是综合发展效率、vrste是纯技术效率、scale是规模技术效率，drs表示规模效率递减，irs表示规模效率递增，综合发展效率=纯技术效率×规模技术效率。

表1　郑州航空港经济综合实验区产业发展效率评价

产业部门	综合发展效率	纯技术效率	规模技术效率	结果
煤炭开采和洗选业	0.247	0.435	0.567	drs
石油和天然气开采业	0.149	0.224	0.662	drs
黑色金属矿采选业	0.422	0.776	0.544	drs
有色金属矿采选业	0.323	0.446	0.725	drs
非金属矿采选业	0.386	0.527	0.732	drs
农副食品加工业	0.406	0.807	0.502	drs
食品制造业	0.294	0.532	0.554	drs
酒、饮料和精制茶制造业	0.298	0.692	0.431	drs
纺织业	0.386	0.659	0.587	drs
纺织服装、服饰业	0.275	0.762	0.360	drs
皮革、毛皮、羽毛及其制品和制鞋业	0.254	0.528	0.480	drs
木材加工和木、竹、藤、棕、草制品	0.347	0.715	0.484	drs
家具制造业	0.320	0.588	0.544	drs
造纸和纸制品业	0.281	0.566	0.497	drs
印刷和记录媒介复制业	0.233	0.419	0.555	drs
文教、工美、体育和娱乐用品制造业	0.271	0.483	0.562	drs
石油加工、炼焦和核燃料加工业	0.309	0.399	0.775	drs
化学原料和化学制品制造业	0.442	0.737	0.599	drs
医药制造业	0.361	0.704	0.513	drs
化学纤维制造业	0.172	0.302	0.569	drs
橡胶和塑料制品业	0.300	0.541	0.555	drs
非金属矿物制品业	0.297	0.660	0.451	drs
黑色金属冶炼和压延加工业	0.424	0.730	0.580	drs
有色金属冶炼和压延加工业	0.300	0.414	0.726	drs
金属制品业	0.314	0.573	0.549	drs
通用设备制造业	0.318	0.546	0.583	drs
专用设备制造业	0.417	0.783	0.533	drs
汽车制造业	0.294	0.540	0.545	drs
铁路、船舶、航空航天和其他运输设备制造业	0.266	0.527	0.504	drs
电气机械和器材制造业	0.334	0.569	0.587	drs
计算机、通信和其他电子设备制造业	0.290	1.000	0.290	drs
仪器仪表制造业	0.136	0.180	0.755	drs
其他制造业	0.339	0.390	0.867	drs
废弃资源综合利用业	1.000	1.000	1.000	—
金属制品、机械和设备修理业	1.000	1.000	1.000	—
电力、热力生产和供应业	0.213	0.294	0.725	drs
燃气生产和供应业	0.089	0.105	0.851	drs
水的生产和供应业	0.055	0.074	0.744	drs

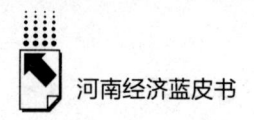

续表

产业部门	综合发展效率	纯技术效率	规模技术效率	结果
房屋建筑业	0.167	0.727	0.229	drs
土木工程建筑业	0.189	0.549	0.344	drs
建筑安装业	0.155	0.522	0.297	drs
建筑装饰和其他建筑业	0.115	0.370	0.310	drs
批发业	0.831	1.000	0.831	drs
零售业	0.442	0.888	0.498	drs
道路运输业	0.114	0.196	0.579	drs
水上运输业	0.091	0.092	0.986	irs
航空运输业	0.041	0.057	0.722	drs
装卸搬运和运输代理业	0.213	0.359	0.594	drs
仓储业	0.214	0.292	0.732	drs
邮政业	0.424	0.567	0.747	drs
住宿业	0.066	0.116	0.566	drs
餐饮业	0.098	0.254	0.387	drs
电信、广播电视和卫星传输服务	0.120	0.163	0.739	drs
互联网和相关服务业	0.122	0.134	0.917	drs
软件和信息技术服务业	0.240	0.281	0.855	drs
房地产业	0.190	0.590	0.321	drs
租赁业	0.191	0.201	0.949	drs
商务服务业	0.101	0.140	0.725	drs
研究和试验发展	0.040	0.050	0.798	drs
专业技术服务业	0.613	0.844	0.727	drs
水利管理业	0.639	0.642	0.996	drs
公共设施管理业	0.048	0.057	0.836	drs
居民服务业	0.161	0.174	0.926	drs
机动车、电子产品和日用产品修理业	0.269	0.369	0.728	irs
其他服务业	0.247	1.000	0.247	irs
教育	0.067	0.125	0.539	drs
卫生	0.158	0.328	0.482	drs
新闻和出版业	0.187	0.195	0.961	drs
广播、电视、电影和影视录音制作业	0.181	0.196	0.925	drs
文化艺术业	0.037	0.049	0.752	drs
体育	0.386	1.000	0.386	irs
娱乐业	0.036	0.108	0.331	drs
平均值	0.274	0.470	0.626	

资料来源：根据河南省第三次经济普查数据计算所得。

根据评价模型，效率值越接近1，要素配置效率相对来说就越高，当评价值为1时，表明DEA最优。从72个行业的平均值来看，综合发展效率值为0.274，纯技术效率值为0.470，规模技术效率值为0.626。除了规模技术效率值略占优势超过0.6外，综合发展效率值与纯技术效率值均偏低。

综合来看，航空港经济综合实验区发展效率不高，相关产业基础较为薄弱，资源要素配置效率不够优化，尤其在第三产业方面，如金融业、物流业、电子信息行业基本上还是处于发展阶段，还不能适应航空大都市的城市竞争要求。作为实验区支柱产业——工业发展虽然较为突出，但主要还是以加工业为主，富士康等企业甚至呈现"一家独大"的趋势，实业区工业自身的技术含量不高，所以在工业方面的综合发展效率也偏低。

（二）主导产业集群效应不明显，产业间协同发展不足

1. 三大主导产业发展情况

国务院批复的《郑州航空港经济综合实验区发展规划（2013~2025年）》明确了航空港经济综合实验区的主导产业是航空运输业、高端制造业和现代服务业。

（1）航空运输业。郑州新郑国际机场，1997年建成通航，是国内干线运输机场和国家一类航空口岸，2008年被国家民航局确定为全国八大区域性枢纽，远景规划建设5条跑道，预计到2025年实现旅客吞吐量4000万人次，货运吞吐量300万吨；远期到2045年预计实现旅客吞吐量7200万人次，货运吞吐量520万吨。2013~2015年，客运量分别为1314.0万人次、1580.5万人次和1729.7万人次，年度增幅分别为12.6%、20.3%和9.4%；客运量增速一直居于全国主要机场前列，总量在全国主要机场排名从第18位上升到第17位。2013~2015年，货运量分别为25.6万吨、37.0万吨和40.3万吨，年度增幅分别为69.1%、44.9%和8.9%；货运量增速连续三年稳居全国机场第一位，总量在全国主要机场排名从第15位攀升到第8位。

（2）高端制造业。2013年5月16日，酷派集团等14家核心供应商集中签约落户实验区，创维、中兴、天宇等整机生产企业也纷纷进驻实验区。智能终端手机产业园目前已有75家手机整机及配套企业入驻，天语、创维、华世基、中兴等其他非苹果手机生产企业相继实现投产，全球重要智能终端生产基

地初步形成，2014年富士康生产苹果手机产量约1.19亿部，其他企业生产非苹果手机产量达到3000万部，2018年全部达产后预计智能手机产量将达到5亿部，届时郑州将成为全球重要的智能终端手机生产基地，实验区实现了从一个"苹果"到一片"果园"的华丽转身，2014年成功晋级五星级产业集聚区。2013年穆尼飞机零部件制造项目成功落户实验区，微软、友嘉精密机械、正威科技城等多家投资超10亿美元的大型项目正在加快推进。在生物医药方面，区内现有生物医药企业11家，其中规模以上企业9家。作为国家级生物医药产业基地先导区的郑州台湾科技园项目已建成33栋楼，总建筑面积20万平方米，签约企业67家，其中院士项目2个，国家千人计划专家项目4个。

（3）现代服务业。2012年11月启动内陆地区首个"国家移动通信设备检测重点实验室"建设；2012年12月实验区已获批成为国家"自产内销货物返区维修业务"试点；2013年12月获批筹建肉类进口口岸；2014年3月3日，在综保区举行了首届中法葡萄酒文化节，包括滴金、白马、龙船三大名庄在内的100多家法国酒庄参加了展示、拍卖、交易；2014年6月26日，郑州航空港国际大宗商品供应链产业园开园；2014年12月，河南电子口岸服务中心项目投入使用，实现各口岸监管单位、货代企业与异地申报的"一个门户入网、一次认证登录、一站式服务"；2014年10月22日，郑州欧洲制造之窗首届展销会开幕；2017年世界园艺博览会已确定在实验区南部举办。这些项目有力地推动了郑州航空港经济综合实验区产业升级和结构调整，建成区域贸易中心、金融中心和结算中心，形成贸易、金融、信息、文化高度集聚的大宗商品供应链生态圈。

2. 主导产业集群效应分析

根据第三次经济普查的产业数据，对实验区三大主导产业具体行业进行归属划分（见表2）。

表2 2013年实验区第三次经济普查主导产业相关数据

单位：人，万元，家

产业	行业	从业人员	营业收入	资产总计	企业数
航空物流业	航空运输业	5090	145393	1397144	1
	仓储业	1321	194480	407147	28
	邮政业	838	113519	67525	9

续表

产业	行业	从业人员	营业收入	资产总计	企业数
高端制造业	铁路、船舶、航空航天和其他运输设备制造业	2571	151153	102188	7
	计算机、通信和其他电子设备制造业	275022	20434334	14887950	11
	医药制造业	4580	388073	207449	16
	仪器仪表制造业	2278	127101	269159	11
	其他制造业	355	30456	18844	3
现代服务业	互联网和相关服务	187	10126	24570	6
	软件和信息技术服务	491	71025	96955	36
	货币金融服务	0	8920	149879	1

从就业、产值、关联拉动效应、效率等方面分析实验区产业集群效应，以规划的三大主导产业为出发点，结合第三次经济普查的具体行业数据可以看出，就业人数最多的是高端制造业，其次是航空物流业，就业人数最少的是现代服务业。其中，计算机、通信和其他电子设备制造业就业人员达到27.5万人，其次是航空运输业5090人，医药制造业4580人，现代服务业人数最少，仅有几百人。从营业收入来看也是计算机、通信和其他电子设备制造业遥遥领先，2013年营业收入达到2043亿元，其中主要是以富士康为骨干的手机通信终端贡献最大；医药制造业营业收入达到38.8亿元，居第2位，但和第1位的行业相比差距巨大；仓储业营业收入位居第3，为19.4亿元；航空运输业营业收入以14.5亿元位居第5。从DEA模型中产业发展效率来看，主导产业中得分最高的是邮政业0.42，其次是医药制造业0.36，第3位是其他制造业0.34，第4位是计算机、通信和其他电子设备制造业0.29，其他行业均低于航空港区产业发展效率的平均值0.27。

由于航空港经济综合实验区尚处于起步阶段，规划中的三大主导产业仅有以手机通信终端制造业为主体的计算机、通信和其他电子设备制造业形成一定的规模，居于第2位的医药制造业规模尚小，仅有38.8亿元的营业收入，还没有一家大型医药企业的产值高，而其他的物流业、现代服务业更加薄弱，亟待进一步培育壮大。实验区产业之间、行业之间关联性不够强，尚未形成完善合理的产业集群和产业链。许多大型跨国企业如苹果公司只在航空港内组装，偏重制造，属于典型的劳动密集型企业，而在临空经济区内没

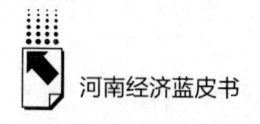

有其原材料、零部件的配套企业，导致这些大型龙头企业对区内其他企业的带动作用不明显。

（三）实验区传统产业居多，临空经济基础薄弱

利用灰色关联分析，对航空港产业发展的驱动因子关联度指标 r_i 运用公式 $r_i = \dfrac{\sum_{k=1}^{n} \xi_i(k)}{n}$ 进行求值分析，其中 $\xi_i(k)$ 为灰色关联系数，且为特征序列中的样本个数，本研究中 $n = 3$。

通过 GRA 分析，测算航空港区产业发展水平与各因子间的关联度（见图2）。图2中比较数列依次为 X_1 为城镇化率（%）、X_2 为专利数量（件）、X_3 为技术研究中心（家）、X_4 为航空运输起降架次（万架次）、X_5 为民航货邮吞吐量（万吨）、X_6 为民航旅客吞吐量（万人次）、X_7 为外贸进出口总值（亿美元）、X_8 为境内资金（亿元）、X_9 为利用外资（亿美元）、X_{10} 为社会消费品零售总额（亿元）、X_{11} 为房地产开发投资（亿元）、X_{12} 为社会固定资产投资（亿元）。

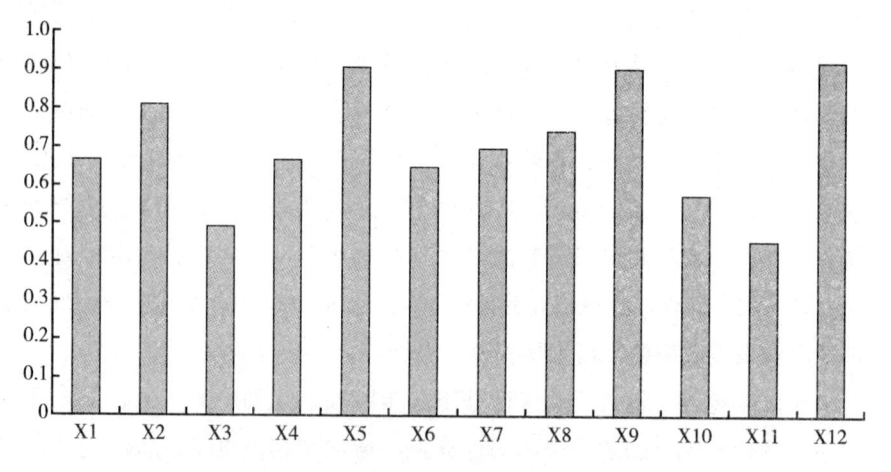

图2 航空港产业发展水平与各因子之间的关联度

资料来源：根据河南省第三次经济普查和航空港区经济社会发展统计公报计算得出。

1. 单项因子关联度分析

本研究借鉴相关学者的研究分析，将关联度由弱到强分为四个等级：当

$0 < r_i \leq 0.35$ 时关联度低，当 $0.35 < r_i \leq 0.65$ 时关联度中，当 $0.65 < r_i \leq 0.85$ 时关联度较高，当 $0.85 < r_i \leq 1$ 时关联度极高。因此，在选取的12个因子中，与航空港区产业发展水平关联度极高的因子有社会固定资产投资、民航货邮吞吐量和利用外资3个，关联度较高的因子包括专利数量、境内投资、外贸进出口总值、城镇化率和航空运输起降架次5个，剩下的民航旅客吞吐量、社会消费品零售总额、技术研究中心和房地产开发投资等因子则属于关联度居中的因子。由此可见，航空港区产业发展的驱动因子的临空经济产业特征还不是很明显，这种现象的存在，在一定程度上妨碍了航空港区产业发展。

2. 分类因子关联度分析

为了进一步深入分析航空港区产业发展的驱动因子构成及特征，本研究将驱动因子归类为传统经济因子（包括社会固定资产投资、房地产开发投资、社会消费品零售总额、利用外资、境内投资、外贸进出口总值和城镇化率）、创新经济因子（包括专利数量和技术研究中心）和临空经济因子（包括航空运输起降架次、民航货邮吞吐量和民航旅客吞吐量）。通过测算，结果显示三类经济因子与航空港区产业发展的关联度从高到低依次为传统经济因子（0.752）、临空经济因子（0.594）、创新经济因子（0.454）（见图3）。

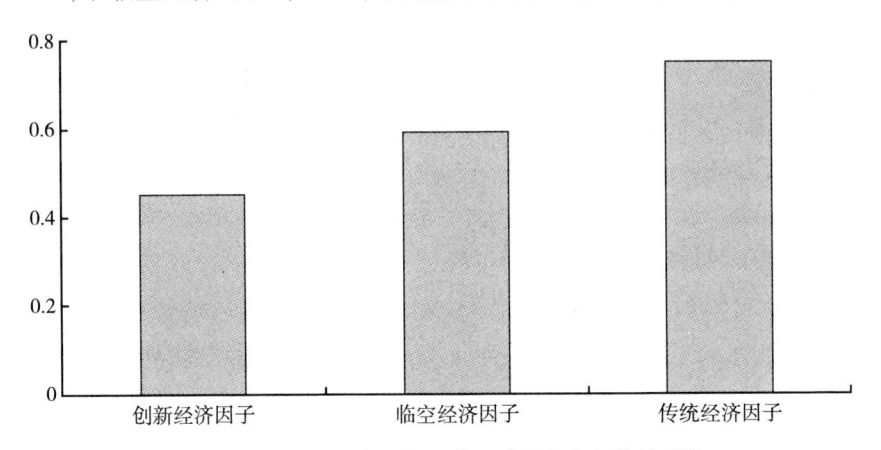

图3 航空港产业发展与三类驱动因子之间的关联度

资料来源：根据河南省第三次经济普查和航空港区经济社会发展统计公报计算所得。

目前，航空港区产业的发展在很大程度上还是依靠传统经济因子的拉动作用，说明郑州航空港区的传统产业居多，缺乏航空物流导向性的产业，虽有富

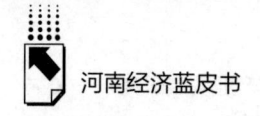

士康智能手机生产商的入驻，但是仍缺乏具有高技术含量、高附加值和高时效性的先进制造业，在一定程度上限制了航空港航空物流的货源基础，也影响了航空港产业竞争力的提升。

五 围绕实验区发展目标，加快产业发展政策研究

航空港区的产业发展必然要经过从无到有、从萌芽到成熟的过程。根据本研究的初步判断，郑州航空港经济综合实验区已经走过临空经济发展的初期起步阶段，正在向临空经济发展的快速成长阶段迈进。按照临空经济成功发展必须具备的基本要素和条件，笔者提出如下措施和建议。

（一）制定科学合理的航空港区产业发展总体规划，引导产业转型

航空港区要根据自身经济发展水平和能力来制定产业发展总体规划。规划应遵循区域经济和产业经济的发展规律，做大做强临空产业，不断优化产业布局，吸引电子、机械、光电、新材料等领域世界行业排名靠前的供货商建立郑州航空港经济综合实验区临空经济发展研究生产基地和集散分拨中心，逐步形成全国重要的3C产品、光电产品、药品、新材料等生产、集散分拨、展示交易中心；按照供应链理论，进一步推进产业链式发展，建立产业集聚和区域物流中心，参与国际电子信息等产业供应链管理，为亚太乃至全球提供产品和服务，形成全球的供应链中心。

（二）围绕"以人为本"优化生产要素配置，提升产业发展效率

在所有生产要素中，只有人这一要素具有主观能动性，在配置过程中居于主导、支配的地位。因此在航空港产业发展过程中要启动专项技术人才培养计划，提高劳动力素质，从而全面提高经济效率和效益，推动产业升级。同时根据DEA模型分析数据显示，当前绝大部分产业部门处于规模效率递减阶段，说明大部分产业规模偏大，需要进一步控制规模提高效率，因此要优化产业发展结构，以富士康等企业落户河南为契机，培养高新产业，调整结构、自主创新，重点扶持高成长性的朝阳产业，既要大力引进高新技术产业，又要坚持打造自己的品牌，提高产业质量与核心竞争力，带动航空港竞争力提高。

（三）制定和完善优势航空产业集群的产业政策，促进产业创新平台建设

统一规划工业园区产业布局和发展重点，促进航空相关产业集群的形成。按照主体功能区的定位，实行差别化的土地利用政策。采取链式招商，强力推进"大招商"重点项目签约落地，借助龙头企业的声誉促进园区聚集机制形成；以税收优惠和产业指导政策为导向，重点发展科技含量高和劳动生产率高的现代服务业。依靠技术进步促进以现代国际航空物流为代表的现代服务业的发展，使之成为促进港区经济增长和结构优化的主要推动力，以技术创新与管理创新为核心，使现代服务业尤其是生产性服务业和现代制造业相结合，使港区新兴产业生产率得到迅速提高。

（四）建设航空偏好型高端产业集聚区，大力发展临空经济

实现先进制造业、高成长服务业"双轮驱动"，大力发展航空物流业，包括特色产业物流、航空快递物流、国际中转物流和航空物流服务等。全面发展高端制造业，发展航空器材制造与维修，集聚航空偏好型产业，力争尽快形成产业集群；建设超级计算中心和超级计算应用基地，为信息化研发与应用升级奠定基础；建设智能产业研发与应用基地，抢占战略性新兴产业制高点；建设与完善智能手机生产与研发基地，形成全球规模最大的智能手机及零部件产业集群；利用现有优势产业基础，充分考虑引进中国科学院相关研发机构，建设生物医药生产与研发基地，全力助推港区临空经济快速成长。

（五）高起点规划建设现代航空都市，以绿色产业引领生态航空大都市

以航空港带动河南省全面融入"一带一路"建设，加快建设国际化航空物流中心，搞好郑州市跨境贸易电子商务服务试点。在加强实验区产业发展的同时，要兼顾环境保护，不能以牺牲资源、环境为代价谋求经济发展；要坚持集约、智能、绿色、低碳的发展理念，引进大批适合当地产业发展需要的低碳技术，全面应用低碳产品，构建全新的低碳都市，为节能减排探索

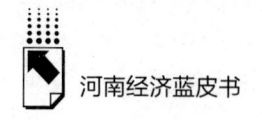

新路子，创新示范，创建具有国际示范意义的循环发展型绿色生态航空大都市。

参考文献

孙宏岭、张小蒙：《郑州航空港经济综合实验区促进中原经济区物流业发展研究》，《河南工业大学学报》（社会科学版）2013年第4期。

陈晓乐：《郑州航空港经济综合实验区发展高端制造业的对策研究》，《知识经济》2013年第18期。

丁远：《郑州航空港经济综合实验区建设与发展的探索与实践》，《决策探索》2014年第12期。

任秀苹：《郑州航空港经济综合实验区临空经济发展SWOT分析》，《现代经济信息》2014年第11期。

仝新顺、郑秀峰：《郑州航空港经济综合实验区临空经济发展研究》，《区域经济评论》2013年第1期。

黄硕：《郑州航空港区产业集群的研究》，《现代经济信息》2014年第16期。

董志尚：《郑州航空港区航空经济产业选择研究》，《中国市场》2014年第10期。

曹允春、席艳荣、李微微：《新经济地理学视角下的临空经济形成分析》，《经济问题探索》2009年第2期。

朱斐然：《航空港临近区域发展分析与借鉴——临空产业是临空经济的内核》，《中州大学学报》2012年第1期。

刘雪妮：《临空经济对区域经济的影响研究——以首都机场临空经济为例》，《经济经纬》2009年第3期。

王婷婷：《浅析空港经济区产业布局的空间模式》，《现代商业》2012年第35期。

张蕾、陈雯：《空港经济区产业结构演变特征——以长三角枢纽机场为例》，《地理科学进展》2012年第12期。

邵琼、范韬：《临空经济区产业发展水平分析——以武汉临空港（东西湖）经济技术开发区为例》，《经济研究导刊》2014年第24期。

李非、王晓勇、江峰：《临空经济形成机理与区域产业结构升级——以广州新白云国际机场为例》，《学术研究》2012年第1期。

傅毓维、李栋梁：《基于国际竞争力理论的临空经济研究》，《学习与探索》2010年第3期。

方明、袁堃：《临空经济区可持续发展能力评价实证研究》，《理论月刊》2010年第7期。

邓聚龙、谭学瑞：《灰色关联分析：多因素统计分析新方法》，《统计研究》1995年第3期。

罗党、刘思峰：《灰色关联决策方法研究》，《中国管理科学》2005年第1期。

葛华、高尚：《河南省第三产业灰色关联分析与持续发展》，《经济视角》（下）2013年第10期。

B.33 "十三五"期间河南城镇化发展目标的初步分析

孙斌育 刘晓峰 马召*

摘 要： 本文明确了常住人口城镇化率和户籍人口城镇化率的定义及区别，通过对河南城镇化发展情况和发展态势的分析，梳理了"十三五"期间影响河南城镇化发展的有利因素和不利因素、城镇化发展可能达到的速度，认真分析了实现河南省城镇化发展目标的可能性和阻碍城镇化发展的体制、制度因素，并就如何实现既定目标提出对策建议。

关键词： 河南城镇化 "十三五"

"十三五"时期是全面建成小康社会的决胜阶段，也是实现升级发展的关键时期。河南省委在《河南省全面建成小康社会加快现代化建设战略纲要》中指出，科学推进新型城镇化，是牵一发动全身、关乎全局的战略性任务，是新常态下稳增长、调结构的黄金结合点。要坚持以新型城镇化引领城乡统筹发展，以城带乡、以工促农，构建以中原城市群为主体形态，大中小城市、小城镇和新农村协调发展的现代城乡体系。刚刚召开的党的十八届五中全会明确提出，要加快提高户籍人口城镇化率，加快落实中央确定的使1亿名左右的农民工和其他城镇常住人口在城镇定居落户的目标。实现1亿人在城镇落户意义重大，从供给上看，在劳动年龄人口总量减少的情况下，可以稳定

---

* 孙斌育，高级统计师，河南省统计局人口和就业处处长；刘晓峰，河南省统计局人口和就业处副处长；马召，高级统计师，河南省统计局人口和就业处。

"十三五"期间河南城镇化发展目标的初步分析

劳动力供给和工资成本、培育现代产业工人队伍；从需求上看，对扩大消费需求、稳定房地产市场、扩大城镇基础设施和公共服务设施投资影响深远。因此，今后在不断提高常住人口城镇化率的同时，河南将更加注重户籍人口城镇化率的提高。

如何贯彻落实中央和省委提出的奋斗目标，在"十三五"期间，加快推进河南城镇化发展，是摆在全省人民面前的一个重大课题。河南省统计局根据掌握的统计数据，对全省城镇化发展的目标进行简要分析。

一 城镇化统计的有关制度规定

根据目前城镇化统计制度，城镇化率的统计指标有两个，一个是常住人口城镇化率，另一个是户籍人口城镇化率。具体统计含义及有关规定如下。

1.常住人口城镇化率的概念和含义

常住人口城镇化率是指居住在城镇地域上的常住人口占常住人口的比重。即

$$常住人口城镇化率 = （城镇常住人口 \div 常住人口） \times 100\%$$

其中，城镇地域包括城市建成区、县城、建制镇所在地，以及按照统计上划分城乡的标准与上述地区相连接的行政村。常住人口包括居住在本乡（镇、街道）且户口在本乡（镇、街道）或户口待定的人；居住在本乡（镇、街道）且离开户口登记地所在的乡（镇、街道）半年以上的人；户口在本乡（镇、街道）且外出不满半年或在境外工作的人。

目前，省级常住人口城镇化率由国家统计局根据人口普查和人口抽样调查计算并反馈。2014年，河南常住人口城镇化率为45.2%，比全国的54.8%低9.6个百分点。

2.户籍人口城镇化率的概念和含义

户籍人口城镇化率是指公安部门登记的非农户籍人口占户籍总人口的比重。即

$$户籍人口城镇化率 = （非农业人口 \div 户籍人口） \times 100\%$$

其中，户籍人口是指公民依照《中华人民共和国户口登记条例》已在其

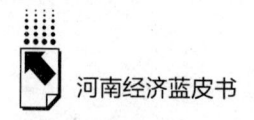

经常居住地的公安户籍管理机关登记了常住户口的人。这类人不管是否外出，也不管外出时间长短，只要在某地注册有常住户口，则为该地区的户籍人口。同时户籍人口按户口性质分为非农业人口和农业人口。

户籍人口城镇化率由公安部门负责计算。2014年，河南户籍人口城镇化率为22.4%，比全国的36.6%低14.2个百分点。

随着全国户籍管理体制改革的实施，今后居民户口将不再有农业、非农业之分，统一登记为居民户口。因此，以后上述户籍人口城镇化率定义将不复存在，据了解，国家可能会从2015年起重新定义户籍人口城镇化率。重新定义的户籍人口城镇化率①为：

户籍人口城镇化率 = （城镇地域的户籍人口 ÷ 户籍人口）× 100%

3. 常住人口城镇化率与户籍人口城镇化率的关系

根据两个城镇化率的定义可以看出，常住人口城镇化率与现有的户籍人口城镇化率在人口统计口径、城镇人口的算法方面都不一致。常住人口城镇化率强调的是常住地域和常住人口，户籍城镇化率与是否居住在城镇没有关系，与人是否常住、在哪居住也没关系，只与户口性质有关，只要是非农业户籍人口就算，因此两个数据的关联性不是很强。

重新定义的户籍人口城镇化率使用了与常住人口城镇化率同样的城镇地域，不同的是人口的统计口径不一样，一个使用户籍人口，一个使用常住人口。这样的两个概念就可以进行比较分析，在同一城镇地域上，户籍人口和常住人口的差异就可反映出城镇化发展的质量，反映出城镇常住居民中有多少是有户籍的，可以享受到城镇居民全面的社会保障，还有多少常住人口没有在城镇落户，虽然目前城镇的各种社会保障正在逐步向常住人口覆盖，但毕竟由于各方面的条件限制，难以在短期内全部落实到位。2014年，全国常住人口城镇化率和户籍人口城镇化率相差18.1个百分点，河南相差22.8个百分点。全国城镇常住居民中有2.5亿人没有城镇户口，占城镇常住人口的33%左右，河南城镇常住居民中有1774万人没有城镇户口（按非农业人口均为城镇常住人口计算），占城镇常住人口的41.6%。

---

① 公安部门正在部署按新定义进行统计的户籍城镇化率工作。

二 对河南"十三五"时期城镇化发展目标的分析

2014年7月,河南省人民政府印发了《河南省新型城镇化规划(2014~2020年)》,制定的目标是到2020年全省常住人口城镇化率达到56%左右,户籍人口城镇化率达到40%左右。2014年12月,河南省委第九届八次全会通过的《河南省全面建成小康社会加快现代化建设战略纲要》要求,到2020年,全省常住人口城镇化率要接近60%。因此,要实现河南全面建成小康规划目标要求,到2020年常住人口城镇化率要接近60%,户籍人口城镇化率达到40%左右。

根据上述目标,经初步测算,到2020年要实现常住人口城镇化率接近60%的目标,城镇常住人口应达到5808万人,比2014年的4265万人增加1543万人(包含城镇自增人口),平均每年需增加257万人,其中需由乡村向城镇转移230万人,年均城镇化率提高2.5个百分点。要实现户籍人口城镇化率40%左右的目标,按非农业人口占比的方法计算,非农业人口应达到4520万人,比2014年的2491万人增加2029万人,平均每年需增加338万人,年均户籍城镇化率提高3个百分点。

要实现"十三五"发展目标,难度有多大?差距在哪里?根据有关数据,分析如下。

1. 关于常住人口城镇化率的目标

按照河南城镇化发展趋势测算,从近几年全省城镇化率的增长速度和发展趋势来看,近10年特别是近5年以来,全省城镇化发展步伐明显加快,2010~2014年,平均每年提高1.6个百分点,比全国平均每年提高1.2个百分点高了0.4个百分点;与全国的差距在逐步缩小,从2005年相差12.34个百分点、2010年相差11.13个百分点缩小到2014年的9.57个百分点。

但问题是,全国到2020年常住人口城镇化率要达到60%左右,每年只需要提高1个百分点,而河南目前与全国还有9.57个百分点的差距,要在今后几年内全部消除这个差距,到2020年也达到60%左右,每年至少需提高2.5个百分点。近年来,河南城镇化率以平均每年1.6个百分点的速度增长,包括城镇人口自然增长、城镇地域范围扩大(如乡改镇、城镇边界延伸等)和农

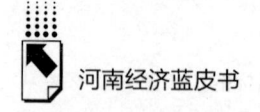

村向城镇转移人口等因素。单从近年农村转移人口看，根据年度人口抽样调查结果，每年新增转移人口仅有 50 万人左右，对城镇化率的拉动作用不足 0.6 个百分点。即使今后几年都高于全国平均水平，到 2020 年，河南的城镇化率只能达到 54% 左右。

综上分析，按照目前的城镇化进度，到 2020 年要实现接近 60% 的目标，任务相当艰巨。

2. 关于户籍人口城镇化率的目标

按照目前的户籍人口城镇化率定义，即非农业人口占户籍人口的比重测算，完成 40% 的目标难度也很大。

长期以来，河南非农业人口占比一直较低，发展速度较慢，2010~2014 年分别为 21.96%、22.08%、22.27%、22.60% 和 22.44%，其中 2014 年由于开展对重户、死亡未注销等情况进行清理整顿工作，非农人口占比较 2013 年还有所下降。因此，2010~2014 年，户籍人口城镇化率平均每年只提高 0.12 个百分点，非农户籍人口平均每年增加 13 万人，按此增长速度测算，到 2020 年户籍城镇化率预计在 23.2% 左右。若扣除 2014 年户口清理整顿等因素影响，2010~2013 年户籍人口城镇化率年均提高 0.21 个百分点，到 2020 年预计在 24.1% 左右。

随着户籍管理体制改革的落实，我国将全面放开小城市和建制镇落户限制，有序放开中等城市落户限制，各地也在积极根据综合承载能力和发展潜力，促进农业转移人口进城落户；同时新型城镇化发展规划提出力争实现每年转户 100 万人左右，有序推进市民化进程。随着河南省新型城镇化发展规划的落实、户籍管理体制改革的逐步到位以及全面二孩政策的实施，户籍城镇化率增长速度会有所加快。特别是全面二孩政策的实施，对县城及以下地区影响不明显，因为在政策放开前，想生的基本已经生了，真正受到影响的是城市，这将助推非农业人口比重的上升。但由于受生育意愿的影响，新生儿并不会出现井喷式增长，同时考虑到农村转移人口的落户意愿，今后几年户籍城镇化率每年可以提高 1 个~1.2 个百分点，"十三五"期间按照年均提高 1.1 个百分点计算，到 2020 年可达到 29% 左右，与 40% 的目标还有较大差距。

如前所述，随着户籍制度改革，取消农业人口与非农业人口的区别，此种户籍人口城镇化率的定义和数据可能将不复存在。因此笔者也按照重新定义的户籍人口城镇化率进行了测算，到 2020 年户籍人口城镇化率可以达到 43% 左右。

重新定义的户籍人口城镇化率是指按城镇地域上户籍人口计算的城镇化率。由于目前还没有正式统计此口径的城镇化率数据，笔者只能按照相关资料进行推算。根据 2010 年第六次全国人口普查资料推算，2010 年河南户籍人口城镇化率为 31.7%。依据 2011~2014 年年度人口抽样调查推算，平均每年增加 130 万人（其中转户 106 万人），提高 1.2 个百分点。按照近几年的发展趋势和速度，预计 2015 年河南户笔者人口城镇化率将达到 37.6% 左右，2020 年有望达到 43% 以上。户籍人口城镇化率之所以快速提高，超过 40% 的规划目标甚至接近全国 45% 的水平，是因为当初目标制定的对象是非农业人口占比的户籍人口城镇化率。按照重新定义的方法计算，全国的户籍人口城镇化率会远远超过 45%。全国"十三五"期间户籍人口城镇化率年均增长目标为 1.3 个百分点，河南目前为 1.2 个百分点左右，即便将全面二孩政策因素考虑进去，多增加的城镇户籍人口对全省户籍人口城镇化率的影响也是非常有限的。若按达到全国年均增长 1.3 个百分点的目标计算，河南每年转户人口需达到 120 万人以上。

因此，在原户籍人口城镇化率不复存在的情况下，40% 的规划目标对重新定义的户籍人口城镇化率来说，实现相对容易并有可能超额完成，但如果要达到全国的增长速度或接近全国同口径的水平还有不小的难度。

3. 对"两个大幅缩小"的分析

省政府提出，"十三五"期间全省城镇化率要实现"两个大幅缩小"的目标，即全省户籍人口城镇化率与全国的差距大幅缩小，与全省常住人口城镇化率的差距大幅缩小。通过分析，笔者预计到 2020 年全省常住人口城镇化率可能达到 54% 左右，按照老口径计算，2020 年户籍人口城镇化率预计为 29% 左右，与常住人口城镇化率的差距由目前的 22.8 个百分点扩大为 25 个百分点，与全国户籍人口城镇化率的差距由目前的 14.19 个百分点扩大为 16 个百分点；按照重新定义的户籍人口城镇化率 2020 年可以达到 43% 左右（见表 1），与常住人口城镇化率的差距由目前的 8.8 个百分点扩大为 11 个百分点，与全国的差距缩小为 2 个百分点。因此，按照目前的发展速度和态势，要实现"十三五"期间城镇化率"两个大幅缩小"的目标，户籍人口城镇化率年增长速度

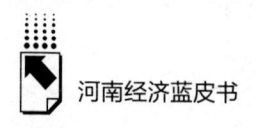

必须由目前的1.2个百分点（新口径）提高到1.3个百分点以上，每年转移到城镇的落户人口由目前的106万人提高到120万人以上，难度很大，还需要出台更多的与户籍制度改革相配套的政策措施，付出更大的努力。

表1 河南实现"两个大幅缩小"目标分析

单位：%，个百分点

年份	河南常住人口城镇化率	户籍人口城镇化率 河南 新口径	户籍人口城镇化率 河南 老口径	户籍人口城镇化率 全国 新口径	户籍人口城镇化率 全国 老口径	河南与全国户籍人口城镇化率的差距 新口径	河南与全国户籍人口城镇化率的差距 老口径	河南两个城镇化率的差距 新口径	河南两个城镇化率的差距 老口径
2010	38.8	31.67	21.96	—	34.17	—	12.21	7.13	16.84
2014	45.2	36.4	22.44	—	36.63	—	14.19	8.8	22.76
2020	54.00	43.00	29.00	—	45.00	—	16.00	11.00	25.00

注：河南两个城镇化率的差距是指河南户籍人口城镇化率与河南常住人口城镇化率的差距。

三 加快河南城镇化发展的建议

通过以上分析，河南到2020年全面建成小康社会，实现城镇化发展目标，既有经济发展和政策的机遇，也有困难和挑战，关键是要认真贯彻落实国家和省委、省政府有关促进城镇化发展的政策措施，使各项政策和规划落到实处，发挥最大效益。

1. 抓好三个"一批人"的城镇化

大力推进河南省三个一批人城镇化目标的落实。一是做大做强产业集聚区，促进产城融合，力争实现每年由农村向城镇转移农村劳动力100万人，带动随迁家属100万人。按照55%以上农业转移人口在县城和产业集聚区就业测算，平均每个产业集聚区每年新增就业人口不能少于6000人。二是积极推进市民化进程，每年促进100万名以上农业转移人口、高校毕业生、职业院校毕业生等常住人口落户城镇。三是抓好城市建成区内城中村和棚户区的改造，到2020年基本完成77万户城市棚户区、国有工矿企业棚户区和140万户城中村改造任务。

2. 突出县城及产业集聚区的发展，提高其劳动力吸纳能力

根据调查，在全省承接的农业转移人口中，县城及产业集聚区的比例超过

55%，一是因为县城及产业集聚区点多面广，吸纳转移人口的潜力大、弹性大。如果一个县城每年增加1万人，就是110多万人，每个产业集聚区每年增加5000人，就是90万人。仅此两项，就可提高常住人口城镇化率2个百分点。二是县城及产业集聚区生活成本较低，住房相对便宜，与原住地生活习惯接近，农民工就近择业归属感和安全感较强。三是县城生活环境较好，没有大城市交通拥堵、空气严重污染等问题。因此，要突出抓好县城及产业集聚区的发展。县城及产业集聚区的发展要坚持以产业为基，强化产业支撑，要总结经验，加快产业集聚区的壮大和提高，突出产业集聚，培育壮大一批特色优势明显的产业集群，提高市场竞争力。形成以产兴城、依城促产、产业集聚、就业增加、人口转移、产城融合发展的良好局面。

3. 加快小城镇发展，实现农村人口就地转移

近年来，河南积极推进户籍制度改革，制定了一系列优惠政策，支持和鼓励农民工在城镇落户，但大部分农民工出于多种利益考虑，在城镇落户的意愿并不强，甚至有些已经在城市落户的农民工存在回流的意愿。郑州市作为集聚能力最强的省会城市，2014年市辖区户籍净迁入人口仅有5万人，其他省辖市就更少了。在这种情况下，依靠中心城市大幅提高全省户籍人口城镇化率的难度很大。笔者建议围绕"一区、三圈、八轴带"建设，提高一区、三圈的辐射能力，带动周边小城镇的发展，在八轴带沿线地区，大力发展小城镇，催生一批基础条件好、有一定产业支撑的小城镇，使一批农业村转变为城镇村（社区），实现农民就地城镇化。如果每年有40~60个乡转变成为建制镇，200个左右行政村由农村转变为城镇，就可增加城镇户籍人口60万~80万人，提高户籍人口城镇化率0.6个~0.7个百分点。

4. 要调动基层政府和农民工两个方面的积极性

一是抓好国家和全省加快新型城镇化有关政策措施的贯彻落实，特别是抓紧落实好国家提出的三挂钩政策（即财政转移支付同农业转移人口市民化挂钩，城镇建设用地增加规模同吸纳农业转移人口落户数量挂钩，中央基建投资安排同农业转移人口挂钩），根据国家精神，省市政府应出台相应的配套措施，在资金投入、土地使用规模、城市基本建设等方面予以支持，充分调动市、县级政府接受、安排农村劳动力的积极性，加强基础建设、提高公共服务水平。

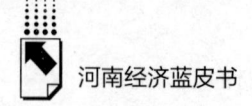

二是统筹解决好进城农民的生产、生活和社会保障问题，解除其后顾之忧，调动其落户城镇的积极性。有关调查显示，目前进城务工农民落户城镇的意愿并不强，不想再回农村的比例仅为15%左右，有超过半数的人不愿转户口，主要原因是在城市收入低，环境差，生活成本太高；就业不稳定，缺乏保障，保留土地承包权为自己留一条后路；同时，城市户口与农村户口差别不是很大，农村土地有较大升值潜力。政府要充分考虑进城农民的实际困难和思想顾虑，完善有关政策措施，增强农民工落户城市的动力。首先，稳定就业，提高收入。60%以上的农民工从事的是第三产业，但第三产业就业的收入低、劳动合同签订率低、就业稳定性差，应进一步落实和完善扶持第三产业发展的有关政策，加快全省第三产业发展，同时落实劳动合同签订规定，提高劳动合同签订率，落实好省政府关于"支持企业稳定岗位"的规定，规范企业裁员、减员行为。其次，完善农民权益保障制度。明确规定进城农民的农村土地承包经营权、宅基地使用权和集体收益分配权保持不变的时限，探索完善农民相关权益的实现形式，使农民在城市能够受益，农村的权益又能得到有效保护。

5. 加快城市基础设施建设和公共设施建设，提高城市管理水平和承载能力

加强城市基础设施建设，实施畅通工程，提高道路通行能力，给排水、污水垃圾处理能力以及电力、通信畅通保障能力。完善城市公共服务设施，满足居民医疗、教育以及文化、休闲等需要。加强城市规划管理，提高规划的科学性、实施的连续性、决策的规范性，降低拆、挖、堵、建的随意性，优化城市管理水平和居民生活环境。

B.34 后　记

"十三五"规划开局之际，第18本《河南经济蓝皮书》顺利出版。全面建成小康社会目标期近在眼前，经济社会发展进入新常态，五大发展理念、供给侧结构性改革成为经济工作中的热词。河南省发展的外部环境和条件发生深刻变化。复杂严峻的经济形势以及保持经济中高速增长的目标为2016年的经济蓝皮书研究工作提供了丰富的内容，也使我们对形势的分析和趋势的把握面临一定的难度。

总体上，2015年河南经济稳中有进、稳中向好。虽然面临着巨大的结构调整、转型升级的压力，2016年河南经济发展形势也许会更加严峻，但仍有潜在的增长能力有待充分释放。我们理出了2015年以及"十二五"时期河南经济发展的清晰脉络，并提出了2016年乃至今后五年保持经济中高速增长的建议，希望能够为政府决策和社会公众提供参考。

为了给读者以最新、最准确的资讯，我们力争使用2015年数据。由于当年数据审核时间与出版合同规定的交稿时间重叠，撰稿和编辑工作十分紧张。出版社更要在整个春节假期连续工作。正是依靠各方通力合作，才保证了河南经济蓝皮书出版的时间和质量。在此向所有作者、社会科学文献出版社的编辑们一并表示感谢！

本书在主编、副主编的领导下制订工作方案，编辑部具体组织实施，参加编辑工作的人员有叶皓瑜、庄涛、胡新生、唐建国、秦红涛、宗方、曹雷、崔岚、张小科。

本书编辑部
2016年1月25日

皮书起源

"皮书"起源于十七、十八世纪的英国,主要指官方或社会组织正式发表的重要文件或报告,多以"白皮书"命名。在中国,"皮书"这一概念被社会广泛接受,并被成功运作、发展成为一种全新的出版形态,则源于中国社会科学院社会科学文献出版社。

皮书定义

皮书是对中国与世界发展状况和热点问题进行年度监测,以专业的角度、专家的视野和实证研究方法,针对某一领域或区域现状与发展态势展开分析和预测,具备原创性、实证性、专业性、连续性、前沿性、时效性等特点的公开出版物,由一系列权威研究报告组成。

皮书作者

皮书系列的作者以中国社会科学院、著名高校、地方社会科学院的研究人员为主,多为国内一流研究机构的权威专家学者,他们的看法和观点代表了学界对中国与世界的现实和未来最高水平的解读与分析。

皮书荣誉

皮书系列已成为社会科学文献出版社的著名图书品牌和中国社会科学院的知名学术品牌。2011年,皮书系列正式列入"十二五"国家重点出版规划项目;2012~2015年,重点皮书列入中国社会科学院承担的国家哲学社会科学创新工程项目;2016年,46种院外皮书使用"中国社会科学院创新工程学术出版项目"标识。

权威·前沿·原创

社会科学文献出版社

皮书系列

2016年

盘点年度资讯 预测时代前程

社会科学文献出版社 学术传播中心 编制

社长致辞

我们是图书出版者,更是人文社会科学内容资源供应商;

我们背靠中国社会科学院,面向中国与世界人文社会科学界,坚持为人文社会科学的繁荣与发展服务;

我们精心打造权威信息资源整合平台,坚持为中国经济与社会的繁荣与发展提供决策咨询服务;

我们以读者定位自身,立志让爱书人读到好书,让求知者获得知识;

我们精心编辑、设计每一本好书以形成品牌张力,以优秀的品牌形象服务读者,开拓市场;

我们始终坚持"创社科经典,出传世文献"的经营理念,坚持"权威、前沿、原创"的产品特色;

我们"以人为本",提倡阳光下创业,员工与企业共享发展之成果;

我们立足于现实,认真对待我们的优势、劣势,我们更着眼于未来,以不断的学习与创新适应不断变化的世界,以不断的努力提升自己的实力;

我们愿与社会各界友好合作,共享人文社会科学发展之成果,共同推动中国学术出版乃至内容产业的繁荣与发展。

社会科学文献出版社社长
中国社会学会秘书长

2016 年 1 月

社会科学文献出版社
SOCIAL SCIENCES ACADEMIC PRESS (CHINA)

社会科学文献出版社成立于1985年,是直属于中国社会科学院的人文社会科学专业学术出版机构。

成立以来,特别是1998年实施第二次创业以来,依托于中国社会科学院丰厚的学术出版和专家学者两大资源,坚持"创社科经典,出传世文献"的出版理念和"权威、前沿、原创"的产品定位,社科文献立足内涵式发展道路,从战略层面推动学术出版五大能力建设,逐步走上了智库产品与专业学术成果系列化、规模化、数字化、国际化、市场化发展的经营道路。

先后策划出版了著名的图书品牌和学术品牌"皮书"系列、"列国志"、"社科文献精品译库"、"全球化译丛"、"全面深化改革研究书系"、"近世中国"、"甲骨文"、"中国史话"等一大批既有学术影响又有市场价值的系列图书,形成了较强的学术出版能力和资源整合能力。2015年社科文献出版社发稿5.5亿字,出版图书约2000种,承印发行中国社科院院属期刊74种,在多项指标上都实现了较大幅度的增长。

凭借着雄厚的出版资源整合能力,社科文献出版社长期以来一直致力于从内容资源和数字平台两个方面实现传统出版的再造,并先后推出了皮书数据库、列国志数据库、"一带一路"数据库、中国田野调查数据库、台湾大陆同乡会数据库等一系列数字产品。数字出版已经初步形成了产品设计、内容开发、编辑标引、产品运营、技术支持、营销推广等全流程体系。

在国内原创著作、国外名家经典著作大量出版,数字出版突飞猛进的同时,社科文献出版社从构建国际话语体系的角度推动学术出版国际化。先后与斯普林格、博睿、牛津、剑桥等十余家国际出版机构合作面向海外推出了"皮书系列""改革开放30年研究书系""中国梦与中国发展道路研究丛书""全面深化改革研究书系"等一系列在世界范围内引起强烈反响的作品;并持续致力于中国学术出版走出去,组织学者和编辑参加国际书展,筹办国际性学术研讨会,向世界展示中国学者的学术水平和研究成果。

此外,社科文献出版社充分利用网络媒体平台,积极与中央和地方各类媒体合作,并联合大型书店、学术书店、机场书店、网络书店、图书馆,逐步构建起了强大的学术图书内容传播平台。学术图书的媒体曝光率居全国之首,图书馆藏率居于全国出版机构前十位。

上述诸多成绩的取得,有赖于一支以年轻的博士、硕士为主体,一批从中国社科院刚退出科研一线的各学科专家为支撑的300多位高素质的编辑、出版和营销队伍,为我们实现学术立社,以学术品位、学术价值来实现经济效益和社会效益这样一个目标的共同努力。

作为已经开启第三次创业梦想的人文社会科学学术出版机构,我们将以改革发展为动力,以学术资源建设为中心,以构建智慧型出版社为主线,以"整合、专业、分类、协同、持续"为各项工作指导原则,全力推进出版社数字化转型,坚定不移地走专业化、数字化、国际化发展道路,全面提升出版社核心竞争力,为实现"社科文献梦"奠定坚实基础。

经济类 | 皮书系列 重点推荐

经 济 类

经济类皮书涵盖宏观经济、城市经济、大区域经济，提供权威、前沿的分析与预测

经济蓝皮书
2016年中国经济形势分析与预测

李 扬 / 主编　　2015年12月出版　　定价:79.00元

◆ 本书为总理基金项目，由著名经济学家李扬领衔，联合中国社会科学院等数十家科研机构、国家部委和高等院校的专家共同撰写，系统分析了2015年的中国经济形势并预测2016年我国经济运行情况。

世界经济黄皮书
2016年世界经济形势分析与预测

王洛林　张宇燕 / 主编　　2015年12月出版　　定价:79.00元

◆ 本书由中国社会科学院世界经济与政治研究所的研究团队撰写，2015年世界经济增长继续放缓，增长格局也继续分化，发达经济体与新兴经济体之间的增长差距进一步收窄。2016年世界经济增长形势不容乐观。

产业蓝皮书
中国产业竞争力报告（2016）NO.6

张其仔 / 主编　　2016年12月出版　　估价:98.00元

◆ 本书由中国社会科学院工业经济研究所研究团队在深入实际、调查研究的基础上完成。通过运用丰富的数据资料和最新的测评指标，从学术性、系统性、预测性上分析了2015年中国产业竞争力，并对未来发展趋势进行了预测。

3

皮书系列重点推荐　经济类

G20国家创新竞争力黄皮书

二十国集团（G20）国家创新竞争力发展报告（2016）

李建平　李闽榕　赵新力/主编　　2016年11月出版　估价：138.00元

◆ 本报告在充分借鉴国内外研究者的相关研究成果的基础上，紧密跟踪技术经济学、竞争力经济学、计量经济学等学科的最新研究动态，深入分析G20国家创新竞争力的发展水平、变化特征、内在动因及未来趋势，同时构建了G20国家创新竞争力指标体系及数学模型。

国际城市蓝皮书

国际城市发展报告（2016）

屠启宇/主编　　2016年1月出版　　估价：79.00元

◆ 本书作者以上海社会科学院从事国际城市研究的学者团队为核心，汇集同济大学、华东师范大学、复旦大学、上海交通大学、南京大学、浙江大学相关城市研究专业学者。立足动态跟踪介绍国际城市发展实践中，最新出现的重大战略、重大理念、重大项目、重大报告和最佳案例。

金融蓝皮书

中国金融发展报告（2016）

李扬　王国刚/主编　2015年12月出版　定价：79.00元

◆ 本书由中国社会科学院金融研究所组织编写，概括和分析了2015年中国金融发展和运行中的各方面情况，研讨和评论了2015年发生的主要金融事件。本书由业内专家和青年精英联合编著，有利于读者了解掌握2015年中国的金融状况，把握2016年中国金融的走势。

农村绿皮书

中国农村经济形势分析与预测（2015~2016）

中国社会科学院农村发展研究所　国家统计局农村社会经济调查司/著
2016年4月出版　估价：69.00元

◆ 本书描述了2015年中国农业农村经济发展的一些主要指标和变化，以及对2016年中国农业农村经济形势的一些展望和预测。

4　权威 前沿 原创

经济类　皮书系列 重点推荐

西部蓝皮书

中国西部发展报告（2016）

姚慧琴　徐璋勇/主编　　2016年7月出版　　估价:89.00元

◆ 本书由西北大学中国西部经济发展研究中心主编，汇集了源自西部本土以及国内研究西部问题的权威专家的第一手资料，对国家实施西部大开发战略进行年度动态跟踪，并对2016年西部经济、社会发展态势进行预测和展望。

民营经济蓝皮书

中国民营经济发展报告No.12（2015～2016）

王钦敏/主编　　2016年1月出版　　估价:75.00元

◆ 改革开放以来，民营经济从无到有、从小到大，是最具活力的增长极。本书是中国工商联课题组的研究成果，对2015年度中国民营经济的发展现状、趋势进行了详细的论述，并提出了合理的建议。是广大民营企业进行政策咨询、科学决策和理论创新的重要参考资料，也是理论工作者进行理论研究的重要参考资料。

经济蓝皮书夏季号

中国经济增长报告（2015～2016）

李扬/主编　　2016年8月出版　　估价:69.00元

◆ 中国经济增长报告主要探讨2015~2016年中国经济增长问题，以专业视角解读中国经济增长，力求将其打造成一个研究中国经济增长、服务宏微观各级决策的周期性、权威性读物。

中三角蓝皮书

长江中游城市群发展报告（2016）

秦尊文/主编　　2016年10月出版　　估价:69.00元

◆ 本书是湘鄂赣皖四省专家学者共同研究的成果，从不同角度、不同方位记录和研究长江中游城市群一体化，提出对策措施，以期为将"中三角"打造成为继珠三角、长三角、京津冀之后中国经济增长第四极奉献学术界的聪明才智。

皮书系列 重点推荐　社会政法类

社会政法类

社会政法类皮书聚焦社会发展领域的热点、难点问题，提供权威、原创的资讯与视点

社会蓝皮书

2016年中国社会形势分析与预测

李培林　陈光金　张　翼/主编　2015年12月出版　定价:79.00元

◆ 本书由中国社会科学院社会学研究所组织研究机构专家、高校学者和政府研究人员撰写，聚焦当下社会热点，对2015年中国社会发展的各个方面内容进行了权威解读，同时对2016年社会形势发展趋势进行了预测。

法治蓝皮书

中国法治发展报告 No.14（2016）

李　林　田　禾/主编　2016年3月出版　估价:105.00元

◆ 本年度法治蓝皮书回顾总结了2015年度中国法治发展取得的成就和存在的不足，并对2016年中国法治发展形势进行了预测和展望。

反腐倡廉蓝皮书

中国反腐倡廉建设报告 No.6

李秋芳　张英伟/主编　2017年1月出版　估价:79.00元

◆ 本书抓住了若干社会热点和焦点问题，全面反映了新时期新阶段中国反腐倡廉面对的严峻局面，以及中国共产党反腐倡廉建设的新实践新成果。根据实地调研、问卷调查和舆情分析，梳理了当下社会普遍关注的与反腐败密切相关的热点问题。

权威　前沿　原创

社会政法类　　皮书系列 重点推荐

生态城市绿皮书

中国生态城市建设发展报告（2016）

刘举科　孙伟平　胡文臻 / 主编　2016年6月出版　估价:98.00元

◆ 报告以绿色发展、循环经济、低碳生活、民生宜居为理念，以更新民众观念、提供决策咨询、指导工程实践、引领绿色发展为宗旨，试图探索一条具有中国特色的城市生态文明建设新路。

公共服务蓝皮书

中国城市基本公共服务力评价（2016）

钟　君　吴正杲 / 主编　2016年12月出版　估价:79.00元

◆ 中国社会科学院经济与社会建设研究室与华图政信调查组成联合课题组，从2010年开始对基本公共服务力进行研究，研创了基本公共服务力评价指标体系，为政府考核公共服务与社会管理工作提供了理论工具。

教育蓝皮书

中国教育发展报告（2016）

杨东平 / 主编　2016年5月出版　估价:79.00元

◆ 本书由国内的中青年教育专家合作研究撰写。深度剖析2015年中国教育的热点话题，并对当下中国教育中出现的问题提出对策建议。

生态文明绿皮书

中国省域生态文明建设评价报告（ECI 2016）

严耕 / 主编　2016年12月出版　估价:85.00元

◆ 本书基于国家最新发布的权威数据，对我国的生态文明建设状况进行科学评价，并开展相应的深度分析，结合中央的政策方针和各省的具体情况，为生态文明建设推进，提出针对性的政策建议。

行 业 报 告 类

行业报告类皮书立足重点行业、新兴行业领域，提供及时、前瞻的数据与信息

房地产蓝皮书
中国房地产发展报告No.13（2016）

魏后凯　李景国/主编　　2016年5月出版　　估价：79.00元

◆ 蓝皮书秉承客观公正、科学中立的宗旨和原则，追踪2015年我国房地产市场最新资讯，深度分析，剖析因果，谋划对策，并对2016年房地产发展趋势进行了展望。

旅游绿皮书
2015～2016年中国旅游发展分析与预测

宋　瑞/主编　　2016年1出版　　估价：98.00元

◆ 本书中国社会科学院旅游研究中心组织相关专家编写的年度研究报告，对2015年旅游行业的热点问题进行了全面的综述并提出专业性建议，并对2016年中国旅游的发展趋势进行展望。

互联网金融蓝皮书
中国互联网金融发展报告（2016）

李东荣/主编　　2016年8月出版　　估价：79.00元

◆ 近年来，许多基于互联网的金融服务模式应运而生并对传统金融业产生了深刻的影响和巨大的冲击，"互联网金融"成为社会各界关注的焦点。本书探析了2015年互联网金融的特点和2016年互联网金融的发展方向和亮点。

行业报告类　皮书系列 重点推荐

资产管理蓝皮书

中国资产管理行业发展报告（2016）

智信资产管理研究院 / 编著　　2016 年 6 月出版　　估价 :89.00 元

◆ 中国资产管理行业刚刚兴起，未来将中国金融市场最有看点的行业，也会成为快速发展壮大的行业。本书主要分析了 2015 年度资产管理行业的发展情况，同时对资产管理行业的未来发展做出科学的预测。

老龄蓝皮书

中国老龄产业发展报告（2016）

吴玉韶　党俊武 / 编著
2016 年 9 月出版　　估价 :79.00 元

◆ 本书着眼于对中国老龄产业的发展给予系统介绍，深入解析，并对未来发展趋势进行预测和展望，力求从不同视角、不同层面全面剖析中国老龄产业发展的现状、取得的成绩、存在的问题以及重点、难点等。

金融蓝皮书

中国金融中心发展报告（2016）

王　力　黄育华 / 编著　　2017 年 11 月出版　　估价 :75.00 元

◆ 本报告将提升中国金融中心城市的金融竞争力作为研究主线，全面、系统、连续地反映和研究中国金融中心城市发展和改革的最新进展，展示金融中心理论研究的最新成果。

流通蓝皮书

中国商业发展报告（2016）

荆林波 / 编著　　2016 年 5 月出版　　估价 :89.00 元

◆ 本书是中国社会科学院财经院与利丰研究中心合作的成果，从关注中国宏观经济出发，突出了中国流通业的宏观背景，详细分析了批发业、零售业、物流业、餐饮产业与电子商务等产业发展状况。

皮书系列 重点推荐

国别与地区类

国别与地区类

国别与地区类皮书关注全球重点国家与地区，提供全面、独特的解读与研究

美国蓝皮书

美国研究报告（2016）

黄平 郑秉文/主编 2016年7月出版 估价：89.00元

◆ 本书是由中国社会科学院美国所主持完成的研究成果，它回顾了美国2015年的经济、政治形势与外交战略，对2016年以来美国内政外交发生的重大事件以及重要政策进行了较为全面的回顾和梳理。

拉美黄皮书

拉丁美洲和加勒比发展报告（2015~2016）

吴白乙/主编 2016年5月出版 估价：89.00元

◆ 本书对2015年拉丁美洲和加勒比地区诸国的政治、经济、社会、外交等方面的发展情况做了系统介绍，对该地区相关国家的热点及焦点问题进行了总结和分析，并在此基础上对该地区各国2016年的发展前景做出预测。

日本经济蓝皮书

日本经济与中日经贸关系研究报告（2016）

王洛林 张季风/编著 2016年5月出版 估价：79.00元

◆ 本书系统、详细地介绍了2015年日本经济以及中日经贸关系发展情况，在进行了大量数据分析的基础上，对2016年日本经济以及中日经贸关系的大致发展趋势进行了分析与预测。

国别与地区类 皮书系列 重点推荐

俄罗斯黄皮书

俄罗斯发展报告（2016）

李永全 / 编著　2016 年 7 月出版　估价 :79.00 元

◆ 本书系统介绍了 2015 年俄罗斯经济政治情况，并对 2015 年该地区发生的焦点、热点问题进行了分析与回顾；在此基础上，对该地区 2016 年的发展前景进行了预测。

国际形势黄皮书

全球政治与安全报告（2016）

李慎明　张宇燕 / 主编　2015 年 12 月出版　定价 :69.00 元

◆ 本书旨在对本年度全球政治及安全形势的总体情况、热点问题及变化趋势进行回顾与分析，并提出一定的预测及对策建议。作者通过事实梳理、数据分析、政策分析等途径,阐释了本年度国际关系及全球安全形势的基本特点，并在此基础上提出了具有启示意义的前瞻性结论。

德国蓝皮书

德国发展报告（2016）

郑春荣　伍慧萍 / 主编　2016 年 6 月出版　估价 :69.00 元

◆ 本报告由同济大学德国研究所组织编撰，由该领域的专家学者对德国的政治、经济、社会文化、外交等方面的形势发展情况，进行全面的阐述与分析。

中欧关系蓝皮书

中欧关系研究报告（2016）

周弘 / 编著　2016 年 12 月出版　估价 :98.00 元

◆ 本书由欧洲所暨欧洲学会推出，旨在分析、评估和预测年度中欧关系发展态势。本报告的作者均为欧洲方面的专家，他们对欧洲与中国在各个领域的发展情况进行了深入地分析和研究，对读者了解和把握中欧关系是非常有益的参考。

皮书系列
重点推荐

地方发展类

地方发展类

地方发展类皮书关注中国各省份、经济区域，提供科学、多元的预判与资政信息

北京蓝皮书
北京公共服务发展报告（2015~2016）

施昌奎/主编　2016年1月出版　估价：69.00元

◆ 本书是由北京市政府职能部门的领导、首都著名高校的教授、知名研究机构的专家共同完成的关于北京市公共服务发展与创新的研究成果。

河南蓝皮书
河南经济发展报告（2016）

河南省社会科学院/编著　2016年12月出版　估价:79.00元

◆ 本书以国内外经济发展环境和走向为背景，主要分析当前河南经济形势，预测未来发展趋势，全面反映河南经济发展的最新动态、热点和问题，为地方经济发展和领导决策提供参考。

京津冀蓝皮书
京津冀发展报告（2016）

文魁　祝尔娟/编著　2016年4月出版　估价:89.00元

◆ 京津冀协同发展作为重大的国家战略，已进入顶层设计、制度创新和全面推进的新阶段。本书以问题为导向，围绕京津冀发展中的重要领域和重大问题，研究如何推进京津冀协同发展。

皮书系列
重点推荐

文化传媒类

文化传媒类

文化传媒类皮书透视文化领域、文化产业，
探索文化大繁荣、大发展的路径

新媒体蓝皮书

中国新媒体发展报告 No.7（2016）

唐绪军 / 主编　　2016 年 6 月出版　　估价 :79.00 元

◆ 本书是由中国社会科学院新闻与传播研究所组织编写的关于新媒体发展的最新年度报告，旨在全面分析中国新媒体的发展现状，解读新媒体的发展趋势，探析新媒体的深刻影响。

移动互联网蓝皮书

中国移动互联网发展报告（2016）

官建文 / 编著　　2016 年 6 月出版　　估价 :79.00 元

◆ 本书着眼于对中国移动互联网 2015 年度的发展情况做深入解析，对未来发展趋势进行预测，力求从不同视角、不同层面全面剖析中国移动互联网发展的现状、年度突破以及热点趋势等。

文化蓝皮书

中国文化产业发展报告（2016）

张晓明　王家新　章建刚 / 主编　　2016 年 4 月出版　　估价 :79.00 元

◆ 本书由中国社会科学院文化研究中心编写。从 2012 年开始，中国社会科学院文化研究中心设立了国内首个文化产业的研究类专项资金——"文化产业重大课题研究计划"，开始在全国范围内组织多学科专家学者对我国文化产业发展重大战略问题进行联合攻关研究。本书集中反映了该计划的研究成果。

经济类

G20国家创新竞争力黄皮书
二十国集团（G20）国家创新竞争力发展报告（2016）
著（编）者：李建平 李闽榕 赵新力
2016年11月出版 / 估价：138.00元

产业蓝皮书
中国产业竞争力报告（2016）NO.6
著（编）者：张其仔 2016年12月出版 / 估价：98.00元

城市创新蓝皮书
中国城市创新报告（2016）
著（编）者：周天勇 旷建伟 2016年8月出版 / 估价：69.00元

城市蓝皮书
中国城市发展报告 NO.9
著（编）者：潘家华 魏后凯 2016年9月出版 / 估价：69.00元

城市群蓝皮书
中国城市群发展指数报告（2016）
著（编）者：刘士林 刘新静 2016年10月出版 / 估价：69.00元

城乡一体化蓝皮书
中国城乡一体化发展报告（2015~2016）
著（编）者：汝信 付崇兰 2016年7月出版 / 估价：85.00元

城镇化蓝皮书
中国新型城镇化健康发展报告（2016）
著（编）者：张占斌 2016年5月出版 / 估价：79.00元

创新蓝皮书
创新型国家建设报告（2015~2016）
著（编）者：詹正茂 2016年11月出版 / 估价：69.00元

低碳发展蓝皮书
中国低碳发展报告（2016）
著（编）者：齐晔 2016年3月出版 / 估价：89.00元

低碳经济蓝皮书
中国低碳经济发展报告（2016）
著（编）者：薛进军 赵忠秀 2016年6月出版 / 估价：85.00元

东北蓝皮书
中国东北地区发展报告（2016）
著（编）者：马克 黄文艺 2016年8月出版 / 估价：79.00元

工业化蓝皮书
中国工业化进程报告（2016）
著（编）者：黄群慧 吕铁 李晓华 等
2016年11月出版 / 估价：89.00元

管理蓝皮书
中国管理发展报告（2016）
著（编）者：张晓东 2016年9月出版 / 估价：98.00元

国际城市蓝皮书
国际城市发展报告（2016）
著（编）者：屠启宇 2016年1月出版 / 估价：79.00元

国家创新蓝皮书
中国创新发展报告（2016）
著（编）者：陈劲 2016年9月出版 / 估价：69.00元

金融蓝皮书
中国金融发展报告（2016）
著（编）者：李扬 王国刚 2015年12月出版 / 定价：79.00元

京津冀产业蓝皮书
京津冀产业协同发展报告（2016）
著（编）者：中智科博（北京）产业经济发展研究院
2016年6月出版 / 估价：69.00元

京津冀蓝皮书
京津冀发展报告（2016）
著（编）者：文魁 祝尔娟 2016年4月出版 / 估价：89.00元

经济蓝皮书
2016年中国经济形势分析与预测
著（编）者：李扬 2015年12月出版 / 定价：79.00元

经济蓝皮书·春季号
2016年中国经济前景分析
著（编）者：李扬 2016年5月出版 / 估价：79.00元

经济蓝皮书·夏季号
中国经济增长报告（2015~2016）
著（编）者：李扬 2016年8月出版 / 估价：99.00元

经济信息绿皮书
中国与世界经济发展报告（2016）
著（编）者：杜平 2015年12月出版 / 定价：89.00元

就业蓝皮书
2016年中国本科生就业报告
著（编）者：麦可思研究院 2016年6月出版 / 估价：98.00元

就业蓝皮书
2016年中国高职高专生就业报告
著（编）者：麦可思研究院 2016年6月出版 / 估价：98.00元

临空经济蓝皮书
中国临空经济发展报告（2016）
著（编）者：连玉明 2016年11月出版 / 估价：79.00元

民营经济蓝皮书
中国民营经济发展报告 NO.12（2015~2016）
著（编）者：王钦敏 2016年1月出版 / 估价：75.00元

农村绿皮书
中国农村经济形势分析与预测（2015~2016）
著（编）者：中国社会科学院农村发展研究所
国家统计局农村社会经济调查司
2016年4月出版 / 估价：69.00元

农业应对气候变化蓝皮书
气候变化对中国农业影响评估报告 No.2
著（编）者：矫梅燕 2016年8月出版 / 估价：98.00元

皮书系列
2016全品种

经济类・社会政法类

企业公民蓝皮书
中国企业公民报告 NO.4
著(编)者：邹东涛　2016年1月出版 / 估价:79.00元

气候变化绿皮书
应对气候变化报告（2016）
著(编)者：王伟光　郑国光　2016年11月出版 / 估价:98.00元

区域蓝皮书
中国区域经济发展报告（2015~2016）
著(编)者：梁昊光　2016年5月出版 / 估价:79.00元

全球环境竞争力绿皮书
全球环境竞争力报告（2016）
著(编)者：李建平　李闽榕　王金南
2016年12月出版 / 估价:198.00元

人口与劳动绿皮书
中国人口与劳动问题报告 NO.17
著(编)者：蔡昉　张车伟　2016年11月出版 / 估价:69.00元

商务中心区蓝皮书
中国商务中心区发展报告 NO.2（2016）
著(编)者：魏后凯　李国红　2016年1月出版 / 估价:89.00元

世界经济黄皮书
2016年世界经济形势分析与预测
著(编)者：王洛林　张宇燕　2015年12月出版 / 定价:79.00元

世界旅游城市绿皮书
世界旅游城市发展报告（2016）
著(编)者：鲁勇　周正宇　宋宇　2016年6月出版 / 估价:88.00元

西北蓝皮书
中国西北发展报告（2016）
著(编)者：孙发平　苏海红　鲁顺元
2015年12月出版 / 估价:79.00元

西部蓝皮书
中国西部发展报告（2016）
著(编)者：姚慧琴　徐璋勇　2016年7月出版 / 估价:89.00元

县域发展蓝皮书
中国县域经济增长能力评估报告（2016）
著(编)者：王力　2016年10月出版 / 估价:69.00元

新型城镇化蓝皮书
新型城镇化发展报告（2016）
著(编)者：李伟　宋敏　沈体雁　2016年11月出版 / 估价:98.00元

新兴经济体蓝皮书
金砖国家发展报告（2016）
著(编)者：林跃勤　周文　2016年7月出版 / 估价:79.00元

长三角蓝皮书
2016年全面深化改革中的长三角
著(编)者：张伟斌　2016年10月出版 / 估价:69.00元

中部竞争力蓝皮书
中国中部经济社会竞争力报告（2016）
著(编)者：教育部人文社会科学重点研究基地
南昌大学中国中部经济社会发展研究中心
2016年10月出版 / 估价:79.00元

中部蓝皮书
中国中部地区发展报告（2016）
著(编)者：宋亚平　2016年12月出版 / 估价:78.00元

中国省域竞争力蓝皮书
中国省域经济综合竞争力发展报告（2015~2016）
著(编)者：李建平　李闽榕　高燕京
2016年2月出版 / 估价:198.00元

中三角蓝皮书
长江中游城市群发展报告（2016）
著(编)者：秦尊文　2016年10月出版 / 估价:69.00元

中小城市绿皮书
中国中小城市发展报告（2016）
著(编)者：中国城市经济学会中小城市经济发展委员会
中国城镇化促进会中小城市发展委员会
《中国中小城市发展报告》编纂委员会
中小城市发展战略研究院
2016年10月出版 / 估价:98.00元

中原蓝皮书
中原经济区发展报告（2016）
著(编)者：李英杰　2016年6月出版 / 估价:88.00元

自贸区蓝皮书
中国自贸区发展报告（2016）
著(编)者：王力　王吉培　2016年10月出版 / 估价:69.00元

社会政法类

北京蓝皮书
中国社区发展报告（2016）
著(编)者：于燕燕　2017年2月出版 / 估价:79.00元

殡葬绿皮书
中国殡葬事业发展报告（2016）
著(编)者：李伯森　2016年4月出版 / 估价:158.00元

城市管理蓝皮书
中国城市管理报告（2016）
著(编)者：谭维克　刘林　2017年2月出版 / 估价:118.00元

城市生活质量蓝皮书
中国城市生活质量报告（2016）
著(编)者：张连城　张平　杨春学　郎丽华
2016年7月出版 / 估价:89.00元

15

皮书系列 2016全品种 — 社会政法类

城市政府能力蓝皮书
中国城市政府公共服务能力评估报告（2016）
著（编）者：何艳玲　2016年7月出版／估价：69.00元

创新蓝皮书
中国创业环境发展报告（2016）
著（编）者：姚凯　曹祎遐　2016年1月出版／估价：69.00元

慈善蓝皮书
中国慈善发展报告（2016）
著（编）者：杨团　2016年6月出版／估价：79.00元

地方法治蓝皮书
中国地方法治发展报告NO.2（2016）
著（编）者：李林　田禾　2016年1月出版／估价：98.00元

法治蓝皮书
中国法治发展报告NO.14（2016）
著（编）者：李林　田禾　2016年3月出版／估价：105.00元

反腐倡廉蓝皮书
中国反腐倡廉建设报告NO.6
著（编）者：李秋芳　张英伟　2017年1月出版／估价：79.00元

非传统安全蓝皮书
中国非传统安全研究报告（2015～2016）
著（编）者：余潇枫　魏志江　2016年5月出版／估价：79.00元

妇女发展蓝皮书
中国妇女发展报告NO.6
著（编）者：王金玲　2016年9月出版／估价：148.00元

妇女教育蓝皮书
中国妇女教育发展报告NO.3
著（编）者：张李玺　2016年10月出版／估价：78.00元

妇女绿皮书
中国性别平等与妇女发展报告（2016）
著（编）者：谭琳　2016年12月出版／估价：99.00元

公共服务蓝皮书
中国城市基本公共服务力评价（2016）
著（编）者：钟君　吴正杲　2016年12月出版／估价：79.00元

公共管理蓝皮书
中国公共管理发展报告（2016）
著（编）者：贡森　李国强　杨维富
2016年4月出版／估价：69.00元

公共外交蓝皮书
中国公共外交发展报告（2016）
著（编）者：赵启正　雷蔚真　2016年4月出版／估价：89.00元

公民科学素质蓝皮书
中国公民科学素质报告（2016）
著（编）者：李群　许佳军　2016年3月出版／估价：79.00元

公益蓝皮书
中国公益发展报告（2016）
著（编）者：朱健刚　2016年5月出版／估价：78.00元

国际人才蓝皮书
海外华侨华人专业人士报告（2016）
著（编）者：王辉耀　苗绿　2016年8月出版／估价：69.00元

国际人才蓝皮书
中国国际移民报告（2016）
著（编）者：王辉耀　2016年2月出版／估价：79.00元

国际人才蓝皮书
中国海归发展报告（2016）NO.3
著（编）者：王辉耀　苗绿　2016年10月出版／估价：69.00元

国际人才蓝皮书
中国留学发展报告（2016）NO.5
著（编）者：王辉耀　苗绿　2016年10月出版／估价：79.00元

国家公园蓝皮书
中国国家公园体制建设报告（2016）
著（编）者：苏杨　张玉钧　石金莲　刘锋　等
2016年10月出版／估价：69.00元

海洋社会蓝皮书
中国海洋社会发展报告（2016）
著（编）者：崔凤　宋宁而　2016年7月出版／估价：89.00元

行政改革蓝皮书
中国行政体制改革报告（2016）NO.5
著（编）者：魏礼群　2016年4月出版／估价：98.00元

华侨华人蓝皮书
华侨华人研究报告（2016）
著（编）者：贾益民　2016年12月出版／估价：98.00元

环境竞争力绿皮书
中国省域环境竞争力发展报告（2016）
著（编）者：李建平　李闽榕　王金南
2016年11月出版／估价：198.00元

环境绿皮书
中国环境发展报告（2016）
著（编）者：刘鉴强　2016年5月出版／估价：79.00元

基金会蓝皮书
中国基金会发展报告（2016）
著（编）者：刘忠祥　2016年4月出版／估价：69.00元

基金会绿皮书
中国基金会发展独立研究报告（2016）
著（编）者：基金会中心网　中央民族大学基金会研究中心
2016年6月出版／估价：88.00元

基金会透明度蓝皮书
中国基金会透明度发展研究报告（2016）
著（编）者：基金会中心网　清华大学廉政与治理研究中心
2016年9月出版／估价：85.00元

教师蓝皮书
中国中小学教师发展报告（2016）
著（编）者：曾晓东　鱼霞　2016年6月出版／估价：69.00元

社会政法类 | 皮书系列 2016全品种

教育蓝皮书
中国教育发展报告（2016）
著(编)者：杨东平　2016年5月出版／估价：79.00元

科普蓝皮书
中国科普基础设施发展报告（2016）
著(编)者：任福君　2016年6月出版／估价：69.00元

科学教育蓝皮书
中国科学教育发展报告（2016）
著(编)者：罗晖　王康友　2016年10月出版／估价：79.00元

劳动保障蓝皮书
中国劳动保障发展报告（2016）
著(编)者：刘燕斌　2016年8月出版／估价：158.00元

连片特困区蓝皮书
中国连片特困区发展报告（2016）
著(编)者：游俊　冷志明　丁建军
2016年3月出版／估价：98.00元

民间组织蓝皮书
中国民间组织报告（2016）
著(编)者：黄晓勇　2016年12月出版／估价：79.00元

民调蓝皮书
中国民生调查报告（2016）
著(编)者：谢耘耕　2016年5月出版／估价：128.00元

民族发展蓝皮书
中国民族发展报告（2016）
著(编)者：郝时远　王延中　王希恩
2016年4月出版／估价：98.00元

女性生活蓝皮书
中国女性生活状况报告 NO.10（2016）
著(编)者：韩湘景　2016年4月出版／估价：79.00元

汽车社会蓝皮书
中国汽车社会发展报告（2016）
著(编)者：王俊秀　2016年1月出版／估价：69.00元

青年蓝皮书
中国青年发展报告（2016）NO.4
著(编)者：廉思　等　2016年4月出版／估价：69.00元

青少年蓝皮书
中国未成年人互联网运用报告（2016）
著(编)者：李文革　沈杰　李为民
2016年11月出版／估价：89.00元

青少年体育蓝皮书
中国青少年体育发展报告（2016）
著(编)者：郭建军　杨桦　2016年9月出版／估价：69.00元

区域人才蓝皮书
中国区域人才竞争力报告 NO.2
著(编)者：桂昭明　王辉耀
2016年6月出版／估价：69.00元

群众体育蓝皮书
中国群众体育发展报告（2016）
著(编)者：刘国永　杨桦　2016年10月出版／估价：69.00元

人才蓝皮书
中国人才发展报告（2016）
著(编)者：潘晨光　2016年9月出版／估价：85.00元

人权蓝皮书
中国人权事业发展报告 NO.6（2016）
著(编)者：李君如　2016年9月出版／估价：128.00元

社会保障绿皮书
中国社会保障发展报告（2016）NO.8
著(编)者：王延中　2016年4月出版／估价：99.00元

社会工作蓝皮书
中国社会工作发展报告（2016）
著(编)者：民政部社会工作研究中心
2016年8月出版／估价：79.00元

社会管理蓝皮书
中国社会管理创新报告 NO.4
著(编)者：连玉明　2016年11月出版／估价：89.00元

社会蓝皮书
2016年中国社会形势分析与预测
著(编)者：李培林　陈光金　张翼
2015年12月出版／定价：79.00元

社会体制蓝皮书
中国社会体制改革报告（2016）NO.4
著(编)者：龚维斌　2016年4月出版／估价：79.00元

社会心态蓝皮书
中国社会心态研究报告（2016）
著(编)者：王俊秀　杨宜音　2016年10月出版／估价：69.00元

社会组织蓝皮书
中国社会组织评估发展报告（2016）
著(编)者：徐家良　廖鸿　2016年12月出版／估价：69.00元

生态城市绿皮书
中国生态城市建设发展报告（2016）
著(编)者：刘举科　孙伟平　胡文臻
2016年9月出版／估价：148.00元

生态文明绿皮书
中国省域生态文明建设评价报告（ECI 2016）
著(编)者：严耕　2016年12月出版／估价：85.00元

世界社会主义黄皮书
世界社会主义跟踪研究报告（2015～2016）
著(编)者：李慎明　2016年4月出版／估价：258.00元

水与发展蓝皮书
中国水风险评估报告（2016）
著(编)者：王浩　2016年9月出版／估价：69.00元

皮书系列 2016全品种

社会政法类・行业报告类

体育蓝皮书
长三角地区体育产业发展报告（2016）
著(编)者：张林　2016年4月出版 / 估价：79.00元

体育蓝皮书
中国公共体育服务发展报告（2016）
著(编)者：戴健　2016年12月出版 / 估价：79.00元

土地整治蓝皮书
中国土地整治发展研究报告 NO.3
著(编)者：国土资源部土地整治中心
2016年5月出版 / 估价：89.00元

土地政策蓝皮书
中国土地政策发展报告（2016）
著(编)者：高延利　李宪文　唐健
2016年12月出版 / 估价：69.00元

危机管理蓝皮书
中国危机管理报告（2016）
著(编)者：文学国　范正青　2016年8月出版 / 估价：89.00元

形象危机应对蓝皮书
形象危机应对研究报告（2016）
著(编)者：唐钧　2016年6月出版 / 估价：149.00元

医改蓝皮书
中国医药卫生体制改革报告（2016）
著(编)者：文学国　房志武　2016年11月出版 / 估价：98.00元

医疗卫生绿皮书
中国医疗卫生发展报告 NO.7（2016）
著(编)者：申宝忠　韩玉珍　2016年4月出版 / 估价：75.00元

政治参与蓝皮书
中国政治参与报告（2016）
著(编)者：房宁　2016年7月出版 / 估价：108.00元

政治发展蓝皮书
中国政治发展报告（2016）
著(编)者：房宁　杨海蛟　2016年5月出版 / 估价：88.00元

智慧社区蓝皮书
中国智慧社区发展报告（2016）
著(编)者：罗昌智　张辉德　2016年7月出版 / 估价：69.00元

中国农村妇女发展蓝皮书
农村流动女性城市生活发展报告（2016）
著(编)者：谢丽华　2016年12月出版 / 估价：79.00元

宗教蓝皮书
中国宗教报告（2016）
著(编)者：邱永辉　2016年5月出版 / 估价：79.00元

行业报告类

保健蓝皮书
中国保健服务产业发展报告 NO.2
著(编)者：中国保健协会　中共中央党校
2016年7月出版 / 估价：198.00元

保健蓝皮书
中国保健食品产业发展报告 NO.2
著(编)者：中国保健协会
　　　　　中国社会科学院食品药品产业发展与监管研究中心
2016年7月出版 / 估价：198.00元

保健蓝皮书
中国保健用品产业发展报告 NO.2
著(编)者：中国保健协会
　　　　　国务院国有资产监督管理委员会研究中心
2016年2月出版 / 估价：198.00元

保险蓝皮书
中国保险业创新发展报告（2016）
著(编)者：项俊波　2016年12月出版 / 估价：69.00元

保险蓝皮书
中国保险业竞争力报告（2016）
著(编)者：项俊波　2015年12月出版 / 估价：99.00元

采供血蓝皮书
中国采供血管理报告（2016）
著(编)者：朱永明　耿鸿武　2016年8月出版 / 估价：69.00元

彩票蓝皮书
中国彩票发展报告（2016）
著(编)者：益彩基金　2016年4月出版 / 估价：98.00元

餐饮产业蓝皮书
中国餐饮产业发展报告（2016）
著(编)者：邢颖　2016年4月出版 / 估价：69.00元

测绘地理信息蓝皮书
测绘地理信息转型升级研究报告（2016）
著(编)者：库热西・买合苏提　2016年12月出版 / 估价：98.00元

茶业蓝皮书
中国茶产业发展报告（2016）
著(编)者：杨江帆　李闽榕　2016年10月出版 / 估价：78.00元

产权市场蓝皮书
中国产权市场发展报告（2015~2016）
著(编)者：曹和平　2016年5月出版 / 估价：89.00元

产业安全蓝皮书
中国出版传媒产业安全报告（2016）
著(编)者：北京印刷学院文化产业安全研究院
2016年4月出版 / 估价：69.00元

产业安全蓝皮书
中国文化产业安全报告（2016）
著(编)者：北京印刷学院文化产业安全研究院
2016年4月出版 / 估价：89.00元

行业报告类 | **皮书系列 2016全品种**

产业安全蓝皮书
中国新媒体产业安全报告（2016）
著（编）者：北京印刷学院文化产业安全研究院
2016年5月出版 / 估价：69.00元

大数据蓝皮书
网络空间和大数据发展报告（2016）
著（编）者：杜平　2016年2月出版 / 估价：69.00元

电子商务蓝皮书
中国电子商务服务业发展报告 NO.3
著（编）者：荆林波 梁春晓　2016年5月出版 / 估价：69.00元

电子政务蓝皮书
中国电子政务发展报告（2016）
著（编）者：洪毅 杜平　2016年11月出版 / 估价：79.00元

杜仲产业绿皮书
中国杜仲橡胶资源与产业发展报告（2016）
著（编）者：杜红岩 胡文臻 俞锐
2016年1月出版 / 估价：85.00元

房地产蓝皮书
中国房地产发展报告 NO.13（2016）
著（编）者：魏后凯 李景国　2016年5月出版 / 估价：79.00元

服务外包蓝皮书
中国服务外包产业发展报告（2016）
著（编）者：王晓红 刘德军
2016年6月出版 / 估价：89.00元

服务外包蓝皮书
中国服务外包竞争力报告（2016）
著（编）者：王力 刘春生 黄育华
2016年11月出版 / 估价：85.00元

工业和信息化蓝皮书
世界网络安全发展报告（2016）
著（编）者：洪京一　2016年4月出版 / 估价：69.00元

工业和信息化蓝皮书
世界信息化发展报告（2016）
著（编）者：洪京一　2016年4月出版 / 估价：69.00元

工业和信息化蓝皮书
世界信息技术产业发展报告（2016）
著（编）者：洪京一　2016年4月出版 / 估价：79.00元

工业和信息化蓝皮书
世界制造业发展报告（2016）
著（编）者：洪京一　2016年4月出版 / 估价：69.00元

工业和信息化蓝皮书
移动互联网产业发展报告（2016）
著（编）者：洪京一　2016年4月出版 / 估价：79.00元

工业设计蓝皮书
中国工业设计发展报告（2016）
著（编）者：王晓红 于炜 张立群
2016年9月出版 / 估价：138.00元

互联网金融蓝皮书
中国互联网金融发展报告（2016）
著（编）者：李东荣　2016年8月出版 / 估价：79.00元

会展蓝皮书
中外会展业动态评估年度报告（2016）
著（编）者：张敏　2016年1月出版 / 估价：78.00元

节能汽车蓝皮书
中国节能汽车产业发展报告（2016）
著（编）者：中国汽车工程研究院股份有限公司
2016年12月出版 / 估价：69.00元

金融监管蓝皮书
中国金融监管报告（2016）
著（编）者：胡滨　2016年4月出版 / 估价：89.00元

金融蓝皮书
中国金融中心发展报告（2016）
著（编）者：王力 黄育华　2017年11月出版 / 估价：75.00元

金融蓝皮书
中国商业银行竞争力报告（2016）
著（编）者：王松奇　2016年5月出版 / 估价：69.00元

经济林产业绿皮书
中国经济林产业发展报告（2016）
著（编）者：李芳东 胡文臻 乌云塔娜 杜红岩
2016年12月出版 / 估价：69.00元

客车蓝皮书
中国客车产业发展报告（2016）
著（编）者：姚蔚　2016年2月出版 / 估价：85.00元

老龄蓝皮书
中国老龄产业发展报告（2016）
著（编）者：吴玉韶 党俊武　2016年9月出版 / 估价：79.00元

流通蓝皮书
中国商业发展报告（2016）
著（编）者：荆林波　2016年5月出版 / 估价：89.00元

旅游安全蓝皮书
中国旅游安全报告（2016）
著（编）者：郑向敏 谢朝武　2016年5月出版 / 估价：128.00元

旅游绿皮书
2015～2016年中国旅游发展分析与预测
著（编）者：宋瑞　2016年1月出版 / 估价：98.00元

煤炭蓝皮书
中国煤炭工业发展报告（2016）
著（编）者：岳福斌　2016年12月出版 / 估价：79.00元

民营企业社会责任蓝皮书
中国民营企业社会责任年度报告（2016）
著（编）者：中华全国工商业联合会
2016年7月出版 / 估价：69.00元

皮书系列 2016全品种 — 行业报告类

民营医院蓝皮书
中国民营医院发展报告（2016）
著(编)者：庄一强　　2016年10月出版 / 估价：75.00元

能源蓝皮书
中国能源发展报告（2016）
著(编)者：崔民选　王军生　陈义和
2016年8月出版 / 估价：79.00元

农产品流通蓝皮书
中国农产品流通产业发展报告（2016）
著(编)者：贾敬敦　张东科　张玉玺　张鹏毅　周伟
2016年1月出版 / 估价：89.00元

期货蓝皮书
中国期货市场发展报告(2016)
著(编)者：李群　王在荣　　2016年11月出版 / 估价：69.00元

企业公益蓝皮书
中国企业公益研究报告（2016）
著(编)者：钟宏武　汪杰　顾一　黄晓娟　等
2016年12月出版 / 估价：69.00元

企业公众透明度蓝皮书
中国企业公众透明度报告（2016）NO.2
著(编)者：黄速建　王晓光　肖红军
2016年1月出版 / 估价：98.00元

企业国际化蓝皮书
中国企业国际化报告（2016）
著(编)者：王辉耀　　2016年11月出版 / 估价：98.00元

企业蓝皮书
中国企业绿色发展报告 NO.2（2016）
著(编)者：李红玉　朱光辉　2016年8月出版 / 估价：79.00元

企业社会责任蓝皮书
中国企业社会责任研究报告（2016）
著(编)者：黄群慧　钟宏武　张蒽　等
2016年11月出版 / 估价：79.00元

企业社会责任能力蓝皮书
中国上市公司社会责任能力成熟度报告（2016）
著(编)者：肖红军　王晓光　李伟阳
2016年11月出版 / 估价：69.00元

汽车安全蓝皮书
中国汽车安全发展报告（2016）
著(编)者：中国汽车技术研究中心
2016年7月出版 / 估价：89.00元

汽车电子商务蓝皮书
中国汽车电子商务发展报告（2016）
著(编)者：中华全国工商业联合会汽车经销商商会
　　　　　北京易观智库网络科技有限公司
2016年5月出版 / 估价：128.00元

汽车工业蓝皮书
中国汽车工业发展年度报告（2016）
著(编)者：中国汽车工业协会　中国汽车技术研究中心
　　　　　丰田汽车（中国）投资有限公司
2016年4月出版 / 估价：128.00元

汽车蓝皮书
中国汽车产业发展报告（2016）
著(编)者：国务院发展研究中心产业经济研究部
　　　　　中国汽车工程学会　大众汽车集团（中国）
2016年8月出版 / 估价：158.00元

清洁能源蓝皮书
国际清洁能源发展报告（2016）
著(编)者：苏树辉　袁国林　李玉崙
2016年11月出版 / 估价：99.00元

人力资源蓝皮书
中国人力资源发展报告（2016）
著(编)者：余兴安　　2016年12月出版 / 估价：79.00元

融资租赁蓝皮书
中国融资租赁业发展报告（2015～2016）
著(编)者：李光荣　王力　2016年1月出版 / 估价：89.00元

软件和信息服务业蓝皮书
中国软件和信息服务业发展报告（2016）
著(编)者：洪京一　　2016年12月出版 / 估价：198.00元

商会蓝皮书
中国商会发展报告NO.5（2016）
著(编)者：王钦敏　　2016年7月出版 / 估价：89.00元

上市公司蓝皮书
中国上市公司社会责任信息披露报告（2016）
著(编)者：张旺　张杨　2016年11月出版 / 估价：69.00元

上市公司蓝皮书
中国上市公司质量评价报告（2015～2016）
著(编)者：张跃文　王力　2016年11月出版 / 估价：118.00元

设计产业蓝皮书
中国设计产业发展报告（2016）
著(编)者：陈冬亮　梁昊光　2016年3月出版 / 估价：89.00元

食品药品蓝皮书
食品药品安全与监管政策研究报告（2016）
著(编)者：唐民皓　　2016年7月出版 / 估价：69.00元

世界能源蓝皮书
世界能源发展报告（2016）
著(编)者：黄晓勇　　2016年6月出版 / 估价：99.00元

水利风景区蓝皮书
中国水利风景区发展报告（2016）
著(编)者：兰思仁　　2016年8月出版 / 估价：69.00元

私募市场蓝皮书
中国私募股权市场发展报告（2016）
著(编)者：曹和平　　2016年12月出版 / 估价：79.00元

碳市场蓝皮书
中国碳市场报告（2016）
著(编)者：宁金彪　　2016年11月出版 / 估价：69.00元

皮书系列 2016全品种
行业报告类

体育蓝皮书
中国体育产业发展报告（2016）
著(编)者：阮伟 钟秉枢　2016年7月出版　估价：69.00元

投资蓝皮书
中国投资发展报告（2016）
著(编)者：谢平　2016年4月出版　估价：128.00元

土地市场蓝皮书
中国农村土地市场发展报告（2016）
著(编)者：李光荣 高传捷　2016年1月出版　估价：69.00元

网络空间安全蓝皮书
中国网络空间安全发展报告（2016）
著(编)者：惠志斌 唐涛　2016年4月出版　估价：79.00元

物联网蓝皮书
中国物联网发展报告（2016）
著(编)者：黄桂田 龚六堂 张全升
2016年1月出版　估价：69.00元

西部工业蓝皮书
中国西部工业发展报告（2016）
著(编)者：方行明 甘犁 刘方健 姜凌 等
2016年9月出版　估价：79.00元

西部金融蓝皮书
中国西部金融发展报告（2016）
著(编)者：李忠民　2016年8月出版　估价：75.00元

协会商会蓝皮书
中国行业协会商会发展报告（2016）
著(编)者：景朝阳 李勇　2016年4月出版　估价：99.00元

新能源汽车蓝皮书
中国新能源汽车产业发展报告（2016）
著(编)者：中国汽车技术研究中心
　　　　日产（中国）投资有限公司 东风汽车有限公司
2016年8月出版　估价：89.00元

新三板蓝皮书
中国新三板市场发展报告（2016）
著(编)者：王力　2016年6月出版　估价：69.00元

信托市场蓝皮书
中国信托业市场报告（2015～2016）
著(编)者：用益信托工作室
2016年2月出版　估价：198.00元

信息安全蓝皮书
中国信息安全发展报告（2016）
著(编)者：张晓东　2016年2月出版　估价：69.00元

信息化蓝皮书
中国信息化形势分析与预测（2016）
著(编)者：周宏仁　2016年8月出版　估价：98.00元

信用蓝皮书
中国信用发展报告（2016）
著(编)者：章政 田侃　2016年4月出版　估价：99.00元

休闲绿皮书
2016年中国休闲发展报告
著(编)者：宋瑞
2016年10月出版　估价：79.00元

药品流通蓝皮书
中国药品流通行业发展报告（2016）
著(编)者：佘鲁林 温再兴
2016年8月出版　估价：158.00元

医药蓝皮书
中国中医药产业园战略发展报告（2016）
著(编)者：裴长洪 房书亭 吴滌心
2016年3月出版　估价：89.00元

邮轮绿皮书
中国邮轮产业发展报告（2016）
著(编)者：汪泓　2016年10月出版　估价：79.00元

智能养老蓝皮书
中国智能养老产业发展报告（2016）
著(编)者：朱勇　2016年10月出版　估价：89.00元

中国SUV蓝皮书
中国SUV产业发展报告（2016）
著(编)者：靳军　2016年12月出版　估价：69.00元

中国金融行业蓝皮书
中国债券市场发展报告（2016）
著(编)者：谢多　2016年7月出版　估价：69.00元

中国上市公司蓝皮书
中国上市公司发展报告（2016）
著(编)者：中国社会科学院上市公司研究中心
2016年9月出版　估价：98.00元

中国游戏蓝皮书
中国游戏产业发展报告（2016）
著(编)者：孙立军 刘跃军 牛兴侦
2016年4月出版　估价：69.00元

中国总部经济蓝皮书
中国总部经济发展报告（2015～2016）
著(编)者：赵弘　2016年9月出版　估价：79.00元

资本市场蓝皮书
中国场外交易市场发展报告（2016）
著(编)者：高峦　2016年8月出版　估价：79.00元

资产管理蓝皮书
中国资产管理行业发展报告（2016）
著(编)者：智信资产管理研究院
2016年6月出版　估价：89.00元

文化传媒类

传媒竞争力蓝皮书
中国传媒国际竞争力研究报告（2016）
著(编)者：李本乾 刘强
2016年11月出版 / 估价：148.00元

传媒蓝皮书
中国传媒产业发展报告（2016）
著(编)者：崔保国 2016年5月出版 / 估价：98.00元

传媒投资蓝皮书
中国传媒投资发展报告（2016）
著(编)者：张向东 谭云明
2016年6月出版 / 估价：128.00元

动漫蓝皮书
中国动漫产业发展报告（2016）
著(编)者：卢斌 郑玉明 牛兴侦
2016年7月出版 / 估价：79.00元

非物质文化遗产蓝皮书
中国非物质文化遗产发展报告（2016）
著(编)者：陈平 2016年5月出版 / 估价：98.00元

广电蓝皮书
中国广播电影电视发展报告（2016）
著(编)者：国家新闻出版广电总局发展研究中心
2016年7月出版 / 估价：98.00元

广告主蓝皮书
中国广告主营销传播趋势报告 NO.9
著(编)者：黄升民 杜国清 邵华冬 等
2016年10月出版 / 估价：148.00元

国际传播蓝皮书
中国国际传播发展报告（2016）
著(编)者：胡正荣 李继东 姬德强
2016年11月出版 / 估价：89.00元

纪录片蓝皮书
中国纪录片发展报告（2016）
著(编)者：何苏六 2016年10月出版 / 估价：79.00元

科学传播蓝皮书
中国科学传播报告（2016）
著(编)者：詹正茂 2016年7月出版 / 估价：69.00元

两岸创意经济蓝皮书
两岸创意经济研究报告（2016）
著(编)者：罗昌智 董泽平 2016年12月出版 / 估价：98.00元

两岸文化蓝皮书
两岸文化产业合作发展报告（2016）
著(编)者：胡惠林 李保宗 2016年7月出版 / 估价：79.00元

媒介与女性蓝皮书
中国媒介与女性发展报告（2015~2016）
著(编)者：刘利群 2016年8月出版 / 估价：118.00元

媒体融合蓝皮书
中国媒体融合发展报告（2016）
著(编)者：梅宁华 宋建武 2016年7月出版 / 估价：79.00元

全球传媒蓝皮书
全球传媒发展报告（2016）
著(编)者：胡正荣 李继东 唐晓芬
2016年12月出版 / 估价：79.00元

少数民族非遗蓝皮书
中国少数民族非物质文化遗产发展报告（2016）
著(编)者：肖远平（彝） 柴立（满）
2016年6月出版 / 估价：128.00元

视听新媒体蓝皮书
中国视听新媒体发展报告（2016）
著(编)者：国家新闻出版广电总局发展研究中心
2016年7月出版 / 估价：98.00元

文化创新蓝皮书
中国文化创新报告（2016）NO.7
著(编)者：于平 傅才武 2016年7月出版 / 估价：98.00元

文化建设蓝皮书
中国文化发展报告（2016）
著(编)者：江畅 孙伟平 戴茂堂
2016年4月出版 / 估价：108.00元

文化科技蓝皮书
文化科技创新发展报告（2016）
著(编)者：于平 李凤亮 2016年10月出版 / 估价：89.00元

文化蓝皮书
中国公共文化服务发展报告（2016）
著(编)者：刘新成 张永新 张旭 2016年10月出版 / 估价：98.00元

文化蓝皮书
中国公共文化投入增长测评报告（2016）
著(编)者：王亚南 2016年12月出版 / 估价：79.00元

文化蓝皮书
中国少数民族文化发展报告（2016）
著(编)者：武翠英 张晓明 任乌晶
2016年9月出版 / 估价：69.00元

文化蓝皮书
中国文化产业发展报告（2016）
著(编)者：张晓明 王家新 章建刚
2016年4月出版 / 估价：79.00元

文化蓝皮书
中国文化产业供需协调检测报告（2016）
著(编)者：王亚南 2016年2月出版 / 估价：79.00元

文化蓝皮书
中国文化消费需求景气评价报告（2016）
著(编)者：王亚南 2016年2月出版 / 估价：79.00元

皮书系列 2016全品种

文化传媒类・地方发展类

文化品牌蓝皮书
中国文化品牌发展报告（2016）
著（编）者：欧阳友权　　2016年4月出版 / 估价：89.00元

文化遗产蓝皮书
中国文化遗产事业发展报告（2016）
著（编）者：刘世锦　　2016年3月出版 / 估价：89.00元

文学蓝皮书
中国文情报告（2015～2016）
著（编）者：白烨　　2016年5月出版 / 估价：69.00元

新媒体蓝皮书
中国新媒体发展报告NO.7（2016）
著（编）者：唐绪军　　2016年7月出版 / 估价：79.00元

新媒体社会责任蓝皮书
中国新媒体社会责任研究报告（2016）
著（编）者：钟瑛　　2016年10月出版 / 估价：79.00元

移动互联网蓝皮书
中国移动互联网发展报告（2016）
著（编）者：官建文　　2016年6月出版 / 估价：79.00元

舆情蓝皮书
中国社会舆情与危机管理报告（2016）
著（编）者：谢耘耕　　2016年8月出版 / 估价：98.00元

地方发展类

安徽经济蓝皮书
芜湖创新型城市发展报告（2016）
著（编）者：张志宏　　2016年4月出版 / 估价：69.00元

安徽蓝皮书
安徽社会发展报告（2016）
著（编）者：程桦　　2016年4月出版 / 估价：89.00元

安徽社会建设蓝皮书
安徽社会建设分析报告（2015～2016）
著（编）者：黄家海　王开玉　蔡宪
2016年4月出版 / 估价：89.00元

澳门蓝皮书
澳门经济社会发展报告（2015～2016）
著（编）者：吴志良　郝雨凡　　2016年5月出版 / 估价：79.00元

北京蓝皮书
北京公共服务发展报告（2015～2016）
著（编）者：施昌奎　　2016年1月出版 / 估价：69.00元

北京蓝皮书
北京经济发展报告（2015～2016）
著（编）者：杨松　　2016年6月出版 / 估价：79.00元

北京蓝皮书
北京社会发展报告（2015～2016）
著（编）者：李伟东　　2016年7月出版 / 估价：79.00元

北京蓝皮书
北京社会治理发展报告（2015～2016）
著（编）者：殷星辰　　2016年6月出版 / 估价：79.00元

北京蓝皮书
北京文化发展报告（2015～2016）
著（编）者：李建盛　　2016年5月出版 / 估价：79.00元

北京旅游绿皮书
北京旅游发展报告（2016）
著（编）者：北京旅游学会　　2016年7月出版 / 估价：88.00元

北京人才蓝皮书
北京人才发展报告（2016）
著（编）者：于淼　　2016年12月出版 / 估价：128.00元

北京社会心态蓝皮书
北京社会心态分析报告（2015～2016）
著（编）者：北京社会心理研究所
2016年8月出版 / 估价：79.00元

北京社会组织管理蓝皮书
北京社会组织发展与管理（2015～2016）
著（编）者：黄江松　　2016年4月出版 / 估价：78.00元

北京体育蓝皮书
北京体育产业发展报告（2016）
著（编）者：钟秉枢　陈杰　杨铁黎
2016年10月出版 / 估价：79.00元

北京养老产业蓝皮书
北京养老产业发展报告（2016）
著（编）者：周明明　冯喜良　　2016年4月出版 / 估价：69.00元

滨海金融蓝皮书
滨海新区金融发展报告（2016）
著（编）者：王爱俭　张锐钢　　2016年9月出版 / 估价：79.00元

城乡一体化蓝皮书
中国城乡一体化发展报告・北京卷（2015～2016）
著（编）者：张宝秀　黄序　　2016年5月出版 / 估价：79.00元

创意城市蓝皮书
北京文化创意产业发展报告（2016）
著（编）者：张京成　王国华　　2016年12月出版 / 估价：69.00元

创意城市蓝皮书
青岛文化创意产业发展报告（2016）
著（编）者：马达　张丹妮　　2016年6月出版 / 估价：79.00元

23

皮书系列 2016全品种 地方发展类

创意城市蓝皮书
台北文化创意产业发展报告（2016）
著(编)者：陈耀竹 邱琪瑄　2016年11月出版 / 估价:89.00元

创意城市蓝皮书
无锡文化创意产业发展报告（2016）
著(编)者：谭军 张鸣年　2016年10月出版 / 估价:79.00元

创意城市蓝皮书
武汉文化创意产业发展报告（2016）
著(编)者：黄永林 陈汉桥　2016年12月出版 / 估价:89.00元

创意城市蓝皮书
重庆创意产业发展报告（2016）
著(编)者：程宇宁　2016年4月出版 / 估价:89.00元

地方法治蓝皮书
南宁法治发展报告（2016）
著(编)者：杨维超　2016年12月出版 / 估价:69.00元

福建妇女发展蓝皮书
福建省妇女发展报告（2016）
著(编)者：刘群英　2016年11月出版 / 估价:88.00元

甘肃蓝皮书
甘肃经济发展分析与预测（2016）
著(编)者：朱智文 罗哲　2016年1月出版 / 估价:79.00元

甘肃蓝皮书
甘肃社会发展分析与预测（2016）
著(编)者：安文华 包晓霞　2016年1月出版 / 估价:79.00元

甘肃蓝皮书
甘肃文化发展分析与预测（2016）
著(编)者：安文华 周小华　2016年1月出版 / 估价:79.00元

甘肃蓝皮书
甘肃县域社会发展评价报告（2016）
著(编)者：刘进军 柳民 王建兵
2016年1月出版 / 估价:79.00元

甘肃蓝皮书
甘肃舆情分析与预测（2016）
著(编)者：陈双梅 郝树声　2016年1月出版 / 估价:79.00元

甘肃蓝皮书
甘肃商务发展报告（2016）
著(编)者：杨志武 王福生 王晓芳
2016年1月出版 / 估价:69.00元

广东蓝皮书
广东全面深化改革发展报告（2016）
著(编)者：周林生 涂成林　2016年11月出版 / 估价:69.00元

广东蓝皮书
广东社会工作发展报告（2016）
著(编)者：罗观翠　2016年6月出版 / 估价:89.00元

广东蓝皮书
广东省电子商务发展报告（2016）
著(编)者：程晓 邓顺国　2016年7月出版 / 估价:79.00元

广东社会建设蓝皮书
广东省社会建设发展报告（2016）
著(编)者：广东省社会工作委员会
2016年12月出版 / 估价:99.00元

广东外经贸蓝皮书
广东对外经济贸易发展研究报告（2015~2016）
著(编)者：陈万灵　2016年5月出版 / 估价:89.00元

广西北部湾经济区蓝皮书
广西北部湾经济区开放开发发展报告（2016）
著(编)者：广西北部湾经济区规划建设管理委员会办公室
　　　　　广西社会科学院 广西北部湾发展研究院
2016年10月出版 / 估价:79.00元

广州蓝皮书
2016年中国广州经济形势分析与预测
著(编)者：庾建设 沈奎 谢博能　2016年6月出版 / 估价:79.00元

广州蓝皮书
2016年中国广州社会形势分析与预测
著(编)者：张强 陈怡霓 杨秦　2016年6月出版 / 估价:79.00元

广州蓝皮书
广州城市国际化发展报告（2016）
著(编)者：朱名宏　2016年11月出版 / 估价:69.00元

广州蓝皮书
广州创新型城市发展报告（2016）
著(编)者：尹涛　2016年10月出版 / 估价:69.00元

广州蓝皮书
广州经济发展报告（2016）
著(编)者：朱名宏　2016年7月出版 / 估价:69.00元

广州蓝皮书
广州农村发展报告（2016）
著(编)者：朱名宏　2016年8月出版 / 估价:69.00元

广州蓝皮书
广州汽车产业发展报告（2016）
著(编)者：杨再高 冯兴亚　2016年9月出版 / 估价:69.00元

广州蓝皮书
广州青年发展报告（2015~2016）
著(编)者：魏国华 张强　2016年7月出版 / 估价:69.00元

广州蓝皮书
广州商贸业发展报告（2016）
著(编)者：李江涛 肖振宇 荀振英
2016年7月出版 / 估价:69.00元

广州蓝皮书
广州社会保障发展报告（2016）
著(编)者：蔡国萱　2016年10月出版 / 估价:65.00元

广州蓝皮书
广州文化创意产业发展报告（2016）
著(编)者：甘新　2016年8月出版 / 估价:79.00元

广州蓝皮书
中国广州城市建设与管理发展报告（2016）
著(编)者：董皞 陈小钢 李江涛　2016年7月出版 / 估价:69.00元

24　权威 前沿 原创

皮书系列 2016全品种 — 地方发展类

广州蓝皮书
中国广州科技和信息化发展报告（2016）
著（编）者：邹采荣 马正勇 冯 元　2016年8月出版　估价：79.00元

广州蓝皮书
中国广州文化发展报告（2016）
著（编）者：徐俊忠 陆志强 顾涧清　2016年7月出版　估价：69.00元

贵阳蓝皮书
贵阳城市创新发展报告•白云篇（2016）
著（编）者：连玉明　2016年10月出版　估价：89.00元

贵阳蓝皮书
贵阳城市创新发展报告•观山湖篇（2016）
著（编）者：连玉明　2016年10月出版　估价：89.00元

贵阳蓝皮书
贵阳城市创新发展报告•花溪篇（2016）
著（编）者：连玉明　2016年10月出版　估价：89.00元

贵阳蓝皮书
贵阳城市创新发展报告•开阳篇（2016）
著（编）者：连玉明　2016年10月出版　估价：89.00元

贵阳蓝皮书
贵阳城市创新发展报告•南明篇（2016）
著（编）者：连玉明　2016年10月出版　估价：89.00元

贵阳蓝皮书
贵阳城市创新发展报告•清镇篇（2016）
著（编）者：连玉明　2016年10月出版　估价：89.00元

贵阳蓝皮书
贵阳城市创新发展报告•乌当篇（2016）
著（编）者：连玉明　2016年10月出版　估价：89.00元

贵阳蓝皮书
贵阳城市创新发展报告•息烽篇（2016）
著（编）者：连玉明　2016年10月出版　估价：89.00元

贵阳蓝皮书
贵阳城市创新发展报告•修文篇（2016）
著（编）者：连玉明　2016年10月出版　估价：89.00元

贵阳蓝皮书
贵阳城市创新发展报告•云岩篇（2016）
著（编）者：连玉明　2016年10月出版　估价：89.00元

贵州房地产蓝皮书
贵州房地产发展报告NO.3（2016）
著（编）者：武廷方　2016年6月出版　估价：89.00元

贵州蓝皮书
册亨经济社会发展报告(2016)
著（编）者：黄德林　2016年1月出版　估价：69.00元

贵州蓝皮书
贵安新区发展报告（2016）
著（编）者：马长青 吴大华　2016年4月出版　估价：69.00元

贵州蓝皮书
贵州法治发展报告（2016）
著（编）者：吴大华　2016年5月出版　估价：79.00元

贵州蓝皮书
贵州民航业发展报告（2016）
著（编）者：申振东 吴大华　2016年10月出版　估价：69.00元

贵州蓝皮书
贵州人才发展报告（2016）
著（编）者：于杰 吴大华　2016年9月出版　估价：69.00元

贵州蓝皮书
贵州社会发展报告（2016）
著（编）者：王兴骥　2016年5月出版　估价：79.00元

海淀蓝皮书
海淀区文化和科技融合发展报告（2016）
著（编）者：陈名杰 孟景伟　2016年5月出版　估价：75.00元

海峡西岸蓝皮书
海峡西岸经济区发展报告（2016）
著（编）者：福建省人民政府发展研究中心
　　　　　福建省人民政府发展研究中心咨询服务中心
2016年9月出版　估价：65.00元

杭州都市圈蓝皮书
杭州都市圈发展报告（2016）
著（编）者：董祖德 沈翔　2016年5月出版　估价：89.00元

杭州蓝皮书
杭州妇女发展报告（2016）
著（编）者：魏颖　2016年4月出版　估价：79.00元

河北经济蓝皮书
河北省经济发展报告（2016）
著（编）者：马树强 金浩 刘兵 张贵
2016年3月出版　估价：89.00元

河北蓝皮书
河北经济社会发展报告（2016）
著（编）者：周文夫　2016年1月出版　估价：79.00元

河北食品药品安全蓝皮书
河北食品药品安全研究报告（2016）
著（编）者：丁锦霞　2016年6月出版　估价：79.00元

河南经济蓝皮书
2016年河南经济形势分析与预测
著（编）者：胡五岳　2016年2月出版　估价：69.00元

河南蓝皮书
2016年河南社会形势分析与预测
著（编）者：刘道兴 牛苏林　2016年4月出版　估价：69.00元

河南蓝皮书
河南城市发展报告（2016）
著（编）者：谷建全 王建国　2016年3月出版　估价：79.00元

河南蓝皮书
河南法治发展报告（2016）
著（编）者：丁同民 闫德民　2016年6月出版　估价：79.00元

河南蓝皮书
河南工业发展报告（2016）
著（编）者：龚绍东 赵西三　2016年1月出版　估价：79.00元

25

皮书系列 2016全品种 　地方发展类

河南蓝皮书
河南金融发展报告（2016）
著(编)者：河南省社会科学院
2016年6月出版 / 估价：69.00元

河南蓝皮书
河南经济发展报告（2016）
著(编)者：河南省社会科学院
2016年12月出版 / 估价：79.00元

河南蓝皮书
河南农业农村发展报告（2016）
著(编)者：吴海峰　　2016年4月出版 / 估价：69.00元

河南蓝皮书
河南文化发展报告（2016）
著(编)者：卫绍生　　2016年3月出版 / 估价：79.00元

河南商务蓝皮书
河南商务发展报告（2016）
著(编)者：焦锦淼　穆荣国　2016年4月出版 / 估价：88.00元

黑龙江产业蓝皮书
黑龙江产业发展报告（2016）
著(编)者：于渤　　2016年10月出版 / 估价：79.00元

黑龙江蓝皮书
黑龙江经济发展报告（2016）
著(编)者：曲伟　　2016年1月出版 / 估价：79.00元

黑龙江蓝皮书
黑龙江社会发展报告（2016）
著(编)者：张新颖　　2016年1月出版 / 估价：79.00元

湖南城市蓝皮书
区域城市群整合（主题待定）
著(编)者：童中贤　韩未名　2016年12月出版 / 估价：79.00元

湖南蓝皮书
2016年湖南产业发展报告
著(编)者：梁志峰　　2016年5月出版 / 估价：98.00元

湖南蓝皮书
2016年湖南电子政务发展报告
著(编)者：梁志峰　　2016年5月出版 / 估价：98.00元

湖南蓝皮书
2016年湖南经济展望
著(编)者：梁志峰　　2016年5月出版 / 估价：128.00元

湖南蓝皮书
2016年湖南两型社会与生态文明发展报告
著(编)者：梁志峰　　2016年5月出版 / 估价：98.00元

湖南蓝皮书
2016年湖南社会发展报告
著(编)者：梁志峰　　2016年5月出版 / 估价：88.00元

湖南蓝皮书
2016年湖南县域经济社会发展报告
著(编)者：梁志峰　　2016年5月出版 / 估价：98.00元

湖南蓝皮书
湖南城乡一体化发展报告（2016）
著(编)者：陈文胜　刘祚祥　邝奕轩　等
2016年7月出版 / 估价：89.00元

湖南县域绿皮书
湖南县域发展报告 NO.3
著(编)者：袁准　周小毛　2016年9月出版 / 估价：69.00元

沪港蓝皮书
沪港发展报告（2015～2016）
著(编)者：尤安山　2016年4月出版 / 估价：89.00元

吉林蓝皮书
2016年吉林经济社会形势分析与预测
著(编)者：马克　2016年2月出版 / 估价：89.00元

济源蓝皮书
济源经济社会发展报告（2016）
著(编)者：喻新安　2016年4月出版 / 估价：69.00元

健康城市蓝皮书
北京健康城市建设研究报告（2016）
著(编)者：王鸿春　2016年4月出版 / 估价：79.00元

江苏法治蓝皮书
江苏法治发展报告 NO.5（2016）
著(编)者：李力　龚廷泰　2016年9月出版 / 估价：98.00元

江西蓝皮书
江西经济社会发展报告（2016）
著(编)者：张勇　姜玮　梁勇　2016年10月出版 / 估价：79.00元

江西文化产业蓝皮书
江西文化产业发展报告（2016）
著(编)者：张圣才　汪春翔　2016年10月出版 / 估价：128.00元

经济特区蓝皮书
中国经济特区发展报告（2016）
著(编)者：陶一桃　2016年12月出版 / 估价：89.00元

辽宁蓝皮书
2016年辽宁经济社会形势分析与预测
著(编)者：曹晓峰　张晶　梁启东
2016年12月出版 / 估价：79.00元

拉萨蓝皮书
拉萨法治发展报告（2016）
著(编)者：车明怀　2016年7月出版 / 估价：79.00元

洛阳蓝皮书
洛阳文化发展报告（2016）
著(编)者：刘福兴　陈启明　2016年7月出版 / 估价：79.00元

南京蓝皮书
南京文化发展报告（2016）
著(编)者：徐宁　2016年12月出版 / 估价：79.00元

内蒙古蓝皮书
内蒙古反腐倡廉建设报告 NO.2
著(编)者：张志华　无极　2016年12月出版 / 估价：69.00元

皮书系列 2016全品种
地方发展类

浦东新区蓝皮书
上海浦东经济发展报告（2016）
著(编)者：沈开艳 陆沪根　　2016年1月出版／估价：69.00元

青海蓝皮书
2016年青海经济社会形势分析与预测
著(编)者：赵宗福　　2015年12月出版／估价：69.00元

人口与健康蓝皮书
深圳人口与健康发展报告（2016）
著(编)者：陆杰华 罗乐宣 苏杨
2016年11月出版／估价：89.00元

山东蓝皮书
山东经济形势分析与预测（2016）
著(编)者：李广杰　　2016年11月出版／估价：89.00元

山东蓝皮书
山东社会形势分析与预测（2016）
著(编)者：涂可国　　2016年6月出版／估价：89.00元

山东蓝皮书
山东文化发展报告（2016）
著(编)者：张华 唐洲雁　　2016年6月出版／估价：98.00元

山西蓝皮书
山西资源型经济转型发展报告（2016）
著(编)者：李志强　　2016年5月出版／估价：89.00元

陕西蓝皮书
陕西经济发展报告（2016）
著(编)者：任宗哲 白宽犁 裴成荣
2016年1月出版／估价：69.00元

陕西蓝皮书
陕西社会发展报告（2016）
著(编)者：任宗哲 白宽犁 牛昉
2016年1月出版／估价：69.00元

陕西蓝皮书
陕西文化发展报告（2016）
著(编)者：任宗哲 白宽犁 王长寿
2016年1月出版／估价：65.00元

陕西蓝皮书
丝绸之路经济带发展报告（2016）
著(编)者：任宗哲 石英 白宽犁
2016年8月出版／估价：79.00元

上海蓝皮书
上海传媒发展报告（2016）
著(编)者：强荧 焦雨虹　　2016年1月出版／估价：69.00元

上海蓝皮书
上海法治发展报告（2016）
著(编)者：叶青　　2016年5月出版／估价：69.00元

上海蓝皮书
上海经济发展报告（2016）
著(编)者：沈开艳　　2016年1月出版／估价：69.00元

上海蓝皮书
上海社会发展报告（2016）
著(编)者：杨雄 周海旺　　2016年1月出版／估价：69.00元

上海蓝皮书
上海文化发展报告（2016）
著(编)者：荣跃明　　2016年1月出版／估价：74.00元

上海蓝皮书
上海文学发展报告（2016）
著(编)者：陈圣来　　2016年1月出版／估价：69.00元

上海蓝皮书
上海资源环境发展报告（2016）
著(编)者：周冯琦 汤庆合 任文伟
2016年1月出版／估价：69.00元

上饶蓝皮书
上饶发展报告（2015～2016）
著(编)者：朱寅健　　2016年3月出版／估价：128.00元

社会建设蓝皮书
2016年北京社会建设分析报告
著(编)者：宋贵伦 冯虹　　2016年7月出版／估价：79.00元

深圳蓝皮书
深圳法治发展报告（2016）
著(编)者：张骁儒　　2016年5月出版／估价：69.00元

深圳蓝皮书
深圳经济发展报告（2016）
著(编)者：张骁儒　　2016年6月出版／估价：89.00元

深圳蓝皮书
深圳劳动关系发展报告（2016）
著(编)者：汤庭芬　　2016年6月出版／估价：79.00元

深圳蓝皮书
深圳社会建设与发展报告（2016）
著(编)者：张骁儒 陈东平　　2016年6月出版／估价：79.00元

深圳蓝皮书
深圳文化发展报告(2016)
著(编)者：张骁儒　　2016年1月出版／估价：69.00元

四川法治蓝皮书
四川依法治省年度报告NO.2（2016）
著(编)者：李林 杨天宗 田禾
2016年3月出版／估价：108.00元

四川蓝皮书
2016年四川经济形势分析与预测
著(编)者：杨钢　　2016年1月出版／估价：89.00元

四川蓝皮书
四川城镇化发展报告（2016）
著(编)者：侯水平 范秋美　　2016年4月出版／估价：79.00元

四川蓝皮书
四川法治发展报告（2016）
著(编)者：郑泰安　　2016年1月出版／估价：69.00元

27

皮书系列 2016全品种　地方发展类·国家国别类

四川蓝皮书
四川企业社会责任研究报告（2015~2016）
著（编）者：侯水平 盛毅　2016年4月出版 / 估价：79.00元

四川蓝皮书
四川社会发展报告（2016）
著（编）者：郭晓鸣　2016年4月出版 / 估价：79.00元

四川蓝皮书
四川生态建设报告（2016）
著（编）者：李晟之　2016年4月出版 / 估价：79.00元

四川蓝皮书
四川文化产业发展报告（2016）
著（编）者：侯水平　2016年4月出版 / 估价：79.00元

体育蓝皮书
上海体育产业发展报告（2015~2016）
著（编）者：张林 黄海燕　2016年10月出版 / 估价：79.00元

体育蓝皮书
长三角地区体育产业发展报告（2015~2016）
著（编）者：张林　2016年4月出版 / 估价：79.00元

天津金融蓝皮书
天津金融发展报告（2016）
著（编）者：王爱俭 孔德昌　2016年9月出版 / 估价：89.00元

图们江区域合作蓝皮书
图们江区域合作发展报告（2016）
著（编）者：李铁　2016年4月出版 / 估价：98.00元

温州蓝皮书
2016年温州经济社会形势分析与预测
著（编）者：潘忠强 王春光 金浩　2016年4月出版 / 估价：69.00元

扬州蓝皮书
扬州经济社会发展报告（2016）
著（编）者：丁纯　2016年12月出版 / 估价：89.00元

长株潭城市群蓝皮书
长株潭城市群发展报告（2016）
著（编）者：张萍　2016年10月出版 / 估价：69.00元

郑州蓝皮书
2016年郑州文化发展报告
著（编）者：王哲　2016年9月出版 / 估价：65.00元

中医文化蓝皮书
北京中医药文化传播发展报告（2016）
著（编）者：毛嘉陵　2016年5月出版 / 估价：79.00元

珠三角流通蓝皮书
珠三角商圈发展研究报告（2016）
著（编）者：王先庆 林至颖　2016年7月出版 / 估价：98.00元

遵义蓝皮书
遵义发展报告（2016）
著（编）者：曾征 龚永育　2016年12月出版 / 估价：69.00元

国别与地区类

阿拉伯黄皮书
阿拉伯发展报告（2015~2016）
著（编）者：罗林　2016年11月出版 / 估价：79.00元

北部湾蓝皮书
泛北部湾合作发展报告（2016）
著（编）者：吕余生　2016年10月出版 / 估价：69.00元

大湄公河次区域蓝皮书
大湄公河次区域合作发展报告（2016）
著（编）者：刘稚　2016年9月出版 / 估价：79.00元

大洋洲蓝皮书
大洋洲发展报告（2015~2016）
著（编）者：喻常森　2016年10月出版 / 估价：89.00元

德国蓝皮书
德国发展报告（2016）
著（编）者：郑春荣 伍慧萍
2016年5月出版 / 估价：69.00元

东北亚黄皮书
东北亚地区政治与安全（2016）
著（编）者：黄凤志 刘清才 张慧智 等
2016年5月出版 / 估价：69.00元

东盟黄皮书
东盟发展报告（2016）
著（编）者：杨晓强 庄国土　2016年12月出版 / 估价：75.00元

东南亚黄皮书
东南亚地区发展报告（2015~2016）
著（编）者：厦门大学东南亚研究中心 王勤
2016年4月出版 / 估价：79.00元

俄罗斯黄皮书
俄罗斯发展报告（2016）
著（编）者：李永全　2016年7月出版 / 估价：79.00元

非洲黄皮书
非洲发展报告 NO.18（2015~2016）
著（编）者：张宏明　2016年9月出版 / 估价：79.00元

国家国别类 | **皮书系列 重点推荐**

国际形势黄皮书
全球政治与安全报告（2016）
著(编)者：李慎明　张宇燕
2015年12月出版 / 定价：69.00元

韩国蓝皮书
韩国发展报告（2016）
著(编)者：牛林杰　刘宝全
2016年12月出版 / 估价：89.00元

加拿大蓝皮书
加拿大发展报告（2016）
著(编)者：仲伟合　2016年4月出版 / 估价：89.00元

拉美黄皮书
拉丁美洲和加勒比发展报告（2015～2016）
著(编)者：吴白乙　2016年5月出版 / 估价：89.00元

美国蓝皮书
美国研究报告（2016）
著(编)者：郑秉文　黄平
2016年6月出版 / 估价：89.00元

缅甸蓝皮书
缅甸国情报告（2016）
著(编)者：李晨阳　2016年8月出版 / 估价：79.00元

欧洲蓝皮书
欧洲发展报告（2015～2016）
著(编)者：周弘　黄平　江时学
2016年7月出版 / 估价：89.00元

日本经济蓝皮书
日本经济与中日经贸关系研究报告（2016）
著(编)者：王洛林　张季风
2016年5月出版 / 估价：79.00元

日本蓝皮书
日本研究报告（2016）
著(编)者：李薇　2016年4月出版 / 估价：69.00元

上海合作组织黄皮书
上海合作组织发展报告（2016）
著(编)者：李进峰　吴宏伟　李伟
2016年7月出版 / 估价：98.00元

世界创新竞争力黄皮书
世界创新竞争力发展报告（2016）
著(编)者：李闽榕　李建平　赵新力
2016年1月出版 / 估价：148.00元

土耳其蓝皮书
土耳其发展报告（2016）
著(编)者：郭长刚　刘义　2016年7月出版 / 估价：69.00元

亚太蓝皮书
亚太地区发展报告（2016）
著(编)者：李向阳　2016年1月出版 / 估价：69.00元

印度蓝皮书
印度国情报告（2016）
著(编)者：吕昭义　2016年5月出版 / 估价：89.00元

印度洋地区蓝皮书
印度洋地区发展报告（2016）
著(编)者：汪戎　2016年5月出版 / 估价：89.00元

英国蓝皮书
英国发展报告（2015～2016）
著(编)者：王展鹏　2016年10月出版 / 估价：89.00元

越南蓝皮书
越南国情报告（2016）
著(编)者：广西社会科学院　罗梅　李碧华
2016年8月出版 / 估价：69.00元

越南蓝皮书
越南经济发展报告（2016）
著(编)者：黄志勇　2016年10月出版 / 估价：69.00元

以色列蓝皮书
以色列发展报告（2016）
著(编)者：张倩红　2016年9月出版 / 估价：89.00元

中东黄皮书
中东发展报告No.18（2015～2016）
著(编)者：杨光　2016年10月出版 / 估价：89.00元

中欧关系蓝皮书
中欧关系研究报告（2016）
著(编)者：周弘　2016年12月出版 / 估价：98.00元

中亚黄皮书
中亚国家发展报告（2016）
著(编)者：孙力　吴宏伟　2016年8月出版 / 估价：89.00元

社会科学文献出版社　**皮书系列**

❖ 皮书起源 ❖

"皮书"起源于十七、十八世纪的英国,主要指官方或社会组织正式发表的重要文件或报告,多以"白皮书"命名。在中国,"皮书"这一概念被社会广泛接受,并被成功运作、发展成为一种全新的出版形态,则源于中国社会科学院社会科学文献出版社。

❖ 皮书定义 ❖

皮书是对中国与世界发展状况和热点问题进行年度监测,以专业的角度、专家的视野和实证研究方法,针对某一领域或区域现状与发展态势展开分析和预测,具备原创性、实证性、专业性、连续性、前沿性、时效性等特点的公开出版物,由一系列权威研究报告组成。

❖ 皮书作者 ❖

皮书系列的作者以中国社会科学院、著名高校、地方社会科学院的研究人员为主,多为国内一流研究机构的权威专家学者,他们的看法和观点代表了学界对中国与世界的现实和未来最高水平的解读与分析。

❖ 皮书荣誉 ❖

皮书系列已成为社会科学文献出版社的著名图书品牌和中国社会科学院的知名学术品牌。2011年,皮书系列正式列入"十二五"国家重点出版规划项目;2012~2015年,重点皮书列入中国社会科学院承担的国家哲学社会科学创新工程项目;2016年,46种院外皮书使用"中国社会科学院创新工程学术出版项目"标识。

中国皮书网
www.pishu.cn

发布皮书研创资讯，传播皮书精彩内容
引领皮书出版潮流，打造皮书服务平台

栏目设置：

- 资讯：皮书动态、皮书观点、皮书数据、皮书报道、皮书发布、电子期刊
- 标准：皮书评价、皮书研究、皮书规范
- 服务：最新皮书、皮书书目、重点推荐、在线购书
- 链接：皮书数据库、皮书博客、皮书微博、在线书城
- 搜索：资讯、图书、研究动态、皮书专家、研创团队

中国皮书网依托皮书系列"权威、前沿、原创"的优质内容资源，通过文字、图片、音频、视频等多种元素，在皮书研创者、使用者之间搭建了一个成果展示、资源共享的互动平台。

自 2005 年 12 月正式上线以来，中国皮书网的 IP 访问量、PV 浏览量与日俱增，受到海内外研究者、公务人员、商务人士以及专业读者的广泛关注。

2008 年、2011 年，中国皮书网均在全国新闻出版业网站荣誉评选中获得"最具商业价值网站"称号；2012 年，获得"出版业网站百强"称号。

2014 年，中国皮书网与皮书数据库实现资源共享，端口合一，将提供更丰富的内容，更全面的服务。

权威报告 热点资讯 海量资源

当代中国与世界发展的高端智库平台

皮书数据库 www.pishu.com.cn

　　皮书数据库是专业的人文社会科学综合学术资源总库，以大型连续性图书——皮书系列为基础，整合国内外相关资讯构建而成。包含六大子库，涵盖两百多个主题，囊括了近十几年间中国与世界经济社会发展报告，覆盖经济、社会、政治、文化、教育、国际问题等多个领域。

　　皮书数据库以篇章为基本单位，方便用户对皮书内容的阅读需求。用户可进行全文检索，也可对文献题目、内容提要、作者名称、作者单位、关键字等基本信息进行检索，还可对检索到的篇章再做二次筛选，进行在线阅读或下载阅读。智能多维度导航，可使用户根据自己熟知的分类标准进行分类导航筛选，使查找和检索更高效、便捷。

　　权威的研究报告，独特的调研数据，前沿的热点资讯，皮书数据库已发展成为国内最具影响力的关于中国与世界现实问题研究的成果库和资讯库。

皮书俱乐部会员服务指南

1. 谁能成为皮书俱乐部成员？
● 皮书作者自动成为俱乐部会员
● 购买了皮书产品（纸质书/电子书）的个人用户

2. 会员可以享受的增值服务
● 免费获赠皮书数据库100元充值卡
● 加入皮书俱乐部，免费获赠该纸质图书的电子书
● 免费定期获赠皮书电子期刊
● 优先参与各类皮书学术活动
● 优先享受皮书产品的最新优惠

3. 如何享受增值服务？
（1）免费获赠100元皮书数据库体验卡
第1步 刮开皮书附赠充值的涂层（右下）；
第2步 登录皮书数据库网站（www.pishu.com.cn），注册账号；
第3步 登录并进入"会员中心"——"在线充值"——"充值卡充值"，充值成功后即可使用。

（2）加入皮书俱乐部，凭数据库体验卡获赠该书的电子书
第1步 登录社会科学文献出版社官网（www.ssap.com.cn），注册账号；
第2步 登录并进入"会员中心"——"皮书俱乐部"，提交加入皮书俱乐部申请；
第3步 审核通过后，再次进入皮书俱乐部，填写页面所需图书、体验卡信息即可自动兑换相应电子书。

4. 声明
解释权归社会科学文献出版社所有

皮书俱乐部会员可享受社会科学文献出版社其他相关免费增值服务，有任何疑问，均可与我们联系。
图书销售热线：010-59367070/7028 图书服务QQ：800045692 图书服务邮箱：duzhe@ssap.cn
数据库服务热线：400-008-6395 数据库服务QQ：2475522410 数据库服务邮箱：database@ssap.cn
欢迎登录社会科学文献出版社官网（www.ssap.com.cn）和中国皮书网（www.pishu.cn）了解更多信息

皮书大事记
(2015)

☆ 2015年11月9日,社会科学文献出版社2015年皮书编辑出版工作会议召开,会议就皮书装帧设计、生产营销、皮书评价以及质检工作中的常见问题等进行交流和讨论,为2016年出版社的融合发展指明了方向。

☆ 2015年11月,中国社会科学院2015年度纳入创新工程后期资助名单正式公布,《社会蓝皮书:2015年中国社会形势分析与预测》等41种皮书纳入2015年度"中国社会科学院创新工程学术出版资助项目"。

☆ 2015年8月7~8日,由中国社会科学院主办,社会科学文献出版社和湖北大学共同承办的"第十六次全国皮书年会(2015):皮书研创与中国话语体系建设"在湖北省恩施市召开。中国社会科学院副院长李培林、国家新闻出版广电总局原副总局长、中国出版协会常务副理事长邬书林,湖北省委宣传部副部长喻立平,中国社会科学院科研局局长马援,国家新闻出版广电总局出版管理司副司长许正明,中共恩施州委书记王海涛,社会科学文献出版社社长谢寿光,湖北大学党委书记刘建凡等相关领导出席开幕式。来自中国社会科学院、地方社会科学院及高校、政府研究机构的领导及近200个皮书课题组的380多人出席了会议,会议规模又创新高。会议宣布了2016年授权使用"中国社会科学院创新工程学术出版项目"标识的院外皮书名单,并颁发了第六届优秀皮书奖。

☆ 2015年4月28日,"第三届皮书学术评审委员会第二次会议暨第六届优秀皮书奖评审会"在京召开。中国社会科学院副院长李培林、蔡昉出席会议并讲话,国家新闻出版广电总局原副局长、中国出版协会常务副理事长邬书林也出席本次会议。会议分别由中国社会科学院科研局局长马援和社会科学文献出版社社长谢寿光主持。经分学科评审和大会汇评,最终匿名投票评选出第六届"优秀皮书奖"和"优秀皮书报告奖"书目。此外,该委员会还根据《中国社会科学院皮书管理办法》,审议并投票评选出2015年纳入中国社会科学院创新工程项目的皮书和2016年使用"中国社会科学院创新工程学术出版项目"标识的院外皮书。

☆ 2015年1月30~31日,由社会科学文献出版社皮书研究院组织的2014年版皮书评价复评会议在京召开。皮书学术评审委员会部分委员、相关学科专家、学术期刊编辑、资深媒体人等近50位评委参加本次会议。中国社会科学院科研局局长马援、社会科学文献出版社社长谢寿光出席开幕式并发表讲话,中国社会科学院科研成果处处长薛增朝出席闭幕式并做发言。

皮书数据库
www.pishu.com.cn

皮书数据库三期

- 皮书数据库（SSDB）是社会科学文献出版社整合现有皮书资源开发的在线数字产品，全面收录"皮书系列"的内容资源，并以此为基础整合大量相关资讯构建而成。

- 皮书数据库现有中国经济发展数据库、中国社会发展数据库、世界经济与国际政治数据库等子库，覆盖经济、社会、文化等多个行业、领域，现有报告30000多篇，总字数超过5亿字，并以每年4000多篇的速度不断更新累积。

- 新版皮书数据库主要围绕存量+增量资源整合、资源编辑标引体系建设、产品架构设置优化、技术平台功能研发等方面开展工作，并将中国皮书网与皮书数据库合二为一联体建设，旨在以"皮书研创出版、信息发布与知识服务平台"为基本功能定位，打造一个全新的皮书品牌综合门户平台，为您提供更优质更到位的服务。

更多信息请登录

中国皮书网
http://www.pishu.cn

皮书微博
http://weibo.com/pishu

中国皮书网的BLOG
http://blog.sina.com.cn/pishu

皮书博客
http://blog.sina.com.cn/pishu

皮书微信
皮书说

请到各地书店皮书专架/专柜购买，也可办理邮购

咨询/邮购电话：010-59367028　59367070　　　邮　箱：duzhe@ssap.cn
邮购地址：北京市西城区北三环中路甲29号院3号楼华龙大厦13层读者服务中心
邮　　编：100029
银行户名：社会科学文献出版社
开户银行：中国工商银行北京北太平庄支行
账　　号：0200010019200365434
网上书店：010-59367070　　qq：1265056568
网　　址：www.ssap.com.cn　　www.pishu.cn

中国皮书网
www.pishu.cn

发布皮书研创资讯，传播皮书精彩内容
引领皮书出版潮流，打造皮书服务平台

栏目设置：

- 资讯：皮书动态、皮书观点、皮书数据、皮书报道、皮书发布、电子期刊
- 标准：皮书评价、皮书研究、皮书规范
- 服务：最新皮书、皮书书目、重点推荐、在线购书
- 链接：皮书数据库、皮书博客、皮书微博、在线书城
- 搜索：资讯、图书、研究动态、皮书专家、研创团队

中国皮书网依托皮书系列"权威、前沿、原创"的优质内容资源，通过文字、图片、音频、视频等多种元素，在皮书研创者、使用者之间搭建了一个成果展示、资源共享的互动平台。

自2005年12月正式上线以来，中国皮书网的IP访问量、PV浏览量与日俱增，受到海内外研究者、公务人员、商务人士以及专业读者的广泛关注。

2008年、2011年中国皮书网均在全国新闻出版业网站荣誉评选中获得"最具商业价值网站"称号；2012年，获得"出版业网站百强"称号。

2014年，中国皮书网与皮书数据库实现资源共享，端口合一，将提供更丰富的内容，更全面的服务。

法律声明

"皮书系列"(含蓝皮书、绿皮书、黄皮书)之品牌由社会科学文献出版社最早使用并持续至今,现已被中国图书市场所熟知。"皮书系列"的LOGO( )与"经济蓝皮书""社会蓝皮书"均已在中华人民共和国国家工商行政管理总局商标局登记注册。"皮书系列"图书的注册商标专用权及封面设计、版式设计的著作权均为社会科学文献出版社所有。未经社会科学文献出版社书面授权许可,任何使用与"皮书系列"图书注册商标、封面设计、版式设计相同或者近似的文字、图形或其组合的行为均系侵权行为。

经作者授权,本书的专有出版权及信息网络传播权为社会科学文献出版社享有。未经社会科学文献出版社书面授权许可,任何就本书内容的复制、发行或以数字形式进行网络传播的行为均系侵权行为。

社会科学文献出版社将通过法律途径追究上述侵权行为的法律责任,维护自身合法权益。

欢迎社会各界人士对侵犯社会科学文献出版社上述权利的侵权行为进行举报。电话:010-59367121,电子邮箱:fawubu@ssap.cn。

社会科学文献出版社